揭開民國史的眞相 卷七

哲人與名士

◎南社的醞釀
◎魯迅《自題小像》新探
◎柳亞子與胡適
◎溥儀出宮、胡適抗議及其論辯
◎胡適和國民黨的一段糾紛
◎蔣介石日記的現狀及其眞實性問題

楊天石◎著

青年周作人

青年魯迅（本書圖片均由作者楊天石先生提供）

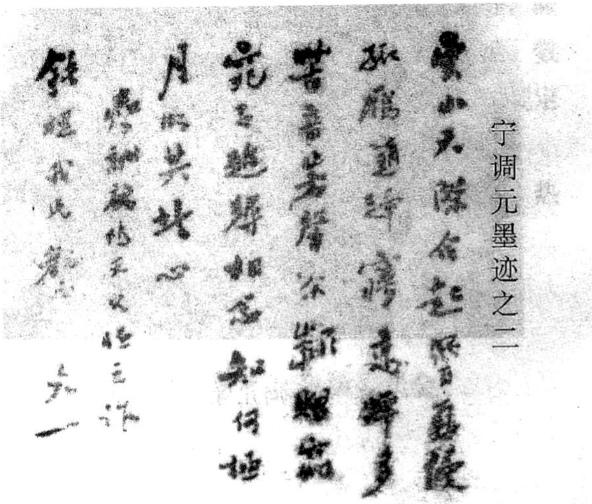

宁调元墨迹之二

寧調元墨跡

五四運動時期的胡適

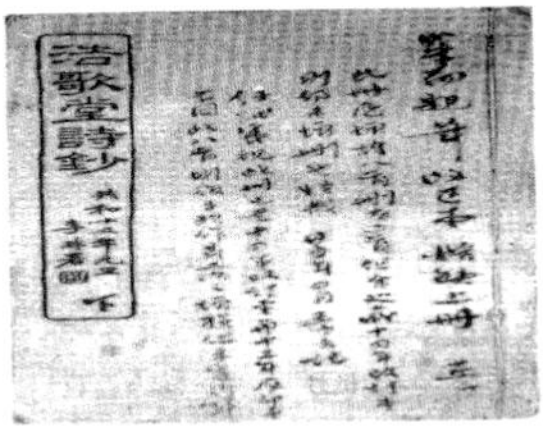

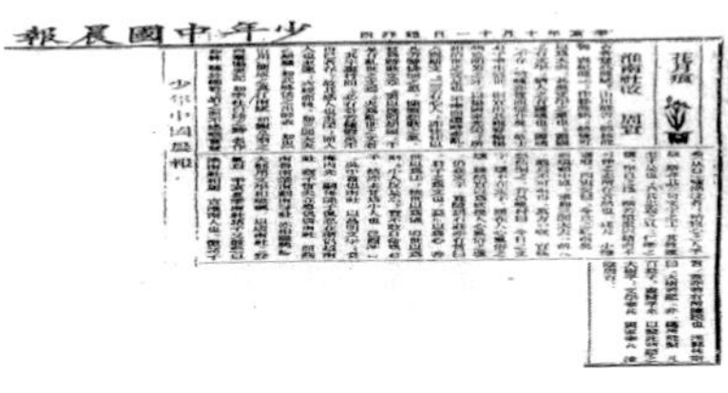

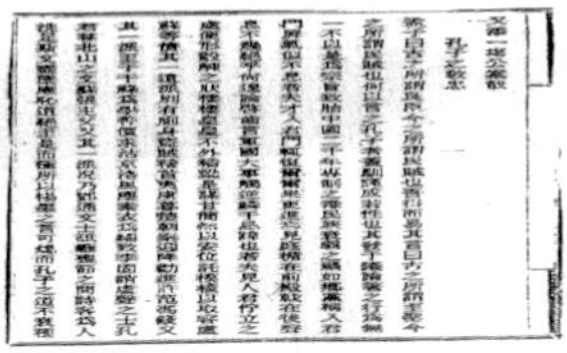

南社三位發起人及南社出版物

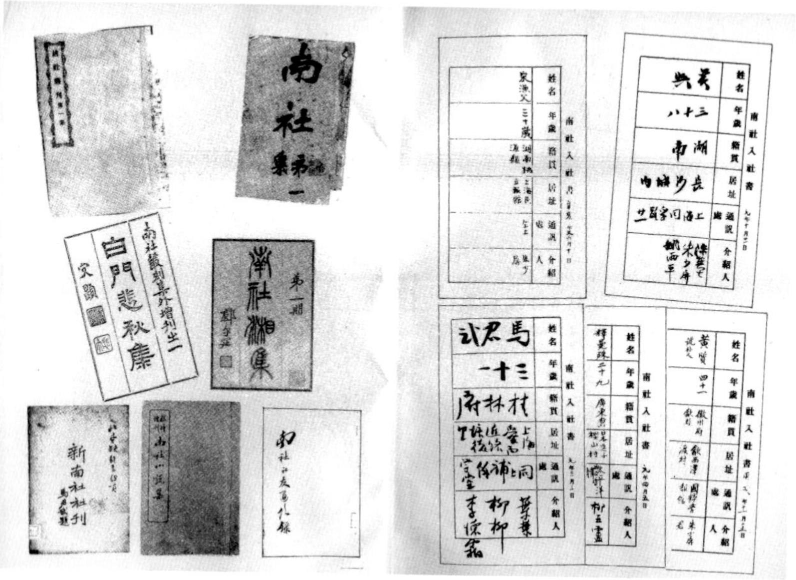

南社出版物與南社入社志願書

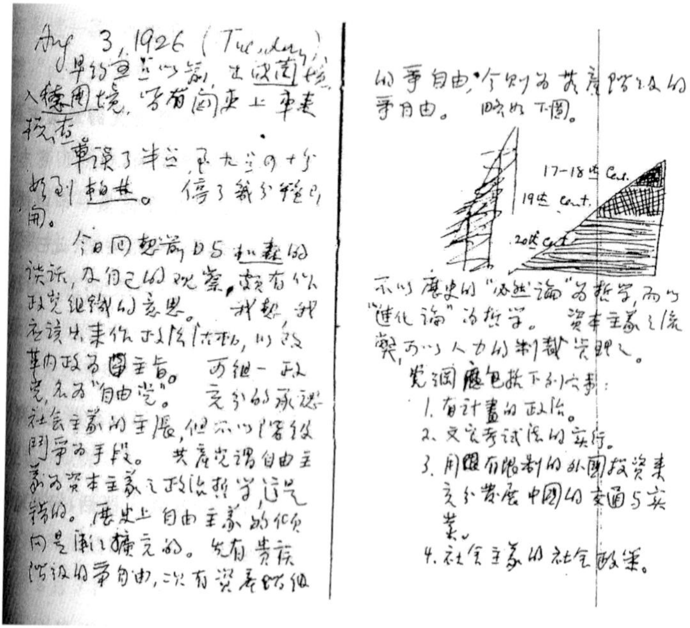

胡適日記手稿

中公校長胡適反動有據

市黨部決議請中央拿辦

污辱本黨總理　詆毀本黨主義
背叛國民政府　陰謀煽惑民衆

——第四八次執委會之議決——

通過市總工會整委會組織大綱
委定總工會指委及整委二十八

上海特別市執行委員會、於昨（二十八日）上午十時開第四八次常會、到執委范爭波、施公猛、湯德民、鄭通和、董行白、潘公展、陳德徵、列席監委王延松、朱應鵬、候補執委吳伯匡、楊清源、陶百川、冷欣等、主席范爭波、紀錄林克聰、茲將討論及決議案、擇要錄誌如下、

胡適存剪報

八月廿九

胡適擔不起的罪名

侮辱總理 背叛政府

滬市黨部攻擊胡氏之文

【二十八日下午十一時七分發上海專電】市黨部以胡適近所作「知難行亦不易」「人權與約法」及「我們什麼時候始可有憲法」三文、認為侮辱總理、詆毀主義、背叛政府、煽惑民衆、今議決呈中央嚴辦、（按胡氏「知難行亦不易」及「我們什麼時候始可有憲法」二文、皆載諸近刊之新月雜誌第二卷第四號）

胡適應加警告

中訓部致國府函

【二十一日下午十一時發上海專電】中訓部函國府、胡適發表知難行不易文、誤解本黨主義、總理學說、（不明我國社會情形、越出學術研究範圍、泛言空論、）錯誤甚多、失大學校長尊嚴、使社會對黨政受不良影響、請令飭教部嚴加警告、

月念二

上海特別市執行委員會於昨日（二十一日）上午十時開第五十四次會議、到執委吳開先、施公猛、陳德徵、黃行白、潘公展、鄧通偉、列席監委朱應鵬、王延松、候補執委楊清源、屠大椿、吳伯匡、陶百川、主席潘公展、紀錄黃之栻、茲將討論事項及臨時動議摘要錄后、

第二

[illegible]議、併案討論、五、[illegible]宣部呈、為請嚴懲反革命之胡適、並即時撤消其中國公學校長職務案、決議、再呈中央、六、第二區

胡適存剪報之二

劉師培

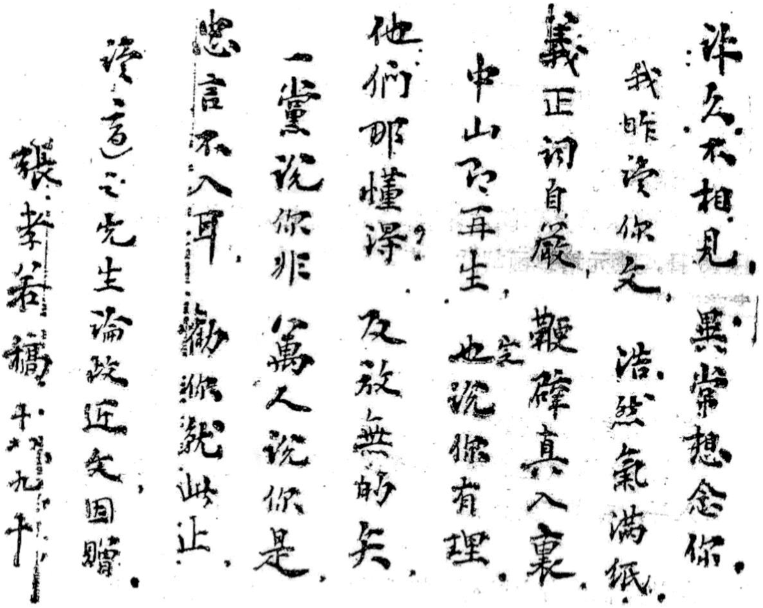
許久不相見，異常想念你。
我昨讀你文，浩然氣滿紙。
義正詞自嚴，鞭辟真入裏。
中山即再生，也說你有理。
他們那懂得？反放無的矢。
一黨說你非，萬人說你是。
忠言不入耳，勸你就此止。
適之先生論政近文因贈。
張孝若稿 十八、九、十

張孝若贈胡適詩手跡

楊杏佛

蘇曼殊

錢玄同

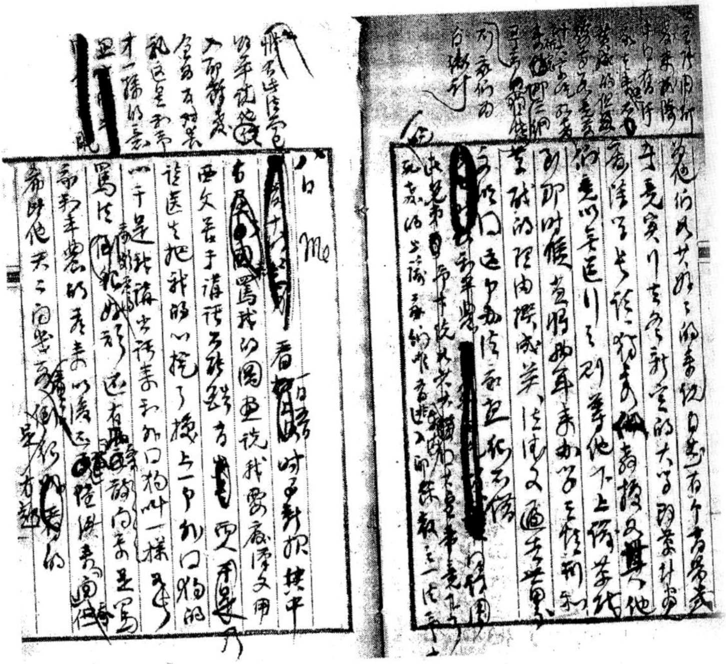

錢玄同日記手跡

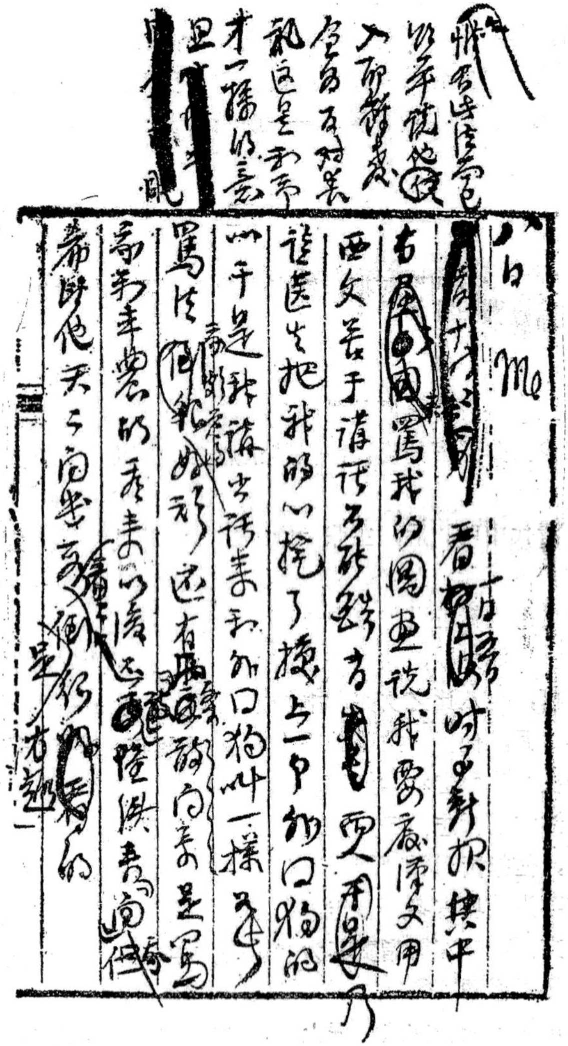

錢玄同日記手跡之二

陳獨秀

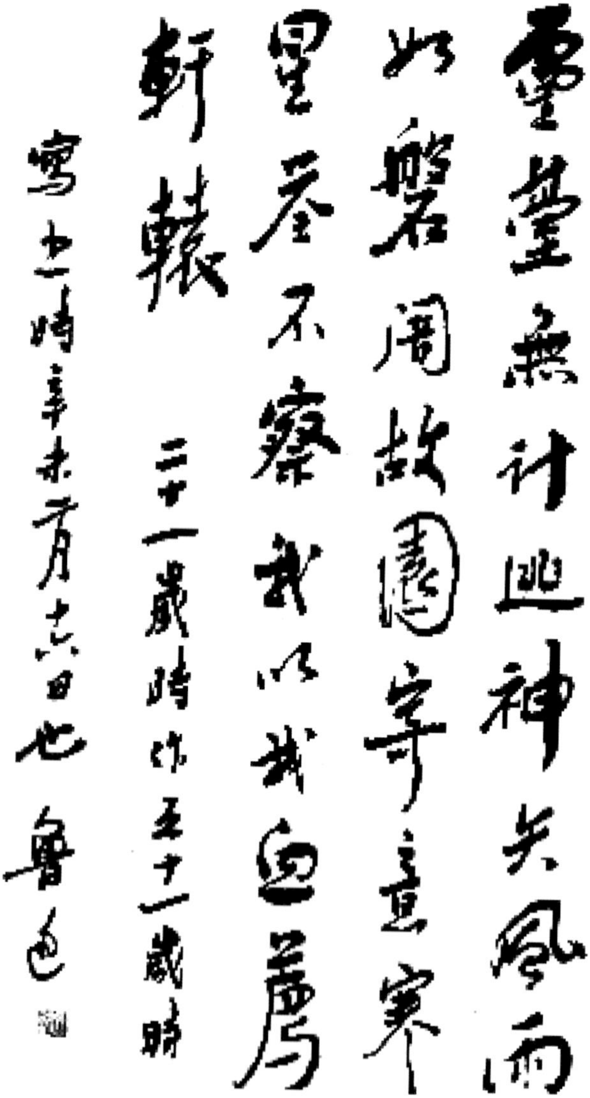
靈臺無計逃神矢風雨如磐闇故園寄意寒星荃不察我以我血薦軒轅
二十一歲時作五十一歲時寫之時辛未二月十六日也 魯迅

魯迅手跡

Dear Professor Yang :

Below is the response I got from Elizabeth Chiang, stating that she gives permission for you to use the quotations from the Chiang Kai-shek diaries as listed in the attachment to your e-mail of August 2, 2009.

Sincerely yours,

Carol A. Leadenham

Assistant Archivist for Reference

Hoover Institution Archives

Stanford, CA 94305

本書所引述之蔣介石日記，均已由作者取得美國史丹福大學胡佛檔案館及蔣氏家族代表蔣方智怡女士之書面授權

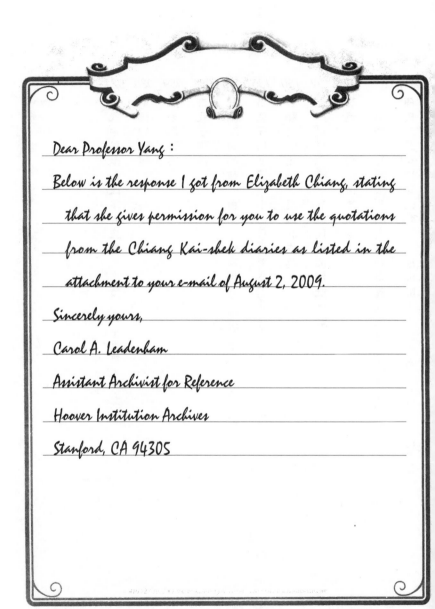

目錄

附錄

近代中國戲劇改革的先聲

——讀《二十世紀大舞臺》

《二十世紀大舞臺》是近代最早的以戲劇爲主的文藝叢報，分論說、傳記、小說、傳奇、班本、叢談、詼諧、文苑、歌謠、批評、紀事、答問等十六個門類。一九〇四年十月創刊於上海。發起人爲陳去病、汪笑儂、熊文通、陳競全、孫寰鏡、孟崇軍①，實際創辦人爲陳去病與汪笑儂。原訂月出兩冊，刊行兩期後即被清政府封禁。

陳去病（一八七四～一九三三），字佩忍，號巢南，江蘇吳江人。出身榨油商人家庭。早年受過改良派影響。一九〇二年加入中國教育會。次年赴日，加入拒俄義勇隊，迅速轉向革命。同年歸國，任教於上海愛國女學。一九〇四年任《警鐘日報》主筆。

汪笑儂（一八五八～一九一八），滿人，本名德克俊，又名僢，號仰天，出身官宦家庭。一八七九年中舉，但無心仕進，熱心戲曲，經常流連於戲班中。曾一度做過某縣知事，不久因主持正義，觸怒豪紳，被參奏革職。回到北京後即刻苦習藝並登臺演出，逐漸蜚聲京劇藝壇。他同情戊戌變法，痛恨清朝統治者的媚外賣國，經常編演反清戲曲，是近代著名的進步藝人。

二十世紀初年，上海地區的民族民主革命活動日漸活躍，並逐漸影響到戲劇界。一九〇四年秋，汪笑儂根據《波蘭衰亡史》編寫了戲曲《瓜種蘭因》，隨即在上海春仙茶園演出。接著，又陸續上演了《黨人碑》、《桃花扇》、《長樂老》等戲。同時，夏月珊、夏月潤也在上海丹桂茶園演出新戲《玫瑰花》。這些戲或公開或曲折地表達了對清朝統治的不滿，形式上也作了若干革新，當時稱之爲「戲劇改良」。爲了進一步推廣這一活動並擴大影響，陳去病便聯合汪笑儂等，集資招股，共同創辦了《二十世紀大舞臺》。

在《招股並簡章》中，陳去病、汪笑儂等聲明：「同人痛念時局淪胥，民智未迪，而下等社會猶如睡獅之難醒，側聞泰東西各文明國，其中人士注意開通風氣者，莫不以改良戲劇爲急務，梨園子弟，遇有心得，輒刊印新聞紙，報告全國，以故感化捷速，其效如響。吾國戲劇本來稱善，幸改良之事茲又萌芽，若不創行報紙，佈告通國，則無以普及一般社會之國民，何足廣收其效，此《二十世紀大舞臺叢報》之所由發起也。」②這是關於《叢報》發刊目的的集中說明。

在政治鬥爭中，近代中國的愛國志士們感到，單靠少數人力量不足以成事，他們逐漸注意到了身邊的一個廣大社會階層——「下等社會」，希望得到這個階層的助力。但是，他們又認爲，這個階層還處於蒙昧狀態，須要進行啓蒙教育。這樣，他們就急於找到一種易於爲「下等社會」所接受的效果迅速的教育工具。改良派找到的是小說，革命派除小說外，更熱衷於戲劇。陳去病、汪笑儂等宣稱：「本報以改革惡俗，開通民智，提倡民族主義，喚起國家思想爲唯一之目的。」③所謂「開通民智」，即指對「下等社會」進行啓蒙教育，所謂「提倡民族主義」，則是反清的隱蔽說法。

柳亞子的《發刊詞》熱情讚頌了汪笑儂等人的演出，譽之爲「梨園革命軍」。他寫道：「張目四顧，山河如死」，「南都樂部，獨於黑暗世界，灼然放一線之光明：翠羽明璫，喚醒鈞天之夢；清歌妙舞，招還祖國之魂。美洲三色之旗，其飄飄出現於梨園革命軍乎！」他要求積極編演揚州十日，嘉定三屠等歷史事實，揭露清朝統治的暴虐，歌頌烈士遺民的忠誠，同時也要求編演法國革命、美國獨立、義大利、希臘恢復、印度、波蘭衰亡等外國史事，藉以激勵人民，「建獨立之閣，撞自由之鐘，以演光復舊物、推倒虜朝之壯劇、快劇」。

「論說」欄發表戲劇論文。陳去病的《論戲劇之有益》批判輕視藝術人的世俗之見，動員青年革命黨人投身梨園、菊部，和藝人合作，編演各種具有新思想的劇本。陳去病認爲，一般作品借助於文字，而戲劇則借助於演員，可以「對同族而發表宗旨，登舞臺而親演悲歡，大聲疾呼，垂涕以道」，效果要比寫作《革命軍》、《駁康書》、《黃帝魂》、《落花夢》等強千萬倍。陳去病著重指出，戲劇易於爲社會各階層，特別是缺乏文化的人所接受，具有強大的藝術感染力。他說：「舉凡士庶工商，下逮婦孺不識字之眾，苟一窺睹乎其情狀，接觸乎其笑啼哀樂，離合悲歡，則尠不情爲之動，心爲之移，悠然油然，以發其感慨悲憤之思而不自知。以故口不讀信史，而是非了然於心，目未睹傳記，而賢奸判然自別，通古今之事變，明夷夏之大防，睹故國冠裳，觸種族之觀念，則捷矣哉，同化力之入之易而出之神也，猶渲染然，其色立變，可不異夫！」④

《告女優》是陳去病用「白話體」寫作的一篇文章，署名醒獅。文中，陳去病勉勵上海女藝人向汪笑儂等學習，同樣編演新戲，以便「開通這班癡漢，喚醒那種迷人」。⑤

「傳記」欄發表藝人傳記。《南唐伶工楊花飛別傳》寫南唐皇帝李璟不理國事，藝人楊花飛借演出之機對他進行諷諭。《日本大運動家名優宮崎寅藏傳》寫宮崎追隨孫中山從事中國革命，一九〇〇年惠州起義失敗，宮崎受到刺激，投向習藝，在長崎演唱浪花節。⑥文末，陳去病深情地寫道：「望神山其匪遙，思美人兮如見。滔天乎！滔天乎！其亦可以振袂而興乎？予日企之矣。」⑦在舊民主主義革命時期，宮崎始終是中國人民的好朋友。本文是關於他的第一篇傳記。

「傳奇」、「班本」欄發表劇本，共八種，可分三類。第一類爲時事劇，如《安樂窩》、《金穀香》。

《安樂窩》，孫寰鏡著，⑧揭露西太后腐朽頑固的面貌及其假變法的陰謀。劇中規定，西太后以女丑扮，她自述：「儂家窮奢極欲，只知精上求精，麗中求麗，揮霍任情」，「今遇日俄事起，就是祖國淪亡，卻也並不在意。只是漢種風潮，頻思革命，怎麼放心得下？」在百無聊賴中，宣李蓮英「解個悶兒」。李蓮英唱了一首革命黨人寫的「揚州調」，受到斥責，二人間有下列一段對話：

（李白）：咱家因見它是個南曲，想咱們北邊人，只識得唱京調二簧、西皮，這南曲從沒有人唱過。咱家也想學著老佛爺，變些新法，無事時就打著大屁股唱起來，覺得甚是好聽！

（女丑白）：胡說！我變什麼新法來？

（李白）：咱們回鑾後，不是下過幾道什麼變法的懿旨嗎？

（女丑白）：這叫做沒法，不過聊塞眾口罷了，我心中最恨的是新法！

（李白）：老佛爺既不喜歡新法，怎麼見了新式的頑物兒，倒愛玩不置起來？

本劇情節完全出於虛構，人物也是漫畫化了的，但卻生動地勾勒了西太后的面目。

《金穀香》，陳去病著。⑨一九〇四年十一月十九日，因傳說已革廣西巡撫王之春在上海勾結俄人，出賣國家權益，萬福華便於金穀香菜館槍擊王之春，未成被逮。本劇即寫此事。迅速反映現實，是其所長；缺少藝術上的概括和點染，是其所短。

第二類爲歷史劇，如《長樂老》、《縷金箱》。

《長樂老》，汪笑儂著。寫明朝相國王國恩（忘國恩）始而從闖，繼而降清，「富貴已極，告老還鄉」，友人張瑤星設計召宴，借伶人演戲，痛斥王的無恥。

《縷金箱》，汪笑儂著。寫明末漕河巡撫楊文聰及其妾方芷事：清兵南下，楊文聰企圖偷生，方芷則決意自盡，她將縷金箱一具交給楊，楊啓視，發現一刀一繩。當楊正遲疑間，方芷已取刀自刎，於是楊也取繩懸梁。

上述二戲都借明末事宣揚反清思想。由於是演出腳本，又出自名藝人手筆，因此情節豐富，戲劇衝突也較尖銳，不像《叢刊》發表的其他劇本那樣只能供案頭閱讀。

第三類是西洋劇，如《拿破崙》，惜秋著。以京劇反映西洋歷史，這在當時是勇敢的嘗試。

「批評」欄發表戲劇評論。《觀〈長樂老〉劇憤書》肯定該劇的思想意義。作者感慨地表示：「嗚呼！王國恩往矣，後世如王國恩其人者，誠不知幾十百萬也，亦安有張瑤星出而當場辱詈，撾正平之鼓，使天下喪心病狂、賣國求榮者，有以攝其魄而驚其魂哉！」⑩對於當時上海灘上盛行一時的某些庸俗的劇碼，該欄也有所批評。這些評論一般都從劇本內容著眼，缺少藝術上的分析。

「紀事」欄發表演出情況、藝人活動等各種劇壇消息。如關於《縷金箱》，該欄報導說：「笑儂自扮楊龍友，夜來香則扮方芷，中間描寫滿洲兵南下之殘酷，漢人出城逃難之悲慘，與方芷力勸龍友之殉節，隱譏顯刺，妙緒環生。夜來香口齒清銳，辯若懸河，其激烈處聲色俱厲，較之前演李香君卻妝一節，尤為切摯。以故新黨抱亡國之痛者，觀之莫不悲從中來，傷心一慟云。」⑪對當時活躍各地的某些名演員，如時慧寶、蓋叫天、汪大頭、金秀山、崔靈芝等，該欄也有介紹。

「問答」欄發表劇作家、《叢報》編者、讀者之間的通訊。第二期癯庵的《覆金一書》闡述了一些重要的藝術見解。癯庵即吳梅，金一即金天羽。文中，吳梅認為戲劇不可以沒有「排場」（動作）。他說：「上臺之後，但說不做，如木偶一般，有何好看！」當時，革命派作家曾在《江蘇》雜誌上發表《革命軍》、《新中國》兩劇，吳梅批評道：「鄒慰丹（容）上臺至下場，坐也不坐，動也不動，要也不要，張著口，一口氣唱到下場，僅嘆了數口氣完結了。排場之不講究，如此其極！」

革命派的作家們急於通過戲曲爲作政治宣傳，完全不考慮戲劇藝術的規律和特點，因此，人物就成了某種精神的傳聲筒。吳梅這裏的批評完全正確。同期還發表有中國留美學生的《致汪笑儂書》，熱情肯定他編演新戲，激勵同胞的愛國行爲。信中說：「欲造新世界，除非鼓吹文明，感動大眾，使之咸思奮起，則一國興矣。今笑儂以新戲改良，處處刺激國人之腦，吾知他日有修維新史者，必以笑儂爲社會之大改革家，而論功不在禹下也。」

「文苑」欄發表詩歌，作者有陳去病、汪笑儂、金天羽、柳亞子、高燮（黃天）等。其中，陳去病贈汪笑儂、孫菊仙、周鳳文的幾首詩反映了革命派和戲劇藝人之間的聯繫，汪笑儂的《自題〈桃花扇〉》四絕反映了他的創作思想，都是研究近代戲劇史的資料。

除此之外，《叢報》也發表小說、笑話、歌曲等各種形式的文藝作品。

《叢報》的發刊收到了讀者的熱烈歡迎，「購者甚眾」，⑫第一期迅速再版。有人對陳去病、汪笑儂的工作給了最崇高的評價，說是：「斯人也，何人也，創起《大舞臺》之偉人也。神州有如是偉人，吾安得不震之、慴之、愛之、服之，鞠躬屈膝五體投地而崇拜之！」⑬遠在香港的革命派報紙——《中國日報》專門撰文介紹，認爲它「精神高尚，詞藻精工，歌曲彈詞，自成格調，讀之令我國家民族之思想，悠然興發，不能自已。」⑭但是，它的尖銳、潑辣的戰鬥風格，特別是《安樂窩》一劇對西太后「窮極醜詆」，⑮自然不為清朝統治者所容。一九〇五年初，在陳去病等積極籌備出版第三期的時候，被清朝統治者封禁。

（原載《辛亥革命時期期刊介紹》（一），人民出版社，一九八二。）

①《〈二十世紀大舞臺叢報〉組織簡章》，《警鐘日報》，一九〇四年十月三日。
②《二十世紀大舞臺》第一期。
③《〈二十世紀大舞臺叢報〉招股並簡章》，《二十世紀大舞臺》第一期。
④《二十世紀大舞臺》第一期。
⑤同上。
⑥浪花節，一名浪曲，日本說唱曲藝形式之一，用日本民族樂器三味弦伴奏。
⑦《二十世紀大舞臺》第一期。
⑧署名靜庵。其人為《警鐘日報》主筆。
⑨署名醒獅，據陳去病《革命閒話》，知為陳去病作，見《江蘇革命博物館月刊》第一卷第六期。
⑩《二十世紀大舞臺》第二期。
⑪同上，第一期。
⑫陳去病：《革命閒話》，《江蘇革命博物館月刊》第一卷第六期。

⑬宗鼎：《崇拜〈大舞臺〉》，《二十世紀大舞臺》第一期。
⑭轉引自《二十世紀大舞臺》第二期。
⑮陳去病：《革命閒話》，《江蘇革命博物館月刊》第一卷第六期。

南社的醞釀

一、創建神交社

一九〇七年初，陳去病回到蘇州。四月清明，他和高旭、劉三、朱少屏、沈礪等人遊覽虎丘，憑弔張國維祠。張國維是明末著名的抗清將領，曾在浙江與清軍苦戰，失敗後沐浴冠服，從容投水，陳去病在《天仙子》一詞中寫道：

短艇輕橈隨處艤，又到中丞香火地。神鴉社鼓不成聲，哀欲死，無生氣。入門撮土為公祭。

痛飲黃龍今已矣！亮節孤忠空齎志。滿園花木又飄零，餘碧水，向東逝（祠在綠水灣），盈盈酷似傷心淚。

當時，祠宇已經很破敗。陳去病想像當年張國維慷慨赴死的氣概，看到眼前滿目荒涼的景象，不禁感慨萬端。這次憑弔，埋下了後來南社在該處召開成立會的因子。

同年，陳去病到上海主持國學保存會，編輯《國粹學報》。七月，秋瑾殉難，東南革命黨人一致矚望的浙皖起義失敗。秋瑾是位著名的女革命家與社會活動家。她的被殺引起了巨大的震動。陳去病想在上海爲秋瑾召開一次追悼會，被人所阻，便改變計畫，準備組織一個聯絡革命文化人士的團體。因爲魏、晉間，嵇康、阮籍等七個文人經常在竹林中相聚，史書稱讚他們之間的友誼爲「神交」，陳去病便把這個組織定名爲神交社。

廿九日，上海著名的《神州日報》上出現了陳去病署名的《神交社雅集小啓》，該文首先追憶明末文社林立的狀況：

> 昔在先朝，人材蔚起，文章學術，燦乎彬彬。是以涇陽、景逸，倡道東林，而朝野回應，翕然成風。故家子弟，被其餘澤，咸敦詩書，別耽清尚。應社之作，斯其權輿。及熊嘉魚作宰松陵，而吳沈之穎，群和甄陶，孟樸、扶九之倫，遂得創建復社，高會群英。雲間繼之，幾社乃作。由是江、淮、齊、豫、皖、浙、楚、贛，濟濟髦英，鱗萃輻輳。虎阜三集，南東金箭，美莫能名，至今道之，有餘羨焉。

明代中葉，東林黨首開文人結團議政之風。其後，太倉人張溥與常熟人楊彝組織應社，吳江人孫淳、吳翻等組織復社，雲間（今松江）人陳子龍、夏允彝、徐孚遠等組織幾社。一時東南各省以至山東、河南、湖南、江西等地都出現了不少文社。

一六二九年、一六三〇年、一六三二年，復社聯絡各地文人先後在尹山、金陵、虎丘召開三次大會。最後一次虎丘大會時，赴會文人達數千人以上，「大雄寶殿不能容，生公台、千人石鱗次布席皆滿，往來絲織」，①觀者嘆爲明代開國以來從未有過的盛事。陳去病是吳江人，熟悉鄉邦文獻和先輩事蹟，在創建神交社時想起這一切是很自然的。

該文又稱：

天崩地坼，雲散風流，逃社方盟，史禍遽烈。吳、潘之後，風雅式微；慎交甫萌，而漢槎塞外，愁聽悲笳。神州不祥，紀昀鐘盭，讆言一出，文網日張，三百年來，文人結社，幾與燒香拜盟同懸厲禁。

清初，東南一帶文人結社之風仍烈。一六五〇年（順治七年），吳炎（赤溟）、潘力田、顧炎武等人於松江組織驚隱詩社（又名逃之盟），吳兆騫等人於蘇州組織慎交社。一六五三年（順治十年），吳偉業聯絡慎交社等團體，繼續大會於虎丘。但是，好景不常，不久，清政府在文化上實行高壓統治。吳炎、潘力田因牽入莊廷鑨的「明史案」，在杭州被凌遲處死。吳兆騫也因另一案件被充軍到寧古塔。一六五二年（順治九年），清政府規定「生員不許糾黨多人立盟結社」，「所作文字，不許妄行刊刻，違者聽提調官治罪」。②一六六〇年（順治十七年），禮科給事中楊雍廷上疏，指責明末「社事孔熾，士子若狂」，「士風所以日壞，而人心由之不正」，要求清政府「厲行嚴禁」，「約束士子，不得妄立社名，其投刺往來，亦不許仍用社盟字樣，違者治罪」。③疏上，順治皇帝下旨：「士習不端，結訂社盟」，「相煽成風，深爲可惡，著嚴行禁止」。在《神交社雅集小啓》中，陳去病猛烈抨擊清政府的這種文化專制主義，他表示，要廣泛聯絡天下文士，論交講學。《小啓》說：

> 倘今而後，天作之合，俾江東下士，菰中病夫，得一旦強起，與天下士軒眉揚觶，把臂入林，歡然上下其議論，未可謂非千古佳話也。

與《小啓》同時公佈的還有《神交社例言》，它宣稱，「本社性質，略似前輩詩文雅集，而含歐美茶會之風。」同時表示，它歡迎下列八種人加入：一、耆儒碩彥，有詩文雜著發刊於世者；二、曾爲著名雜誌擔任撰述者；三、海內外有名之新聞記者；四、有編譯稿本爲學界歡迎者；五、留學生之得有允當文憑者；六、海內外著名學校之主任者；七、各學會之會長；八、名人後裔，能保先澤而勿失墜者。戊戌維新運動以後，東南一帶的新聞、出版、學校、學會等新興文化事業蓬勃興起，大批年輕人出洋留學。神交社例言表明，它吸納的主要對象是這批新興的知識分子，但是也容納舊式的「耆儒碩彥」和「名人後裔」。

八月九日，陳去病生日，邀請《國粹學報》主筆鄧實、黃節、諸宗元、名小說家包天笑以及朱少屏等人小飲。席上，陳去病賦《念奴嬌》詞，抒發對浙、皖起義失敗的悲憤。詞云：

「可堪捲地風潮，吳山越水兩處頻淒惻，彈斷薰琴渾不競，士氣天南如墨。祈死無靈，療愁鮮術，撫劍空嗚咽。」這實際上是一次政治集會。

十五日（夏曆七夕），神交社在上海愚園舉行第一次雅集，到陳去病、吳梅、劉三、馮沼清等十一人，一起拍了一張照，「設宴終日而散」。陳去病很高興，覺得是竹林七賢「清談」的場面再現，又覺得是當年的應社重生了。劉三賦詩道：

七月七日春申浦，一十一人秋禊遊。
一自神山理歸棹，幾曾高會揖清流？
——《神交社紀事即題攝影》

從表面上看，詩並沒有什麼特別的意義，但它隱約地透露出，當時在上海，像這樣的革命文化人的結社是罕見的。高旭、柳亞子原來都是神交社的謀劃者，但因風傳兩江總督端方將按名逮捕，這時，都躲在鄉下家中，沒有到上海與會。事後，陳去病寫信向高旭索詩，並約他重遊蘇州，高旭答詩道：

彈箏把劍又今時，幾復風流賴總持。
自笑摧殘遽如許，只看蕭瑟欲何之！

青山似夢生秋鬢，紅豆相思付酒卮。
怕聽夜烏啼不了，沼吳陳跡淚絲絲。

高旭對神交社的創建表示欣慰，希望陳去病繼承幾社、復社的傳統，主持壇坫；對重遊蘇州之約則婉謝，理由是不忍再見當年越國滅吳的陳跡。

柳亞子比高旭積極得多，他收到了陳去病寄來的神交社雅集圖後，立即提筆寫了一篇圖記，高度評價晉代憂國憂時的「新亭」名士和明末踴躍抗清的復社文人，他說：

降及勝國末年，復社勝流，風靡全國，其意氣不可一世。迨乎兩京淪喪，閩粵繼覆，其執干戈以衛社稷者，皆壇坫之雄也。事雖不成，義問昭於天壤，孰謂悲歌慷慨之流，無裨於人家國也。

板蕩以來，文武道喪，社學懸禁，士氣日熸，百六之運，相尋未已。歲寒松柏，微吾徒其誰與歸？然則此集之有圖，此圖之有記，其亦鴻爪之義歟！他日攀弧先登，孰為健者，慎勿忘此息壤也。④

柳亞子認爲，復社文人組織的抗清義軍雖然都失敗了，但他們所表現出來的凜然正氣卻是不朽的。柳亞子進一步希望，神交社能成爲生生不息的土壤，在反對清政府統治的革命戰爭中，它的成員將「身先士卒」，「攀弧先登」，成為攻城奪地的「健者」。

神交社雅集後不久，馮沼清即於九月廿二日逝世。這位熱情的年輕人和陳去病、柳亞子都是好友，因為強烈地渴望推翻清政府的統治，所以特別把自己的名字改為「沼清」。他的早夭使陳去病等非常悲傷，恰巧同時，蘇曼殊自日本回滬，住在國學保存會藏書樓，和陳去病等時而「對床風雨」，時而「酒家相談」，因而，又帶來不少慰藉。⑤

十一月，江、浙兩省人民為保護滬杭甬路權，掀起轟轟烈烈的路事運動。陳去病到蘇州組織江蘇鐵路協會，曾經寫過一首詩分寄神交社同人，可以看作是以詩的形式的通信。詩云：

無可如何姑止此，有誰心意事文章？
三杯濁酒銷秋氣，一著殘棋挽漢疆（時方從事江蘇鐵路協會及蘇府招股總匯處）。
自笑綈袍仍故我，最憐餘子盡迂狂（聞章、劉在江户開拒款會，主張勞動罷工）。
陸沉豈必關天意，亟盼中流湧一航。

——《寫懷答同社諸子》

陳去病不忍看到神州「陸沉」的悲慘場面，他殷切盼望在滔滔橫流中能出現巨大的航船，滿載中國人民駛向彼岸。

二、上海酒樓的兩次小飲

神交社成立後，除了在上海愚園舉行過一次雅集外，並未能開展什麼活動；高旭曾徵集稿件，準備出版《神交集》，也沒有成功。從一九〇八年年初起，陳去病等人再次從事結社的努力。

一九〇七年十二月，劉師培自日本回國。劉師培出身於治《春秋左氏傳》的書香門第。一九〇三年改名光漢，以示「攘除清廷，光復漢族」之志，同時又以「激烈派第一人」等為筆名，在上海報刊上發表過不少鼓吹革命的文字，算是一位有學問的革命宣傳家。他的歸來自然受到陳去病等人的熱烈歡迎。

一九〇八年初，陳去病、高旭、柳亞子、沈礪等四人在上海設宴為劉師培洗塵。席上，陳去病想起了逝世不久的馮沼清，提議完成他的未竟之志，組織文社，進行反清宣傳。有詩云：

星晨昨夜聚，豪俊四方來。
別久忘憂患，歡多罄酒杯。
文章餘老健，生死半堪哀（謂馮沼清）。

待續雲間事，詞林各騁才。

——《無畏、天梅、亞盧、嘐公翩然莽集，喜成此詩》

雲間事，指夏允彝等在松江組織幾社。「待續雲間事」，即指步武幾社的後塵，組織反清的革命文學團體。

劉師培沒有對陳去病的建議明確表態，他在《步佩忍韻》一詩中說：

老木清霜黃歇浦，故人應訝我重來。
海天歸棹人千里，江國消愁酒一杯。
盡有文章誌離合，似聞歡笑雜悲哀。
四方豪傑今寥落，越水吳山汨霸才。

大凡「左」得快的人右得也快。劉師培去了一趟日本，接受了當時最時髦的思潮——無政府主義，於是反對孫中山，大鬧同盟會，最後和自己的老朋友章太炎也吵得不可開交。這時，正準備暗中向端方自首，皈順清朝，他自然不願多談政治，只表示贊成以文章記述「離合之感」。

積極支持陳去病的是高旭。他在《次佩忍無畏韻》一詩中說：

到頭時事何堪說，地老天荒我始來。
幾復風流三百首，竹林豪飲一千杯。
盡教黃種遭奇劫，端為蒼生賦《大哀》。
尚有汨羅須蹈去，江山如此不宜才。

這裏提到了幾社、復社，提到了竹林七賢，正是神交社的老路子，他主張「端爲蒼生賦《大哀》」，爲拯救民族的危難而寫作。

柳亞子的和詩爲《海上即事次巢南、慧雲韻》：

天涯舊是傷心地，裙屐叢中我再來。
把臂恍疑人隔世，澆愁端賴酒盈杯。
琵琶天寶龜年怨，詞賦江南庾信哀。
莫管存亡家國事，酒龍詩虎盡多才。

詩中，提到了安史亂後流落江南，以琵琶訴怨的李龜年，提到了沉淪北國，寫作《哀江南賦》的庾信，顯然，在文學主張上，他是高旭的同調。

從上述陳、高、柳三人的唱和之作看，他們在結社問題上取得了一致的意見。一月十二日，陳去病等人再次聚宴於上海的一家酒樓。這次的參加者除原有的五人外，又增加了《神州日報》的主編楊篤生以及鄧實、黃節、朱少屏、張家珍、劉師培的妻子何震等六人。席上，一致同意結社。

柳亞子興奮之極，即席賦詩道：

慷慨蘇菲亞，艱難布魯東。
佳人真絕世，餘子亦英雄。
憂患平生事，文章感慨中。
相逢拚一醉，莫放酒樽空。

——《偕劉申叔、何志劍、楊篤生、鄧秋枚、黃晦聞、陳巢南、高天梅、朱少屏、沈道非、張聘齋海上酒樓小飲，約為結社之舉，即席賦此》

何震也是個無政府主義者。當時東京無政府主義刊物《天義報》即是由何震出面創辦的。所以柳亞子把她比爲蘇菲亞，而將劉師培比爲布魯東。在中國近代史上，無政府主義以它否定一切的決絕態度傾倒了不少苦於封建壓迫的年輕人，柳亞子也是如此。要認識無政府主義的本質和危害，還需要一個長期的過程。這次雅集，和神交社一樣，也拍了一張照。

高旭有詩道：

傷心幾復風流盡，忽忽于茲三百年。
記取歲寒松柏操，後賢豈必遜前賢。

余子文章成畫餅，習齋學派斷堪師。
荒江歲暮猶相見，衰柳殘陽又一時。
——《丁未十二月九日光雅集寫真，題兩絕句》

歲寒而知松柏之後凋，高旭勉勵結社同人永保氣節。他相信：「後賢」們一定會創造出比「前賢」更值得人們讚嘆的業績。清初，博野人顏元提倡「經世致用」，強調「習行」，「習動」，反對讀死書，說空話，形成著名的「習齋學派」。高旭建議以之爲榜樣，寫作於社會、國家、民族有用的文章。

大概前述五人聚會只是商量，而十一人聚會才正式決定結社，所以後者被陳去病看作是南社的權輿。他在《高柳兩君子傳》中說：「至丁未冬，復與余結南社於海上，而天下豪傑咸欣然心喜，以爲可藉文酒聯盟，好圖再舉矣。」不過，應該提出的是，高旭的詩題稱一月十二日的聚會爲「國光雅集」，可見當時還沒有出現南社的名稱。根據現存文獻資料，南社定名是在此後的幾十天內。

陳去病始終不能忘情於秋瑾。二月廿五日，他和徐自華一起在杭州西湖為秋瑾下葬並在鳳林寺舉行追悼會，同時成立紀念性的組織秋社。事畢，陳去病作詩贈給徐自華及秋社同人，並遙寄諸宗元、高旭、柳亞子等人索和。陳詩云：

岳墳于墓久荒涼，蒼水冤沉孰表章？
不信中朝元氣盡，只令兒女挽頹綱！
玄酒菉香次弟陳，衣冠如雪拜佳人。
道旁婦孺爭垂涕，道是魯連恥帝秦。
諸君高誼薄雲天，千里殷勤掛紙錢。
我為陳詞酬一斝，好將心事達重泉。
——《正月二十四日，在西泠會葬璿卿秋子，既迄事退而有作。示寄塵女士洎秋社同人，亦遙寄貞壯，天梅、亞盧索和焉》

高旭、柳亞子等均有和詩，高詩云：

胡塵滾滾待澄清，惆悵江南野史亭。
翹首天涯酹杯酒，表章義烈眼垂青。
新亭高會事成塵，痛哭荒江後死人。
十萬橫磨劍安在？憤來我亦欲逃秦。

——《巢南在西泠會葬秋女士以詩四章索和即步原韻寄覆並示秋社同人》

陳詩、高詩都發表在當時上海的報紙上。它既是對「義烈」的表彰，也是對清政府的抗議和示威。

在爲秋瑾治喪的活動中，陳去病深爲徐自華的俠義精神所感動，爲之題詩集說：

天生風雅是吾師。拜倒榴裙敢異詞。
為約同人掃南社，替君傳佈廿年詩。

——《題懺慧詩集》

這是南社一詞最早見之於文獻。稍後，柳亞子也有《海上題南社雅集寫真》詩，感嘆於人員分散，活動寥落，注稱：「南社諸子時在海上者，唯朱少屏、沈道非兩人而已。」⑥大概這一時候，陳、高、柳三人已就社名問題取得了一致意見，因而可以公之於世了。

古詩云：「胡馬依北風，越鳥巢南枝。」從日本歸國後，陳去病便很喜歡這個南字。他不僅改字巢南，而且詩集也命名爲《巢南集》。他後來解釋說：「南者，對北而言，寓不向滿清之意。」⑦定名南社，正是爲了表現他們的反清主旨。

三、陳去病的越中、嶺海之行

追悼秋瑾事畢，陳去病即應邀赴紹興府中學堂任教。紹興是秋瑾的故鄉，也是光復會的大本營。當年，秋瑾曾經和徐錫麟一起在這裏辦過大通學堂，培養了一批革命力量。陳去病到紹興後，通過學生宋琳將這批人聯絡起來，組織了一個革命團體，名叫匡社，意在以匡復中華爲志。匡社的成立，爲後來的越社打下了基礎。

在紹興期間，陳去病除去古軒亭口祭奠秋瑾外，還去宋高宗、孝宗、光宗、寧宗、理宗、度宗等六個皇帝的陵墓祭掃。他想起了北方的崇禎皇帝的陵寢，不勝傷感。五月八日，在杭州教書的劉三寫了一首詩給陳去病，邀他來共同祭掃抗清英雄張煌言墓，詩云：「爲掃南屏蒼水墓，有人號哭過江來。」陳去病讀後，很受感動，立即發信給高旭和柳亞子，要他們同來張煌言墓前一哭，兼吊秋瑾。這時，陳去病已經得到章太炎、劉師培二人反目成仇的消息，因此在信中說：

劉、章結果，弟數年前早料到。蓋兩人皆經生，鏗鏗好辯，不肯服輸，匪若吾儕終不忍以意氣壞大局也。好兄弟而如此，能無泫然？所願吾儕當日凜凜，無蹈此覆轍，而自破其貞盟也。

信中，陳去病並告訴高旭，他所起草的《南社敘》將託柳亞子抄寫寄呈，但刊行則須要見面後商量再定。

五月廿四日，陳去病趕到杭州。這一天，是南明永明皇帝被清兵殺害之日。當時，陳去病「南向哀號」，寫成《永明皇帝殉國實紀》一文，他稱這一天是「吾朱明皇帝亡國之最後日」，又是「吾皇漢民族永墮於奴隸牛馬之第一日」。陳去病不瞭解，從進入階級社會之日起，漢族中的勞動人民早就是奴隸牛馬了。辛亥革命時期的革命黨人大多對民族壓迫敏感，而遲鈍於階級壓迫，陳去病即是一例。文章表示，有剝必有復，有因必有革，號召革命黨人掌握時機，響應正在雲南河口等地發動的起義。他相信：「我高祖、列宗。永明諸皇帝在天之靈，必陰相佑之。以策成功。」⑧

七月四日（六月初六日）是秋瑾犧牲一週年紀念。陳去病準備在西湖再次召開追悼會，秋社同志徐自華、姚勇忱、褚惠僧等革命黨人紛紛集中西湖。旗人貴翰香聞訊，奔告浙江巡撫增韞。增韞準備派人緝拿。這時，正趕上革命黨人陳陶怡回國，剛到上海，就因劉師培夫婦告密，被端方派人逮捕。一時風聲緊張，陳去病接受姚勇忱等人的建議，準備南下汕頭暫避。行前，他回到故鄉同里，安排家事，又特意趕到黎里，向柳亞子告別。他寫成了六首絕句，向南社詩人索和云：

耿耿旄頭燦九天，漢家殘社幾曾延？
祝宗祈死渾無效，又向塵寰過一年。

欲為蒼生賦《大哀》，側身且向粵王台，
會看丹荔黃椒侯，萬里炎荒被髮來。

一九〇七年生日，陳去病與鄧實等人聚會時，曾有「祈死無靈」之句，眼看生日又快到了，而所事無成，還要被迫逃亡，陳去病很悲憤，因此，又有「祝宗祈死渾無效」之句。柳亞子讀後，不以陳去病的情緒爲然，寫詩慰勉道：

殘山剩水哭黃天，妖鳥餘腥總蔓延。
賴有義熙元亮在，中原不數羯羌年。

元龍湖海本無家，絕業千秋計未差。
便使此身終異域，要留文字辨夷華。
復社逃盟總舊因，網羅遺佚替傳真。
祝宗莫便輕祈死，文獻東南要此人。
——《巢南初度將及感成六絕和韻》

柳亞子希望陳去病珍重，堅持以文字反清，即使終老南荒絕域，也要堅持初衷。「文獻東南要此人」這裏有著對陳去病的殷切期待。贈詩之外，柳亞子還寫了一首《金縷曲》，爲陳去病壯行。其下半闋云：

羅浮天半山如掌，算從今飛書草檄，未須悲愴。戰血南天烽火地，應有遺蹤可訪。

廣東是宋、明末代的血戰之地，興中會成立以後，革命黨人又在這裏多次起義。柳亞子鼓勵陳去病爲義軍「飛書草檄」，並訪尋宋、明遺址。

八月，陳去病抵達汕頭，參與《中華新報》的編輯工作。編餘之暇，他果然不負柳亞子所期，奮力寫作。九月廿二日，他在一個海島上祭悼南明的隆武皇帝，有詩。十月十三日（九月十九日），是明末抗清英雄顧咸正、劉曙、錢旃、夏完淳等人犧牲之日，他又有詩。這些詩，他都寄給了柳亞子等人，柳亞子等人也紛紛和作，擬議中的南社機關刊物雖然尚未出版，但詩箋卻溝通了彼此之間的情懷。

陳去病在《中華新報》的工作卓有成效，該報迅速成爲革命黨人在嶺南的一塊重要宣傳陣地。十一月，光緒皇帝和西太后相繼去世。當月，陳去病去香港，與雲南、廣東各省革命黨人相見於中國日報社。歸途中，他興奮地賦詩道：「北極腥風動，南天熱血多。吾曹應有事，努力礪征戈。」然而，正當他奮發圖強，準備有所作爲的時候，突然接到徐自華的電報，浙江巡撫增韞勒令平毀西湖秋墓。於是，陳去病立即束裝北返，企圖挽救。十二月七日，陳去病與浙江革命黨人張恭相晤於上海。當晚，張恭被捕。

張恭被捕仍是劉師培夫婦告密的結果，這兩個叛徒爲了向端方邀寵，一次又一次地出賣自己的同志和友人。危險的是，陳去病等仍然沒有任何覺察。幾天後，徐自華等設宴爲陳去病洗塵，居然還邀請劉師培夫婦出席。一直到一九〇九年夏天，南社同人們才識破了這一對叛徒夫婦的真面目。

四、監獄內外的唱和通信

由於找不到充分的謀反證據，清政府定不了寧調元的罪，他的案子就掛了起來。在長沙獄中，寧調元辛勤讀書寫作，並與傅專、高旭等人唱和通信。一九〇七年冬，當他從傅處得悉高旭準備出版《神交集》時，曾將一批稿件寄給《國學報》的鄧實，請他轉交高旭。一九〇八年四月，《神州日報》出版一週年，高旭寫了八首詩以爲慶祝，詩云：

數枝健筆抵戈矛，震撼魔王唱自由。
東亞風潮勤鼓吹，青年有責振神州。

麟經一卷紀宗周，天喪斯文是用憂。
砥柱中流原不易，要當戳力此神州。

中原時事嘆無鳩，收拾河山仗俊儔。
旭日初開揚異彩，萬千氣象壯神州。

——《神州八章為〈神州日報〉一週年紀念而作也》

同月，寧調元從報上讀到了這八首詩，頓生空谷足音之感，於是也寫了八首詩相和，其中二首云：

鵲巢盤踞任鳴鳩，困苦王孫孰與儔？
文字有靈重禱祝，國魂復甦返神州。

峨峨八岳足高游，路險難兮愁復愁。
最後成功爭一簣，共將熱血染神州。
——《哀蟬音問隔絕一年，頃於報端見所作〈神州八絕〉，慨然和之，即為〈神州日報〉週年紀念，未審哀蟬見之，以為何似也》

可以看出，不論是唱，還是和，都表現了那個時代青年革命黨人的一腔愛國熱情，也表現了那個時代進步作家對文學作用的重視，他們渴望以自己的創作爲振興神州服務。這以後，高旭又寫了四首絕句寄給寧調元，其一云：

幾復風微憶昔賢，空山時往聽杜鵑。
支撐東南文史局，堪與伊人共此肩。
——《寄懷太一湘中》

這首詩要求寧調元和自己共同支撐東南文史的局面，可以看作是對寧調元參加南社的邀請書。寧調元讀詩之後，欣然作詩相答：

鉅艱當世幾人肩？夜雨魂銷蜀道鵑。
幾復風流已千古，後生莫漫漫擬前賢。
——《接哀蟬書並寄懷詩四首，即次韻以答之》

同時，寧調元又在信中告訴高旭，自己應傳專之約，已寫就了《南社序》。他並建議，出版機關刊物《南社》時可不必列插畫和文選，而應「添論著一門，專述列代詩運之盛衰及其源流；添傳記一門，專爲列代詩人作小傳；此外則詞話、詩話不可少也。」⑨關於雜誌的原則，他主張「保神州之國粹」。儘管寧調元對孔學採取激烈的批判態度，但是，在對中國傳統文化的態度上，他也無法擺脫盛行一時的國粹派的影響。

由於陳去病遠在汕頭及其他原因，《南社》一直未能出版。五月三十一日，寧調元致函高旭，詢問主持《南社》其事者「約有幾人」。⑩六月廿三日，再次寄書高旭，要求在《南社》出版後「幸速寄我一閱爲感」。⑪七月，他又一次寄書高旭，告以擬發展張漢英、唐群英兩位女性爲社員，並問：「稿已編定否？出版有期否？」⑫寧調元此時雖然是清政府的階下囚，但整個身心都在繫念著革命和革命文學事業。

五、成立宣言

陳去病回到上海，照理建立南社的工作可以加緊進行了。然而，天有不測風雲。一九〇九年春，陳去病因腿疾住進醫院，而且這一病就是半年。直到八月份，才恢復出院，回鄉休養。不久，到蘇州，受聘於電報局內張宅，任家庭教師，在此期間，葉楚傖代替陳去病，赴汕頭主持《中華新報》；于右任在上海辦起了《民呼報》，以「大聲疾呼，爲民請命」爲宗旨。該報社長爲于右任，編輯爲范光啓、徐血兒、王旡生。這是繼《神州日報》之後上海出現的又一份革命黨人的報紙。柳亞子、高旭、蘇曼殊、徐自華、謝無量等人紛紛爲之提供稿件，革命文化界頓形活躍。但是《民呼報》只辦了不到三個月，就被迫停刊。

十月三日，于右任以頑強不屈的毅力再創《民吁報》，只是社長改以范光啓出面，其他工作人員爲：發行人朱少屏，總編輯景耀月，編輯王旡生、楊天驥、談善吾，文苑欄的作者則仍然是柳亞子、高旭等一批人。這樣，報紙雖然改了名，卻完全不改舊觀。

這一時期，也有一件使柳亞子等人不舒心的事，這就是劉師培夫婦的公開投降清政府。八月，端方由兩江改督直隸，隨員名單中出現了劉師培的名字。這一對夫婦的叛變終於得到證實。高旭打開當年在上海酒樓相約結社時所攝的照片，激憤地寫下了兩首詩：

今賢那識古賢心，幾復風流何處尋？
富貴於儂本無分，聊將皓月證初襟。
殘陽疏柳黯魂銷，吟到河山慘不驕。
畢竟經生成底用，可憐亡國產文妖。

——《重觀海上寫真成兩章》

誰也不會想到，當年在上海、東京等地高喊「反滿」的「劉光漢」會變得如此之快，高旭更想不通，這個「劉光漢」世代研究經書，熟悉《春秋》大義，怎麼會突然匍匐在滿洲貴族的腳下。古人云：「國之將亡，必有妖孽」，清王朝快亡了，劉師培大概就是這個時期的「文妖」吧！

大約就在這以後，陳去病、柳亞子等決定在蘇州虎丘召開南社成立會。十月初，俞鍔（劍華）自日本回國，到黎里訪問柳亞子。二人原是《復報》時期的老朋友，一別三年，見面時分外興奮，一起歡聚了十天。臨別時，柳亞子堅約俞鍔參加擬議中的「吳門雅集」，作詞送別道：

碧雲黃葉天無際，慘離筵丁寧後約，情何能已。雅集吳門期不遠，饒有風流況味。

便縱有高歌休去，大醉可中亭畔月，好狂呼幾復騷魂起。重記取，別時意。

——《金縷曲》

雖然雅集尚未舉行，但柳亞子已經想像屆時在可中亭畔高歌痛飲，召喚「騷魂」的「風流況味」了。

十月十七日，高旭在《民吁報》上發表《南社啓》，公開表白結社主旨。該文稱：

國魂乎，盍歸來乎，抑竟與唐、虞、姬、姒之版圖以長逝，聽其一往不返乎？惡！是何言？是何言？國有魂，則國存；國無魂，則國將從此亡矣。夫人莫哀於亡國，若一任國魂之漂蕩失所，奚其可哉！然則國魂果何所寄？曰寄於國學，欲存國魂，必自存國學始。而中國國學中之尤可貴者，端推文學，蓋中國文學為世界各國冠，泰西遠不逮也。而今之醉心歐風者，乃奴此而主彼，何哉！余觀古人之滅人國者，未有不先滅其言語文字者也。差乎痛哉！伊呂倭音，迷漫大陸，蟹行文字，橫掃神州，此果黃民之福乎！

「國魂」，辛亥革命時期曾是一個使不少仁人志士熱血沸騰的名詞。它表現了對自己國家，民族及其精神、文化的深厚感情。高旭呼喊「國魂」，主張「存國學」，具有抵抗帝國主義文化侵略、光大民族文化的積極意義。但是，民族文化中既有光輝的瑰寶，也有必須滌洗的污濁；它須要繼承，尤其須要吸受外來文化的精粹，根據新的現實需要加以革新和發展。籠統地號召「保國學」，將易於窒息新機，流於固步自封，抱殘守闕。這一點，在南社和近代中國文化的發展中，可以清晰地得到證明。

十月廿七日，《南社例》十八條公佈。它明確地規定了南社作爲文學團體的性質。條例稱：「品行、文學兩優者許其入社。」「社員須不時寄稿本社，以待刊刻。」「所刊之稿即署名《南社》。寄稿限於文學一部，不得出文學之外。」值得注意的是，它在社員內部提倡心平氣和的討論，聲稱「各社員意見不必盡同，但敘談及著論可緩辯而不可排擊，以杜門戶之見，以絕爭競之風」。⑬但是，後來的事實表明，它並未能始終遵循這一原則。

十月廿八日，陳去病發表《南社詩文詞選序》，將南社比擬爲「遭逢坎坷」、「志屈難伸」的遺民、逸士。序言稱：

> 每相逢其痛哭，或獨往而迢遙。時從詹尹卜居，輒向祝宗祈死。黃冠野服，驚看方外之人，局地蹐天，如無窮之恨。⑭

序言號召社員效法屈原、賈誼、謝翺等人，寫傷時憂國的「不得已」之作。它說：

抑或攬髦丘之葛，重慨式微；采首山之薇，將歸曷適？竹石俱碎，淒淒朱鳥之吟；陵闕何依，黯黯冬青之樹。吊故家于喬木，廈屋山丘；尋浩劫於殘灰。銅駝荊棘。此不得已者又其一也。⑮

這一段話，寫得十分隱晦曲折，但熟悉中國文學歷史的人一眼就可以看出，這是在號召人們抒發「故國」之恩，反對清朝統治。

十月廿九日，寧調元發表《南社詩序》，闡明南社命名的意義在於「鐘儀操南音，不忘本也」。他說：

《樂記》道之曰：「治世之音安以樂，亂世之音怨以怒，亡國之音哀以思。」故哀樂感乎心，而詠嘆發於聲。斯編何音？斯世何世？海內士夫庶幾曉然喻之而同聲一慨也夫！⑯

當時還處在清政府的統治下，這個政府雖然既腐敗又衰弱，但是，它還是可以隨時採取措施，無情地對付幾個手無寸鐵的文人。因此，寧調元的話也說得很含蓄，但是，它所表達的意思還是十分清楚的。

高旭的《南社啓》、陳去病的《南社詩文詞選序》、寧調元的《南社詩序》，都是長期經營的作品，它們實際上是南社的成立宣言。可以看出，它們共同響徹著一個主旋律——反清。清政府對內鎮壓，對外投降，是封建主義和帝國主義的集中代表。南社作家主張以文學爲這一政治鬥爭服務，反映了時代和民族的需要。但是，中國近代民主革命的任務是反帝反封建，而不只是反對清政府，在文學上的任務則是推陳出新，創建反映新興階級思想和感情的反帝反封建的新文學，而不是「保國學」。從這些意義上，上述宣言就顯得不足、片面和保守了。

十一月六日，陳去病發表《南社雅集小啓》，向社會各界公開宣布了召開南社成立會的時間和地點。《小啓》以優美的筆觸描寫了嚴冬統治下春意的萌動：

> 孟冬十月，朔日丁丑，天氣肅清，春意微動。詹尹來告曰：重陰下墜，一陽不斬，芙蓉弄妍，嶺梅吐萼。微乎微乎，彼南枝乎，殆生機其來復乎？⑰

上海、南京、松江、蘇州等地的文化人迅速看到了這份別具特色的通知，不少人打點行裝，準備赴會。久已沉寂的虎丘張國維祠就要迎接一批虔誠的瞻仰者了。

（原載《辛亥風雲與近代中國》，貴州人民出版社，一九九一。）

①《復社紀略》卷二。

②《松下雜鈔》卷二。

③《黃門奏疏》卷上。
④《南社》第一集。
⑤陳去病《曼殊軼事》，稿本。
⑥《磨劍室詩詞集》上冊，上海人民出版社，第六十一頁。
⑦《太平洋報》，一九一二年十月十日。
⑧《民報》第廿三號。
⑨見《太一箋啓》，《太一遺書》。
⑩見《太一箋啓》，《太一遺書》。
⑪見《太一箋啓》，《太一遺書》。
⑫見《太一箋啓》，《太一遺書》。
⑬見當日《民吁報》。
⑭見當日《民吁報》。
⑮見當日《民吁報》。
⑯見當日《民吁報》。
⑰見當日《民吁報》。

陳去病評傳

陳去病，原名慶林，字佩忍，又字巢南、病倩，別號垂虹亭長。筆名有季子、醒獅、大哀、南史氏、有嬀血胤、東陽令史子孫等。同治十三年（一八七四）七月初一出生於江蘇省吳江縣同里鎮。祖上世代經營榨油業。他是辛亥革命時期的重要文學家，革命文學團體南社的發起人，著有《洗歌堂詩鈔》等。

一、從維新到革命

陳去病是遺腹子，自幼靠母親教育。七歲入塾，二十二歲考中秀才。當時，正值中日甲午戰爭之後，陳去病感懷時事，詩中已有「北海血千里，腥風吼石鯨」之語。一八九八年，在同里組織雪恥學會，響應維新運動。參加者有柳亞子的父親柳念曾等四十餘人。「雞鳴風雨，磨礪一堂」，活動一直延續到義和團運動興起之後。一九〇二年，參加蔡元培等發起的中國教育會，組織同里支部。一九〇三年新春，決定赴日留學。教育會在炮竹紛飛之際為陳去病餞行，熱烈的鼓勵和深情的祝福使他倍受感動。告別故鄉前，陳去病慷慨賦詩：

長此樊籠亦可憐，誓將努力上青天。
夢魂早落扶桑國，徒侶爭從俠少年。
寧惜毛錐拼一擲，要須仗劍歷三邊（擬從朝鮮趨東三省以探察露西亞近狀）。
由來孤矢男兒事，莫負靈鰲快著鞭。
——《將遊東瀛賦以自策》

中國歷代的有志之士一向鄙視以家庭爲安樂窩，而主張「桑弧蓬矢，志在四方」。近代中國，民族的危難更促使大批愛國者遠渡重洋，出外尋找救國真理。這一年，陳去病雖然已經年近三十，但他仍然滿懷豪情，決心和毛頭小夥子們一起離鄉背井，踏上新的生活道路。

到了日本，陳去病最初的印象是新奇，然而，很快就體會到了一個弱國國民的辛酸，使他感到中國必須發奮圖強。某日，東京突然遭到暴風雨的襲擊，頃刻間烏雲密集，天昏地黑，而在雨住風停之後，又晴曦普照，分外光明。陳去病在欣賞這雨後佳境的時候，悟到了一個道理，提筆寫道：

大凡物腐敗，則必多棄遺。
譬如室朽壞，必拆而更治。

何者當改革，何者須遷移。
巨者或鋸之，細者或鑿之。
其尤無用者，拉雜摧燒之。
循是一變置，輝煌乃合宜。
——《東京雨後寓樓倚望》

不經暴風雨的洗刷，不會有雨後特有的清新；不經摧枯拉朽的破壞，不會有輝煌壯麗的新建。詩中，陳去病表示，要不顧守舊者的反對，勇往直前。

四月廿四日，傳來了一個驚人的消息：廣西巡撫王之春爲鎮壓會黨準備向法國借兵借款，答應事平之後，將全省的電線、鐵道、礦產權送與法人。陳去病立即寫了一首《警醒歌》：

警警警，白禍燃眉鹿走鋌。醒醒醒，龐然巨獅勿高枕。
奮奮奮，偉大國民莫長病。興興興，捨身救國為犧牲。

這是當時的一種格律不嚴的「新派詩」，短促的音節反映出陳去病急迫的救亡心情，他在給國內教育會同人寫信時說道：

「霍去病曰：『匈奴未滅，何以家為？』夫霍氏當漢隆盛之朝，禦塞外飄忽之寇，與今時局，難易判然，而尚發此慷慨義憤壯烈激切之言，此其氣象何等雄邁，其公德心何等恢廓！況生當叔季，時值淪胥，強俄瞰北，英唆於西，法、日圖南，德據東海，匪我族類，實逼處此，瓜分之慘，行將實驗，使霍氏遭此，不知其當若何痛心，拚與一決！」①

陳去病宣布，他要以霍去病爲榜樣，擔起天下興亡的重任，自此，即以去病爲名。

第二天，東京中國留學生召開拒法大會。廿九日又召開了拒俄大會。一九〇〇年，沙俄乘義和團運動之機，武裝搶佔我國東北三省。到了這一年四月，沙俄不僅仍然拒不撤兵，並且提出新的侵略要求。年輕的留學生們義憤難遏，拒俄大會上，很多人發表了慷慨激昂的演說，不少人表示要組成義勇隊，開赴東北前線，和侵略軍決一死戰。在一片愛國獻身的吶喊中，陳去病揮筆簽名。拒俄義勇隊迅速組織起來了。然而，萬萬沒有料到，清政府卻以「名爲拒俄，實則革命」爲名，陰謀鎮壓。這使愛國的留學生憤怒到了極點。六月廿五日，江蘇同鄉會的雜誌《江蘇》第三期上發表了兩幅插圖，題爲《中國民族始祖黃帝之像》和《明太祖陵》。後者的背後，有一首題圖長詩，歌頌朱元璋滅元興明的功績。同時發行的第四期又發表了《爲民族流血史可法像》和《中國鄭成功大破清兵圖》。在鄭圖的背後，也有一首長詩，歌頌鄭成功抗清的英雄事蹟。這期雜誌上，還刊出了一篇署名季子的文章，批判清政府對外投降，對內鎮壓的反動政策，認爲長此以往，中國必將瓜分豆剖，陷入萬劫不復的慘境。文末呼籲道：

革命乎！革命乎！其諸海內外英材傑士，有輟耕隴畔而憮然太息者乎？則予將仗劍從之矣。

這是在明確地表示，只要有陳勝一流人物揭竿而起，作者就將毅然投身這一行列。上述兩首題圖詩和文章的作者都是陳去病。

二、提倡戲曲改良

一九〇三年夏秋間，陳去病回到上海，任愛國女學教師。十月廿八日（夏曆重九），他有詩贈人道：

慘澹風雲入九秋，海天寥廓獨登樓。
淒迷鸞鳳同羅網，浩蕩滄瀛阻遠遊。
三十年華空夢幻，幾行血淚付泉流。
國仇私怨終難了，哭盡蒼生白盡頭。

——《重九歇浦示侯官林獬、儀真劉光漢》

當時，正是「蘇報案」之後，章太炎和鄒容都被清政府關在牢中，上海的革命運動處於沉寂狀態。陳去病撫時感事，不禁惆悵萬端。本詩以淒清的秋色和寥廓的海天爲背景，寫主人公年華虛度而不能有所作爲的悲哀，情景交融，是陳詩中的上乘之作。

一九〇四年夏，陳去病應蔡元培之邀，出任《警鐘日報》編輯。這是繼《蘇報》之後上海又一份著名的革命報紙。到報社不久，陳去病即因工作關係結識了京劇名演員汪笑儂。他當時正在演出新戲《瓜種蘭因》。該劇根據《波蘭衰亡史》改編，寫土耳其入侵波蘭，波蘭戰敗求和，割地賠款。名爲外國史事，實際上處處影射清政府。緊接著，汪笑儂又演出了清初名劇《桃花扇》。陳去病大爲欣賞。時間雖然已經過去了二百多年，但是，孔尚任所描寫的南明興亡史仍然引起了陳去病的強烈共鳴。

汪笑儂的藝術實踐使陳去病認識到，戲劇是一種有力的宣傳工具。一九〇四年八月，陳去病在《警鐘日報》上發表了《論戲劇之有益》一文。該文鼓勵青年革命黨人深入梨園，與戲劇藝人結合，編演宣傳革命思想的新戲。文章說：

> 此其奏效之捷，必有過於勞心焦思，孜孜矻矻以作《革命軍》、《駁康書》、《黃帝魂》、《落花夢》、《自由血》者殆千萬倍。彼也囚首而喪面，此則慷慨而激

昂；彼也間接於通人，此則普及於社會。對同族而發表宗旨，登舞臺而親演悲歡，大聲疾呼，垂涕以道。此其情狀，其氣概，脫較諸合眾國民在北米利堅費城府中獨立廳上高撞自由之鐘，而宣告獨立之檄文，夫復何所遜讓？

散文和戲劇各有其特點，因而也各有其作用。陳去病認爲，革命戲劇的作用要高出鄒容的《革命軍》等千萬倍，這自然是誇大，但是，戲劇是通過演員表演，訴諸觀眾聽覺和視覺的綜合藝術，確有一般文學作品所不具有的感染力。

陳去病特別指出，戲劇易於爲下層群眾所接受和理解。他說：

> 舉凡士庶工商，下逮婦孺不識字之眾，苟一窺睹乎其情狀，接觸乎其笑啼哀樂，離合悲歡，則鮮不情為之動，心為之移，悠然油然，以發其感慨悲憤之思而不自知；以故口不讀信史，而是非了然於心，目未睹傳記，而賢奸判然自別。

閱讀文學作品，必須具有一定的文化水準，而欣賞戲劇演出則無此限制，它可以使不識字的人在潛移默化中接受教育。陳去病重視戲劇，其奧秘正在這裏。

爲了進一步提倡「新戲」，陳去病於一九〇四年十月初發起出版《二十世紀大舞臺叢報》。《招股啓並簡章》稱：考慮到「時局淪胥，民智未迪，而下等社會尤如獅睡之難醒」，因此，準備效法東西方各文明國的開通風氣之士，創辦一份叢報，將戲劇改良的消息佈告通國，從而「普及一般社會之國民」。

在中國封建社會中，文學是地主士大夫的專利品，很少有人考慮人民的要求。近代中國的新型知識精英們為了爭取群眾，提出普及問題，這是一大功績。但是，正像他們鄙視人民群眾，稱之為「下等社會」一樣，他們也並不真正重視群眾文藝，所以往往在提倡了一陣之後，就銷聲匿跡了。

就在招股啓事和簡章刊佈的同月，一份新的戲劇雜誌出現在讀者面前。該刊分圖畫、論著、傳記、班本、小說、叢談、詼諧、文苑、歌謠、批評、紀事等欄，其中《安樂窩》一劇，規定以女丑扮演慈禧太后，尖銳地譴責她窮奢極欲，不管民間死活、不顧國家淪亡。當時，西太后還執掌著大政，正在慶祝七十壽辰，發表這樣的劇本需要極大的勇氣。

《叢報》是近代中國最早的戲劇刊物，共發行兩期。陳去病是編輯兼主要撰稿人。發表的作品有《告女優》、《南唐伶工楊花飛別傳》、《日本大運動家名優宮崎寅藏傳》、《舞臺掌故》、《軒渠志》及新排時事壯劇《金穀香》等。

由於陳去病的積極提倡，上海新戲演出頓形活躍。除汪笑儂外，孫菊仙、熊文通、朱素雲、時慧寶、夏月珊、夏月潤弟兄等都投入了演出。

陳去病的活動得到了革命黨人的讚賞。香港《中國日報》載文介紹《二十世紀大舞臺》，認為它「精神高尙，詞藻精工，歌曲彈詞，自成格調，讀之令我國家、民族之思想，悠然興發」。有人甚至稱陳去病、汪笑儂爲「偉人」，表示要「愛之、服之、鞠躬屈膝、五體投地而崇拜之」。

在近代新型知識精英中，最早重視戲劇的是梁啓超，他於一九〇二年發表《劫灰夢傳奇》，後來又寫作《新羅馬傳奇》和《俠情記傳奇》。但是，真正從理論上闡明戲劇的社會教育作用，創辦雜誌，並和藝人發生密切聯繫，切實推進其改革的，不能不首推陳去病。

三、奔走於蘇、皖、浙、粵之間

《警鐘日報》和《二十世紀大舞臺》的革命傾向日益引起中外反動派的注意。一九〇五年三月廿五日，報館被封，陳去病被迫回鄉，先後任教於蘇州蘇蘇女學和鎮江承志中學。

還在從日本回國之初，陳去病就曾輯錄《揚州十日記》、《嘉定屠城記》等幾種野史，繪圖加批，編爲《陸沉叢書》出版。此後即潛心研究明清之際的歷史，大量收集明末文人和抗清志士的著作。明末時，吳江有個大英雄叫吳易。一六四五年起兵抗清，以太湖爲根據地，幾次大敗清兵。一六四六年被捕，在杭州草橋門被凌遲處死，陳去病將他的遺稿整理成書，定名爲《吳長興伯遺集》。

吳江還有位志士叫吳炎。他在明亡後遁跡湖州山中，組織逃之盟（驚隱詩社），成員有顧炎武，歸莊等百數十人。一六六三年，因受莊廷鑨《明史》案牽連，在杭州弼教坊被清政府凌遲。陳去病也將他的作品整理成書，定名爲《吳赤溟先生遺集》。

一九〇六年，陳去病到徽州府中學任教，和後來成爲繪畫大師的黃賓虹共事。他們一起組織了一個革命團體，取名黃社，以繼承明末進步思想家黃宗羲的學風和文風。盟詞是：「遵梨洲之旨，取新學以明理，憂國家而爲文。」②這是陳去病組織文社的開始。

在徽州期間，陳去病又完成了兩部著作。其一爲《煩惱絲》，敘述清初漢族人民抗拒薙髮蓄辮的史實；其二爲《五石脂》，敘述東南志士的抗清逸事，兼錄詩文。

一九〇七年，陳去病回到蘇州。舊曆清明，他和高旭、劉三、朱少屏、沈礪等人遊覽虎丘，憑弔張國維祠。張國維是明末抗清將領之一，曾在浙江東陽等地與清軍苦戰，失敗後沐浴冠服，從容投水。陳去病在《天仙子》一詞中寫道：

> 短艇輕橈隨處艤，又到中丞香火地。神鴉社鼓不成聲，哀欲死，無生氣，入門撮土為公祭。
>
> 痛飲黃龍今已矣！亮節孤忠空齎志。滿園花木又飄零，餘碧水，向東逝（祠在綠水灣），盈盈酷似傷心淚。

這次憑弔，埋下了後來南社在該處召開成立會的因子。

憑弔張國維祠的同月，陳去病開始編著《明遺民錄》。這是一部大型傳記總集，原計劃很大，但實際上只發表了孫奇逢、顏元、傅山等四十二人的傳記。陳去病歌頌了他們臨危不懼、臨難不苟的凜然大節，但是，也籠統地肯定了他們的忠君觀念。

同年春，陳去病到上海主持國學保存會，編輯《國粹學報》。七月，浙皖起義失敗，秋瑾殉難。陳去病想在上海爲秋瑾召開追悼會，被人所阻，便於八月十五日（夏曆七月七日），邀集吳梅、劉三、馮沼清等十一人組織神交社，以論文講學爲名聯絡革命知識分子。曾準備刊行《神交集》，未成。一九〇八年初，陳去病在上海的一次宴會上，再次提議組織文社，賦詩道：

星辰昨夜聚，豪俊四方來。
別久忘憂患，歡多罄酒杯。
文章餘老健，生死半堪哀（謂馮沼清）。
待續雲間事，詞林各騁才。
——《無畏、天梅、亞盧、嵺公翩然萍集，喜成此詩》

雲間，今松江；雲間事，指明末夏允彝等在雲間組織幾社。「待續雲間事」，即指步武幾社的後塵，組織反清的革命文學團體。與會的高旭、柳亞子、沈礪等贊同陳去病的建議，劉師培也模糊地表了態。

一月十二日，陳去病等再次聚宴於上海的一家酒樓，除原有的五人外，又增加了《神州日報》的主編楊篤生、《國粹學報》的鄧實、黃節等六人。席上，一致同意結社。這次集會，成爲南社的權輿。後來，陳去病在《高柳兩君子傳》中說：「至丁未冬，復與余結南社於海上，而天下豪傑咸欣然心喜，以爲好藉文酒聯盟，好圖再舉矣。」③即指此事。

陳去病始終不能忘情於秋瑾。二月廿五日，他和徐自華一起在杭州西湖爲秋瑾下葬，並在鳳林寺舉行追悼會，同時成立紀念性的組織秋社。在這一過程中，陳去病既爲徐自華的俠義精神所感動，又傾倒於她的文采，爲之題詩集說：

天生風雅是吾師，拜倒榴裙敢異詞。
為約同人掃南社，替君傳佈廿年詩。
——《題懺慧詩集》

這是南社一詞最早見之於文獻。古詩云：「胡馬依北風，越鳥巢南枝。」從日本歸國後，陳去病就很喜歡這個南字，他不僅改字巢南，而且詩集也命名爲《巢南集》，他後來解釋說：「南者對北面言，寓不向滿清之意。」④定名南社，正是爲了表現他們的反清主旨。

不過，南社並沒有馬上成立起來。追悼秋瑾事畢，陳去病即應邀赴紹興府中學堂任教。在那裏，陳去病通過學生宋琳，又組織了一個革命團體，取名匡社，意在以匡復中華爲志。七月四日，陳去病再到杭州，準備紀念秋瑾成仁一週年，被清政府注意。這時，又正好趕上同志陳陶怡被捕，一時風聲緊張。陳去病接受同志建議，南下汕頭暫避。行前，他回到故鄉同里，安排家事，有詩贈妻子道：

惻惻中原遍罻羅，側身天地一娑婆。
圖南此去舒長翮，逐北何年奏凱歌？
短鋏獨攜當僕健，孤雛將護賴君多。
補天填海千秋事，莫漫傷春賦綠波。

——《圖南一首賦別》

詩人面對的現實是：遍地網羅，隨時有被捕以至犧牲的危險，然而，詩人卻豪情滿懷，渴望著展翅奮飛，補天填海。詩中有兒女情，但主調則是英雄志，確是當時革命黨人精神世界的生動寫照。

陳去病去汕頭走的是海道，舟出吳淞時有詩道：

舵樓高唱大江東，萬里蒼茫一覽空。
海上波濤回蕩極，眼前洲渚有無中。

雲磨雨洗天如碧，日炙風翻水泛紅。
唯有胥濤若銀練，素車白馬戰秋風。
——《中元節自黃浦出吳淞泛海》

詩人筆下的自然常常反映出詩人的胸襟和性格。本詩通過大海、碧空、驚濤所組成的壯闊畫面，表現出詩人一腔昂揚激越的戰鬥情懷。

到汕頭後，陳去病即參加《中華新報》編輯工作，迅速使它成爲革命黨人在嶺南的重要宣傳陣地。其間，他曾有機會登崖門，訪尋南宋抗元遺址，寫出了《崖門四律》等作品，蒼涼悲壯而又淒惋深沉，是陳去病懷古詩中的代表作品。

一九〇八年十二月，陳去病得到清政府準備平毀西湖秋瑾墓的消息，立即束裝北歸。

四、主盟南社

由於陳去病南下汕頭，南社的組建陷於停頓。陳去病北歸後，又不幸生了腿病，住院醫療，直到一九〇九年八月，出院到蘇州張家授館，南社成立的時機終於成熟。

一九〇九年十月十七日，上海《民吁報》登出高旭的《南社啓》。廿八日，登出陳去病的《南社詩文詞選序》。在該文中，陳去病提倡寫「不得已」之作，或如屈原「湘水沉吟」，或如賈誼「江南愁嘆」，或如謝翶「西台痛哭」，都是在國家危殆、社稷滄桑時由衷發出的悲涼慷慨之音。考慮到本文是公開發表之作，陳去病沒有將反清的目的寫得很顯豁，但是，字裏行間，人們仍然可以領略到他的意旨：

抑或攬髦丘之葛，重慨式微，採首山之薇，將歸曷適？竹石俱碎，淒淒朱鳥之吟；陵闕何依，黯黯冬青之樹。吊故家於喬木，廈屋山丘；尋浩劫於殘灰，銅駝荆棘。

熟悉中國文學歷史的人一眼就可以看出，這是在號召作家們抒發「故國」之思，反對清朝統治。

十一月六日，陳去病在《民吁報》上刊出《南社雅集小啓》，公開宣布召開成立會的日期和地點。《小啓》以優美的筆觸描寫了嚴冬統治下春意的萌動：

孟冬十月，朔日丁丑，天氣肅清，春意微動。詹尹來告曰：重陰下墜，一陽不斬，芙蓉弄妍，嶺梅吐萼。微乎微乎，彼南枝乎，殆生機其來復乎？

十一月十三日，南社成立會在明末復社文人的活動地點——蘇州虎丘召開。到會柳亞子等十幾人。會址在綠水灣頭的張國維祠。會上，決定編輯《南社叢刻》，陳去病當選為文選編輯員。

成立會上關於文學的爭論是熱烈的。現存資料中沒有記載陳去病發表了怎樣的見解，人們只知道，他在會下表示同意柳亞子的主張，提倡唐詩，反對清末以模仿宋詩為主的同光體，柳亞子曾寫了一首詩贈他，題中有「時流論詩多騖兩宋，巢南獨尊唐風，與余相合」之語。直到一九一〇年一月，陳去病才在《病倩詞話》中較多地闡述了自己的藝術觀。他說：「近代詞人惟定庵龔氏足以名家，此外雖作者林立，然終屬規行矩步，依人作計，以為能事略盡此矣，從無有越出恒軌，而拔戟自成一隊者。」他反對當時推崇南宋詞人吳文英的常州詞派，批評其「隸事僻奧，摛詞窒塞，有類射覆，無當宏旨，雖使閱者終篇畢覽，亦瞢然莫明其妙」。⑤

在散文寫作上，陳去病推崇王夫之、黃宗羲、顧炎武三家，曾經編選三人文章為《正氣集》。他憎惡桐城派，認為他們的作品「空談義理，俚淺不根」。⑥

革命派登上政治舞臺後，文化戰線上的鬥爭加劇。陳去病反對同光體，常州詞派和桐城派，與柳亞子完全一致，反映了革命黨人在文學領域內微弱的反封建要求。

陳去病的文化思想也有重大缺陷，這就是輕視「俚俗」。他認為，「俚俗」之作只可用來警醒世人，而不能成為輝煌的傳世巨製。因此，他雖然寫過白話文，但是，寫起《南社詩文詞選序》一類文章來，仍然要駢四驪六。其實，這種形式主義的體裁早就應該淘汰了。

一九一〇年春天，陳去病到杭州任教於浙江高等學堂。四月十七日，介紹原紹興府中學堂學生宋琳加入南社。當時，宋琳正醞釀在原匡社的基礎上組織越社。此後不久，越社成立，魯迅、范愛農等均成爲社員。在《越社成立敘》中，陳去病號召革命黨人力挽狂瀾，挽救危難中的祖國。他說：「惟夫君子稟百折不回之志，嬰至艱極巨之任，毅然決然而無所恐怖，於是經歷險阻，備諸困厄，而泰乎如履坦夷之途，斯其所由回劫運而貽衽席也。孰謂天定勝人而人定不可以勝天哉？蓋亦視乎人而已矣。」⑦在天人關係上，歷來有兩種對立的看法。相信人力可以勝天，這是新興力量的樂觀主義。

一九一一年六月，陳去病離開杭州返鄉，創辦《蘇蘇報》。

五、抒發理想破滅的悲哀

陳去病的《蘇蘇報》並沒有辦多久。十月十日，黃鶴樓邊響起了推翻清王朝的炮聲。十一月六日，蘇州獨立。陳去病應江蘇都督程德全之邀，創辦《大漢報》。發刊詞稱：「革命哉！革命哉！二十世紀之中國，真我黃帝子孫發揚蹈厲之時日哉！」他表示，要通過報紙「張吾民族之氣而助民國之成，並提倡民生主義，以亟圖社會之升平，獲共和之幸福。」⑧此後，他爲報紙撰寫了一系列文字，反對和袁世凱妥協，主張北伐。十二月二十一日，《大漢報》停刊。同月，魯迅等越社同人在紹興籌辦《越鐸日報》。一九一二年一月，陳去病至紹興任該報總編輯。六月，改任杭州《平民日報》總編輯，並在該報設立南社通訊處。

武昌起義、民國建立使陳去病興奮過，但是，烏雲很快就壓上了他的心頭。一九一三年三月，宋教仁被袁世凱派人刺殺，陳去病在《哭鈍初》一詩中寫道：

柳殘花謝宛三秋，雨闇雲低風撼樓。
中酒懨懨人愈病，思君故故日增愁。
豺狼當道生何益？洛蜀紛爭死豈休？
只恐中朝元氣盡，極天烽火掩神州。

雖然正當春日，但陳去病已有「柳殘花謝」之感。詩人當時還弄不清楚宋案的真相，但他已經敏感地意識到，戰爭可能再起，中國將再一次進入多事之日。

四月廿七日，陳去病、高旭等人在北京的畿輔先哲祠舉行雅集，分韻賦詩，抒發對袁世凱統治的憤懣，並悼念宋教仁。同時，陳去病在北京，見到了《國粹學報》時代的老朋友黃節，兩人都已鬢髮花白，不禁無限感慨。陳去病贈詩道：

六年不見黃叔度，執手驚看鬢鬢蒼。
與語前塵多惝恍，為談時事只悽惶。
龍蛇戰野宜沉隱，虎豹當關敢稱量。
惟有蓴鱸歸去好，秋風斜日滿江鄉。

——《京師重晤黃晦聞》

往日詩中那種慷慨壯烈的調子不見了，代之以淒惻低沉的哀怨之音，這是袁世凱時代高壓統治的反映，也是經歷了勝利的喜悅而又陷入迷茫的革命黨人心態的表現。

這一年，黃興在南京發難討袁，陳去病曾任江蘇討袁軍秘書，爲黃興起草文檄。但是，由於脫離群眾，討袁軍事很快失敗。這以後，陳去病的詩中經常交織著奮鬥與退隱的矛盾。有時，他寫道：

世事隨流轉，雄心帶淚並。
何當謝鄉國，攬轡事澄清？

——《夜過分湖，一路看月出谷水》

有時，他又寫道：

我亦年來戀破扉，著書徒遣蠹魚肥。
滄桑幾度經來慣，那復能令海嶽飛？

十月滄江天正寒，澆愁惟覺酒樽寬。
一池春縐渾閒事，忍向東風側眼看！
——《述懷疊前韻》

無數仁人志士捨生忘死地爲「民國」奮鬥，然而建立起來的「民國」卻是這樣一種現實，自然是令人失望而憤懣的。陳去病的上述詩作，貌似閒適，實際上，鬱積著無限的辛酸。

一九一六年六月六日，袁世凱斃命，復辟醜劇收場。七日，黎元洪繼任總統，在「共和」的招牌下繼續北洋軍閥的統治，這當然不能使陳去病振奮。十一月十二日，南社在北京舉行臨時雅集，陳去病賦詩道：

香南雪北又重來，感逝懷人亦可哀。
事有從違須佩玦，胸多塊壘且銜杯。
登高合賦哀時命，濟世誰為大雅才？
惆悵西山晴雪滿，莫嫌雙鬢已皚皚。
——《重上京華示諸同志》

詩中仍然有憤懣，但「濟世」之志顯然又在勃發。陳去病終究是個憂國憂時的志士，不會長期甘心於「著書徒遺蠹魚肥」的生活的。

一九一七年七月，張勳擁廢帝溥儀復辟，下詔命清室遺臣鄭孝胥等迅速入京。恰在同時，南社中有人狂熱地爲鄭孝胥等鼓吹，認爲他們的詩「窮愁抑鬱，苦語滿紙」，「語意之間莫不憂國如焚」。⑨此事引發出南社中關於唐、宋詩的一場大爭論。在這場爭論中，陳去病完全支持柳亞子，他在《論詩三章寄安如》的序言中說：「自後世撥西江死灰而復燃之，由是唐音於以失墜。閩士晚出，其聲益噍殺而厲；至於今，蜩螗沸羹，莫可救止，而國且不國矣。」陳去病這裏所指斥的「閩士」，正是崇尚宋詩的同光體代表鄭孝胥；「國且不國」的感嘆有力地說明了這場文學鬥爭的政治性質。

民國初建時，南京臨時參議院曾經通過一部《臨時約法》，革命黨人一直認爲，只要按照這部約法做，中國就可以實現民主和富強。一九一八年，陳去病隨孫中山赴廣州「護法」，先後擔任非常國會秘書長，參議院秘書長等職。不久，「護法」運動失敗，陳去病返里，用白居易詩意，築浩歌堂，吟詠其中。一九二一年再赴廣東，任大本營前敵宣傳主任。六月，陳炯明發動兵變，陳去病離粵到南京任東南大學講師。一九二四年，出任國民黨江蘇臨時省黨部委員。

孫中山逝世後，右派勢力逐漸抬頭。一九二五年十一月，陳去病與人聯名通電支持西山會議派，受到柳亞子的批評。此後，陳去病曾任文物保管委員會蘇州分會主任、江蘇革命博物館館長等職。一九三一年，以「年老多病」爲理由辭去各種職務。一九三三年，在蘇州報恩寺受比丘戒。十月四日病逝，葬於虎丘。

（原載《中國歷代著名文學家評傳續編》（三），山東教育出版社，一九八九。）

①《蘇報》一九〇三年五月一日。

②見《浙江文史資料》第十一輯《黃賓虹二三事》。

③《南社》第九集。

④《太平洋報》一九一二年十月十日。

⑤《中國公報》一九一〇年一月一日。

⑥《國粹學報》丁未第二號。

⑦《帝國日報》一九一一年五月廿六日。

⑧《大漢報》一九一一年十一月廿一日。

⑨朱璽《平詩》，《民國日報》一九一七年七月九日。

柳亞子評傳

慷慨悲歌又此時，詞場青兕是吾師。
裁紅暈碧都無取，要鑄屠鯨剸虎詞。

這是柳亞子爲人題詞時所寫的一首詩，它道出了柳亞子的美學理想，也道出了他自身創作的特點。在半個多世紀的漫長歲月裏，柳亞子始終以詩歌爲武器，積極參加中國人民的解放鬥爭。他的作品，是「屠鯨剸虎」的壯歌。

清光緒十三年（西元一八八七年），柳亞子出生於明媚的水鄉——江蘇吳江的分湖之濱。他原名慰高，字安如。十六歲的時候，因崇信天賦人權學說，以亞洲盧梭自命，改名人權，字亞盧。十八歲的時候，模仿友人陳去病的名字，改名棄疾，以示對宋代愛國詞人辛稼軒的敬慕。後來到上海健行公學教書，友人高旭嫌盧字的筆劃多，常常在詩箋贈答時寫作亞子，他也就漸漸採用了。「五四」以後，爲實行名號統一，只用亞子二字。

一、年輕的革命宣傳家

每個人都有一段少不更事的時期，但是，它的長短卻懸殊不一。有的人雖然成年了，還幼稚得像孩子；有的人雖然乳氣未消，卻已經自覺地肩挑國家、民族的命運。

戊戌政變那年，柳亞子剛十二歲。他從父親的口中，經常聽到康有爲、梁啓超的名字，小心坎上便埋下了反對舊黨、醉心變法的種子。一九〇一年，柳亞子十五歲。他在這年撰寫了一份萬言書，想獻給光緒皇帝，要他整頓紀綱，誅戮后黨，厲行變法。第二年去吳江縣考秀才，結識了正在代派《新民叢報》的陳去病，訂閱了一份。由此，柳亞子進一步購讀《清議報全編》和新民叢報社、廣智書局出版的各種新書，對梁啓超大爲崇拜。但是，這種狀況並沒有持續多久，歷史很快就將柳亞子推進了革命的激流。

一九〇三年，柳亞子經陳去病等介紹，加入中國教育會。這是個進步的教育團體，總會設在上海，因支持南洋公學退學生創辦愛國學社而聞名於世。柳亞子入會後，想在家鄉黎里鎮成立支部，便和幾個年輕人一起捐掉一所書院的大門，闖進去召開演說會，講到起勁處，一腳踩壞了書院的炕床。不久，黎里支部正式掛牌，並且辦了一個油印雜誌，昌言維新。這樣，便激起守舊士紳的反對。柳亞子有些待不住了，跑到上海，進入愛國學社學習。當時，學社的革命空氣已經很濃，柳亞子整日和同學們一起高談「排滿」。他的《除夕雜感》詩說：

飄然身落海天涯，世界盤渦且駐車。

豔李穠桃齊燦爛，春風初放自由花。
鹿兒島內拜西鄉，教育精神有主張。
同學少年多氣概，莊嚴祖國血玄黃。
——《磨劍室詩初集》

詩寫得相當稚嫩，卻是那幫意氣飛揚的年輕人的生動寫照。

學社的教員除了蔡元培等人外，還有著名的革命家章太炎。他在教國文時，出了一個題目「某某本紀」，要學生們寫自傳。柳亞子在《本紀》裏坦率地敘述了自己一年前贊成保皇，用孔子紀年的情況。章太炎閱後，覺得和自己的經歷很相似，便寫了一封信給柳亞子，讚許他的轉變。自此，二人便成為忘年之交。這年六月，《新聞報》登了一篇《革命駁議》，引證菲律賓獨立失敗的例子，說明革命時代已經過去。章太炎提議寫一篇文章反駁，他開了一個頭，要鄒容、柳亞子等繼續寫完。柳亞子寫的一段是：

菲立賓前事，尤吾黨所捶胸泣血，飲恨終夕者也。雖然，以阿圭拿度之英傑，菲國國民之義憤，今雖茹辛含苦，暫為強敵所屈服，而仰視天，俯視地，咄咄書空之情態，殆不可以一日已。黃河伏流，一瀉千里，大地風雲，朝不謀夕，吾敢昌言曰，十年以後，太平洋中無復美利堅人之殖民政略矣！

——《駁〈革命駁議〉》

文章寫得很有氣勢，也很有感情。柳亞子堅信，菲律賓人民終將勝利，而美國的殖民政策終將失敗。這篇文章刊登在同月十二、十三日的《蘇報》上，是柳亞子和言論界發生的第一次因緣。

上文發表後不久，由於愛國學社和中國教育會發生矛盾，柳亞子回到黎里鄉下，於一九〇四年進入金天羽創辦的同里治學社讀書。

偏僻的鄉居生活並不能隔絕一個人和革命的聯繫。柳亞子回到黎里後沒幾天，「蘇報案」發生，章太炎、鄒容被捕。柳亞子時刻繫念二人的安危，他賦詩說：

祖國沉淪三百載，忍看民族日仳離。
悲歌叱吒風雲氣，此是中原瑪志尼。
泣麟悲鳳佯狂客，搏虎屠龍革命軍。
大好頭顱拋不得，神州殘局豈忘君。

——《有懷章太炎、鄒威丹兩先生獄中》

詩寫得顯然有進步，短小的篇幅中蘊含著對兩位革命家的深刻崇敬。

一九〇三年是革命潮流洶湧澎湃的一年。這年初，東京中國留學生中創辦了一種雜誌《江蘇》。柳亞子爲它寫過一篇《鄭成功傳》，歌頌鄭成功從荷蘭殖民者手中收復臺灣，抗擊清朝的業績。《江蘇》雜誌的編者在題下加了一個按語：「此稿由國中寄來，作者年才十六歲（**按實足年齡計算**），內地人士民族思想之發達，於此可見一斑。」在獄中的章太炎和鄒容讀了之後也很興奮，分別寫信給柳亞子。鄒信云：「某愚鈍，不堪造詣，且思潮塞絕，願盡文字的國民責任，念而不能。得足下活潑之文章，鼓吹國民，祖國前途，或有繫耶！」①得到了兩位革命家的鼓勵，柳亞子的寫作熱情一發而不可收。他連續爲《江蘇》、《女子世界》等刊物寫了不少鼓動文字，其篇目有《中國立憲問題》、《臺灣三百年史》、《中國革命家第一人陳涉傳》、《中國第一女豪傑、女軍人花木蘭傳》、《中國民族主義女軍人梁紅玉傳》、《哀女界》、《波蘭衰亡史敘》等。這些文章，熱情地謳歌革命、批判專制，具有鮮明的民主主義色彩。如：

吾讀歐洲史，吾無端而生一感情；吾讀歐洲史，吾又無端而生一聯想。吾見乎西歐大陸，自十八世紀下半期之前，以至十九世紀下半期之後，其間若政治、法律、學術、風俗，種種有名無名之事物，莫不劃分一大鴻溝，如大風折木，黃塵蔽天，毒霧妖雲，漫漫長夜，忽焉而曙光一線，升自大陸，大千世界，普照光明，發其炎炎萬丈之熱火。噫！此何事？此何事？則十九世紀茫茫歐海，掀天揭地之革命軍為之原動力也。②

緊接著，柳亞子傾全力讚美：「革命二字，實世界上最爽快、最雄壯、最激烈、最名譽之一名詞也，實天經地義國民所一日不可無之道德也，實布帛菽麥人類一日不可缺之生活也。」整段文字跳踉恣肆，熾烈火燙，說理和抒情，議論和形象緊密結合。讀著它，人們彷彿可以感到作者心的搏動，血的奔流。近代作家蔣智由在《冷的文章與熱的文章》中將文章分為兩類，他說：「熱的文章，其刺激也強，其興奮也易，讀之使人哀，使人怒，使人勇敢」；「冷的文章，其思慮也周，其條理也密，讀之使人疑，使人斷，使人智慧。」③顯然，柳亞子的散文是一種「熱的文章」。

這一時期，柳亞子還為《二十世紀大舞臺》雜誌寫過一篇發刊詞。該刊創辦於一九〇四年十月，由陳去病主編，借提倡戲劇改良，鼓吹革命。柳亞子在文中要求藝人們積極編演揚州十日、嘉定三屠和法國革命、美國獨立等歷史事實，激勵人民在現實生活中演出「光復舊物、推倒虜朝之壯劇、快劇」。這是柳亞子的第一篇文藝理論文章，表明了他一開始就重視文藝的功利性和戰鬥性。

柳亞子仍然繼續寫詩，其內容大體分三類。一為追念明末張煌言、夏完淳等抗清志士，如：

北望中原涕淚多，胡塵慘澹漢山河。
盲風晦雨淒其夜，起讀先生正氣歌。
——《題張蒼水集》
悲歌慷慨千秋血，文采風流一世宗。
我亦年華垂二九，頭顱如許負英雄。
——《題夏內史集》

一爲呼籲爭取女權，如：

靈苗智種炎黃冑，祖國前途希望奢。
為願自由千萬歲，神州開遍女兒花。
——《聞馮遂方女士演說賦贈》

一爲抒懷言志，表現對新世界的嚮往，如：

希望前途竟若何，天荒地老感情多。

三河俠少誰相識，一擲雄心總不磨。
理想飛騰新世界，年華孤負好頭顱。
椒花柏酒無情緒，自唱巴黎革命歌。
——《元旦感懷》

這些詩，都響徹著那個時代的主旋律——民族主義和民權主義。

柳亞子在同里自治學社一直學到一九〇五年底。一九〇六年初到上海，入理化速成科學化學，未成；又想去日本學陸軍，也因病未果。這時，從日本歸國的高旭正在辦健行公學，便拉柳亞子去教國文。二月廿六日，經高旭等人介紹，加入同盟會；不久，又經蔡元培介紹，加入光復會，成爲「雙料的革命黨」。在自治學社時，柳亞子辦過一種油印週刊，名叫《復報》，這時，便將它改爲鉛印月刊，在上海編輯，寄東京出版。發刊詞是柳亞子的手筆，特別標名「通俗體」。文中表示：「一定要打破這五濁世界，救出我這莊嚴祖國來，才不算放棄國民的責任。那救祖國的手段，自然是千變萬化，不離其宗。這區區報紙，卻也好算手段當中的一分子了。」柳亞子在《復報》上發表的白話文還有《民權主義！民族主義》和《立憲問題》兩篇。它表明，爲了普及革命思想，柳亞子正在努力探索書面語言的改革。

《復報》一共出版了十一期。當時，《民報》與《新民叢刊》正在進行著革命與改良的大論戰。《復報》聲稱「與《民報》抱同一之宗旨」，大力宣傳「革命排滿」，批判改良派，揭露清政府的立憲騙局，成爲東南地區引人注意的革命刊物。柳亞子也由於繼續發表了一系列慷慨激烈的詩文，成爲引人注意的年輕的革命宣傳家。

二、創立南社

幾年的文墨生涯使柳亞子結識了一批文化人。一九〇五年，他在《元旦感懷》詩中稱：「天涯握手盡文人，結客年來四座傾。」一九〇六年，他又有詩題稱：「今年春夏間，僑寓海上，得識四方賢豪長者，至足樂也」。在這些交往中，柳亞子以其充沛的熱情和倜儻的文采，贏得了大家的信任。湖南革命黨人陳家鼎贈詩云：

> 六朝自昔風流慣，詩界千年革命難。
> 諸將岳王年最少，東南旗鼓早登壇。
>
> ——《申江贈亞盧》

這時候，柳亞子雖然僅只二十歲，但是，陳家鼎卻已經希望他建壇立幟，指揮詩界革命軍了。

一九〇七年八月十五日，陳去病、吳梅等在上海組織神交社。柳亞子是籌畫者之一，但他沒有與會，只在事後寫了一篇《神交社雅集圖記》，號召社員們繼承明末幾社、復社的傳統，不僅馳騁於文苑，而且要在戰場上衝鋒陷陣，做挽弓先驅的健者。

這年冬天，劉師培夫婦自日本歸國，柳亞子邀約他們二人和陳去病、高旭等在上海酒樓小飲，商量成立南社。會後，積極籌辦社刊，發展社員。一九〇九年下半年，決定在蘇州虎丘正式召開成立會議。

十一月九日，以小旋風柴進自命的柳亞子先期趕到蘇州。十三日，一行十九人雇了一隻畫舫，從閶門沿著十里山塘河向虎丘駛去。會址在明末抗清英雄張國維祠中。大家邊飲邊談，選舉了社刊編輯人員和社務方面的職員，柳亞子被選任書記。他想起了三百年前同樣在虎丘召開大會的復社文人，想起了橫槊賦詩的曹操和「建安」詩人們，賦詩道：

寂寞湖山歌舞盡，無端豪俊又重來。
天邊鴻雁聯群至，籬角芙蓉晚豔開。
莫笑過江典午鯽，豈無橫槊建安才！
登高能賦尋常事，要挽銀河注酒杯。

中國古代有所謂「登高能賦可以爲大夫」的說法，柳亞子鄙之爲「尋常事」，他要做改造現實的革命者。柳亞子的這首詩可以說反映了與會諸人的共同心情。正當大家豪談暢飲、逸興橫飛之際，忽然議論到了詩、詞。柳亞子主張詩應該宗法三唐，詞應該宗法五代和北宋。他說：「從周邦彥起，詞就開始衰落，到了吳文英，詞就糟極了。南宋的詞家，除了李清照是女子外，論男性只有辛幼安是可兒，夢窗七寶樓臺，拆下來不成片段，何足道哉！」④這段話惹惱了吳文英的崇拜者龐樹柏，和柳亞子爭辯起來。

與會者中間，蔡守助龐，朱錫梁助柳，但是，柳亞子自幼口吃，朱錫梁也患著同樣的毛病，兩個人都期期艾艾，說不出話。柳亞子一急，淚珠奪眶，大哭起來。他賦詩贈朱錫梁說：

南宋詞人誰健者？瓣香同拜幼安來。
文場跋扈嗟儂獨，風氣淪亡要汝開。
紫色蛙聲都閏位，銅琶鐵板此真才。
別裁偽體吾曹事，下酒何辭醉百杯！

——《酒酣，粱任為餘言，南宋詞人以稼軒為第一，餘子不足道也，余甚佩之。當世詞流議論多與余見相左，因成此示粱任》

清末常州詞派盛行。這一派以夢窗詞爲模擬對象，要求通過美人、香草的歌詠，寫「賢人君子幽約怨悱不能自言之情」，⑤而又要不露痕跡，達到所謂「從有寄託入，以無寄託出」⑥的境界，結果，作品晦澀朦朧，下焉者幾乎成爲謎語。上引贈朱錫梁詩推崇辛棄疾的壯詞，視常州詞派爲「紫色蛙聲」，號召人們「別裁僞體」，可以看作是柳亞子的詞學宣言。

在以後的幾天裏，柳亞子繼續和陳去病討論文學創作問題，二人都推崇唐詩。臨別之前，柳亞子贈陳去病詩說：

匆匆半月昌亭住，與汝評量詩派來。
一代典型嗟已盡，百年壇坫為誰開？
橫流解悟蘇黃罪，大雅應推陳夏才。
珍重分襟無別語，加餐先覆掌中杯。

——《時流論詩多騖兩宋，巢南獨尊唐風，與餘相合，寫詩一章，即用留別，並申止酒之勸，時余亦將歸黎里矣》

元代詩人元好問《論詩三十首》云：「只知詩到蘇黃盡，滄海橫流卻是誰？」諷刺蘇軾、黃庭堅詩風漫延，有如海水氾濫。柳亞子完全同意這一觀點。本詩貶斥尊宋的「時流」，推崇明代尊唐派詩人、抗清英雄陳子龍和夏完淳的作品，它可以看作是柳亞子的詩學宣言。

唐詩代表了我國古典詩歌的藝術高峰，宋詩力破唐人餘地，形成了自己的獨特風格，但是，也發展了若干不良傾向，例如撏扯古人，愛發議論，掉書袋，鋪排成語典故，講究無一字無來歷等。南宋以後，詩壇或尊唐，或尊宋，形成了綿延不絕的爭論。清朝嘉慶、道光年間，尊宋之風抬頭；同治、光緒年間，尊宋之風大盛，一時出現了「同光體」的名目。柳亞子尊唐，主要是爲了和「同光體」對立。這一點，他兩年後在《胡寄塵詩序》中講得很清楚：「論者亦知倡宋詩以爲名高，果作俑於誰氏乎？蓋自一二罷官廢吏，身見放逐，利祿之懷，耿耿勿忘，既不得逞，則塗飾章句，附庸風雅，造爲艱深以文淺陋。」又說：「今之稱詩壇渠率者，日暮途窮，東山再出，曲學阿世，迎合時宰，不惜爲盜臣民賊之功狗。」這裏，柳亞子雖然對「同光體」詩人的藝術有所批評，但重點則在政治上。

「同光體」的幾個「渠率」都做過清朝官吏，一直效忠清政府。例如鄭孝胥，本已罷職賦閒，卻於一九一一年復出，依附盛宣懷和端方，支持清政府的「鐵路國有」政策，並就任湖南布政使。柳亞子所深惡痛絕的地方正在這裏。所以他又說：「余與同人倡南社，思振唐音以斥傖楚，而尤重布衣之詩，以爲不事王侯，高尚其志，非肉食者所敢望。」⑦這裏所說的布衣，隱指反清的革命作家。

虎丘雅集時不曾議論到散文。一九一一年，柳亞子在《簫心劍態樓詩話》中宣稱：「生平不喜韓愈。」又說：「近世學術、人心之壞，方（苞）、姚（鼐）實尸其罪」，「至造爲桐城派之名，欲以天下文章私一邑，無恥極矣！」⑧柳亞子的文藝批評都有一個共同點，即重視思想內容。韓愈、方苞、姚鼐的文章都充斥著儒學說教，因而爲柳亞子所不喜。但是，當時的散文究竟應該向什麼方向發展，柳亞子未能作出明確的回答。

常州詞派、「同光體」、桐城派是清末舊文學的主要游派，柳亞子向它們都提出了挑戰，這種情況，反映著新興階級和封建地主階級在文學領域內的鬥爭，也反映出柳亞子在他的儕輩中是高出一頭的。

虎丘雅集之後，南社的社務得到較爲迅速的發展。至武昌起義前夕，共出版社刊——《南社叢刻》四集，社員發展至二百二十八人。紹興、廣州、瀋陽、南京先後建立了越社、廣南社、遼社、淮南社等分支組織。它已經是一支不容忽視的文學新軍了。

這一時期，柳亞子繼續以充沛的熱情進行寫作。或悼古傷今，以哀輓烈士，或懷人贈友，以至闡發讀史心得，一一發之於詩。《題洪北江更生齋詩集》批判封建忠君觀念：

投荒萬里歸來日，猶自題詩頌聖仁。
臣罪當誅緣底事，昌黎誤盡讀書人。

史載，洪亮吉因上書言事，被嘉慶皇帝遣戍伊犁，百日後賜還，作詩感激皇帝的恩德。柳亞子通過這一典型事例尖銳地抨擊了「天王聖明，臣罪當誅」的舊觀念。《寄題西湖岳王塚同慧雲作》將歷史的諷諭和現實的批判巧妙地結合在一起：

自壞長城奈汝何！黃龍有約恨蹉跎。
無愁天子朝廷小，痛哭遺民涕淚多。

草木不欣胡日月，風雲猶壯漢山河。
秋墳一例成冤獄，可許長松附女蘿？

本詩三四兩句既是對偏安的南宋王朝的譏刺，又表現著作者對清政府賣國政策的強烈憤怒。《吊鑑湖秋女士》抒寫對革命志士殉難的哀痛：

漫説天飛六月霜，珠沉玉碎不須傷。
已拼俠骨成孤注，贏得英名震萬方。
碧血摧殘酬祖國，怒潮嗚咽怨錢塘。
于祠岳廟中間路，留取荒墳葬女郎。

一九〇七年以來，革命黨人先後發動萍瀏醴、河口、浙皖等多次起義，這些，在柳亞子的詩裏都有所反映。成功，使他歡欣；失敗，使他悲戚。詩人的全身心都和革命緊密聯繫著。如果說，革命黨人的英勇鬥爭使柳詩充滿了慷慨激昂之氣，那末，這一鬥爭的坎坷歷程就使他的詩具有沉鬱蒼涼的風格。兩者交融，形成一種悲壯美。

和前一時期相較，柳亞子的詩風有了較大變化。早年，柳亞子受梁啓超「詩界革命」的影響，喜歡以盧梭、斯賓塞、民權、自由、煙士披里純（靈感）一類新名詞入詩。這一時期，格律較前嚴謹，風格上更多地向陳子龍、夏完淳、顧炎武、龔自珍等人靠近，並且逐步定型。柳亞子的詩風變化使他的作品藝術上更加成熟，但是，也附生了某些缺點，這就是過於喜歡用典，忽視了對意境的追求。柳亞子雖然反對「同光體」，卻沒有擺脫宋詩愛掉書袋的毛病。

柳亞子的詞風則始終穩定。一部分屬於辛派，如《金縷曲》（三月朔日，南社同人會於武林，醉而有作）：

> 賓主東南美，集群英，哀絲豪竹，酒徒沉醉。指點湖山形勝地，剩有趙家荒壘。只此事從何說起？王氣金陵猶在否？問座中誰是青田子？微管業，付青史。
>
> 大言子敬原非戲，論英雄安知非僕，狂奴未死。鐵騎長驅河朔靖，勤石燕然山裏，算才了平生素志。長揖功成歸去日，便西湖好作逃名地。重料理，鴟夷計。

它相當顯豁地抒發了長驅北伐，推翻清政府的壯志。柳亞子自述：「詞中用了劉青田『王氣金陵』的典子不算，還要用劉文叔『安知非僕』的典子，真是一腔熱血，無地可灑，寫到舊小說上面去便是宋公明潯陽樓上的反詩了。」⑨柳亞子的另一部分詞走的是李煜、李清照的路子。它們大都抒發作者在革命鬥爭中的悵惘和感慨、風格婉約淒清，反映了柳亞子性格、感情的另一個側面。

三、保衛共和，反對復辟

一九一二年一月，南京臨時政府成立，南社社員雷昭性就任大總統府秘書。他覺得自己的古文已經做得很好了，而駢文卻不如柳亞子，於是便盛情相邀，並以大義相責。柳亞子卻不過情面，到了南京，胸前佩上一張蓋有紅印的白布符號，也成了大總統的秘書。這時候，他剪辮不久，前髮齊眉，後髮披肩，著一件大紅斗篷，曾被人疑心是小姐。總統府的駢文秘書並沒有多少事情可做，柳亞子便暢遊金陵山水，飲酒做詩，三天後因病返回上海。

當時，上海報館林立，新報迭出。柳亞子初在《天鐸報》任撰述，後轉《民聲日報》，再轉《太平洋報》，任文藝編輯。在《天鐸報》期間，他以青兕爲筆名，寫了不少反對議和的文字。一月廿一日《論袁世凱》一文指出：「袁之爲人，專制錮毒，根於天性，與共和政體無相容之理。」廿三日《北伐》一文指出：「漢賊不兩立，王業不偏安。今日之事，萬緒千端，惟有乞靈於鐵血。」但是，革命黨人無力將革命進行到底，不少人既懼怕帝國主義的武裝干涉，又對袁世凱存有幻想，急於妥協。《民立報》的編輯邵力子、徐血兒爲南京臨時政府的議和辯護，撰文批評柳亞子「拘於一偏」、「不負責任」，「姑作發揚意氣之語以驚世而自豪」，柳亞子毫不示弱，一一反駁。

二月上旬，《大共和報》的主筆汪東致書柳亞子，勸他不要反對議和。十二日夜，另一主筆金天羽又派人到柳亞子處遊說，威脅他不要反對「優待清室條件」，否則將以《大共和》之眾與他「開戰」。十三日，柳亞子發表《答某君書》，公開聲稱：「青兕，即某也；和議，某始終不贊成。」文中，柳亞子尖銳地揭露了袁世凱的陰謀，一面借民軍勢力逼脅清廷，一面借清廷名號劫制民軍，目的在於既迫使清廷退位，又迫使南京臨時政府取消，他好「坐收漁人之利，由大總統而進爲大皇帝」。

中國古代有一句成語，叫「洞燭其奸」，又叫「洞見肺肝」，柳亞子對袁世凱的分析完全可以當得上這八個字。在那個時期，他是個少有的清醒者。

與反對議和同時，柳亞子又積極呼籲，爲被害的社友周實、阮式二烈士昭雪。

武昌起義後，周實、阮式等淮南社同人於十一月十四日在江蘇淮安誓師，宣布獨立。十七日，被清縣令姚榮澤殺害。事後，姚榮澤逃到南通，托庇於張謇之兄、通州總司令、當地土皇帝張詧，同時，反誣周、阮二人爲擾亂秩序、圖謀不軌的匪類。爲了伸張正義，柳亞子代滬軍都督陳其美等人起草電文，要求南京臨時政府勒令張詧交出罪犯。二月八日，又和寧調元等聯名致電孫中山，重申前項要求。九日，撰文正告南京臨時政府實業總長張謇，要他轉告乃兄：「悔禍自今，猶可倖免，否則，義旗還指，首在南通。」⑩二月十一日，在上海爲周、阮二烈士召開了追悼會，柳亞子主祭。祭文說：「況又議和誤國，蕩虜無人。北庭小丑，尙嬰僭竊之尊；南都政府，復有遷徙之議。降旛一片，行見重出於石頭；鑄錯六州，終已不逢夫干莫。江左爲二烈士舊游，他日化鶴歸來，亦有銅駝荊棘，新亭對泣之感乎？」據記載，柳亞子讀時聲淚俱下，與會者也都哽咽悲泣。這次會議實際上是對南京臨時政府妥協行爲的批判。

柳亞子等人的吶喊並不能阻止形勢的逆轉。二月十五日，南京參議院選舉袁世凱爲臨時大總統。十七日，柳亞子立即發表《青兕宣言》，指出袁世凱掌權之後，「他日易總統而爲皇帝，倒共和而復專制，一舉手間耳」。他號召「父老兄弟諸姊妹，凡有愛國熱忱者，其速組織強固有力之團體，實行第二次革命」。

形勢正如柳亞子所料，袁世凱上臺後，惡跡日露，瘋狂迫害和鎮壓革命黨人。一九一三年，國民黨領袖、南社社員宋教仁被刺，柳亞子沉痛地寫道：

不用吾謀恨，當年計豈迂。
操刀慳一割，滋蔓已難圖。
小丑空嬰檻，元職尚負隅。
傷心邦國瘁，不獨慟黃壚。
——《哭宋遁初烈士》

除惡務盡。正因爲當年慳於一割，才形成今日滋蔓難圖的局面。這是對辛亥革命歷史經驗的總結。同年，社員寧調元在武昌企圖舉義反袁，被黎元洪殺害，柳亞子再次作詩抒憤：

當年專制猶開網，此日共和竟殺身。

早識輿朝菹醢急，不應左袒倡亡秦。
——《聞寧太一惡耗痛極有作》

寧調元一九〇七年時曾被清政府逮捕，一九〇九年出獄，而在「共和」時代卻犧牲了生命。這裏，柳亞子通過對比深刻地揭露了北洋軍閥的暴虐統治。

當時，革命黨人的反袁鬥爭極端脆弱，所謂「二次革命」不久就灰飛煙滅。柳亞子曾一度陷於消沉。一九一三年，他要新劇演員陸子美爲他繪製《分湖歸隱圖》，表示要「雨笠煙簑過此生」。一九一五年中秋節，柳亞子在故鄉與人組織酒社，天天狂歌痛飲，借酒燒愁，喝醉了酒便在堆滿瓦礫的廣場上亂蹦亂跳。但是，即使是這時候，柳亞子也仍然熱血盈腔，念念時事。他在《孤憤》一詩中寫道：

孤憤真防決地維，忍抬醒眼看群屍！
美新已見揚雄頌，勸進還傳阮籍詞。
豈有沐猴能作帝，居然腐鼠亦乘時。
宵來忽作亡秦夢，北伐聲中起誓師。

柳亞子把批判的矛頭直接刺向了妄圖稱帝的袁世凱和勸進的無恥文人，他熱烈渴望雄師北伐，掃蕩「群屍」。辛亥革命後，柳亞子的詩風增加了淒厲哀戚的成分，但是，仍然掩蓋不住他固有的慷慨豪壯的本色。

虎去狼來，袁世凱倒臺之後，一九一七年又發生張勳復辟。「胡雛誰遣留三尺，爝火居然現一星。」（《感事四首》）柳亞子不瞭解，導致張勳復辟的原因不在於辛亥革命時留下了溥儀，而在於未能發動人民群眾進行一場浩蕩的反封建鬥爭。但是，他的不妥協的戰鬥精神是可貴的。在辛亥革命失敗以後那些風淒雨暗的日子裏，柳亞子是文學方面堅持民主、保衛共和的戰士。

就在張勳復辟前後，柳亞子與人就「同光體」的評價問題進行了一場辯論，它是政治鬥爭在文藝方面的曲折反映。

辛亥革命後，「同光體」的不少詩人以遺老自居。他們不承認民國紀元，經常在作品中攻擊革命，抒發對清王朝的眷戀。對此，柳亞子曾不斷予以批判。一九一四年七月，他在《習靜齋詩話序》中指出：「亦嘗見夫世之稱詩者矣，少習胡風，長汙僞命，出處不臧，大本先撥，及夫滄桑更迭，陵谷改遷，遂靦然以夏肆、殷頑自命，發爲歌詠，不勝觚棱京闕之思。」⑪但是，南社中也有人偏嗜「同光體」，他們稱譽陳三立、鄭孝胥等爲「詩界鉅子」，視爲效法的榜樣。一九一七年四月，《民國日報》發表吳虞的《與柳亞子書》，對「同光體」有所批評。五月，社員聞宥著文反駁，嘲笑吳虞等「執蝘蜓以嘲龜龍」。柳亞子憤而連續發表《質野鶴》、《再質野鶴》二文，指斥「同光體」爲「亡國之音」。他說：

政治壞於北洋派，詩學壞於江西派。欲中華民國之政治上軌道，非掃盡北洋派不可；欲中華民國之詩學有價值，非掃盡江西派不可。⑫

這裏所說的北洋派，即後來人們通常所說的北洋軍閥；所說的江西派，即指以黃庭堅爲主要模擬對象的「同光體」。在柳亞子看來，二者都在必須「掃盡」之列。

繼聞宥之後，社員朱璽出面爲「同光體」辯護。他不僅認爲鄭孝胥等人品節良好，「對清廷未嘗迎合干進」，而且讚美其作品的思想內容：「語意之間，莫不憂國如焚，警惕一切」。⑬對此，柳亞子在《斥朱鴛雛》一文中指出：亡國士大夫的思想感情與共和國民的思想感情「天然不同」，「今之鼓吹『同光體』者，乃欲強共和國民以學亡國士大夫之性情，寧非荒謬絕倫耶！」⑭他反覆強調，民國成立了，應該別創新聲，開一代風騷之盛，寫出「黃鐘大呂，朗然有開國氣象」的作品來，決不能再讓亡國士大夫作詩壇頭領。他在《磨劍室拉雜話》中說：「今既爲民國時代矣，自宜有代表民國之詩，與陳、鄭代興、豈容噓已死之灰而復燃之，使亡國之音重陳於廊廟哉！」他表示：「亞子雖無似，不敢望詩界之拿破崙、華盛頓，亦聊以陳涉、楊玄感自勉，爲後起驅除耳。」⑮

每個時代都有它自己的文學。隨著新舊兩個階級在政治上的交替，必然要求在意識形態領域內有相應的反映。可以看出，柳亞子對「同光體」的鬥爭，目的在於推翻舊文學的統治地位，爲新文學的發展掃清道路。

但是，這一鬥爭並未能很好進行下去。七月末，朱璽發表《論詩斥柳亞子》，進行謾罵和人身攻擊。柳亞子愛激動，說話、做事有時不免過頭。他在盛怒之下，宣布驅逐朱璽出社。社員成舍我反對這一處置，柳亞子又宣布驅逐成舍我出社。結果，引起了軒然大波。蔡守和部分廣東、湖南社員反對柳亞子，陳去病、姚光等支持柳亞子。一場思想、藝術爭論轉變爲柳亞子的處置是否合法的爭論，不久，又轉變爲爭取選票的緊張活動。成舍我等另立山頭，企圖擁戴守舊派爲南社主任。最後，柳亞子雖然以體面的多數獲勝，但是，他卻心灰意懶了。一九一八年，柳亞子辭去長期擔任的南社主任一職。

四、創立新南社

「沉舟側畔千帆過」。當南社因「同光體」問題而分崩離析之際，新文化運動正在蓬勃興起。

對新文化運動，柳亞子態度矛盾。

打倒孔家店，歡迎德先生（民主）、賽姑娘（科學），這些，柳亞子覺得都是自己先前的老主張。一九一六年十二月，社員徐某參加「國教請願運動」，拉柳亞子簽名，他嚴詞拒絕說：「弟爲主張倒孔之一人也。賤名萬勿假借，否則當提起訴訟。」又說：「《新青年》雜誌中陳獨秀君鉅著，宜寫萬本、讀萬遍也。」⑯

柳亞子所不能接受的是「文學革命」。他覺得，白話文便於說理論事，也許可備一格，而白話詩則斷斷不能提倡。當時，胡適已經在開始他的「嘗試」，正在寫作「兩個黃蝴蝶，雙雙飛上天」一類作品，柳亞子譏之爲「直是笑話」。他在《與楊杏佛論文學書》中說：「弟謂文學革命，所革當在理想，不在形式，形式宜舊，理想宜新，兩言盡之矣。」⑰對此，胡適反駁道：「理想宜新，是也；形式宜舊，則不成理論。若果如此說，則南社諸君何不作《清廟》、《生民》之詩，而乃作近體之詩，與更近體之詞乎？」⑱

胡適的反駁是有道理的。源遠流長的中國詩歌充滿了生氣勃勃的革新與創造，如果形式以「宜舊」爲準則，就那只能永遠重複「斷竹，續竹，飛土，逐肉」的原始調子了。

柳亞子對「文學革命」的抵觸一直延續了好幾年，但是，對俄國的十月革命和馬克思主義卻很快表示出嚮往之情。一九二〇年冬，他和陳去病等在吳江分湖舟中舉行雅集，酒酣耳熱，居然口出大言：「遲生二十年，多呼吸世界之新空氣，倘得爲中華勞農國之李寧（列寧），是未可知也。」⑲一九二一年五月，他在詩中宣稱：「赤幟西俄擁列寧。」次年，出於由衷的崇敬，在《樂國吟後序》中自署爲「李寧私淑辮子」。一九二四年，他進一步在《空言》詩中寫道：

孔佛耶回付一嗤，空言淑世總非宜。

能持主義融科學，獨拜彌天馬克思。

柳亞子認爲：一切別的東西都試過了，也都失敗了，只有馬克思主義才是科學的救世真理。本詩是柳亞子自認的代表作，它反映了辛亥以來無數愛國者艱難探索後得出的一種結論。

新思想接受多了，柳亞子逐漸發現了一個問題，這就是做白話文的人，所懷抱的主張大都和他相合，而做文言文去攻擊白話文的人，其主張則和他相距太遠。同時，他也感到，用文言文表達新思想，確實困難，恍然悟到必須有「新工具」。這樣，他便決心加入新文化運動，並醞釀改組南社。

一九二三年四月一日，柳亞子在家鄉創辦《新黎里》半月刊。《發刊詞》稱：「自法蘭西大革命成，而世界之局一變；自俄羅斯大革命成，而世界之局又一變矣！」他表示要「吞氣吐炭，捨故取新」。四月十六日，出版《旅大問題專號》，要求收回被日本霸佔的旅順、大連，提出「推倒軍閥，改造政府」的口號。五月一日，出版《勞動紀念專號》，聲言「勞動者是神聖，資本家便是盜賊」，並稱：「勞農問題，是中國最重要的問題」。當地劣紳以「過激黨」的罪名向軍閥孫傳芳告發，被迫停刊一月。在《新黎里》的影響下，《新盛澤》、《新同里》、《新吳江》、《新平望》等刊物紛紛出現，吳江地區出現了前所未有的朝氣蓬勃的景象。

在創辦《新黎里》的同時，改組南社的工作也在積極進行。一九二三年五月，柳亞子邀請葉楚傖、胡樸安、余十眉、邵力子、陳望道、曹聚仁、陳德徵等爲發起人，籌組新南社。當時，他們都是新文化運動的擁護者，邵力子、陳望道還是共產黨員。十月十四日，新南社在上海召開成立大會，柳亞子當選爲社長。他在成立佈告中宣稱：

> 新南社的成立，是舊南社中的一部分的舊朋友，和新文化運動中一部分的新朋友，聯合起來，共同組織的。
>
> 新南社的精神，是鼓吹三民主義，提倡民眾文學，而歸結到社會主義的實行。對於婦女問題、勞動問題，更情願加以忠實的研究。

柳亞子的這篇佈告，反映了他文學觀和社會政治思想上的巨大變化。這以後，他轉變爲白話詩的熱烈擁護者。

同年十一月，他在《致某君書》中說：「僕爲主張語體文之一人。良以文言文爲數千年文妖、鄉愿所巢穴，故必一舉而摧其壁壘，庶免城狐社鼠之盤踞。」⑳一九二四年六月，他致書反對新詩的老友呂志伊說：「二十年前，我們是罵人家老頑固的；二十年後，我們不要做新頑固才好。」㉑他積極撰文，推薦白話詩中的優秀作品。郭沫若的詩集《女神》中有六首《匪徒頌》，分別歌詠政治、社會、宗教、學說、文藝、教育方面的革命英雄。柳亞子作文讚譽說：「那真是白話詩集中無上的作品呀！」㉒文末，他學著《匪徒頌》的風格寫了四句口號：

《匪徒頌》萬歲！
《女神》集萬歲！
中國新詩人萬歲！
世界一切底革命英雄萬歲！

從清朝末年起，柳亞子的努力一直局限於以舊形式表現新思想，這時，才進一步要求形式的變革，從「革命文學」發展爲「文學革命」。

新南社共發展社員約二百二十人，不僅有著名的革命家廖仲愷、何香凝，還有新文學作家沈雁冰、劉大白、教育家楊賢江、畫家葉天底等。陳望道在致柳亞子信中表示：「現在文學革命的南京政府已經成立，所急需的是多數的清鄉委員，去剿清各地底拖辮子。」他並表示，希望柳亞子能夠成爲「清鄉委員的領袖，看到辮子便剪，而自己則光著頭顱在街上走」。㉓

由於國民黨左右派的鬥爭日益激烈，柳亞子沒有能成爲陳望道所希望的「清鄉委員的領袖」。新南社在出版社刊一冊後，活動就逐漸停頓了。

五、堅決的國民黨左派

一九二四年，柳亞子加入改組後的中國國民黨。一九二五年五月，當選爲吳江縣黨部常務委員。次年八月，任江蘇省黨部執行委員，兼宣傳部長。他擁護孫中山聯俄、聯共、扶助農工等政策，和共產黨人合作，成爲堅決的國民黨左派。

右派在孫中山逝世後日漸囂張。一九二五年八月，胡漢民的堂弟胡毅生等策劃刺殺了廖仲愷。十一月，鄒魯等在北京西山集會，要求共產黨員退出國民黨。面對右派，柳亞子嚴詞痛斥。西山會議召開不久，他就發表《告國民黨同志書》，聲言「排斥共產分子，就是斷絕本黨新生命，就是阻撓國民革命的成功，老老實實說，就是總理的罪人，也就是本黨的公敵」。㉔一九二六年三月，又在《揭破僞代表大會的真相》一文中指出：「總理積四十年經驗，才苦心孤詣，定下了這三個革命的重大政策，而他們敢於反對他，敢於誣衊他，更敢於破壞他，只此一點，便足以證明他們的反動。」㉕

同年四月，柳亞子以中央監察委員的身分到廣州參加國民黨二屆二中全會，當面責問蔣介石：「到底是總理的信徒，還是總理的叛徒？如果是總理的信徒，就應當切實地執行三大政策。」㉖說得蔣介石面紅耳赤，默不作聲。在一個風雲慘澹的日子裏，他來到黃花崗廖仲愷墓前，賦詩道：

亂草斜陽哭墓門，從知人世有煩寃。
風雲已盡年時氣，涕淚難乾袖底痕。

何止成名嗤阮籍，最憐作賊是王敦。
匹夫橫議誰能諒？地下應招未死魂。

柳亞子認爲，蔣介石必然日益跋扈，革命將從此多事，能夠理解自己的戰友早已埋骨地下，不禁萬感交集，涕淚沾巾。

從廣州回來後，柳亞子一直杜門不出。這年十月，遭到軍閥孫傳芳的通緝。一九二七年，蔣介石發動「四一二」政變，又於五月八日夜派軍隊到黎里來逮捕他。倉忙中，柳亞子躲到居室的複壁裏，耳聽外間士兵們的喝罵和翻檢聲，自料不能倖免，口占二十八字，直斥右派們爲「豎子」：

曾無富貴娛楊惲，偏有文章殺彌衡。
長嘯一聲歸去也，世間豎子竟成名。

但是，搜捕者居然沒有發現他。幾天後，柳亞子變服改裝，浮槎東渡。在日本，柳亞子受到了畫家橋本關雪等人的款待。然而，如火的友情、秀麗的山川都消釋不了他胸中的塊壘。柳亞子時刻繫念祖國，繫念同志，特別是一起在江蘇省黨部工作的戰友。六月十日，他夢見中共黨員、婦女部長張應春，第二天早晨就傳來了她的噩耗，賦詩說：

血花紅染好胭脂，英絕眉痕入夢時。
揮手人天成永訣，可憐南八是男兒。

張應春，字秋石，黎里女學教員，因病在家休養，經柳亞子一再敦促，力疾參加工作。她於「四一二」政變前夕在南京被捕，不久被絞，一說捆在麻袋裏，被亂刀刺死。柳亞子一想起這個為國捐軀的吳江女子，就感到內疚和慚愧，以後曾多次作詩哀悼，並請人繪製《秣陵悲秋圖》，以為紀念。

一九二八年四月，柳亞子歸國。這時，大革命的烽火已經熄滅，往年的戰友不少成了新鬼，物是人非，他在《四月二十六日重過秣陵謁中山先生陵寢》一詩中寫道：

滄海龍歸霧氣昏，尚留靈爽奠中原。
捫心欲訴年時事，孽子孤臣淚暗吞。

孫中山逝世不過數年，中國卻發生了巨大的陵谷變遷，在新軍閥的高壓統治下，柳亞子有滿腹心事，卻無處傾訴。

此後的若干年內，柳亞子一直住在上海，堅持以筆為武器批判南京政府。一九三〇年，他有《南都》一首：

南都人物一丘悲，蔣帝感靈江水湄。
外戚宋朝工聚斂，弄兒劉瑾亦乘時。
中庸偽學嗤胡廣，處士虛名盜戴逵。
稍惜茶陵譚老子，聰明蓋世誤依違。

這首詩，爲南京政府的各色人物畫了臉譜。柳亞子此時的希望，完全寄託在中共身上。他把這一時期的詩集命名爲《左袒集》。一九二九年，他在《存歿口號五首》中寫道：

神烈峰頭墓草青，湘南赤幟正縱橫。
人間毀譽原休問，並世支那兩列寧。

「兩列寧」，原注：孫中山、毛澤東。這時候，柳亞子已經預感到毛澤東在中國革命中的巨大作用，這是罕有的遠見。

一九三一年，日本帝國主義悍然發動「九一八」事變，東北淪亡。柳亞子在與人書中說：「現在，中國人只管退讓，它們只管進攻，恐怕連上海都要變做第二個東北了。」他積極投入救亡活動。當時，何香凝新自巴黎回國，創辦國難救護隊，舉行救國畫展，柳亞子一一襄助。他有《丹青引》一首爲何香凝題松菊巨幅，追敘大革命以來的國事變遷，讚美她的「勁質孤芳」。詩筆圓轉流活，是柳亞子七古詩的代表作。

仁人志士們在爲抗日而呼籲吶喊，國民黨政府卻一味對外妥協，集中全力鎮壓共產黨人和進步力量。柳亞子眼見國事日非，耳聞友人不斷犧牲的消息，心情日益痛苦。「胥門抉目觀吳沼，太息乾坤剩幾頭？」（《哭鄧擇生》）柳亞子曾經爲營救牛蘭夫婦、廖承志、李少石等人而奔走，但是，更多的人他就無力援手了。一九三五年，瞿秋白被捕，楊之華向他求助，柳亞子覆函說：「接來信，悵然。孫夫人被監視，我亦一樣。心有餘，力不足，事與願違。千萬保重身體。」㉗短短的幾行字，流露出無限的遺憾和悲傷。

一九三六年，柳亞子因腦疾大作，杜門謝客。

六、心向延安

國民黨政府的妥協政策助長了日本帝國主義的侵略野心。一九三七年七月七日，發動盧溝橋事變，侵佔平、津。八月十三日，進攻上海，妄圖在三個月內滅亡中國。中華民族面臨生死存亡的危急關頭，全國到處響起了抗戰的怒吼。在形勢的激勵下，柳亞子振奮起來，「數年積憤，爲之一攄」。㉘女作家謝冰瑩率領湖南女子救護隊到嘉定前線服務時，柳亞子贈詩說：

三載不相親，意氣還如舊。

殲敵早歸來，痛飲黃龍酒。

他一改杜門謝客的習慣，公開接見記者，主張國共兩黨攜手抗日，遵守孫中山先生的全部遺教。據記者報導：「從柳先生眼裏所射出的光芒看來，革命的火焰顯然又在他的心中燃燒起來了。」㉙然而，曾幾何時，上海淪陷，柳亞子再度沉入痛苦的深淵裏。他因病不能內遷，便用王夫之「七尺從天乞活埋」句意，自題居室爲活埋庵。

一九三九年十月，柳亞子遺書兒女：

余以病廢之身，靜觀時變，不擬離滬；敵人倘以橫逆相加，當誓死抵抗。成仁取義，古訓詔垂。束髮讀書，初衷俱在，斷不使我江鄉先哲吳長興、孫君昌輩笑人於地下也。

同月，他擬致蔣介石電云：「抗戰已到緊要關頭，對外聯蘇與對內聯共，均應有進一步的表示。」㉚此後，他集中精力研究南明史，並因此關係和阿英訂交，先後完成《南明紀年史綱初稿》等著作多種。但是，他並沒有忘情世事。一九四〇年四月廿九日與人函云：「主張團結的就是好人，主張摩擦的就是壞人，並且，我以爲反共就是漢奸。」㉛同年，完成《南社紀略》一書。鑒於社員中有些人已經投敵叛國，在序言中特別指出：「荃蕙化茅，不乏舊侶，最所心痛。」《紀略》附有南社全部社員名單，柳亞子曾準備削去投敵分子的名籍，經過考慮，還是「過而存之」。他在序末語重心長地寫道：「留芳遺臭，一任冊中人自擇可也。」

由於在上海的處境日益危險，柳亞子於同年十二月十二日赴港，定居九龍。次年一月，皖南事變發生，他和宋慶齡、何香凝、彭澤民聯名發表通電，指責國民黨反動派製造分裂，要求「解決聯共方案，發展各種抗日實力」。㉜三月，國民黨召開五屆八中全會，柳亞子拒絕參加，在電報中公開提出：「此次新四軍不幸事跡，中樞負責人士，借整頓軍紀之名，行排除異己之實。」他要求嚴懲禍首。電末表示：「三軍可以奪帥，匹夫不可奪志。西山採蕨，甘學夷、齊，南海沉淵，誓追張、陸，不願向小朝廷求活也。」㉝國民黨因此開除了柳亞子的黨籍。這以後，他對共產黨更嚮往了，《寄毛主席延安，兼柬林伯渠、吳玉章、徐特立、董必武、張曙時諸公》詩云：

弓劍橋陵寂不嘩，萬年枝上挺奇花。
雲天倘許同憂國，粵海難忘共品茶。
杜斷房謀勞午夜，江毫丘錦各名家。
商山諸老欣能健，頭白相期奠夏華。

一九二六年柳亞子在廣州，曾和毛澤東共同品茶，自此建立友誼。詩中，柳亞子表示了和共產黨人團結奮鬥，振興華夏的殷切願望。

同年十二月廿九日，香港淪陷。一九四二年一月，柳亞子與何香凝脫險離港，在東江縱隊的幫助下輾轉到達桂林。當時正在重慶工作的周恩來得訊後，非常高興，致書柳亞子的親屬說：「亞子先生出險，欣然無量。其行止自以在桂林小住爲宜，退隱峨嵋，亦未嘗不可重整南社舊業。」㉞

一九四四年，因日寇進逼，柳亞子遷居重慶。他目睹「陪都」的黑暗，一九四五年賦寄毛澤東詩云：「世界光明兩燈塔，延安遙接莫斯科。」同時，先後作詩寄贈朱德、陳毅、王若飛等人。八月十日，日本宣布投降。廿八日，毛澤東飛臨重慶，和國民黨當局進行談判。第三天，柳亞子和毛澤東單獨進行了一次談話，心情激動不已。自述說：「（我）覺得他這次是抱著大仁、大智、大勇三者的信念而來的，單憑他偉大的人格，就覺得世界上沒有不能感化的人，沒有不能解決的事件。」㉟當夜，柳亞子徹夜失眠，枕上吟成《渝州曾家岩呈毛主席》一詩：

闊別羊城十九秋，重逢握手喜渝州。
彌天大勇誠能格，遍地勞民戰尚休。

霖雨蒼生新建國，雲雷青史舊同舟。
中山卡爾雙源合，一笑崑崙頂上頭。

九月底或十月初，毛澤東再次約見柳亞子，爲他剖析形勢，柳亞子覺得受到很大教育，賦詩云：「得坐光風霽月中，矜平躁釋百憂空。與君一席肺肝語，勝我十年螢雪功。」此後，他不斷得到毛澤東的關心。

十月六日，毛澤東致函柳亞子，問候他的妻子鄭佩宜的健康，告以「前途是光明的，道路是曲折的」，㊱不要「天真地樂觀」。七日，再得毛澤東函，稱譽他的詩「慨當以慷，卑視陳亮、陸游，讀之使人感發興起」。㊲十二月，柳亞子要求毛澤東手寫《長征詩》見贈，不料卻意外地得到了《沁園春》（詠雪）的手跡。毛澤東詞那宏偉壯闊的意境和睥睨百代的精神使柳亞子傾倒之極，跋語說：「展讀之餘，嘆爲中國有詞以來第一作手，雖蘇、辛猶未能抗手，況餘子乎！」他和了一首，詞中有「君與我，要上天下地，把握今朝」之語。自此，許多人競相和作，成爲一時盛事。

抗日戰爭的勝利促進了民主力量的活躍。十月廿八日，柳亞子與譚平山、馬寅初等人組織三民主義同志會。十一月八日，在《新華日報》發表《紀念總理誕辰，呼籲制止內戰》一文，尖銳地指出：「全國人心都渴望著和平建國，而偏有自稱繼承總理衣缽的人，在那兒欺騙盟軍，勾結敵僞，對邊區和解放區作大規模的屠殺，我想，總理在天之靈，也應該赫然震怒的吧！」十二月一日，昆明愛國學生遭到國民黨反動派的殘酷鎮壓，柳亞子立即馳電慰問：

同學為反對內戰而犧牲，暴徒以手榴彈為武器，窮兇極惡，亙古未聞。欲哭無從，人間何世！特電慰問，萬望繼續奮鬥，俾竟全功，為死者復沉冤，為生者爭民主。臨電哀號，伏維努力。㊳

十二月三十日，柳亞子回到上海，先後發表揭露國民黨反動派，聲援學生鬥爭的演說和文章多篇。他公開聲明，要使中國能夠進步、強盛，辦法只有一個，就是「民主第一」。一九四七年十月，柳亞子接到何香凝、李濟深寫在白綢上的一封密信，要他從速赴港，建立國民黨民主派的組織。柳亞子即於十八日啓程。次年一月，在港組成中國國民黨革命委員會，柳亞子任秘書長。

當柳亞子赴港時，中共已經由防禦轉入進攻，他在機上想像大軍揮師南下的情景，賦詩道：

風潮莽蕩太平洋，舊地重來漫感傷。
百萬大軍金鼓震，江淮河漢盡壺漿。

到港後，柳亞子即與鍾敬文等組織扶餘詩社，以「推動新詩，解放舊詩」爲職志。柳亞子並計畫在此基礎上成立中國詩人協會。十七日，柳亞子在一次宴會上遇見沈鈞儒、馬敘倫，二人都是南社的舊友，柳亞子即席賦詩說：

開山南社陳高柳，異地能欣沈馬逢。
草昧宋黃憐早世，末流張戴附元兇。
泣麟悲鳳嗟何及，剸鱷屠鯨意未窮！
要為河山壯鐃吹，扶餘一集蕩心胸。

四十年來，南社社員或亡故，或分化，健在並堅持進步者不多了。柳亞子鼓勵二人，發揚「剸鱷屠鯨」的精神，努力創作，譜寫新的鐃吹曲。顯然，人民解放戰爭的勝利前進使柳亞子意興勃勃，他要重振旗鼓，爲迎接新局面的到來而引吭高歌了。

七、詩人興會更無前

一九四九年春節後不久，柳亞子接到毛澤東的電報，邀請他北上，共商國是。他於登輪時興奮地賦詩道：

六十三齡萬里程，前途真喜向光明。
乘風破浪平生意，席捲南溟下北溟。

當時，中共已經取得遼瀋、淮海、平津三大戰役的勝利，新政權的成立指日可待。柳亞子的全身心都被即將展現的璀璨畫面吸引住了，因此，視萬里風濤爲等閒。他彷彿覺得，自己好似一隻摩天大鵬，可以頃刻間席捲南海之水而下北海。三月五日，抵達煙臺，捨舟登岸，一切都感到新鮮。在一次群衆大會上，他被推講話，高呼口號，「興奮達於極度」。

十八日抵達北平，受到葉劍英、郭沫若、沈鈞儒、許廣平數十人的歡迎，歡樂的場面使他懷疑自己置身夢境。此後，他會見故人，參觀軍隊檢閱式，聽時事報告，看秧歌演出，每日都處在喜悅和激動中，詩興也就如風發泉湧，寫了不少的作品。某次在中山公園的宴會上，他甚至向陳叔通表示，要組織北社，另張新幟，爲工農寫作。

但是，其間他也鬧過一次情緒。三月廿八日夜，他有《感事呈毛主席一首》：

開天闢地君真健，說項依劉我大難。
奪席談經非五鹿，無車彈鋏怨馮驩。
頭顱早悔天生賤，肝膽寧忘一寸丹！

安得南征馳捷報，分湖便是子陵灘。

柳亞子表示，他要在大軍渡江告捷之際回到故鄉隱居。不過，柳亞子的情緒消釋得很快。在中共的悉心關懷之下，他感到五內熨貼，賦詩說：「噓寒問暖費經營，豪氣能消鄧子平。出入車魚寧有憾？播遷吳粵豈無名！」㊴四月廿九日，柳亞子得到了毛澤東的和詩：「飲茶粵海未能忘，索句渝州葉正黃。三十一年還舊國，落花時節讀華章。牢騷太盛防腸斷，風物長宜放眼量。莫道昆明池水淺，觀魚勝過富春江。」詩中，毛澤東回憶了他和柳亞子的交往，勸他節制牢騷，放眼未來，留在北京。既有誠摯的友情，又有委婉的批評和熱切的期望。柳亞子讀了之後，次韻表示：「昆明池水清如許，未必嚴光憶富江。」

同年九月，政治協商會議召開，柳亞子當選中央人民政府委員。十月一日，有「秧歌聲裏萬旗紅」之句紀盛。一九五〇年，他出席懷仁堂晚會，觀看新疆、延邊、內蒙和西南各族文工團的演出，舞姿千態，笙歌盈耳，感到這是中國歷史上從未有過的民族大團結的縮影，填《浣溪紗》云：

火樹銀花不夜天。弟兄姊妹舞翩躚。歌聲響徹月兒圓。（新疆哈薩克民間歌舞有《圓月》一歌云。）

不是一人能領導，那容百族共駢闐？良宵盛會喜空前。

毛澤東同時觀看了這次演出，和詞云：「一唱雄雞天下白，萬方樂奏有于闐，詩人興會更無前。」這最後一句道出了柳亞子的心情。

自一九五一年起，柳亞子長期患病。一九五四年九月，出席第一次全國人民代表大會，當選爲常務委員會委員，一九五八年六月廿一日逝世。首都各界爲他舉行了隆重的追悼會。劉少奇、周恩來等主祭並執紼。

柳亞子一生經歷了舊民主主義、新民主主義、社會主義三個階段。他執著而熱烈地追求救國真理，堅持革命，不斷前進。從自命「亞洲盧梭」到自署「列寧私淑弟子」，從信仰天賦人權學說到「獨拜彌天馬克思」，從堅決擁護孫中山的三大政策到寄希望於中共，思想不斷發展。

在中國革命的途程中，柳亞子器識卓越，感覺銳敏。他善於知人、知事，能於微露的端倪中見出趨向。對中國革命的敵人和蛀蟲，他極端仇視，對革命者、戰友，則肝膽相許，情意殷殷，何香凝說：「亞子先生自早年參加同盟會的活動以來，一直堅定地站在革命的立場。他一生堅貞不屈，愛恨分明，對帝國主義和國民黨反動派從來沒有屈服過。」㊵這並非過譽。

在近代新舊文學的交替中，柳亞子的文學鬥爭和革命鬥爭緊密聯繫。他分析作家和作品時，總是首先考察其政治態度。柳亞子不僅對近代的封建文學流派都作了批判，而且熱烈呼籲創造新的革命文學。從這一意義上說，他是「五四」新文化運動的先驅者和同盟軍。

在創作上，柳亞子重視作品的思想性，反對卑微狹小的個人主題的吟詠，也反對批風抹月的流連光景之詞。一九四五年，他在《我的詩和字》中自述說：「至於舊體詩，我認爲是我的政治宣傳品，也是我的武器。」㊶這實際上是柳亞子一生的創作信條。

他的詩，主題積極，內容豐富，具有強烈的現實性和戰鬥性，反映了近代中國的許多重大歷史事件。茅盾的《在中國文學藝術工作者第四次代表大會及中國作家協會第三次會員代表大會上的講話》中說：「我以爲柳亞子是前清末年到解放後這一長時期內在舊體詩詞方面最卓越的革命詩人」，「柳亞子的詩、詞反映了前清末年直到新中國成立後這一長時期的歷史——從舊民主主義革命到社會主義革命的歷史，如果稱它爲史詩，我以爲是名符其實的。」㊷柳亞子的詩是政治抒情詩，它不以反映現實的廣闊和細緻見長，但是，就其反映的時代跨度來說，他在近代詩人中確是獨一無二的。

（原載《中國歷代著名文學家評傳》，山東教育出版社，一九八五。）

①《復報》第五期。
②《中國革命家第一人陳涉傳緒論》，《江蘇》第九、十期合刊。
③《新民叢報》第四年第四號。
④《南社紀略》，參見柳亞子《龐檗子遺集序》，《南社》二十集。
⑤張惠言《詞選序》，《茗柯文》二編卷上。
⑥譚獻《復堂日記》卷三。

⑦《南社》第五集。
⑧《天鐸報》一九一一年十月廿八日、十一月一日、六日。
⑨《南社紀略》第十二頁。
⑩《實業總長之金錢主義》，《天鐸報》一九一二年二月九日。
⑪《南社》第十集。
⑫《民國日報》一九一七年六月廿九日。
⑬《民國日報》一九一七年七月九日。
⑭《民國日報》一九一七年七月廿七日。
⑮《民國日報》一九一七年八月八日。
⑯《南社》第二十集。
⑰《民國日報》一九一七年四月廿三日。
⑱《胡適日記》第四冊。
⑲《吳根越角集後序》，《新黎里》一九二三年五月一日。
⑳《新黎里》，一九二三年十一月一日。
㉑同上，一九二四年八月一日。
㉒同上，一九二四年七月十六日。
㉓同上。

㉔《中國國民》第十五期。
㉕《中國國民日刊》特刊第一期。
㉖一九五〇年十二月十六日在民革座談會上的講話。
㉗楊之華《紀念革命詩人柳亞子》，《光明日報》一九五九年六月廿一日。
㉘見《柳亞子自撰年譜》。
㉙《救亡日報》一九三七年十月廿七日。
㉚《磨劍室文四集》抄本。
㉛《致柳非杞》十八，抄件。
㉜《新中華報》一九四一年二月九日。
㉝《柳亞子與皖南事變》，《新民晚報》一九五〇年七月廿二日。
㉞《戰地增刊》，一九七九年第四期。
㉟《八年回憶》，《人民世紀》創刊號。
㊱《柳亞子詩選》，第一五〇頁。
㊲同上。
㊳重慶各界反對內戰聯合會編《昆明一二・一學生愛國運動》。
㊴本詩文字，《柳亞子詩詞選》有誤，此據《柳亞子日記》等資料訂正。
㊵見一九五九年六月廿一日《人民日報》。

㊶見《上海文史資料》，一九八〇年第一輯。

㊷見《人民文學》一九七九年第十一期。

民主革命的鼓吹曲

——略論柳亞子辛亥革命前的詩歌創作

少年時代的柳亞子就寫過不少詩篇，但存詩則自一九〇三年成爲一個革命者開始。這一年，他十七歲，至武昌起義爆發的一九一一年，他二十五歲。這九個年頭中，以孫中山爲代表的革命民主派正在向清政府英勇衝擊。柳亞子是這個派別的積極一員。他昂揚、奮發地活躍在詩壇上。他的詩，表現了一個青年革命黨人的精神面貌，洋溢著強烈的愛國主義、民主主義激情，具有鮮明的戰鬥性，可以說，是民主革命鼓吹曲。

鞭撻媚外賣國的清政府，抒發對偉大祖國的熱愛，是早期柳詩的首要內容。「天驕闖然入，踞我臥榻旁。瓜分與豆剖，橫議聲洋洋。」（《放歌》）二十世紀初年，帝國主義步步進逼，中華民族災難深重，有進一步淪爲殖民地的危險，詩人的心情焦急如焚。

> 十年悔學雕蟲技，一樣傷心瑪志尼；
> 無賴睡獅醒未得，中原望斷漢家旗。

鹿兒島內拜西鄉，教育精神有主張；
同學少年多氣概，莊嚴祖國血玄黃。

幽幽慘慘同文獄，烈烈轟轟革命軍；
警電忽傳鉤黨禍，橫刀裂眥望燕雲。

東海朝陽擁怒濤，黑龍江畔鷲旗飄；
高歌一曲日中露，醉舞鈞天恨偽朝。

在日益深重的民族危機面前，清政府不僅不力圖振作，反而蠻橫地鎮壓愛國者和革命者。上引詩篇是柳亞子的組詩《除夕雜感》中的四首，它取法於龔自珍的《己亥雜詩》，將短小的絕句聯綴爲容量較大的長篇，以便表現較廣闊的社會生活，充分展開抒情和議論。詩中，柳亞子回憶了一九〇三年的若干重大事件：拒俄運動興起、愛國學社發展和「蘇報案」的發生，表現了他對「莊嚴祖國」的愛，也表現了他對「醉舞鈞天」的清政府的恨。愛國主義是驅使柳亞子成爲革命詩人的思想動力。

批判封建專制，呼喚民主、自由，是早期柳詩的另一重要內容。帝國主義打進來了，中國處於疲軟無力的挨打局面。柳亞子認爲，這固然與清政府的媚外賣國政策有關，但根本原因卻在於中國處於封建統治之下。《放歌》詩云：「上言專制酷，羅網重重強。人權既蹂躪，天演終淪亡。眾生尙酣睡，民氣苦不揚。」這裏，詩人批判的矛頭就指向了統治中國長達兩千多年之久的封建專制制度，較之僅僅指斥清政府，顯然要深入一層。

三綱五常是地主階級的倫理觀，它長期成爲中國封建社會的統治思想。對此，柳亞子抨擊道：「獨笑支那士，論理魔爲障。鄉愿倡奮言，毒人綱與常。」唐朝的韓愈寫過一首《拘幽操》，中云：「臣罪當誅兮，天王聖明。」按照這種邏輯，君主絕對正確，對臣下的任何處罰都是至當和必要的，在《題洪北江〈更生齋詩集〉》一詩中，柳亞子寫道：

投荒萬里歸來日，猶自題詩頌聖仁。
臣罪當誅緣底事？昌黎誤盡讀書人。

清中葉的詩人洪亮吉因上書言事，被充軍到伊犁，召還之日，洪亮吉感激涕零，作詩歌頌皇帝的仁慈，並改名更生。柳亞子借助於典型的歷史人物和事件，深刻地揭露了封建倫理的毒害。

柳亞子還以巨大的熱情控訴了封建倫理對婦女的摧殘和束縛，《題留溪欽明女校寫真爲天梅作》詩云：

媧皇煉石曾補天，此時男女無枯偏。
扶陰抑陽謬論起，女權掃地三千年。
三從七出等芻狗，笯鳳囚鸞亦何有？
遂令天下女子身，無端盡作牛馬走。

婦女解放是社會解放的天然尺度。柳亞子爲婦女所作的呼籲表明了他思想的民主主義高度。

關在黑屋子裏的人最渴望光明，長期處於封建專制統治下的人也最嚮往民主。柳亞子在《元旦感懷》一詩中寫道：

希望前途竟若何，天荒地老感情多。
三河俠少誰相識，一擲雄心總不磨。
理想飛騰新世界，年華孤負好頭顱。
椒花柏酒無情緒，自唱巴黎革命歌。

法國革命是世界資產階級革命中最徹底的。柳亞子明確表示，要以這一革命爲理想，並願意爲它獻出生命。在《贈馬君武》一詩中，柳亞子又寫道：

江南握手笑相逢，識得而今馬貴公。
海內文章新雅頌，樽前意氣舊英雄。
拜倫亡國悲希臘，亭長何年唱大風？
右手彈丸左民約，聆君撞起自由鐘。

盧梭的《民約論》提出了「主權在民」說，因此，贏得了柳亞子的熱烈愛好。他認爲，要摧毀中國的封建專制制度，既要用「彈丸」，也要用《民約論》一類理論武器。上述二詩都寫得堅勁有力，朝氣蓬勃，是正處於上升時期的新興階級樂觀、豪邁心理的表現。

柳亞子步入詩壇的時候，世界資本主義正處於社會矛盾尖銳階段。當時的上海，資本主義發展的惡果也已經隨處可見。這一切，使柳亞子增長了對資本主義的懷疑。他在詩中寫道：「華拿豎子何須說。」建立資本主義制度的英雄華盛頓、拿破崙居然被斥爲「豎子」，這是後來柳亞子進一步轉而歌頌馬克思主義的思想基礎。

當時，柳亞子的全部身心都和革命運動聯繫在一起。當章炳麟、鄒容被關在上海西牢中的時候，柳亞子作詩抒寫他的懷念；鄒容犧牲了，柳亞子作詩哭悼，萍瀏醴起義，秋瑾、徐錫麟起義，雲南河口起義，安慶熊成基起義，廣州黃花崗起義先後失敗，柳亞子也一一作詩表達他的哀傷。如《吊鑑湖秋女士》：

漫説天飛六月霜，珠沉玉碎不須傷。
已拼俠骨成孤注，贏得英名震萬方。
碧血摧殘酬祖國，怒潮嗚咽怨錢塘。
于祠岳廟中間路，留取荒墳葬女郎。

把秋瑾和民族英雄于謙、岳飛並列，是對於秋瑾的崇高評價。這些詩，既慷慨激昂，又悽楚動人，兩者交融，形成一種沉鬱蒼涼的悲壯美。

早期柳詩的又一重要內容是緬懷民族英烈，激勵反清鬥爭。明末清初，江南人民爲了抵抗清兵南下，進行過艱苦、頑強的鬥爭，湧現過不少可歌可泣的英雄。柳亞子的家鄉吳江就是當年的抗清根據地。義士們在這裏結旅樹幟，和清兵進行過浴血奮戰。人們的活動大都不能離開已往的事蹟，柳亞子在從事反清鬥爭時也不能不從先輩那裏汲取精神力量。他的《題張蒼水集》和《題陳黃門集》、《題夏內史》等詩，歌頌明末抗清英雄張煌言、陳子龍、夏完淳等人。如：

平生私淑玉樊堂，自向雲間爇瓣香。

兩世成仁真父子，一身餘技有文章。
髫年崛起稱豪俊，幾輩同歸盡慨慷。
風馬雲車雄鬼集，人間何處奠椒漿？

玉樊堂，即夏完淳。他十五歲從軍，和父親夏允彝、老師陳子龍一起，武裝抗清，十七歲即英雄就義。詩中由衷的讚頌與沉痛的哀輓相結合，豪放與淒婉，兼而有之。這類詩，對於熟悉中國歷史和文化的反清志士來說，別具一種激勵和鼓舞力量。

在風格上，柳亞子進行過曲折的探索。一九〇二年，柳亞子讀到梁啓超《新民叢報》中的《飲冰室詩話》和《詩界潮音集》，熱心於「詩界革命」，便將少作付之一炬。這一勇敢的行動表現了他和舊詩歌某種意義上的決裂。這一時期，他同時接觸到龔自珍的詩，受到影響。一九〇三年，柳亞子政治上離開了梁啓超，但詩歌創作仍籠罩在梁啓超的影響下。他大膽地以盧梭、斯賓塞、民權、自由一類新名詞入詩，力求在舊體詩的格律中創造出新意境。這種情況，一直持續到一九〇五年左右。

一九〇六年，柳亞子廣泛涉獵中國古典詩歌，尤其喜歡夏完淳、顧炎武和龔自珍的詩歌。一九〇八年，他模仿龔自珍的《三別好詩》，作《論詩三截句》，說明他的瓣香所在。一九〇九年十一月，南社在蘇州虎丘召開成立大會，陳去病和柳亞子就詩歌主張交換意見，二人完全一致，柳亞子有《時流論詩多鶩兩宋，巢南獨尊唐風，與余相合，寫詩一章，即用留別》一詩。該詩揄揚「唐風」，高度推崇以盛唐詩歌爲規範的陳子龍、夏完淳的作品，而對蘇軾、黃庭堅則堅決排斥，表現了強烈的尊唐抑宋傾向。一九一一年，在《胡寄塵詩序》中，他又明確宣稱：「余與同人倡南社，思振唐音以斥傖楚。」進一步以「唐音」作爲南社詩歌取法的榜樣。

尊唐或尊宋，是元、明以來詩歌發展中的兩種不同趨勢，它們反映著詩人們在藝術風格和創作傾向上的尖銳歧異。柳亞子的尊唐抑宋，有藝術上的原因，但主要則在於和晚清「同光體」詩人在政治上的對立。

「同光體」盛行於同治、光緒年間，以模仿宋詩爲主，尤其推崇江西詩派的鼻祖黃庭堅。其提倡者和代表詩人大都爲清朝官吏。他們對反清革命運動持反對態度，詩歌風格上或晦澀詰屈，或枯寒瑣細，與氣象闊大、雄渾的盛唐詩歌迥然異調。柳亞子說：「論者亦知倡宋詩以爲名高，果作俑於誰氏乎？蓋自一二罷官廢吏，身見放逐，利祿之懷，耿耿勿忘。既不得逞，則塗飾章句，附庸風雅，造爲艱深以文淺陋。」鋒芒所指，主要針對「同光體」詩人和詩論家的政治態度。後來，柳亞子曾將這一段歷史稱之爲與「同光體」的「爭霸」時期。他自述創作經驗時曾說：「我還有一個偏見，就是以人論詩。我在辛亥革命前反對滿清，辛亥革命後反對袁世凱，所以接近清、袁的詩人，我是不佩服的。上面所講對於近代甲、乙、丙三大流派的高舉叛旗，一大半是這個原因呢！」

中國古典詩歌發展到了近代，已經趨於僵化，陳陳相因，肉腐羹酸，歷史已經把革新的任務提到了面前。唐詩是我國古典詩歌的藝術高峰，自然應該認真地總結和繼承，但是，繼承的目的還是爲了革新。由於各種局限，柳亞子未能完成詩歌革新的任務，只能留待後人完成了。

新的時代，新的階級力量，新的社會生活，都要求建立一種新的詩歌風格。柳亞子和「同光體」的鬥爭表現了詩人強烈的革命傾向。這是政治鬥爭在藝術領域內的滲透和表現。

柳亞子辛亥革命前的詩具有豐富的社會內容，可以當作一部民族民主革命運動的詩史來讀。在自述創作主張時，柳亞子曾說：「裁紅量碧都無取，要鑄屠鯨剸虎詞。」從早年起，柳亞子的詩就緊密結合革命鬥爭，寫下了大量「屠鯨剸虎」的壯詞。他是一個以詩歌爲武器的政治詩人。

（原載《光明日報》，一九八一年十月五日。）

柳亞子與胡適
——關於中國詩歌變革方向的辯論及其他

「五四」前夜，關於中國詩歌的變革問題，柳亞子和胡適之間有過辯論。儘管柳亞子對胡適的詩作和爲人都並不佩服，但是，在理論上，他還是很快就成了胡適的贊同者。

一、胡適對南社的批評及其詩歌變革主張

南社是辛亥革命前後著名的文學團體。發起人爲陳去病、高旭、柳亞子。一九〇九年十一月成立，活動延續三十餘年，社員總數達一千一百八十餘人。他們大都是當時教育、新聞、出版事業方面的精英。社刊爲《南社叢刻》，共刊出二十二集。其作品以詩歌、散文爲主。辛亥革命前的主題多爲批判清朝統治，傾訴愛國熱情，呼喚民主，譴責專制，號召人們爲中國的獨立、富強而鬥爭，因此有同盟會宣傳部的美譽。辛亥革命後的主題轉爲斥責袁世凱的稱帝醜劇，抒發理想破滅的悲哀，在反映那個倒退、黑暗的年代方面亦有其積極意義。但是，胡適對南社的作品卻一直很看不起。

一九一六年六月下旬，胡適在美國克利弗蘭城（Cleveland,O.）參加第二次國際關係討論會，其間收到楊杏佛的一首題爲《寄胡明復》的「白話詩」，詩云：

自從老胡去，這城天氣涼。
新屋有風閣，清福過帝王。
境閒心不閒，手忙腳更忙。
為我告夫子，科學要文章。

楊杏佛，名銓，江西清江人。南社社員。一九一二年入美國康乃爾大學學習。一九一四年六月，與留美學生任鴻雋、胡明復等組織中國科學社。一九一六年創辦《科學》雜誌。本詩爲催稿而作，胡適讀了之後，非常高興，在日記中錄下了這首詩，同時寫道：「此詩勝南社所刻之名士詩多多矣！」①

胡適醞釀詩歌革新爲時已久。一九一五年九月，胡適送梅光迪入哈佛大學讀書時即有詩云：「梅生梅生毋自鄙。神州文學久枯餒，百年未有健者起。新潮之來不可止，文學革命其時矣。吾輩勢不容坐視，且復號召二三子，革命軍前杖馬棰，鞭笞驅除一車鬼，再拜迎入新世紀。」②這首詩可以看作是胡適從事「文學革命」的最早宣言。詩中，胡適用了十一個外國名詞，自跋云：「此種詩不過是文學史上一種實地試驗，前不必有古人，後或可詔來者，知我罪我，當於試驗之成敗定之耳。」③同月，胡適有《依韻和叔永戲贈詩》云：「詩國革命何自始，要須作詩如作文，琢鏤粉飾喪元氣，貌似未必詩之純。」④胡適要求在綺色佳讀書的朋友們共同努力，作「詩國革命」的實驗。

一九一六年一月廿九日，胡適日記云：「近來作詩頗同說話，自謂爲進境」。⑤同年四月，胡適研究中國文學的變遷，認爲在中國歷史上，曾經有過多次「文學革命」，至元代時，登峰造極，出現了以「俚語」寫作的「活文學」。他說，「倘此革命潮流，不遭明代八股之劫，不受明初七子諸文人復古之劫，則吾國之文學必已爲俚語的文學，而吾國之語言早成爲言文一致之語言，可無疑也。」⑥稍後，胡適提出中國文學有「無病而呻」，「摹仿古人」，「言之無物」等三大病，⑦爲此，胡適多次改訂其所作《沁園春》（誓詩），提出「何須刻意雕辭，看一朵芙蓉出水時」，「不師漢魏，不師唐宋，但求似我，何效人爲」，「語必由衷，言須有物」等創作要求。⑧

六月，胡適在綺色佳與任鴻雋、楊杏佛、唐鉞討論文學改良的方法，胡適認爲，文言不能使人聽懂，是一種半死文字；白話是文言的進化，優美適用，是一種活的語言。「凡文言之所長，白話皆有之，而白話之所長，則文言未必能及之」。因此，胡適力主以白話作文、作詩、作戲曲及小說。胡適並稱：「白話的文學爲中國千年來僅有之文學。其非白話的文學，如古文，如八股，如札記小說，皆不足與於第一流文學之列。」「今日所需，乃是一種可讀、可聽、可歌、可講、可記的言語」，「施諸講壇舞臺而皆可，誦之村嫗婦孺而皆懂」。胡適堅信，這種用白話寫出的作品完全可以進入「世界第一流文學」之林。⑨

近代中國的文學革新運動始於戊戌維新運動的準備時期。白話文的早期提倡者爲黃遵憲、裘廷梁、林獬，詩歌革新的提倡者爲黃遵憲、譚嗣同、夏曾佑、梁啓超。胡適宣導「似我」，以新名詞入詩，並沒有超越前驅者，但是，他認爲白話優於文言，主張以白話寫詩，相信運用白話可以產生出高級作品來，這確是破天荒的創見。然而，理論上的創見又常常伴生著片面和偏頗，胡適認爲「白話文學爲中國千年來僅有之文學」，就未免流於片面和偏頗。他之所以推崇楊杏佛的一首平淡，近於遊戲的「白話詩」，認爲遠遠超過南社的「名士詩」，其原因就在這裏。

梅光迪、任鴻雋均爲南社社員，二人都強烈反對以白話寫詩。七月初，胡適開完國際關係討論會，再過綺色佳，和梅光迪等展開辯論，梅光迪激烈地指責胡適的「活文學」之說。十七日，他致書胡適，認爲白話「未經美術家之鍛煉」，「無永久之價值」，「鄙俚乃不可言」。函稱：「如足下之言，則人間材智、教育、選擇諸事，皆無足算，而村農傖父，皆足爲詩人美術家矣。」⑩

廿二日，胡適寫了一首《答梅覲莊》的白話長詩，其第一段複述梅光迪的觀點，二、三兩段胡適反駁，第四段互相問難，第五段云：

人忙天又熱，老胡弄筆墨。

文章須革命，你我都有責。
我豈敢好辯，也不敢輕敵。
有話便要說，不說過不得。
諸君莫笑白話詩，
勝似南社一百集。⑪

這裏，胡適再次表示了對南社及其刊物《南社叢刻》的輕蔑。

胡適的這首詩「開下了一場戰爭」。⑫梅光迪譏之爲「如兒時聽《蓮花落》」，真所謂革盡古今中外詩人之命者」。⑬任鴻雋認爲它是一次「完全失敗」，雖然是白話，也有韻，但並不能稱之爲詩。他擔心胡適的努力會破壞中國文學的美好傳統，致函說：「假定足下之文學革命成功，將令吾國作詩者皆京調高腔，而陶、謝、李、杜之流，永不復見於神州。」⑭胡適堅信真理在握，不吐不快，寫了一封長信回答任鴻雋，函中，胡適表示，白話能否作詩，全靠「實地試驗」，一次「完全失敗」，何妨再來。信末，胡適針鋒相對地提出：一、文學革命的手段，要令國中的陶、謝、李、杜皆敢用白話高腔京調做詩；又須令彼等皆能用白話高腔京調做詩。二、文學革命的目的，要令中國有許多白話高腔京調的陶、謝、李、杜。換言之，則要令陶、謝、李、杜出於白話高腔京調之中。三、今日決用不著「陶、謝、李、杜」的陶、謝、李、杜。四、與其作似陶、似謝、似李、似杜的詩，不如做不似陶、不似謝、不似李、杜的白話高腔京調。胡適表示，自此以後，他決不再作文言詩詞。⑮

不僅如此，胡適又進一步把這場論戰引向國內。八月，胡適翻讀一九一五年出版的《青年》第三號，見到其中有南社詩人謝無量的長律《寄會稽山人八十四韻》，編者推爲「希世之音」，按語說：「子雲、相如而後，僅見斯篇，雖工部亦只有此工力，無此佳麗。」胡適不同意這一觀點，於同月廿一日致函該刊編者陳獨秀，認爲該詩在排律中，也只能是下等作品。胡適並稱：

嘗謂今日文學之腐敗極矣，其下焉者，能押韻而已矣；稍進，如南社諸人誇而無實，濫而不精，浮誇淫瑣，幾無足稱者（南社中間亦有佳作，此所譏評，就其大概言之耳）。更進，如樊樊山、陳伯嚴、鄭蘇龕之流，視南社為高矣，然其詩皆規摹古人，以能神似某人某人為至高目的，極其所至，亦不過為文學界添幾件贗鼎耳，文學云乎哉！⑯

清末民初的詩壇，除陳去病、柳亞子、高旭等南社派外，還有以模仿漢魏詩爲主的王闓運派，以模仿中晚唐詩爲主的樊增祥（樊山）、易順鼎（實甫）派，以模仿宋詩爲主的陳三立（伯嚴）、鄭孝胥（蘇堪、蘇龕、海藏）派。胡適此函，以橫掃千軍的氣勢否定了當時的各種詩派，這就在沉悶窒息的中國文壇上投下了一枚重磅炸彈。

二、柳亞子的反擊及其「文學革命」觀

胡適對南社的第一次批評，當時沒有正式發表；第二次批評，發表於《留美學生季報》，柳亞子沒有見到，只有第三次批評，柳亞子見到了。一九一七年四月廿三日，他在《與楊杏佛論文學書》中說：

> 胡適自命新人，其謂南社不及鄭、陳，則猶是資格論人之積習。南社雖程度不齊，豈竟無一人能摩陳、鄭之壘而奪其鳌弧者耶？⑰

南社詩人大多反對清王朝，是同盟會領導的民族、民主革命的參加者或擁護者；鄭孝胥、陳三立則均做過清政府官吏，反對革命。因此，南社成立伊始，柳亞子就激烈地批判鄭、陳詩派（當時稱為同光體），並力圖與之「爭霸」。鄭孝胥、陳三立推尊宋詩，柳亞子則推尊唐詩。一九一一年，清政府實行「鐵路國有」政策，受到全國人民反對，革命黨人準備借機起義，推翻清政府。然而，本已罷職賦閒的鄭孝胥卻於此際復出，依附盛宣懷和端方，支持清政府的「國有」政策，並出任湖南布政使。八月，柳亞子在《胡寄塵詩序》中說：

今之稱詩壇渠率者，日暮途窮，東山再出，曲學阿世，迎合時宰，不惜為盜臣民賊之功狗，不知於宋賢位置中當居何等也！⑱

這裏所說的「詩壇渠率」，指的正是鄭孝胥。一九一二年二月，民國初建，柳亞子又在報上撰文，點名批評鄭、陳二人「貌飾清流，中懷貪鄙」，模仿江西詩派，以致作品「聲牙佶屈，戾於目而澀於口，終已莫得其要領」，其禍等於「洪水猛獸」。⑲柳亞子認爲：民國時代應有民國之詩，不應再推尊亡清遺老爲詩壇領袖；章太炎以及蘇曼殊、馬君武等「南社諸賢，龍翔虎視，霞蔚雲蒸」，「將以開一代風騷之盛」。⑳現在胡適居然認爲鄭、陳等人的作品「視南社爲高」，這自然使柳亞子極爲不平。

在《與楊杏佛論文學書》中，柳亞子又批評胡適說：

彼倡文學革命，文學革命非不可倡，而彼之所言，殊不了了。所作白話詩，直是笑話。中國文學含有一種美的性質，縱他日世界大同，通行「愛斯不難讀」，中文、中語盡在淘汰之列，而文學猶必佔有美術中一科，與希臘、羅馬古文頡頏，何必改頭換面，為非驢非馬之惡劇耶！㉑

「愛斯不難讀」，指世界語。一九一七年二月一日，胡適在《新青年》二卷六號上發表了

《白話詩》八首，這是中國文學史上在明確理論和自覺意識指導下創作的第一批白話詩。作爲新生事物，它們自然是不成熟的，與取得高度藝術成就的中國優秀古典詩歌比，它們自然是幼稚的。但是，這批詩開始突破中國傳統詩歌嚴密格律的束縛，採用與生活接近的新鮮、活潑的語言，畢竟是一種有益的嘗試，昭示著中國詩歌發展的新途徑。然而，柳亞子卻識之爲「直是笑話」，是一種「非驢非馬」的「惡劇」。他進一步闡述自己的「文學革命」觀說：

> 《新青年》陳獨秀弟亦相識，所撰非孔諸篇，先得我心。至論文學革命，則未免為胡適所賣。弟謂文學革命，所革當在理想，不在形式。形式宜舊，理想宜新，兩言盡之矣。又詩文本同源異流，白話文便於説理論事，殆不可少；第亦宜簡潔，毋傷支離。若白話詩，則斷斷不能通。
>
> 詩界革命，清人中當推龔定庵，以其頗有新思想也。近人如馬君武，亦有此資格，勝梁啓超遠甚。新見蜀人吳又陵詩集，風格學盛唐，而學術則宗盧、孟，亦一健者。詩界革命，我當數此三人。若胡適者，所謂畫虎不成反類犬，寧足道哉！寧足道哉！㉒

近代中國的「詩界革命」經歷了曲折的發展過程。一八九六年至一八九七年之間，改良派企圖融合佛、孔、耶三教思想資料，創立一種爲維新運動服務的「新學」；在詩歌上，他們則力圖創造一種「新學之詩」。這種「新學之詩」從《舊約》、《新約》、佛教經典及外文中吸取典故和辭彙，表現出開闢詩歌語言新源泉的努力。但是，他們實際上使詩歌的語言源泉更爲狹窄，寫出來的作品又完全不顧詩歌的藝術要求，生澀難懂，既脫離傳統，又脫離群眾，很快就證明是一條死胡同。

戊戌維新運動失敗後，梁啓超推崇黃遵憲的詩作，主張「以舊風格含新意境」。他說：「革命者，當革其精神，非革其形式。吾黨近好言詩界革命，雖然，若以堆積滿紙新名詞爲革命，是又滿洲政府變法維新之類也。能以舊風格含新意境，斯可以舉革命之實矣。」㉓梁啓超主張的實質是，在保存中國古典詩歌的傳統風格、形式的前提下，表現新思想、新生活。到了「五四」前夜，胡適主張以白話寫詩，詩界革命就進入了它的第三階段。

柳亞子在政治上和梁啓超對立，因此，他總是不大願意肯定梁啓超的「詩界革命」主張。實際上，他的「形式宜舊，理想宜新」的觀點和梁啓超的「以舊風格含新意境」的主張並無二致。他所不能接受的只是胡適的更加徹底的「革命」。在漫長的歲月裏，中國古典詩歌取得了輝煌的成就，積累了豐富的藝術經驗，因此，不少人寧願接受傳統格律的束縛，而不願意寫作白話詩。

同年六月，南社內部的尊宋派向柳亞子挑戰，掀起唐宋詩風之爭，牽連及於「文學革命」。在《再質野鶴》一文中，柳亞子說：

去歲以來，始有美國留學生胡適，昌言文學革命，謂當以白話易文言，殆欲舉二千年來優美高尚之文學而盡廢之，其願力不可謂不宏，然所創白話詩，以僕視之，殊俳優無當於用。彼之論文，詬太炎為不通，於詩則詆梅村《永和宮詞》、《圓圓曲》用典太多，尤集矢於漁洋《秋柳》。至其數當代作者，則亦曰鄭、陳、樊、易而已。故僕嘗誚為名為革命，實則隨俗無特識。㉔

一九一六年八月，胡適致書陳獨秀，提出「文學革命」入手八事，其第一事即爲「不用典」。㉕一九一七年一月，胡適在《文學改良芻議》中對八事作了闡釋，他批評章太炎「刻削古典成語，不合文法」，批評王士禛的《秋柳》詩用典「泛而不切」，「無確定之根據」。㉖柳亞子此文，即係針對《文學改良芻議》而言。「殆欲舉二千年來優美高尚之文學而盡廢之」，柳亞子加給胡適的罪名實在不能算小。

三、胡適的批駁

正像看不起南社一樣，胡適也沒有把柳亞子的批評看在眼裏，因此，始終不曾作過認真的答辯。

一九一七年六月，胡適自美洲歸國，途中摘抄了柳亞子的《與楊杏佛論文學書》，在日記中寫道：

此書未免有憒憒之氣。其言曰：「形式宜舊，理想宜新。」理想宜新，是也。形式宜舊，則不成理論。若果如此說，則南社諸君何不作《清廟》、《生民》之詩，而乃作「近體」之詩與更「近體」之詞乎？㉗

中國的文學形式經歷了豐富紛繁的變化。以詩歌論，反映原始狩獵生活的古代《彈歌》是二言體：「斷竹，續竹、飛土、逐肉。」後來發展出四言體，周朝的宗廟樂歌《清廟》和民族史詩《生民》便是其代表作。其後，隨著社會生活、語言、音樂等諸種因素的變化，相繼產生了五言古詩、七言古詩、五言近體、七言近體（律詩與絕句）。唐末至宋、元時代，又發展出長短不定的詞與曲。如果堅持「形式宜舊」的觀點，那末，中國詩歌便只能永遠保持原始歌謠的古樸面貌，不可能出現如此眾多的形式，也不可能有任何革新與創造。胡適的這一反駁很有力，南社諸君也並沒有按《清廟》、《生民》的古老形式寫作，又何能反對人們對一種新的詩歌形式的追求呢？

文學是內容和形式的統一體。其中，內容流動不居，變化迅速，而形式則具有較大的穩定性。但是，當一種形式已經喪失生命力，或者嚴重脫離社會生活，桎梏內容的表達時，便應該改造舊形式，創造新形式。柳亞子主張文學內容的革命——「理想宜新」，但是卻反對文學形式的革命，自然是片面的，不可能爲中國詩歌的變革指出正確的方向和途徑。一九一九年八月，胡適在《嘗試集自序》一文中說：

近來稍稍明白事理的人，都覺得中國文學有改革的必要……甚至於南社的柳亞子也要高談文學革命。但是他們的文學革命論只提出一種空蕩蕩的目的，不能有一種具體進行的計畫。他們都說文學革命決不是形式上的革命，決不是文言白話的問題。等到人問他們所主張的革命「大道」是什麼，他們可回答不出來了。這種沒有設想計畫的革命——無論是政治的是文學的——決不能發生什麼效果。㉘

胡適這裏批評柳亞子不懂得形式、語言諸因素的重要性，其「文學革命」論缺乏「具體進行的計畫」，可以看作是對柳亞子《與楊杏佛論文學書》的公開回答。

關於鄭孝胥、陳三立詩與南社作品的高下問題，胡適以後並沒有再發表過新的意見。一九二三年二月，《申報》出版《最近之五十年》一書，胡適爲該書寫作《五十年來中國之文學》一文，其中論及近代詩人，除推崇金和與黃遵憲外，只提到陳三立、鄭孝胥、樊增祥三人，而一字不及南社，可以看出，胡適完全沒有理會柳亞子的抗辯。

四、柳亞子成為白話詩的擁護者

柳亞子是個不斷進步，不斷求新的人，因此，他和胡適在文學主張上的對立並沒有堅持多久。

「五四」運動後，柳亞子逐漸感到，做白話文的人，懷抱的主張大都和他相合，而做文言文去攻擊白話文的人，其主張則和他相距太遠。同時，他也感到，用文言文表達新思想，確實困難，恍然悟到必須有「新工具」。這樣，他便決心加入新文化運動，並醞釀改組南社。

一九二三年五月，柳亞子與葉楚傖、胡樸安、余十眉、邵力子、陳望道、曹聚仁、陳德徵等人發起組織新南社。十月十四日，該社成立，沈雁冰（茅盾）、劉大白等新文學作家陸續成爲社員。新南社骨幹朱少屏曾邀請胡適加入，遭到拒絕。㉙

新南社以回應新文化運動爲主旨。在《新南社成立佈告》中，柳亞子回溯歷史，檢討南社在辛亥革命後逐漸墮落的原因，他說：

> 二次革命失敗，社中激烈份子更犧牲了不少，殘餘的都抱著「婦人醇酒」消極的態度，做的作品，也多靡靡之音，所以就以「淫濫」兩字，見病於當世了。

他又說：

舊南社的朋友，除了少數先我覺悟的以外，其餘抱著十八世紀遺老式的頭腦，反對新文化的，竟居大多數。那末，我們就不能不和他們分家，另行組織，和一般新朋友攜手合作起來，這新南社便應運而生，呱呱墮地了。㉚

胡適曾批評南社的作品「誇而無實，濫而不精，浮誇淫瑣」，從上述柳亞子的言論可以看出，他認真考慮過胡適的批評；他之所以毅然和「舊朋友」分家，組織新南社，和胡適的批評不無關係。

這一時期，柳亞子已經成爲白話文學的積極護衛者。一九二三年十一月一日，他在《答某君書》中說：

承詢舊文藝與新文藝之判，質言之，即文言文與語體文耳。僕為主張語體文之一人，良以文言文為數千年文妖鄉愿所窟穴，綱常名教之邪說深入於字裏行間，不可救藥，故必一舉而摧其壁壘，庶免城狐社鼠之盤踞。㉛

將文言文斥爲「文妖鄉愿」的窟穴，揭示反對文言文和反對「綱常名教」之間的關係，主張「一舉而摧其壁壘」，完全是《新青年》同人的觀點。

胡適在與陳獨秀、錢玄同等人的通信中，曾盛讚《水滸》、《儒林外史》等白話小說，柳亞子完全同意這一看法。在《答某君書》中，他又說：

《儒林》處科舉萬能之世，而痛罵時文；《水滸》處君權專制之下，而昌言革命。其思想高尚，出唐、宋八家萬倍。學校採其菁華，定為課本，何嫌何疑？㉜

以爲《儒林外史》、《水滸》的成就遠遠高於唐、宋等八大家的古文，可以列爲學校教材，這也是《新青年》同人的觀點。

當時，守舊派攻擊胡適等人提倡白話是由於學問不夠，對此，柳亞子反駁說：

僕意適之輩對於所謂國學，其程度至少在林紓之上，而主張語體文之僕，至少亦尚在足下之上也。㉝

從胡適的反對者轉變爲胡適的支持者，反映出柳亞子思想的巨大進步。也反映出新文化運動的日益深入人心。然而，柳亞子畢竟是柳亞子，他並不一味附和胡適。函末，柳亞子贅言稱：

胡適之以《努力週報》取媚吳、陳，其人格已與梁任公等夷，僕極不滿，以其為新文學首難之勝、廣，故特舉以為例，非崇拜其人也。㉞

柳亞子論文、論人，感情熱烈，愛憎鮮明，常常因政治傾向而抹煞其餘，然而於胡適，卻能在批評其以《努力週報》「取媚」吳佩孚、陳炯明的同時，承認其為「新文學首難」的陳勝、吳廣，表現出理智的、科學的態度。

此際，柳亞子對白話詩的看法也有了一百八十度的轉變。

一九二四年六月，南社社員呂天民寫信給柳亞子，批評以白話寫作的新詩。其理由之一是新詩缺乏音節。他說：「既叫新詩，無論四言、五言、六言、七言或長短句，總應該有相當的音節。」其理由之二是新詩的內容：「滿紙都是姐呀，妹呀，花呀，葉呀，其立意無非害單相思病。」其理由之三是新詩愛用「呀的嗎呢」等語氣詞。如此等等。對此，柳亞子一一作了解釋。他說：

> 我的主張，文學是善於變化的東西，由四言變而為五七言，由五七言古體變而為律詩，變而為詞，再變而為曲，那末現在的由有韻詩變為無韻詩，也是自然變化的原則，少數人的反對是沒有效力的。㉟

承認文學是「善於變化的東西」，表明柳亞子已經放棄了「形式宜舊」的看法，並且接受了胡適在「五四」前後大力宣導的「歷史的文學觀念論」。信中，柳亞子諄諄勸告呂天民，自己喜歡做舊詩，盡做不妨，但是切不可反對新詩，不能當「新頑固」派。他說：

> 祝你努力於革命的文學（是你所謂新其意思）和文學的革命（是你所謂新其體格）。㊱

既贊成革命文學，又贊成文學革命，表明柳亞子已經完成了從辛亥到「五四」的飛躍。儘管柳亞子贊成白話詩，但是，他對於胡適的創作實踐卻並不欣賞。在「五四」時期出現的詩人中，使柳亞子傾心讚美的乃是郭沫若。一九二四年七月，柳亞子讀了郭沫若的《匪徒頌》，曾經寫過一篇熱情洋溢的評介文章，中云：

> 自從《新青年》雜誌提倡白話詩以來，在中國文壇上突起了一枝生力的革命軍，對於思想學術界都起重大的變動，我覺得是非常有關係的。㊲

肯定《新青年》提倡白話詩的功績也就是肯定胡適，但是，柳亞子又說：「在許多白話詩集當中，我最愛讀的是郭沫若先生《女神》集裏六首《匪徒頌》，有高視闊步不可一世的氣概」，「是白話詩集中無上的作品」。後來，有人將新詩分為郭沫若、徐志摩、聞一多三大派，認為「郭詩是一條瘋狗，徐詩是一個野鶴，聞詩是一匹貓」，柳亞子又曾明確表示：「我

是寧願贊同瘋狗的。」㊳

五、餘波

柳亞子既成了白話詩的擁護者，因此，他在中國詩歌的變革方向上就不再與胡適構成對立，但是，在對於南社的評價上，二人之間卻仍然存在著歧異。

一九二九年十月，國民黨中央宣傳部長、原南社社員葉楚傖發表文章，其中有「中國本來是一個由美德築成的黃金世界」一語，㊴胡適認為這一句話最足以代表「國民黨的昏憒」，㊵於同月寫成《新文化運動與國民黨》一文，批評國民黨保守的文化政策。胡適認為，這種保守的文化政策有其歷史淵源。他分析戊戌維新運動以後的文化界情況說：

那時國內已起了一種「保存國粹」的運動。這運動有兩方面，王先謙、葉德輝、毛慶藩諸人的「存古運動」自然是完全反動的，我們且不論。還有一方面是一班新少年也起來做保存國粹的運動，設立「國學保存會」，辦《國粹學報》，開「神州國光社」，創立南社。他們大都是抱著種族革命志願的，同時又都是國粹保存者。他們極力表彰宋末明末的遺民，借此鼓吹種族革命論；他們也做過一番整理國故的工作，但他們不是為學問而做學問，只是借學術來鼓吹種族革命並引起民族的愛國心。他們的運動是一種民族主義的運動，所以他們的領袖人才，除了鄧實、劉光漢幾個人之外，至今成為國民黨的智識分子。柳亞子、陳去病、黃節、葉楚傖、邵力子諸先生都屬於這個運動。因為這個緣故，國民黨中自始便含有保存國粹國光的成分。

胡適並稱：

狹義的民族主義運動總含有一點保守性質，往往傾向到頌揚固有文化，抵抗外來文化勢力的一條路上去。這是古今中外的一個通例。㊶

胡適認爲，「許多國民黨的領袖人物」之所以不贊成新文化運動，「國粹保存家與南社詩人」之所以反對新文學，其原因就在這裏。

胡適是從清末文化界走過來的人，他的上述言論深刻地揭示了辛亥前夜革命黨人鼓吹的國粹主義思潮的兩種性質：既有鼓吹反清革命、發揚民族優秀文化的愛國主義一面，又有抵禦西方先進文化，抱殘守缺，反對文化革新的保守一面。事實也確是如此，南社成員中有些人曾經積極推動過詩界革命、文界革命、戲曲革命，但是，南社成立時，由於接受了國粹主義思潮的影響，上述諸種「革命」就都停頓了。

胡適的《新文化運動與國民黨》一文曾經激起許多國民黨人的憤怒，但是，柳亞子沒有參預那盛極一時的「圍剿」。在對於傳統文化——「國學」的態度上，二十年代的柳亞子已經比胡適更爲激烈。例如新南社成立時，葉楚傖曾經將「整理國學」列爲宗旨，但不久，柳亞子就對此表示懷疑。他說：

「整理國學」之說，創于胡適之輩。陳獨秀先生則以為求香水於牛糞，徒勞而靡所獲。僕近日瓣香，頗宗獨秀。曩時發起新南社，以「整理國學」列諸條文，猶不免為適之輩所誤。然第曰整理，而不言保存，則國學之價值如何，自當付諸整理後之定論，非目前即視為神聖不可侵犯也。㊷

視「整理國學」爲「求香水于牛糞」，自然不會維護所謂「黃金世界」說。

一直使柳亞子耿耿於懷的還是老問題——胡適認爲鄭孝胥、陳三立的作品較南社「爲高」。一九三六年二月，柳亞子發表致曹聚仁的公開信，中云：

對於南社，我覺得二十年來的評壇上，很少有持平之論。捧南社的講它是如何有功於革命，我自己也頗有些赧顏。我以為南社文學，在反清反袁上是不無微勞的。不過它不能領導文學界前進的潮流，致為五四以後的新青年所唾棄，這也是事實。然而像胡適之博士論南社，以「淫濫」兩字一筆抹殺，反而推崇海藏之流，我自然也不大

心服。我以為講三十年來的中國文學史，南社是應該有它的地位的。㊸

一九二九年，魯迅在燕京大學國文學會發表演講，曾經說過：「清末的南社，便是鼓吹革命的文學團體。他們嘆漢族的被壓制，憤滿人的兇橫，渴望著『光復舊物』。但民國成立以後，倒寂然無聲了。」㊹柳亞子認爲南社在反清之後，還有反袁的一幕，並不如魯迅所言「寂然無聲」，但是，他認爲魯迅的這一評價遠較胡適爲公正。同文中，柳亞子又稱：「他承認南社爲清末鼓吹革命的文學團體，其識見便也高出胡博士之上了。」㊺

（原載《胡適與民主人士》，紐約天外出版社，一九九八。）

①《胡適留學日記》（四），臺灣遠流出版公司版，第四十七頁。
②同上書，（三），第一九六頁。
③同上書，（三），第一九六頁。
④《胡適留學日記》（三），第一九六頁。
⑤同上書，第二四七頁。
⑥同上書，第二六九頁。
⑦同上書，第二九〇至二九一頁。
⑧同上書，第二八七至二九〇頁。又同上書（四）第四、九頁。

⑨《胡適留學日記》（四），第四十三至四十六頁。
⑩《胡適留學日記》（四），第七十八頁。
⑪同上書，第七十四頁。
⑫同上書，第八十頁。
⑬同上書，第八十頁。
⑭《胡適留學日記》（四），第八十一至八十二頁。
⑮同上書，第八十五至八十六頁。
⑯《新青年》二卷二號，所署時間為民國五年十月，但據《胡適留學日記》（四），此函作於一九一六年八月廿一日。
⑰上海《民國日報》，一九一七年四月廿三日。
⑱《南社》第五集。
⑲《民聲日報》，一九一二年二月廿七日。
⑳上海《民國日報》，一九一七年八月二十日。
㉑上海《民國日報》，一九一七年四月廿三日。
㉒上海《民國日報》，一九一七年四月廿七日。
㉓《飲冰室詩話》，北京人民文學出版社，九五九版，第五十一頁。
㉔上海《民國日報》，一九一七年七月六日。

㉕《新青年》二卷二號。
㉖《新青年》二卷五號。
㉗《胡適留學日記》（四），第二五三頁。
㉘《嘗試集》。
㉙《胡適日記》（微卷），一九二三年十月十四日，美國哥倫比亞大學珍本和手稿圖書館藏。
㉚《南社紀略》上海人民出版社，第一〇一至一〇二頁。
㉛《新黎里》，一九二三年十一月一日。
㉜同上。
㉝《新黎里》，一九二三年十一月一日。
㉞同上。
㉟《新黎里》，一九二四年八月一日。
㊱同上。
㊲《新黎里》，一九二四年七月十六日。
㊳《我對於創作舊詩和新詩的感想》，見《創作的經驗》，上海天馬書店一九三三年版。
㊴《浙江民報》，一九七九年十月十日。
㊵《胡適日記》（微卷），一九二九年十一月十二日。
㊶《新月雜誌》二卷八號。

㊷《新黎里》，一九二三年十一月一日。

㊸《南社詩集》第一冊。

㊹《三閒集》，《魯迅全集》第四卷，北京人民文學出版社一九八二年版，第一三四至一三五頁。

㊺《南社詩集》第一冊。

寧調元的生平、思想和作品

一

寧調元，字仙霞，號太一，湖南醴陵人。一八八三年（清光緒九年）生。他是辛亥革命時期的活動家，南社詩人。一九一三年「二次革命」時，犧牲於武昌。

當寧調元由少年步入青年的時候，中國正風雨如磐。八國聯軍入侵那一年，寧調元十八歲。民族的災難使他憂心如焚，自覺地肩起天下興亡的重擔。

一九〇三年，寧調元離開故鄉的渌江書院，進入長沙明德學堂的師範速成班。當時，黃興正在該班執教，昌言「排滿」。寧調元受到影響，先後參加革命組織大成會和華興會。①他會寫文章，富於口才，講演起來慷慨激烈，很快成爲該班中的佼佼者。次年冬，回鄉創辦渌江中學，受到縣令和守舊士紳的反對。他僕僕風塵，奔走於醴陵、長沙之間，上下聯繫、交涉，終於將學堂辦成。一九〇五年夏，被派赴日本，留學於早稻田大學。

日本當時是中國革命黨人的淵藪。在那裏，寧調元不僅與黃興重逢，而且和著名的湖南革命黨人陳天華結爲好友。一九〇五年十一月，日本文部省公佈「取締規則」（《關於許清國人

入學之公私立學校之規程》），對中國留學生的活動多所限制。中國留學生認為這一規則「有辱國體」，發動罷課。十二月八日，陳天華憂憤投海，中國留學生的情緒更為熾烈。寧調元是罷課鬥爭的積極分子，曾被選為文牘幹事，起草了大量宣傳品。年末，寧調元和湖南同鄉姚洪業等回到上海，與各省歸國留學生一起創辦中國公學。但是，寧調元惦念故鄉的淥江中學，不久，離滬返湘。

中國公學一出世，就碰到重重困難。一九〇六年四月六日，姚洪業效法陳天華，投江自殺。寧調元在醴陵聽到噩耗，迅速趕到長沙，和革命黨人禹之謨等商量，決定為陳、姚二人舉行一次盛大的公葬。五月六日，寧調元由易本羲主盟，加入同盟會。②二十日，長沙各界近千人在左宗棠祠為陳、姚二烈士舉行追悼大會，當場議決公葬於岳麓山。③此事遭到湖南劣紳王先謙、孔憲教等人的阻撓，他們向巡撫龐鴻書告狀。原先支持公葬的譚延闓等人頂不住，準備改變原議，但禹之謨、寧調元等意志堅決，毅然進行。廿三日，長沙萬餘學生上街送葬。一隊由禹之謨領頭，抬著陳天華的靈柩；一隊由寧調元領頭，抬著姚洪業的靈柩。兩隊均穿白衣，擎白旗，在莊嚴肅穆的氣氛中繞市行進。到達岳麓山後，舉行了隆重的下葬儀式，禹之謨、寧調元等多人發表演說。

公葬是湖南革命力量的一次檢閱，也是一次政治示威。清朝官吏和王先謙們坐不住了，於是由學務處出面，張貼佈告，指責各學堂學生，「紛紛擾動，任意出堂，遊行街市，開會喧囂」，限令將陳、姚二烈士靈柩克日遷葬。佈告聲言：「如有違抗之人，嚴拿到案懲辦。」④

面對高壓，禹之謨、寧調元剛強不屈，連日在天心閣等處集會抗議。於是，學務處再次佈告，宣稱「除將著名痞徒訪拿究辦外」，禁止開會演說、把持停課、聚眾喧嘩、私送傳單等「惡習」，殺氣騰騰地表示：「害馬不去，稂莠不除，欲其保全美質，又烏可得！」⑤七月十一日，寧調元經人勸告，逃亡上海。

在上海，寧調元寄居租界，埋頭寫作。十月十八日，與傅專、陳家鼎等人共同出版《洞庭波》雜誌。寧調元以屈魂、仙霞、辟支等筆名發表詩文多篇。其中，《仇滿橫議》尖銳地揭露滿洲貴族的腐朽和賣國，批判梁啓超「革命可以召瓜分」等謬論，主張以「暴動」爲「急進的破壞方法」。這樣的文章，自然不能爲清朝統治者所容，兩江總督端方命人與租界當局聯繫，謀劃逮捕寧調元。

十月廿九日，寧調元浮海渡日，在東京中國同盟會總部任《民報》幹事。十二月四日，萍瀏醴起義爆發，寧調元受孫中山、黃興委派，回國響應。到上海後，與秋瑾、陳其美、楊卓林等會議，制訂了在湖南、江蘇、浙江等省分頭發動的計畫。但是，當寧調元趕回湖南的時候，萍瀏醴起義已經失敗。一九〇七年一月廿八日，寧調元在岳州（今岳陽）被捕，轉押長沙。

被捕之初，寧調元就作了犧牲準備。他寫下了《絕命詞》，在受審時坐地抗辯，慷慨請死。但是，清政府找不到他「謀亂」的確證，陳蛻、汪文溥、劉澤湘等人又替他上下打點，案子因此就拖了下來。這樣，寧調元就不像初時那樣激動了，他開始把牢獄生活看作是對自己的鍛煉。《三月二十日筆記》說：「今日之入之陷阱也，天或者有以玉成我乎？故不惜假我以歲月，嘗我以艱苦，左之右之，顛之倒之，順之逆之，揚者抑之，福者禍之，剛者柔之，風雪以堅其操，雷電以練其膽，若可以絕我望，若將以灰我心。余際斯時，可不敬受之哉！范文正云：『先天下之憂而憂，後天下之樂而樂。』佛言：『我不入地獄，誰入地獄！』三復一過，覺未來世界皆作莊嚴燦爛狀，發見於眼球中。因述之以自勉，並示同難某君。」⑥他為自己制定了運動、習字、讀書、作文四種日課。在獄期間，先後讀書二千種，完成《明夷詩鈔》、《明夷詞鈔》、《南幽百絕句》、《嘆逝集》、《南幽文集》、《碧血痕》、《莊子補注》等著作多部。

身在牢獄，心繫天下。寧調元始終保持著與革命黨人的密切聯繫。湖南同盟會分會的最初組織者是禹之謨。一九〇六年八月十日，禹之謨被捕。此後，分會即呈渙散狀態。寧調元利用探監機會，委託劉謙、李隆建重新組織分會。一九〇七年，東京同盟會總部發生分歧，章太炎一度憤而辭去《民報》編輯職務。寧調元在獄中得到消息，於一九〇八年寫信給章太炎，勉勵他撐持局面，辦好雜誌。信中說：「報社成立數年，每下愈況，匪直吾黨之不幸也。譬彼扁舟航海，大風起于水上，卒然遇之，鮮不奪氣。吾公把舵向前，力任其難，想天憐有心人，燦爛莊嚴之境界，必發現不遠也。」⑦信中並以廉頗與藺相如、陳平與周勃的故事勉勵章太炎，勸他以團結為重。

當時，陳去病、高旭、柳亞子三人正在籌建文學團體南社。對此，寧調元積極支持。自一九〇八年春起，他和高旭多次通訊，討論結社宗旨和出版體例。在《南社序》一文中，寧調元主張繼承明末應社、復社、幾社的傳統，寫作反映時代氣氛的作品。文章說：「哀樂感夫心，而詠嘆發於聲。斯編何音？斯世何世？海內士夫庶幾曉然喻之，而同聲一慨也。」⑧這裏，話雖說得含蓄，但要求詩人們反映時代，揭露清政府腐朽統治的意旨卻是躍躍欲出的。

在寧調元被囚繫的日子裏，始終有友人為之奔走活動。一九〇九年十一月，經譚延闓、龍璋等人具結，寧調元被釋出獄。次年三月，赴北京任《帝國日報》總編輯。

北京是清政府的輦轂之地，統治遠較其他地方為嚴，但寧調元仍然寫了大量報導、時評和雜文，尖銳、潑辣地指責清政府，並以各種形式隱蔽而曲折地宣傳革命。他先後主持過多種欄目，其中，《太一叢話》主要評介明末抗清志士的事蹟和作品；《議場談屑》報導並評論資政院會場的情況；《是是非非》表達作者對時政的各種議論和看法。它們的篇幅都不大，有的不過百字左右，卻宛如短刀、匕首，具有強烈的戰鬥性，有時，寧調元更借分析古典作品的名義議論時政。《水滸傳》中，魯智深大鬧五臺山時，曾經高叫：「禿驢們不放洒家入寺時，山門外討火來燒了這個鳥寺。」寧調元於引述這段話之後評論說：「東西各國大英雄，凡倡言救國者，須要體會得此。」⑨這實際上是在號召人們以暴力推翻清政府的統治。一九一〇年十一月，御史胡思敬參劾《帝國日報》「肆意譏諷，蔑侮大臣」，「對朝廷體制有大不敬之行為」，要求清政府封閉報館，拿辦主筆。⑩一九一一年九月，京師審判廳又製造藉口，傳訊《帝國日報》發行人，判處罰款。寧調元則利用清政府新近頒佈的報律、刑律，反過來控告審判廳「紊亂律章」。⑪這樣，寧調元贏得了同行的擁戴，被北京報界公會委派赴日考察。⑫

當寧調元南下行抵上海的時候，武昌起義爆發。他便改變計畫，兼程西上。到湖南後，被聘爲都督譚延闓的秘書。不久，南北議和，寧調元到上海參與發起民社，創辦《民聲日報》。民社成立於一九一二年一月十六日，發起人爲黎元洪、藍天蔚、譚延闓、孫武、朱瑞、吳敬恒、劉成禺等。當時，孫中山已經決定讓位給袁世凱，但他堅持建都南京，以便將袁世凱從老巢中調離出來。但是，立憲派以及與立憲派關係密切的章太炎等人則主張建都北京。雙方相持不下。在這一情況下，民社提出建都武昌。寧調元曾在《民聲日報》上發表《國都平論》等文，宣稱：「屈北從南，與屈南從北，同爲相持之因，必無解決之方。非調停南北，折衷武昌，無以息兩造之爭。」⑬善良的寧調元不瞭解建都之爭的實質，因而，當了黎元洪等人的傳聲筒。但是，寧調元主持《民聲日報》一共不過五、六天，即因祖母喪事回湘。四月，寧調元被譚延闓派任廣東三佛鐵路總辦。這以後，民社與統一黨等合併爲共和黨，反對同盟會的傾向日益明顯，寧調元便於八月六日登報脫離民社。⑭

寧調元擔任三佛鐵路總辦期間，袁世凱的反動面目日益暴露。八月十五日，無故槍殺革命元勳張振武與方維。寧調元激憤地對人說：「國事至此，而猶苟且偷一日之安，吾黨罪惡其何時可以洗濯？」這年冬天，他冒著風雨，由粵而滬、而皖、而贛，與陳其美、柏文蔚、李烈鈞等協商，秘密議定七省討袁計畫。一九一三年二月一日，寧調元自南昌密電譚延闓等人，指責袁世凱「採取積極專制手段，實行破壞共和」，「雖趙匡胤黃袍尚未加身，而拿破侖雛形已具」，電報表示，希望湘人「上下團爲一氣，與各得力省份協籌對付方法，頭痛去頭，足痛去足。」⑮同日，又致電廣東都督胡漢民，歷數袁世凱的罪惡：「總統厲行暴民政治，意思即是法律，喜怒即爲賞罰，好惡即爲賢不肖，而共和已歸破壞。」電文同樣表示：「我東南起義各省，亟宜聯爲一氣。」⑯在對袁世凱的認識上，寧調元不是最敏銳的；但在武裝討袁上，卻是主張堅決的人。

這年三月，宋教仁被刺，許多革命黨人感到袁世凱殺機已露。有人勸寧調元「養晦東瀛」，譚延闓並願提供千金作爲路費，但寧調元不爲所動。⑰同月下旬，他星夜趕赴上海，會見孫中山、黃興，力言袁世凱自絕於民國，北定中原，此其時矣。當時，武漢革命黨人詹大悲、蔡濟民、楊王鵬、季雨霖等人正在組織參謀團，運動軍隊，計畫在武漢發難。寧調元徵得黃興的同意，趕赴武漢，參與策劃。

六月廿四日，黎元洪突然派軍隊搜查漢口民國日報館，發現「通告湖北獨立，組織北伐軍」的計畫和起義宗旨、軍人條例等文件，於是宣布戒嚴，分頭緝拿革命黨人。詹大悲等見事機洩露，決定先發制人。廿五日夜，在城外南湖和城內造紙廠兩處的革命黨人，還沒有來得及發動就被鎮壓了。廿六日，寧調元與熊樾山在漢口德租界富貴旅館被捕。

開始時，寧調元拒不承認自己是革命黨人，但是，他隨身的皮包裏有蓋著江西李烈鈞印章的特別證，有密電本及活動經費收支帳單等證據。這些，自然瞞不過偵探們的眼睛。七月五日，經德國領事批准，寧調元被引渡到武昌，落入黎元洪手中。

革命黨人和兩湖人士爲營救寧調元做了許多工作。劉揆一、孫毓筠、高旭、黎尚雯、陳家彝、楊度等紛紛致電黎元洪，要求釋放。⑱七月十二日，李烈鈞在江西湖口宣布獨立，以反袁為主旨的「二次革命」爆發。次日，李烈鈞致電黎元洪，提出願以俘獲的黎部軍官二人交換，但黎元洪置而不答。其後，國民黨人的反袁軍事陸續失敗。八月四日，袁世凱下令，將寧調元「在鄂就近訊明，按法懲辦」。廿七日，寧調元被以「內亂罪」判處死刑。九月廿五日被害，年僅三十一歲。

二

寧調元具有鮮明的民族民主革命思想。

十九世紀末，二十世紀初，帝國主義的侵凌日亟，中華民族的危亡災禍日深。面對這種形勢，寧調元憂心如焚。他痛苦地闡述列強加給中國人民的奇恥大辱，描繪「外人要瓜分中國」的可怕情景，熱情地呼喚中華民族覺醒，及時抗爭。他說：「日人之奪我臺灣，大恥也；自由行動于安奉鐵路，大垢也；俄人之變相哀的美敦書，大辱也。我國人非甘心作亡國奴，又何可一朝忘？」⑲又說：「我神聖之苗裔乎？胡可當我手足尚活動時，視聽尚完俱時，而忍受人之笞我、撻我、玩我、殺我，而不一反抗也？」⑳值得指出的是：寧調元所要求的這種抗爭並不是外交上的折衝樽俎，而是和帝國主義刀槍相對的廝殺。他說：「夫土地等失，生命等喪也，與其沉沉夢夢，斷送於條約、照會之中，曷若轟轟烈烈，拋擲於彈煙炮雨之下乎？」㉑他激烈地批判清政府的妥協外交，主張不畏強暴，「與彼辱我、侮我者疾起而決一戰」，寧爲玉碎，不爲瓦全。㉒他說：「政府辦交涉，總以退讓爲主。試問：今日讓步，異日能不再讓步否？讓步亡也，不讓步亦亡。然則何不不讓，何必不戰！」㉓寧調元熱切地期望中華好男兒刻苦自勵，躍然奮起，使祖國巍然屹立於世界民族之林。他說：「值美雨之東來，約歐雲以西漸，吾人對於民族問題有一番責任者，宜如何刻苦自勵，養成忍苦耐勞之習慣，爲二十世紀舞臺上占一特別之位置耶！」㉔

在追尋列強何以能肆無忌憚地欺凌中國，中華民族何以瀕臨危亡的根源時，寧調元認爲，不是別個，而是滿洲貴族的反動統治。在著名的《排滿橫議》一文中，寧調元列舉大量事實，淋漓盡致地揭露了滿洲貴族欺壓中國各族人民的種種罪過，諸如：大興文字獄，枉殺無辜；苛捐雜稅，橫徵暴斂；賣官鬻爵，巧取豪奪；官場腐敗，仕途黑暗等。寧調元指出，清朝統治者不僅不支持人民的反帝愛國運動，反而加以鎮壓；不僅不扶植有利於社會發展和民族進步的新芽，反而加以摧殘。他說：「美洲華工條約之起源，由滿胡所共訂也。聞商界以不賣美貨以抵制之，惟恐其禁約之盡解也，則拏人以肆其威嚇。南洋各埠派一領事，不擴商而反病商，悉索重也；內地志士發明一新藝，應專利而不許專利，報效少也。開一礦產，築一鐵道，商辦也必官督之，創一輪船，設一電報，餘利也必盡提之。」㉕尤其使寧調元痛心疾首的是滿洲貴族無恥出賣國家、民族的權益，將中華大好河山拱手奉獻給帝國主義。他說：「彼則以我國土爲儻來之物也，不動聲色，不假思索，於九重深遠，人謀鬼謀，又一紙書以奉於大英、大法、大俄、大日、大美之前。」㉖正是這一原因，使寧調元響亮地提出了「非排滿不足以救亡」的口號。

清政府所代表的是滿、漢各族地主階級的利益，因此，滿洲貴族的統治就不僅是一種民族壓迫，而且是一種封建壓迫。寧調元的排滿思想，除了具有強烈的愛國主義成分外，還具有民主主義的反封建內容。寧調元指出，在清政府的統治下，中國已經成爲「奴國」。他號召中國人民，像當年的法國革命者一樣「脫除奴籍，淨洗奴恥，改造奴風，左手揕其胸，右手把其袖，送路易十四於斷頭臺上。」㉗寧調元認爲，只要中國人民有這種不甘爲奴的精神，那末，無論有多大的困難和阻力，「排滿之目的終必達」。㉘

正像當時大多數革命者一樣，寧調元的「排滿」思想也具有嚴重的種族主義成分，他看不到中國各族人民長期融合，共同創造祖國歷史的事實，錯誤地將滿族視爲「異族」；又不能正確地區分滿族反動統治者和滿族群眾，籠統地鼓吹種族復仇。這些，都是他思想中狹隘和消極的成分。在中國歷史上，漢族地主階級和儒學代表人物長期鼓吹「夷夏大防」和「非我族類，其心必異」，寧調元也不能擺脫這一影響。

爲了欺騙輿論，抵制革命，義和團運動後，清政府曾經辦過所謂「新政」，後來，又宣稱「預備立憲」，企圖爲封建殭屍裝點民主的花環。對此，寧調元給予了辛辣的諷刺。他說：「今日中國，不新不舊之憲政，若有若無之諮議局，非馬非驢之學堂，不香不臭之新刑律。變法十年，幾無一可不令人噴飯。」㉙他一針見血地指出，滿洲貴族的所謂新政與立憲，「無一不是夢，無一不是假」，㉚其目的在於打消人民的「排滿之心」，「所以自利，非利人也」。㉛在下詔「預備立憲」的同時，清朝政府還曾進行所謂「官制改革」。對此，寧調元指出，這不過是換湯不換藥的把戲。他說：「撤軍機，設內閣，人人心目中若有無窮之希望，其實不過慶邸退、澤公來耳……嗚呼！什麼軍機、內閣，一新貴族之得喪問題耳，于吾民何與？于國家何與？」㉜

寧調元認爲，要救國，必須以暴力推翻清朝政府，他說：「吾人欲實行最急進之破壞主義，非先有最急進的破壞方法。」㉝寧調元所說的「最急進的破壞方法」，一是「翦其羽翼」，即以暗殺手段，「殲滿囚，除漢奸，排虜官」。㉞當時，國際無政府主義者，特別是俄國虛無黨人正在狂熱地鼓吹暗殺，寧調元受此影響，也錯誤地對這一鬥爭形式寄以希望。他說：「將來民族主義日益播揚，暗殺手段日益進步，中原有男兒，到處鉏麑。俄土虛無黨之活劇，試演於東方，正方興未艾也。」㉟寧調元不瞭解，暗殺手段只能打擊反動統治者中間的少數人，並不可能摧毀整個反動統治。寧調元所說的「最先進的破壞方法」之二是「搗其巢穴」，即以暴動手段進攻清王朝的首都北京，他說：「吾輩不欲直抵黃龍府痛飲一杯則已，否則旁敲側擊，搗覆北京必不足以制其死命也。然此說也，又非暴動主義，亦無以制其死命也。」㊱在寧調元看來，鄭成功、陳子龍等人的抗清，太平天國、八卦教、捻軍等起義，孫中山在廣東所發動的武裝鬥爭等，都屬於這種「暴動主義」。寧調元熱烈地期望，「一夫發難，天下響應」，在中國大地上出現轟轟烈烈、波瀾壯闊的反清場面。

清朝中葉以來，會黨一直是反清的主力。寧調元實行「暴動主義」的依靠力量也是會黨。他說：「哥老會也，三合會也，致公堂也，安慶道友會也，黃漢會也，雙刀會也，大刀會、小刀會也，則叢林伏莽，所在皆是。其手段雖各殊，而其目的對於滿清政府則協同一致。蓋若輩之思想，近更進步。將來任急先鋒以啓革命之機者，必非他人也。」㊲寧調元不瞭解，會黨成分複雜，有其落後性和破壞性，並不完全適應民主主義革命的要求。他更不瞭解，只有充分發動農民，才可能形成一支龐大而堅強的反對封建力量。

儘管寧調元將暗殺與暴動並列，有其認識模糊之處，但是，在肯定暴力，主張以革命手段改造中國這一點上，卻與改良派尖銳對立。他說：「諸君欲破壞乎，固破壞也；不欲破壞，亦破壞也。與其以破壞之事候之他人，如黃河一決千里，不可收拾，毋寧以破壞之責負之於我，則尙有建設，有結果也。」㊳當時，改良派正在嚇唬革命派，說是革命必將招致列強的瓜分。對此，寧調元回答說：「外人雖無禮，能瓜分我土地，其奈不能瓜分我人民何！」㊴在這裏，寧調元隱約地看出了人民的力量可以制止瓜分。他表示，良農不因爲有水旱之災而輟耕，好男兒也不能因有瓜分危險而不革命。針對改良派「革命決非能得共和而反以得專制」的謬論，寧調元回答道：「即論者不幸而言中，新政府倉猝又建專制」，「吾國民寧有能力與第一次種族革命軍，必無有能力與第二次政治革命軍，其誰謂然！」㊵寧調元的這些言論，配合了《民報》與《新民叢報》的論戰，壯大了革命輿論的聲勢。

美國獨立、法國革命，是世界上最徹底的資產階級民主革命，寧調元以之爲理想，渴望經過百折不回的鬥爭後，在中國建立一個強大的共和國。他說：「法蘭西革命三次，王綱破則共和；美利堅苦戰八年，母國認其獨立。」㊶這些言論，表現了寧調元徹底的民主主義精神。但是，寧調元的時代，社會主義運動已經在西方和東方的日本蓬勃發展起來。寧調元在日本時，也接受到社會主義思想的影響。他曾撰文介紹日本社會黨的一篇文告，該文稱，在社會主義社會，「土地、資本歸共有」，「人民皆富，而貧者自絕跡」。寧調元評論說：「二十世紀，社會主義之潮流如日中天，已彌漫於六大洲之壤土，大有遇之者昌，遏之者亡之概。吾國平民中資本家之毒尚淺，急謀診治，較之東西各國事半而功倍，可斷言也。」㊷這些言論，並未超出孫中山主觀社會主義思想的範疇，但它說明，寧調元已經朦朧地感到，資本主義的前途並不十分美妙，必須「急謀診治」，爲中國革命作出新的探索，較之那時的「一民主義者」和「二民主義者」們，要高明得多。

在文化思想上，寧調元也表現出徹底的民主主義的立場。他曾寫過《論孔子之持家》、《孔子之接物》、《孔子之教忠》、《孔子之右文》等四篇文章，從不同角度對「大成至聖先師」提出了批判。他說：「古之所謂至聖，今之所謂民賊也。何以言之？孔子者，蓋訓謹成性者也，其發於議論，著之行爲，無不以是爲宗旨，致貽中國二千年專制之毒，民族衰亡之禍。」㊸孔子的言論在中國封建社會中被視爲教條，長期禁錮著人們的頭腦。寧調元的批判不一定很準確，但在清末的思想啓蒙中，顯然具有振聾發聵的作用，其激烈程度則不僅在辛亥革命前後是突出的，即使置於「五四」時期也毫無愧色。

從主導方面，寧調元的思想是積極的、奮發的，反映了新興階級的革命精神和蓬勃朝氣，但是，他也有消極、頹唐的時候。例如，他說過：「天地一水泡也，品類一浮煙也，」㊹又說過：「勿以得意爲可樂，勿以失意爲足苦。一棺附身，萬緣俱寂。」㊺這些地方，反映了佛、道思想對他的影響。寧調元所代表的階級畢竟是軟弱的，他又兩次入獄，經常處於逆境中，有這些思想是並不足怪的。

三

寧調元的生命雖然短促，但他卻留下了豐富的作品。

一九〇三年，寧調元在淥江書院讀書時，有詩贈人說：

> 我有一言君莫嗤，宜秘勿令餘子知。
> 詩壇請自今日始，大建革命軍之旗。
>
> ——文渠既為餘次定《朗吟詩卷》，復惠題詞，奉題五章，即題《紉秋蘭集》

這首詩，要求在詩歌領域內高高地樹起革命軍的大纛。它是寧調元的詩歌主張，也是革命派的文學宣言。

寧調元的詩，揭示出二十世紀初年中國革命志士豐富而崇高的精神世界。他們憤慨於帝國主義和清朝政府的雙重壓迫，爲國家、民族的命運憂愁。《感懷四首》云：

國步艱難更百憂，年年夜起舞吳鉤。
東山絲竹娛功狗，南國衣冠笑沐猴。
幾個下民渾易虐，九重天子竟無愁。
料知王氣春陵盡，到處狐鳴火一篝。

一片又一片土地被瓜分，一個又一個不平等條約在簽訂，「國步艱難」，而「天子」居然「無愁」。這裏，詩人在鮮明的對照中譴責了清朝統治者的喪心病狂，表達了強烈的憤怒。詩人預言，賣國者的統治即將告終，一個「狐鳴篝火」，揭竿而起的時代就要來臨。同詩又云：

十年前是一重囚，也逐歐風唱自由。
復九世仇盟玉帛，提三尺劍奠金甌。
丈夫有志當如是，豎子誠難足與謀。
願播熱潮高萬丈，雨飛不住注神州。

在封建社會裏，人們受著各種有形、無形的壓迫，宛如黑獄中的囚徒。詩人決心掙脫鐐銬、砸毀鐵牢，獻身於民族雪恥、安邦定國的偉大鬥爭。執潮化雨，高注神州，末二句以雄奇瑰偉的想像展現志士的壯美胸懷，思想性和藝術性都達到了較高水準，使得這首詩堪稱是寧調元的代表作，也是那個時期的代表作之一。

反清革命是一場複雜的社會運動。寧調元的詩沒有過多地渲染長期存在的滿漢矛盾，而是一針見血地說明了它的反封建實質。一九〇六年，詩人贈同志陳家鼎詩云：

革命之神專制敵，兩人分任倒清朝。
他年黑水洋如在，應助同胞起怒潮。
——九月十二日渡黑水洋有作，兼贈漢援

寧調元明確指出，反清鬥爭乃是一場反專制鬥爭。這一認識，較之當時單純鼓吹「華夷之辨」的人們來說，顯然要高出許多。

詩人在《讀史雜詠古人六首》中又寫道：

愚民為政策，書燒儒不容。

誰識亡秦者，卻是陽城農。

本詩批判秦始皇的文化專制主義，其矛頭實際指向一切封建統治者。詠史詩貴有見解，本詩點出了陳勝的社會身分，從而表現出詩人對下層社會力量的充分肯定，在當時應該算作卓見。

爲了拯救祖國，寧調元著力歌頌奮鬥不息，不達目的不止的韌性戰鬥精神：

一鞭應著祖生先，千里懸崖漫息肩。

——乙巳除夕

已經患難復同行，萬敗終須有一成。

——九月十二日渡黑水洋有作

寧調元懂得，革命生涯充滿危險，但他決心挺身向前；寧調元也懂得，革命鬥爭必然會有無數失敗，但他相信終有「一成」。

爲了拯救祖國，寧調元還著力歌頌大公無私，以天下爲重，捐棄小我的獻身精神：

榮枯一己何輕重，累卵中原運已危。

——痛哭三什和哀蟬

不惜頭顱利天下，誓捐頂踵擬微塵。

——丙午冬日出亡，作於洞庭舟次

詩人認爲，只要有利於天下，不僅可以貢獻自己的頭顱，而且可以摩頂放踵，捐棄一切。辛亥革命時期，大量志士投身革命，犯難冒死，英勇鬥爭，雖斷頭瀝血而甘之如飴。寧調元的詩正代表了他們的心聲。

人們進入森林，必然滿眼蔥綠；打開革命者的詩卷，也必然充斥著慷慨奮發之音。祝賀友人結婚，這本來是一個可以寫得旖旎纏綿的題材。但是，在寧調元的筆下，我們也仍然可以聽到激越的金鼓之聲：

不覓封侯覓自由，休疑亡國戀溫柔。
行看十萬橫磨劍，並轡中原殺國仇。

——祝天梅結婚

詩人祝願這一對新婚夫婦馳騁疆場，爲革命拚殺。這是古典詩歌中前所未有的境界。

憂患使人不幸，但是有時卻給創作帶來生機。一九〇七年初，寧調元被捕入獄，他的創作力空前旺盛起來了。「鐵鎖鋃鐺帶笑看」。他含著輕蔑的微笑審視面臨的一切，在鐐銬撞擊聲中飲酒賦詩：

繞樹更無枝可依，丈夫豹死不留皮。
慈親如倚門前望，休為孤兒老淚垂。
壯志澄清付水流，漫言後樂與先憂。
鬼雄如果能為厲，死到泉台定復仇。
白刃臨頭枉用號，向天搔首奈天高。
只緣不伴沙場死，虛向人間走一遭。
——岳州被捕口占十截

人非草木，孰能無情！寧調元家有老母嬌妻，這不能不使他動心。但是，一個革命者不能屈節偷生，寧調元決心一死。他表示，即使成爲鬼雄，也不能饒過人間的寇敵。生死是人生的一大關頭，上述三詩表現了寧調元此時此際的磊落襟懷。

寧調元在獄中時，先後得到禹之謨、楊卓林、秋瑾等人犧牲的消息，陸續寫成三組悼詩。這些詩，追溯往事，讚美烈士慷慨成仁的義舉，充分表現出寧調元對戰友的深情。

前仆後繼待阿誰，埋骨荒丘自古悲。
遙憶去年今日事，不堪死別共生離。
——哭禹之謨烈士二十首

一天風雨二陵秋，搖落空林百卉柔。
毅魄若教長不昧，定回弱水向東流。
——哭楊卓林武士二十首

巨浪三千東復東，眼中多少可憐蟲。
若論女界犧牲者，千古一人秋競雄。
——吊秋競雄女俠十首

它們娓娓敘來，哀而不傷，沉痛中時露慷慨豪放之氣。

寧調元不僅自己表現出崇高的革命品節，而且努力鼓舞難友。《七律次韻和同獄某》云：

故壘荒涼劫後灰，可曾報國有涓埃？
善哉地獄能先入，恥以歧途誤後來。
意士正燃燒炭黨，法皇卒上斷頭臺。
相看異日風雲會，莫漫傷心賦《大哀》。

寧調元堅信，專制暴君終會被送上正義的審判台。為了這一天，他甘心隨一切苦難。在《秋夜懷人詩》中，他曾表示：「須為眾生嘗苦痛」，本詩所云：「善哉地獄能先入」，表達的是同一思想。它們反映出詩人崇高而博大的胸懷。

境遇雖然艱難，但寧調元不改初衷。獄中見雨，他感慨繫之，賦詩云：「他年若慰為霖願，多少蒼生定繫吾。」（《春雨》）他甚至幻想自己分身有術，到祖國的四面八方抵禦狂瀾：

世亂時衰事已非，狂瀾待挽付阿誰？
祝身化作千百億，日日東西南北之。

宋代詩人陸游詠梅花詩云：「何方可化身千億，一樹梅花一放翁。」本詩即由此脫化，但思想意義卻是嶄新的。

唯無畏者最樂觀。獄中，寧調元始終一腔豪情，滿腹壯志。《述感四什》云：

偶以黨波櫻禁錮，恥於年少病呻吟。
國仇未死知交在，一點熱潮漲不禁。

《讀史感書》云：

投河未遂申徒狄，伏劍應期溫次房。
不管習風與陰雨，頭顱尚在任吾狂。

正是這種樂觀主義，支持寧調元度過了長期的磨難歲月。

在各類文學體裁中，抒情詩往往最充分、最直接地抒發作者的心理感情。辛亥革命前，革命黨人生氣勃勃，對未來充滿信心。寧調元此時的詩，基調也是充滿英雄主義和樂觀主義的。而在辛亥革命以後的詩，則淒厲、慘惻，表現出理想幻滅的沉重悲哀。《武昌獄中書感》一詩說：

拒狼進虎亦何忙，奔走十年此下場。
豈獨桑田能變海，似憐蓬鬢已添霜。
死如嫉惡當為厲，生不逢時甘作殤。
偶倚明窗一凝睇，水光山色劇淒涼。

推翻了清朝皇帝，卻迎來了竊國大盜，「拒狼進虎」的比喻貼切地表現出歷史過程的本質。詩中，寧調元仍然表示決不向惡勢力妥協，但心境是淒涼而感傷的。

最初，寧調元對正在醞釀中的「二次革命」曾經寄以希望，因此，詩中有過「分波終仗靈犀力，填海猶存精衛心」的壯語。但是，轉瞬之間，「二次革命」煙消雲散，他又唱出了「見說降旛出石頭，已傷離亂更傷秋」的悲哀之音。這以後，他愈感國事無望。

漢家陵闕對西暉，南眺瀟湘煙雨微。
眼見紅羊成浩劫，若為黃鵠竟高飛。
畏蛇畏藥何時了，為雨為霖此願違。
眼看東南生意盡，幾人田宅擁高肥！

多年來，詩人一直懷抱著「爲雨爲霖」的宏願，眼看這個願望無從實現了。他辛酸地感嘆：東南的革命力量已經消失殆盡，往日的官僚、地主們依然良田美宅，高車肥馬，誰來改變中國的面貌呢？

辛亥革命後的幾年是近代中國歷史上一段極爲沉悶的時期。一方面，以袁世凱爲代表的反動派猖狂地復辟帝制，另一方面，革命派則潰不成軍，疲軟無力。寧調元詩中的悲涼特色正是這個時期的反映。

作爲一個革命者，寧調元的大部分作品是政治抒情詩，但是，他也有詠物、寫景之作。如《菊題畫箑》，寫不苟流俗、笑傲風霜的精神：

> 三徑叢叢尚未荒，攜樽扶杖訪幽香。
> 怕隨眾卉為降虜，獨孕黃花戰白霜。

以「降虜」比喻眾卉，用「戰白霜」來描繪黃花盛開的風貌，不僅獨具新意，而且生動地表現出威武不屈的志士情懷。

寧調元作詩學唐，論詩推崇標舉神韻說的王士禎，對反王的趙執信則不以爲然。在他的許多作品裏可以明顯地看出杜甫、王昌齡、李商隱等人的影響。但是，也偶有學宋之作，如《七絕》：

山桃開盡牡丹開，百轉流鶯往復回。
分付奚奴時下鑰，莫教春色出園來。

梨花淡白草芊芊，最好清明二月天。
十月西湖如畫本，半堤楊柳半堤煙。

兩詩都寫得歷歷如繪，情致宛然，確有宋人小詩之風。

在藝術上，寧調元努力作出新的開拓。《前出塞用草堂韻》寫士兵：「肩荷克虜伯，手執先鋒旗。」《願詩》寫相思中的戀人：「白露流秋草，千里共蟾光。願爲吸鐵石，孤影攝成雙。」以「克虜伯」、「吸鐵石」一類新名詞入詩，既具時代氣息，又生動、貼切，富於表現力量。寧詩的弱點是缺少錘煉。他在獄中以詩度日，有些題材反覆詠嘆，顯得濫而不精。

寧調元的詞也具有一定特色。

長期以來，不少人囿於「詞別是一調」的見解，將它的表範圍限制在春愁秋恨、閨情離緒的狹小天地中，寧調元也擺脫不了這種影響。但是，他還是寫過不少憂國憂時之作。如《朝玉階》（為楚狂題小照）、《一剪梅》（黃葉蕭蕭故國秋）、《青玉案》（答鈍子）、《桃源憶故人》（感懷）等。其中《三台令》寫於湖南保路運動中，反映迫切的救國救鄉心情：

休矣！休矣！時事不消說起。醉生夢死風光，誰省湘亡路亡？亡路，亡路，丘墓安排何處？

《佳人醉》寫於同盟會內部發生矛盾之際，寫消除嫌隙、增強團結的願望：

曾記北風同賦，歷盡風波辛苦。倘中途乖棄，結成仇怨，有何名譽！些小一時嫌隙，願大家付與東流去。奇愁難訴，想天時也有明兼晦，何況儂和汝？好相與煉將媧石，補上情天缺處。

二者都是寧詞中具有積極意義的作品。

和晦澀朦朧的常州詞派不同，寧調元的詞明麗流暢，自然動人。如《八六子》：

楚天低，四圍凝望，鄉關何處都迷。但一抹斜陽如畫，遙遙數點秋山，襯湘水西。

此詞情景交融，恰似淡墨渲染出來的一幅楚天秋色圖。

寧調元的散文分別以《洞庭波》和《帝國日報》時期為代表，表現出不同的風格。《洞庭波》時期，寧調元注重鼓動性，文章華彩。或造爲懸念，吸引讀者；或故作驚人之筆，以動人聽聞；或多用排句、疊句以造成氣勢。如《排滿橫議》：

> 倘再優容，任其破壞，一奴之不足，又再奴之，事滿胡不足，又事外人。國既亡矣，家既覆矣，入非洲開礦歟？至美國作工歟？投黑龍江之水歟？供檀香山之火歟？為猶太之飄泊歟？圖波蘭之恢復歟？今不自立，後雖悔之，其又何及！㊻

文章闡述亡於帝國主義之後中華民族的慘況，確有令人驚心動魄的效果。《帝國日報》時期，寧調元的文風趨於平實、樸素。所寫大多爲小品，篇幅不長，甚至三言兩語，但嬉笑怒罵，皆成文章。如：

> 外國之議會監督政府，中國之議會反受政府監督。嗚呼！資政院之前途。㊼
>
> 議員席前列席二排，凡全體表決事件，應贊成者不起，應反對者亦不起，獨為風氣，此之謂王公世爵。㊽

這些地方，筆法冷峻，給予清政府和滿洲貴族們以尖銳的諷刺。他尤其善於以精鍊筆墨，勾劃人物形象。如寫資政院各議員：

嚴復：「以白布手巾圍頸，倚几欲臥，旋即出院。」㊾

陳寶琛：「與人耳語，剌剌不休，議長飭其報告川路理由，三呼而三不聞。」㊿

勞乃宣：「開議未二十分鐘，便目閉唇合，神遊太虛境去。」51

楊錫田：「長衫博袖，搖曳上演台，發表反對剪辮演説。」52

這些描寫，落墨不多，而神態畢現，組合起來，形成一幅光怪陸離的資政院議事圖。人們不禁要問，這樣一群議員能議出什麼名堂來呢？

寧調元精通訓詁、小學，《莊子補釋》、《讀〈漢書〉札記》、《讀〈說文〉札記》等代表了他這方面的成就。它們新義迭出，提出了不少富於啓發性的見解。

寧調元一生獻身民主革命，剛毅堅韌、忠貞不二，兩進囹圄，而鐵骨錚錚，革命之志不衰，最後英勇捐軀。他的作品，尤其是詩，表現了辛亥革命前後革命志士的面貌，洋溢著愛國主義和英雄主義精神，藝術上也有一定成就。在近代文學史上，應當有其地位。一九二三年，柳亞子在敘述南社歷史時，曾大力表彰寧調元等烈士，稱之爲「青燐碧血，抑足蔚爲國光焉。」53確實，不論是就人言，還是就詩言，寧調元都是南社的光榮和旗幟。

（與曾景忠合作，原載拙編《寧調元集》，湖南人民出版社，一九八八。）

①劉謙《寧烈士調元革命紀略》。
②《中華民國開國五十年文獻》第一編第十一冊。
③《湘江鯉信》，《匯報》第九年第三十九號。
④《時報》一九〇六年六月十七日。
⑤《時報》一九〇六年六月十七日。
⑥《南幽雜俎》卷一，《太一遺書》。
⑦《太一箋啓》，《太一遺書》。
⑧《南社》第二集。
⑨《帝國日報》，一九一一年五月三日。
⑩《民立報》，一九一〇年十二月三日、十日。
⑪《帝國日報控地方審判廳及檢查廳文》，《民立報》一九一一年九月二十日。
⑫同上，一九一一年十月十一日。
⑬《國都評論》之二，《民聲日報》一九一二年二月廿八日。
⑭《民國新聞》，一九一二年八月六日。
⑮《寧調元被害案卷》，中國第二歷史檔案館藏。
⑯《亞細亞日報》，一九一三年二月廿五日。

⑰劉謙：《哭太一詩後十首》注，《南社詩集》第六冊。

⑱《長沙日報》，一九一三年七月七日、十一日。

⑲《是是非非》，《帝國日報》一九一一年三月六日。

⑳《是可忍也熟不可忍》，同上，一九一一年三月五日。

㉑《何必聽其自亡》，同上。

㉒《不戰果可以自存乎》，《帝國日報》一九一一年三月六日。

㉓《是是非非》，《帝國日報》，一九一一年三月七日。

㉔《南幽雜俎·二月二十三日筆記》。

㉕《洞庭波》第一期。

㉖《洞庭波》第一期。

㉗《洞庭波》第一期。

㉘《洞庭波》第一期。

㉙《國旗》，《帝國日報》，一九一〇年九月十二日。

㉚《帝國日報》一九一一年四月廿九日。

㉛《無聊與無恥》，《洞庭波》第一期。

㉜《於吾民何與》，《帝國日報》一九一一年二月廿三日。

㉝《排滿橫議》，《洞庭波》第一期。

㉞《排滿橫議》，《洞庭波》第一期。
㉟《蠢哉直督》，同上。
㊱《排滿橫議》，《洞庭波》第一期。
㊲《排滿橫議》，《洞庭波》第一期。
㊳《三合會討滿檄文》，《漢幟》第二期。
㊴《排滿橫議》，《洞庭波》第一期。
㊵《排滿橫議》，《洞庭波》第一期。
㊶《三合會討滿檄文》，《漢幟》第二期。
㊷《勞動黨之檄文》，《漢幟》第二期。
㊸《南幽雜俎》。
㊹《南幽雜俎・戊電七月初十筆記》。
㊺《南幽雜俎・六月二十六筆記》。
㊻《洞庭波》第一期。
㊼《帝國日報》，一九一〇年十月廿一日。
㊽《帝國日報》，一九一〇年十月廿一日。
㊾同上，一九一〇年十一月十六日。
㊿同上，一九一〇年十二月四日。

51 同上，一九一〇年十二月十四日。
52 同上，一九一〇年十二月十六日。
53 《南社叢選序》，《南社叢選》。

《斯巴達之魂》和近代中國拒俄運動

《斯巴達之魂》是魯迅青年時代的作品，寫的是古希臘人英勇抗擊入侵者的故事。其中可能既有魯迅翻譯的成分，也有他改寫、創作的成分。

魯迅為什麼要譯作這樣一篇小說呢？當我們把它放到二十世紀初葉的歷史背景中去加以考察時，就會發現，它是近代中國拒俄運動的產物。魯迅寫它，是為了借斯巴達人不惜以生命保衛祖國的英勇事蹟，激勵中國青年奮起抗擊老沙皇對中國的侵略。

小說譯作於一九〇三年，發表於同年六月東京中國留學生出版的《浙江潮》第五期和十一月出版的第九期上，署名「自樹」，後來被收入《集外集》。

一九〇〇年，沙俄帝國主義一面參加八國聯軍侵入我華北地區，一面又派遣軍隊佔領了我整個東北三省。「它們殺人放火，把村莊燒光，把老百姓驅入黑龍江中活活淹死，槍殺和刺死手無寸鐵的居民和他們的妻子兒女。」①沙皇尼古拉二世狂妄地準備成立所謂「黃俄羅斯」。②一九〇三年三月，沙俄政府不僅拒不履行按期分批撤兵的協定，而且進一步向清朝政府提出侵略東北的蠻橫要求。於是，一場中國人民轟轟烈烈的拒俄運動在各地興起。

一九〇三年四月廿七日，上海各界人士一千多人首先在張園召開拒俄大會。在日本的中國留學生於廿九日在東京也召開了全體大會，決定成立拒俄義勇隊。會上，群情激昂，紛紛簽名入隊。他們向清朝政府發電報，寫信，要求立即開赴前線，與沙俄侵略軍作戰。信中說：「亡國之慘，痛於殺身；奴隸之辱，酷於斧鉞。生爲無國之民，不如死爲疆埸之鬼。苟得親握寸鐵，剚刃於俄人之腹，雖摩頂放踵，猶有餘甘」。③與此同時，留日中國女學生也組織赤十字社，準備隨義勇隊出征，擔任看護。

五月二日，留日中國學生第二次集會，將義勇隊改名爲學生軍。十一日，再次改名爲軍國民教育會。軍國民，就是武裝國民。它要求每個會員有「保全國土，扶植民力」的責任。軍國民教育會揭露了沙俄帝國主義的強盜面目，他們一針見血地指出：「俄羅斯駐兵東三省，包藏禍心，志在吞併」，決心「以拒俄爲天下倡」。④

在這同時，北京京師大學堂的學生也在四月三十日舉行了抗爭集會。上海的中國教育會和愛國學社同樣組織起義勇隊，積極進行軍事訓練。稍後，湖北、安徽、直隸、江西、浙江、廣東等地也掀起了拒俄運動。

《斯巴達之魂》正譯作於拒俄運動高潮時期。當時，魯迅正在日本東京弘文學院學習。他決心一輩子獻身於中華民族的解放事業，誓言「我以我血薦軒轅」。他懷著滿腔的愛國熱情，「赴會館，跑書店，往集會，聽講演」，積極參加了東京中國留學生的各項愛國活動。⑤

拒俄義勇隊在寫給清朝政府的信件中，曾慷慨陳詞：

昔波斯王澤耳士以十萬之衆，圖呑希臘，而留尼達士（即黎河尼佗的另一音譯——作者）親率丁壯數百，扼險拒守，突陣死戰，全軍殲焉。至今德摩比勒之役，榮名震於列國，泰西三尺之童，無不知之。夫以區區半島之希臘，猶有義不辱國之士，何以吾數百萬方里之帝國而無之乎?!

此信發表於《浙江潮》第四期。緊接著，第五期上，就發表了魯迅的《斯巴達之魂》。可以看出，它進一步發揮了拒俄義勇隊信件的上述思想，以壯烈感人的藝術形象再現了信件所歌頌的斯巴達人的愛國主義精神。兩者間的內在聯繫是很緊密的。

特別值得注意的是魯迅爲《斯巴達之魂》所寫的前言：「西曆紀元前四百八十年，波斯王澤耳士大舉侵希臘。斯巴達王黎河尼佗將市民三百，同盟軍數千，扼溫泉門（德爾摩比勒）。敵由間道至。斯巴達將士殊死戰，全軍殲焉。兵氣蕭森，鬼雄晝嘯。迨浦累皆之役，大仇斯復。迄今讀史，猶懍懍有生氣也。」這一段話與上面引述的拒俄義勇隊信件的相應段落不僅內容、精神一致，而且「死戰」、「全軍殲焉」等詞句也完全一樣。爲了彼此照應，魯迅還特別在「溫泉門」三字下加注了「德爾摩比勒」。這些，都證實了魯迅是在拒俄義勇隊信件的啓發下譯作《斯巴達之魂》的。

魯迅的前言與拒俄義勇隊的信件也有不同，這就是它增寫了獲得全勝的浦累皆戰鬥，小說也突出描寫了這次戰鬥。這就更有積極意義，更有鼓舞力量。

從當時的情況看，《斯巴達之魂》於六月十五日刊出，距拒俄義勇隊、學生軍、軍國民教育會的成立不過三四十天，譯作時間當然更近；拒俄義勇隊、學生軍、軍國民教育會都先後號召中國青年從軍出戰。很顯然，魯迅在前言中鼓勵青年「擲筆而起」，就是激勵他們要像斯巴達人那樣英勇地保衛自己的祖國，反擊老沙皇的侵略。

關於這篇小說的譯作，許壽裳曾經回憶說：「剛剛爲了接編《浙江潮》，我便向他拉稿。他一口答應，隔了一天便繳來一篇——《斯巴達之魂》。」⑥可見，魯迅是懷著強烈的革命激情迅速寫稿的。

此外，一九三四年，魯迅在《集外集序言》中提到《斯巴達之魂》時曾說：「一篇是斯巴達的尙武精神的描寫」。「尙武精神」，這正是軍國民教育會的宗旨。在軍國民教育會的公約裏，頭一條就是「養成尙武精神，實行愛國主義。」⑦

因此，我們可以確認：《斯巴達之魂》是中國近代拒俄運動在文學方面的一個重要反映，它充分表現魯迅反對沙俄帝國主義侵略的愛國主義精神。

（原載《光明日報》，一九七六年十月廿三日。）

①《中國的戰爭》，《列寧選集》第一卷二一五頁。

②《蘇聯共產黨（布）歷史簡明教程》，第六十九頁。

③《拒俄事件》，《浙江潮》第四期。

④《軍國民教育會之成立》，《江蘇》第二期。
⑤《且介亭雜文末編．因太炎先生而想起的二三事》。
⑥《亡友魯迅印象記》。
⑦《江蘇》，第二期。

魯迅《自題小像》新探

《自題小像》是魯迅青年時代的一篇重要詩作，其中有句云：「寄意寒星荃不察」。對這一句，過去的解釋是：「逑同胞未醒，不勝寂寞之感。」①此說一出，大家沿用，有的更進一步發揮說：「借指祖國人民。作者認爲，他的愛國熱情還沒有被當時的人們所察識。」②

實際上，此說是不妥的。按：「寄意寒星」出自《楚辭・九辯》：「願寄言夫流星兮」，王逸注云：「欲托忠策於賢良也。」「荃不察」出自《離騷》：「荃不察余之中情兮」，王逸注云：「荃，香草，以喻君也。人君被服芬香，故以香草爲喻。」《九辯》，宋玉諷諫楚懷王而作；《離騷》，屈原被楚懷王放逐後自寫其牢騷而作。「荃」，指的就是楚懷王。可見，「荃不察」云云，完全是埋怨和責備君主之詞，爲什麼到了魯迅詩裏，卻可以借指「同胞」或「人民」呢？有什麼根據嗎？

「不勝寂寞」，是一種自我感覺；「荃不察」，是彼我關係。怎麼能用前者去詮釋後者呢？「作者認爲，他的愛國熱情還沒有被當時的人們所察識。」這樣，魯迅豈不是在那裏埋怨群眾，孤芳自賞？而且，魯迅當時到底發生什麼事了？他怎樣「寄意」，又怎樣不被「人們所察識」，從而決心血薦軒轅了？這些，恐怕都是「同胞」、「人民」說者所無法回答的。

要正確地理解這首詩，首先必須正確地考訂它的寫作年代。

魯迅自己說：「二十一歲時作。」過去，不少同志認爲魯迅計算年齡，「向來依照中國習慣」，定此詩爲一九〇一年二月到一九〇二年二月之間的作品。但是，這時魯迅還在南京，浙江紹興並沒有什麼大的變動，何來「風雨如磐暗故園」之感呢？近來，有人引證一九〇二年《清國留學生會館第一次報告》魯迅自題二十歲的事實，說明魯迅所說的「二十一歲」乃是實足年齡，定此詩爲一九〇三年作。③我同意這一看法，並進一步提出兩項證據：一是一九〇三年四月十七日出版的《浙江潮》第三期所刊《浙江同鄉留學東京題名》，中云：「周樹人（豫才），二十一歲。」二是同年出版的《日本留學中國學生題名錄》，④其中，魯迅的年齡仍然明確地記載爲二十一歲。可見，魯迅計算年齡並不全依「中國習慣」。他所說的二十一歲，乃實足年齡，詩當作於一九〇三年。

詩的年代確定了，「荃不察」等便易於理解了。

一九〇〇年，沙俄帝國主義武裝搶佔我國東北。一九〇三年四月，沙俄拒不按規定撤出金州、牛莊等處的軍隊，反而派兵前往安東，重新佔領營口，並進一步提出七項侵略新要求，我國人民掀起了轟轟烈烈的拒俄運動。拙文曾經指出，魯迅是這一運動的積極參加者，在東京中國留學生成立拒俄義勇隊之後，他譯作了小說《斯巴達之魂》，以激勵中國青年奮起反擊沙俄帝國主義侵略。《自題小像》正是此後的又一篇洋溢著愛國主義精神的作品。

大敵當前，人們曾經希望清朝政府改變政策，抵禦沙俄。拒俄義勇隊給當時掌握軍權的北洋大臣袁世凱發出函電，指出「俄禍日迫，分割在即」，⑤要求開赴前線，與敵死戰。在改名爲軍國民教育會後，又推舉兩名特派員歸國，面陳一切。然而，清王朝卻恐惶萬狀。特派員尚未出發，清朝政府駐日公使蔡鈞就分別致電袁世凱、魏光燾和端方等官僚，聲稱：「留學生結義勇隊，計有二百餘人，名爲拒俄，實則革命，現已奔赴各地，務飭各州縣嚴密查拿。」⑥特派員剛到上海，清朝政府軍機處又接得上海來電：「近來，愛國黨欲假拒俄之說，擬將北上，恐有不軌事宜。」⑦特派員到了天津，袁世凱拒不見面。

六月五日，上海《蘇報》揭載了以光緒皇帝口氣發出的《嚴拿留學生密諭》。清朝政府大罵拒俄義勇隊「有礙邦交」，要蔡鈞等「時偵動靜」，要各地方督撫查拿「行蹤詭秘」、「有革命本心」的歸國留學生，「就地正法」。《密諭》激起了海內外愛國人士的巨大憤怒，反清革命隨之高漲起來了。《蘇報》介紹鄒容的《革命軍》，發表了章太炎的《康有爲與覺羅君之關係》等文，號召「皇漢民族四萬萬男女同胞」，爲祖國請命，擲頭顱，暴肝腦，「與爾之公敵愛新覺羅氏相馳騁於槍林彈雨中」。

七月初，特派員回到東京。五日，軍國民教育會開歡迎大會於錦輝館，特派員彙報了歸國之行，秦毓鎏等十餘人提出《意見書》，建議將原訂宗旨中「實行愛國主義」改爲「實行民族主義」，以反對「滿洲政府」爲目標。⑧

毛澤東說過：「辛亥革命是革帝國主義的命。中國人所以要革清朝的命，是因爲清朝是帝國主義的走狗。」⑨一小撮滿族貴族投靠沙俄帝國主義，鎮壓拒俄運動，背叛了中國各族人民的利益，當然要成爲人民革命的對象。

隨著反清革命的高漲，對黃帝的宣傳便空前突出起來了。六月廿五日，《江蘇》第三期發表《中國民族始祖黃帝像》，並題詩云：「帝作五兵，揮斥百族。時維我祖，我膺是服。億兆孫子，皇祖式茲。我疆我里，誓死復之。」同日出版的第四期則發表了陳去病的《革命其可免乎》一文，讚美黃帝說：「惟吾祖之雄偉兮，揮神斧而蕩四隅。」文章高呼：「吾黃胤兮革命其可免乎？」稍後，上海出版了「黃帝子孫之多數人」撰述、「黃帝子孫之一個人」編輯的《黃帝魂》。此外，當時報刊上，「轅孫」、「軒裔」、「黃孫」之類的筆名幾乎比比皆是。

顯然，《自題小像》正寫作於這一時期。首句自述對祖國的強烈愛情，次句寫沙俄帝國主義霸佔我國東北，拒不撤兵的危急形勢，三句隱喻清王朝不理睬拒俄義勇隊和廣大愛國人士的抗敵願望，密令鎮壓，末句反映魯迅推翻帝國主義走狗清王朝，爲民族解放而奮鬥的革命決心。

許壽裳說：「一九〇三年他二十三歲，在東京有一首《自題小像》贈我的。」⑩許壽裳是拒俄義勇隊成員，曾被編入乙區隊二分隊。魯迅贈他這首詩是很自然的。不過，由於魯迅始終沒有向他解釋過這首詩，所以許壽裳也不能完全理解正確。這是並不奇怪的。

（原載《南開大學學報》，一九七七年第四期。）

①許壽裳：《我所認識的魯迅》。

②復旦大學、上海師大中文系：《魯迅詩歌散文選》。
③王若海、文景迅：《魯迅〈自題小像〉作年新考》，《中山大學學報》，一九七六年第五期。
④清國留學生會館第二次報告。
⑤《軍國民教育會之成立》，《江蘇》第二期。
⑥《中華民國開國前革命史》上編。
⑦《蘇報案紀事》。
⑧《東京軍國民教育會》，《革命逸史》初集。
⑨《唯心歷史觀的破產》。
⑩《我所認識的魯迅》，許壽裳這裏說的二十三歲，乃是虛歲。

《中國地質略論》的寫作和中國近代史上的護礦鬥爭

從青年時代起，魯迅的寫作活動就是和中國人民的革命鬥爭緊密相連的。《斯巴達之魂》以外，《中國地質略論》又是一個鮮明的例證。

《中國地質略論》是一篇科學作品，發表於一九〇三年十月十日東京中國留學生出版的《浙江潮》第十期，署名索子，後來被收入《集外集拾遺》。《略論》表現了青年魯迅強烈的愛國主義熱情。一開始，魯迅就熱烈謳歌了「廣漠美麗最可愛」的祖國，指出了當時帝國主義「蔓我四周，伸手如箕，垂涎成雨」，妄圖吞掉中國這塊肥肉的危急形勢，揭露了沙俄等帝國主義「探險家」在我國土地上亂竄的狼子野心，然後，對中國地質狀況和煤藏分佈作了概述。魯迅是在怎樣的情況下寫作這篇作品的呢？《略論》說：

今者俄復索我金州、復州、海龍、蓋平諸礦地矣。初有清商某以自行採掘請，奉天將軍諾之，既而聞其陰市於俄也，欲毀其約，俄人劇怒，大肆要求。嗚呼！此垂亡之國，翼翼愛護之猶恐不至，獨奈何引盜入室，助之折角撓棟，以速大廈之傾哉！

這段話是我們考察《略論》寫作背景的一個重要線索。查一九〇三年十月一日日本大阪出版的《朝日新聞》上，發表過這樣一條消息：

九月三十日天津特電：奉天將軍以金州廳、復州、蓋平、海龍廳等礦山許清商出資開採，該清商聯絡俄國人，自俄國人出資，其權利盡落俄國人之手，故奉天將軍近令禁止，俄國領事盛氣詰問，奉天將軍乃電請外務部，乞與俄國公使開議，以保護礦山權云。①

顯然，魯迅寫作《略論》是與這一史實直接相關的。

自從沙俄帝國主義的魔爪伸向我國東北以來，它就一直沒有放鬆過對我國豐富礦產資源的掠奪，除強行索取、霸佔外，通過中國買辦騙取開採權也是一種重要的方式。例如瀋陽的所謂「義勝鑫礦務總公司」就是如此。從表面上看，它是由中國商人梁顯誠等「集得南省殷實富商股本銀二十萬兩」後申請開辦的，只不過是又吸收了沙俄的「華俄道勝銀行」的股本銀十五萬兩，②在他們所出具的「切結」中，也保證：

凡華人股票，只准售與在股華人，不得售與外人，亦不得售與在股俄人。俄人股票係華俄道勝銀行入股，亦不得售與外人，惟在股華人可以承買。其所有華股，均係真正華人所入股本，並無洋人夥射冒名等弊。③

而事實上，梁顯誠等不過是在華俄道勝銀行「支取薪水」的中國買辦，這類「礦務公司」完全爲沙俄帝國主義掌握。④魯迅寫作《中國地質略論》正是爲了提醒我國人民警惕沙俄帝國主義的這一陰謀，譴責梁顯誠一流買辦的賣國勾當。

《略論》又說：「今復見於吾浙矣。以吾所聞，浙紳某者，竊某商之故智，而實爲外人倀，約將定矣。設我浙人若政府，起而沮尼之，度其結果，亦若俄之於金州諸地耳。」《略論》的這一段話包含著另一歷史事件，是促使魯迅寫作《略論》的另一重要原因。

一八九六年，帝國主義對華資本輸出的侵略機構福公司成立。一八九七年，劉鶚（即《老殘遊記》的作者）被聘爲華人經理。經由劉鶚的仲介，帝國主義先後掠奪了我國山西、河南等地的礦產開採權。在此之外，自一八九八年起，劉鶚又與浙江官僚買辦候選道高爾伊勾結，向帝國主義借款五百萬兩，成立所謂「寶昌公司」，企圖爲帝國主義攫取浙江礦產。⑤一九〇三年，這項賣國活動被揭露，這就激起了我國、特別是浙江人民的巨大憤怒。

八月二十日，《浙江潮》第六期發表《劉鐵雲欲賣浙江全省路礦乎》的時評，指責劉鶚之流將國家礦產「暴於外人之膝下而跪獻之」。

九月十一日，《浙江潮》第七期發表《賣浙江全省路礦者非劉鐵雲一人也，別有人也》一文，點出和劉鶚勾結在一起的還有「吾浙江之官」。

十月三日，在日本東京和橫濱的全體浙江人士於東京上野聯合召開了特別同鄉會，議決兩事：一、致書國內，請浙江紳士責問高爾伊，令其廢約；二、揭告日報，聲討高爾伊盜賣礦產之罪，表示留東同人堅決不認之意。會後，《浙江潮》第八期發表了《致高爾伊書》、《浙江人聽者！賣我浙江礦產者聽者》等文，指出高爾伊「舉億萬年無窮之寶藏以爲獻媚外人之贄見金，圖博他日一高等奴隸之位置，真是狗彘不食之徒」。文章號召浙江人民奮起抗爭，「斷不能任斷送吾儕祖宗墳墓、宗族聚居之一幅錦繡江山於高鼻紅鬚兒之手」。

與此同時，在上海的浙江人士也發表了《爲杭紳高爾伊盜賣四府礦產事敬告全浙紳民啓》，表示抗議。

魯迅曾經參加了在東京上野召開的浙江特別同鄉會，《中國地質略論》就是在會後寫作並發表的，文中所指「浙紳某」就是和劉鶚勾結在一起的高爾伊。

值得指出的是：《略論》的發表距大阪《朝日新聞》刊登揭露沙俄掠奪我國東北礦產的消息只有九天，距浙江特別同鄉會的召開只有七天，和《斯巴達之魂》一樣，魯迅也是懷著強烈的愛國主義激情迅速完稿的。

在《略論》結尾，魯迅說：「吾知豪俠之士，必有恨恨以思，奮袂而起者矣。」《略論》發表後，東京中國留學生和上海、杭州等地掀起了規模更大的護礦鬥爭熱潮。

十月十日，陳叔通、孫翼中等浙江人士在西湖會議，對高爾伊進行了面對面的鬥爭。⑥

十月十二日、十六日，上海《中外日報》發表《紀浙江礦務》、《論高爾伊擅售浙礦事》

等文，譴責高爾伊的賣國行爲。

十月十九日，上海《國民日日報》發表《恐怖時代》一文，嚴正聲明：「誓不容賊人擅賣我祖宗一片土。」

鬥爭延續了很長一段時間，直到一九〇五年，東京中國留學生還在召集會議，「籌議對付方法」。⑦一九〇六年，魯迅則進一步與人合編《中國礦產志》一書。在《徵求資料廣告》中，魯迅等指出，近年來，護礦運動急遽發展，「爭條約，廢合同，集資本，立公司」，「以求保存此命脈」，這是大好事。爲了進一步保護祖國礦產資源，「爲吾國民後日開拓之助」，魯迅等要求開展廣泛的調查工作：

> 惟望披閱是書者，念吾國寶藏之將亡，憐僕等才力之不逮……凡有知某省某地之礦產所在者，或以報告，或以函牘，惠示僕等。⑧

魯迅等特別提出，要著重調查，有無「外人垂涎」，以期引起國人注意，「不致家藏貨寶，爲外人所攘奪」。⑨

護礦運動是近代反帝愛國運動的一個重要組成部分。《中國地質略論》的寫作情況表明，青年魯迅是這一運動中的一員積極的戰士。繼護礦運動之後，護路運動也在全國各地掀起，它們共同促進了辛亥革命高潮的到來。

（原載《魯迅研究資料》第一集，文物出版社，一九七六。）

①譯文見上海《國民日日報》，一九〇三年十月五日；《中外日報》，一九〇三年十月六日。又一九〇三年十月十二日日本《萬朝報》亦曾刊載此項消息。
②《光緒二十九年二月二十日軍機處交出增祺等抄折》，《華洋開辦礦務案抄檔》（抄件）。
③《華洋合辦礦務，請旨飭部立案以昭慎重折》，同上注。
④羅曼諾夫：《帝俄侵略滿洲史》，三一八頁。
⑤《外務部收候選道高爾伊稟（附合辦章程）》，《礦務檔》，一九七七頁。
⑥《國民日日報》，一九〇三年十月十三日。
⑦《警鐘日報》，一九〇五年三月十六日。
⑧《中國礦產志》三版封底。
⑨馬良：《〈中國礦產志〉序》。

周氏三兄弟與留法勤工儉學運動
——近世名人未刊函電過眼錄

近世文人之間寫信，常有謎一般的語言。其內容，當時寫信者知，受信者亦知，對於局外人，可就形同天書了。例如，一九二〇年十月十五日，周作人致錢玄同函云：

聞ㄇ天壽考元首男兒已由ㄒㄧㄢㄫㄞ到ㄊㄢㄒㄧㄢ，由ㄊㄢㄒㄧㄢ到ㄆㄝㄍㄧㄥ，不知道你已見到他否？他的招徒弟往佛郎機去，不知何日出始？我們的兄弟（名叫建人）想去ㄌㄧㄫㄛㄥ讀書，曾同伯喈祭酒説起，他允轉達ㄇ天公；現在祭酒將行，而佛郎機之事未定，不知可否請你於見到該壽考元首男兒時，代為一問消息？但雖欲往ㄌㄧㄫㄛㄥ，而無此資斧，故欲弄一點校裏事務，而免費等；此事亦與伯喈祭酒談起，亦望再提及，不知能做到否？又有K‖符‖伏廬之弟名福熙者，亦欲如此，曾往見伯喈祭酒説過，你能一併問及，則尤好矣！夫蔡既然將行，而ㄇ天公又找不到，故所以要消耗國朝的菩薩，幸賜大野光明焉。

此函係錢玄同之孫錢端偉先生家藏。頗難懂。首先是信中提到的「口天壽考元首男兒」，其次是「伯喈祭酒」。倘不弄清楚這兩個人，全函就不知何所云了。

還是先從「口天壽考元首男兒」解起。據周函，「口天壽考元首男兒」亦名「口天公」，可知此人姓吳。據「壽考元首」，可知此人在周作人、錢玄同等人中間，年齡必較大，屬於「老」字輩。據「男兒」，可知此人爲男性。據「招徒弟往法郎機」一語，可知此人在一九二〇年，曾有招收中國年輕人往法國留學之事。將這四個條件合起來，我想多少熟悉一點中國近代史的人都會脫口說出：「口天壽考元首男兒」者，吳稚暉也。至於「伯喈祭酒」，則比較好解。「伯喈」，東漢文學家蔡邕的字。「滿村爭說蔡中郎」，是個曾經很著名的文人。「祭酒」，古代學官名。漢有博士祭酒，西晉有國子祭酒，隋、唐及清有國子監祭酒。據此，則「伯喈祭酒」應指北京大學校長蔡元培。信中還提到一個人，「K＝符＝伏廬之弟名福熙者」。經查，「K＝符＝伏廬」，指孫伏園，北京大學學生，文學研究會發起人之一。據此，則福熙應指孫福熙，時爲北京大學圖書館職員。「ㄒㄧㄢㄫㄞ」「ㄊㄢㄒㄧㄢ」，均應爲歐洲地名。「ㄆㄝㄍㄧㄥ」，指北京。「ㄌㄧㄫㄛㄥ」，指里昂。

辛亥革命前，中國人出國的留學目標大多是日本；辛亥革命後，則轉向法國，而其提倡最力者，則是吳稚暉和蔡元培等人。一九一二年，吳稚暉與張繼、張靜江、李石曾、吳玉章等人在北京組織留法儉學會及留法預備學堂，鼓勵人們赴法留學，向國內輸入世界文明。一九一六年，蔡元培、吳玉章、李石曾及部分法國人士在巴黎成立華法教育會，「以法國科學與精神之教育，圖中國道德、智識、經濟之發展」。其後，北京、直隸、山東、上海、四川、湖南等地陸續成立分會。自一九一九年三月起，留法勤工儉學運動進入高潮，大批青年學子陸續離鄉背井，赴法留學。同年，吳稚暉等提議在法國設立一所大學，爲中國培養高級學者和研究人才。此議得到里昂大學校長儒班（P.Joubin）的支持。一九二〇年四月，吳稚暉赴法，進一步規劃此事。同年七月，法國政府決定將里昂西郊的一所報廢兵營作爲中法大學校址。於是，成立里昂中法大學一事便進一步具體化。周作人致錢玄同函中所稱「招徒弟往法郎機」即指此事。

周作人函稱：「我們的兄弟（名叫建人）想去ㄌㄧㄫㄛㄥ讀書。」據此可知，當年周建人曾有赴法勤工儉學的打算，其具體方案爲一邊在里昂「中法大學」，「弄一點校裏事務」做，一邊免費讀書。這一目標能否達成，關鍵在中法大學的發起人吳稚暉。當年，吳稚暉爲籌辦中法大學四處奔波，忽而國內，忽而赴英、赴法。十月間，吳稚暉到北京，會同蔡元培、李石曾，要求北京政府落實原曾應允資助的款項。同月，《北京大學日刊》宣布蔡元培即將赴歐考察教育。周作人聽說吳稚暉到了北京，但不知他的確切行蹤，又以蔡元培出行在即，不得不要求錢玄同這位周作人眼中的「國朝的菩薩」出面，直接向吳稚暉斡旋此事，既爲周建人說項，也順便爲孫福熙解決問題。

不過，應該指出的是，最早爲周建人留法一事操心的還是魯迅。臺灣中國國民黨黨史館所存吳稚暉檔案中保存有兩封魯迅致蔡元培函。其一云：

子民先生左右：今晨趨謁，值已赴法政學校為悵。舍弟建人從去年來京，在大學聽講（本系研究生物學，現在哲學系），日願留學國外，而為經濟牽連，無可設法。比聞里昂華法大學成立在邇，想來當用若干辦事之人，因此不揣冒昧，擬請先生量予設法，俾得藉此略求學問，副其素懷，實為至幸。專此布達，敬請道安！周樹人謹上。八月十六日。

其二云：

子民先生左右：適蒙書祇悉。舍弟建人未入學校，初治小學，後習英文，現在可看頗深之專門書籍，其所研究者為生物學。曾在紹興為師範學校及女子師範學校博物學教員三年。此次志願，專在赴中法大學留學，以備繼續研究。第以經費為難，故私願即在該校任一教科以外之事務，足以自給也。專此布達，敬請道安。周樹人謹狀。八月廿一日。

二函合置於一個封套中。封面題：北京大學第一院，蔡元培先生，周寄，八月廿二日。據魯迅上述二函可知，為幫助周建人成行，魯迅先於八月十六日晨走訪蔡元培，適值蔡外出，魯迅便寫了前一封信。蔡元培得信後，立即作覆，要求魯迅提供周建人的學歷、經歷等情況，於是魯迅便寫了第二封信。二函留存於吳稚暉檔案中，說明蔡元培對魯迅所托是重視的，及時將它們交給了吳稚暉。我在國民黨黨史館讀到此二函時，以爲係首次發現，後來瞭解到，在我之前，日本學者阪元弘子早已看到，並且作了介紹。①

周建人屬於自學成才型人物。他因爲兩位兄長先後赴日留學，便獨自留在故鄉陪伴母親，自習文字學與英文，同時研究生物學。先後任教於紹興僧立小學、水神廟小學、明道女校、紹興師範、紹興女子師範等處。一九一九年十二月，魯迅回紹興搬家，建人隨母親、魯迅夫人朱安等同到北京，和兩位兄長住在一起。次年，到北大哲學系旁聽。他回憶說：「在當時的社會，許多知識分子都感到要使中國富強起來，就要學習西方的科學技術。可是，社會本身有許多病症，總覺得還沒有找出來。因此我就想，學自然科學的人，也得關心社會科學。一九一九年我到北京來，就曾經到北大去旁聽哲學和社會學，聽胡適講歐洲哲學史，講杜威。聽了一學期，總覺得離中國的問題很遠，就不想再聽下去了。」②周建人的赴法留學的念頭大概即萌生於此時。

一九二一年十月，里昂中法大學開學，孫福熙如願以償，到該校任秘書，半工半讀，但周建人卻未能成行。在此之前一月，周建人因在北京找不到職業，又不願「在家裏吃白食」，到上海商務印書館當了編輯。

（原載《光明日報》，二〇〇三年四月十五日。）

①參見《魯迅研究月刊》一九九九年第九期。

②《早年學科學追憶》。

振興中國文化的曲折尋求
——論辛亥前後至「五四」時期的錢玄同

中國社會長期處於封閉狀態，中國周圍的鄰國大多落後於中國，因此，中國文化的發展一直沒有受到過強勁的挑戰。鴉片戰爭以後，中國人在西方的堅船利炮面前一再慘敗，走到了亡國的邊緣；同時，中國傳統文化也第一次遭到西方文化的挑戰，出現了前所未有的危機。這樣，中國人就面臨著兩個難題：一是如何抵禦列強侵略，振興中華；一是如何對付西方文化挑戰，振興中國文化。這兩個難題互相關連，近百年來一直困擾並激動著關心國家、民族命運的炎黃子孫，至今未已。本文企圖研究錢玄同在辛亥革命至「五四」時期的曲折文化尋求，從而展現這一階段文化思潮的發展軌跡，總結歷史經驗。

一

錢玄同出生於浙江湖州的一家書香門第。父親錢振常，曾任禮部主事，後任紹興、揚州、蘇州等地書院山長。長兄錢恂，曾任清政府駐日、英、法、德等國使館參贊或公使。二人都對中國傳統文化研究有素。錢玄同自幼即熟讀《五經》、《說文》、《爾雅》及《史記》、《漢書》等著作，也積累了濃厚的傳統文化修養。一九〇二年時擁護康、梁的保皇主張，一九〇三年轉而贊成「排滿革命」。一九〇五年十二月，錢玄同隨其兄赴日，開始學習日文和「蟹行書」。當時，東京的中國留學生可以說是中國知識分子中最活躍的一群，各種主義、思潮都有它的提倡者和追隨者。

錢玄同最初崇信國粹主義。一九〇六年三月他讀到了剛在上海創辦不久的《國粹學報》，極感興趣，在日記中寫道：「保存國粹，輸入新思想，光大國學，誠極大之偉業也。數年以來，余扮了幾種新黨，今皆厭倦矣，計猶不如於此中尋繹之有味也。」①後來，他又對無政府主義發生興趣。自一九〇七年秋起，他多次參加張繼、劉師培二人召集的「社會主義講習會」。在那裏，聽過關於克魯泡特金學說的演講，也聽過關於馬克思主義的介紹。前者引起了錢玄同的共鳴，而後者則沒有給他留下深刻印象，其證據就是，他曾經給人寫過一封信，認爲「世界大勢所趨」，已至「無政府」階段。②其間，日本無政府主義者大杉榮舉辦世界語講習班，章太炎舉辦國學講習會，錢玄同兩者都想參加，由於時間衝突，最終選擇了後者。自一九〇八年四月起，至一九一〇年五月歸國止，錢玄同和魯迅弟兄等一起，聽章太炎講《莊子》、《說文》、《漢書》、《文心雕龍》等著作，達兩年之久。在錢玄同文化觀形成的過程中，章太炎起了重要作用。他發願自此「一志國學，以保持種性，擁護民德」。③

中西文化由於社會條件懸殊，其性質、特點、色彩也迥然相異。錢玄同初至日本，即致力於兩種文化的比較。一九〇六年一月十四日日記云：

父子之情，根於天性。東方學者提倡孝悌，實極有至理，斷不能以「舊道德」三字一筆抹殺之也。吾見今之維新志士及秘密會黨，大率有標「家庭革命」四字而置其父母于不顧者，其尤甚者，有以父母為分吾利之人，為社會之蟊賊，可以杖逐，可以鞭撻者，而開口輒曰「四萬萬同胞」，是真所謂「世界有同胞，家族無倫理」矣！④

這段文字矛頭所指是標榜「家庭革命」的「維新志士」和「秘密會黨」，而實際批判的是西方倫理。在冷酷無情的金錢關係和孝父敬兄、長幼有序的家庭關係面前，錢玄同很容易地作出了選擇。他說：「蓋道德發達，我國究勝於歐西耳。」⑤

錢玄同不僅將「歐西道德」比了下去，而且也將西方宗教比了下去。他認爲，墨子主張敬天，明鬼，堪稱「中國宗教家」，但墨子不談天堂，遠比西方高明。他說：「神州即宗教一端，亦高尚乃爾。雖人心不古，其教不昌，然固非西儒所及也。」⑥言外之意，「東儒」高於「西儒」，「神州文明」高於「西方文明」。至於日本文化，更不在錢玄同眼中，他說：「東洋文體粗率之書實不足觀，且亦無甚道理。」⑦

錢玄同的這種態度在「女子教育」問題上尤爲突出。一九〇九年九月廿四日日記云：

中國自唐以來，古制淪亡，故有女子無才便是德之說，年來漸覺其非平。然藉以打倒謬說者，有用日本賢母良妻之教育者，是以火止火（奴隸），且有甚焉。有倡西洋女子教育者，是蕩檢逾閑（妓女）也。⑧

反對「女子無才便是德」的謬說，表明錢玄同不同於封建頑固派，他對日本和西洋女子教育的不滿，也不爲無見，但他神往於中國的「古昔」。日記云：

蓋論自來女子教育，于中國古昔最得其平。雖有陽尊陰卑之說，但學《詩》、《禮》，無分男女，后妃、夫人、命婦、內子悉皆通《詩》、《禮》，男女真平等也。⑨

錢玄同認爲，只要按照「中國古昔」的這條路子走下去，並且除去「陽尊陰卑」之說，「神州女學」就將大興而爲「世界之冠」了。

從孔子表示「鬱鬱乎文哉，吾從周」以後，中國文人就逐漸形成了一種尊古賤今觀念。這種觀念和長期的社會封閉形成的民族自大、文化自大主義相結合，構成了一種特殊的心態。錢玄同上述對東西古今文明的批判，就是這種心態的典型表現。

錢玄同所神往的「男女真平等」的「中國古昔」也確是周代。據錢玄同說，那是中國文化的黃金時期。一九一〇年初，章太炎、陶成章與同盟會分家，在東京重建光復會，發刊《教育今語雜誌》，錢玄同曾爲該刊寫作《緣起》，其中說：「中夏立國，自風姜以來，沿及周世，教育大興，庠序遍國中，禮教昌明，文藝發達，蓋臻極軌。」此後呢？據說就學術退步，思想閉塞，一代不如一代了。《緣起》說：「秦漢迄唐，雖學術未泯，而教育已不能普及全國。宋元以降，古學云亡，八比、詩賦及諸應試之學，流毒士子，幾及千祀。」而且，危險的是，到了近代，「歐學東漸，濟濟多士，悉捨國故而新是趨，一時風尙所及，至欲斥國文，芟夷國史，恨軒轅、厲山爲黃人，令己不得變於夷。語有之，國將亡，本必先顛，其諸今日之謂歟！」⑩很顯然，錢玄同擔心「東漸」的「歐學」會導致中國傳統文化的危亡，並進而導致國家的危亡。

怎樣振興中國文化呢？錢玄同主張：「師古」、「復古」、「存古」。他說：

> 吾儕今日作事，宜師古，宜復古，宜存古，而決不可泥古。古聖作事，往往因事制宜，求其合於情勢，故所作往往少弊（封建、宗法之制為古代之大弊政），後世事不師古，好騖新奇，凡有造作更張，多不合情勢，第求苟簡，故中國後世不如古代，即是故也（自唐以後，凡百事物，無一不日退一日）。時至今日，西學輸入，凡唐以來之叔世弊政，相形之下，無不見絀。趨新之士，悉欲廢之，有心人憂之。愚謂新黨之澆薄誠可鄙，但此等敝政得以掃除，亦未始無裨，弊政去，而古之善政乃可見諸實

行矣。⑪

錢玄同承認「封建宗法之制為古代之大弊政」，承認「西學」輸入之後，唐以後之「叔世弊政」相形見絀，也承認「新黨」掃除「弊政」的作用，但是，他並不準備和「新黨」站在一起，而要回到「古聖」和「古之善政」那裏去。據錢玄同說：所謂「師古」，乃是師法古代「聖王」製作的「精意」；所謂「復古」，乃是恢復「後世事物不如古昔者」；所謂「存古」，乃是保存那些因時勢不同而「不適宜於今者」，以使後人得以「追想其祖宗創造之豐功偉烈」。⑫

錢玄同所說的「存古」，類似於博物館的歷史陳列，並不參預中國文化的再創造，可以不論，須要研究的是他「師古」、「復古」的內容及設想。

在思想流派方面，錢玄同主張兼取孔子、墨子，融合清代的乾嘉學派、今文學派和顏李學派。他說：「今日治學，雖不必確宗孔學，然孔氏立教以六藝為本，固與玄言有異。吾謂誠能兼取孔、墨最好。」⑬在錢玄同看來，「古聖立言垂教之旨，悉存於經」，⑭但「經」語過於簡古，這就需要有乾嘉學派的精神來考訂「經訓」，同時以今文學派的精神來探求「經義」，並以顏李學派的毅力實行，這樣，就「聖學昌明不難復睹矣」！⑮顏元反對讀死書，注重實學，強調「習行」、「習動」，因此，得到錢玄同的特別推崇，認為「居今之事，誠能致力於六藝，為實事求是之學，不特保存國故，尤足挽救頹波。」⑯

在音韻文字方面，錢玄同主張復古音，寫篆字。他說：「中國文字」發生最早，組織最優，效用亦最完備，確足以冠他國而無愧色。」⑰他對唐、宋以後「故訓日湮，俗義日滋」的狀況極爲不滿，主張恢復中國文字的古音、古義、古體，廢楷字，用篆體，或用篆與隸之間的一種過渡形態——「隸古」。

在禮儀方面，錢玄同主張遵修古禮。他認爲《儀禮》一書中婚禮「最爲文明」，至於喪禮，「恐人所難行，惟衣服則宜從古。」⑱

在紀年方面，錢玄同主張恢復古代的太歲紀年法，例如中日甲午戰爭稱爲「閼逢敦牂戰爭」，八國聯軍之役稱爲「上章困敦之變」等。⑲

在定名原則上，錢玄同主張以《爾雅》一書爲準。他批評今人「師心自用」，讚揚古人「煞費苦心，盡心下問，始定一確當之新名詞。」⑳他認爲當時的親族名稱「鄙俚不堪」，曾經檢取《爾雅》一書，對錄古稱，準備以「古式」正「今俗」。㉑他的長子原名秉雄，但他認爲不合於西漢人的命名原則，另行取名。

在上列內容中，錢玄同尤其重視學術、文字、言語、衣服的復古，他說：「凡文字、言語、冠裳、衣服，皆一國之表旗，我國古來已盡臻美善，無以復加，今日只宜奉行者。」㉒至於禮儀、風俗、宮室、器具等，錢玄同認爲「雖不能全數復古，而當法古者，必居多數」。㉓錢玄同自信，通過他的「師古」、「復古」的途徑，中國文化就會繁榮昌盛，騰駕於西方、日本之上。

戊戌維新運動以後，中國文化界出現了一股革新潮流，「詩界革命」、「文界革命」、「小說界革命」、「道德革命」等口號相繼問世。在文字方面，也有人提出拼音、簡化等方案。對此，錢玄同持強烈反對態度。一九〇八年九月廿七日日記云：「今日見有法部主事江某奏請廢漢文，用通字云。通字係用羅馬字母二十改其音呼者。噫！近日學部紛紛調王照、勞乃宣入內擬簡字後，有此獠出現，何王八蛋之多也。」㉔情急而詈，可見其切齒痛恨的程度。

綜上所述，不難看出，辛亥革命前，在錢玄同的文化思想中，有提倡實學、經世致用的成分，但是，又有著嚴重的保守和倒退的性質。

武昌起義、民國建立並沒絲毫減弱錢玄同「師古」、「復古」的熱情，相反，他卻認爲是實現理想的好機會。一九一一年十二月，他精研《禮記》、《書儀》、《家禮》等書，博考黃宗羲、任大椿、黃以周諸家學說，做了一部闡述古人服飾的著作《深衣冠服說》。一九一二年三月，錢玄同出任浙江軍政府教育司科員，便穿上自製的「深衣」，頭戴「玄冠」，腰繫「大帶」，昂昂然上班，企圖爲民國作出「復古」的表率。其結果，引起了同事們的哄笑。但是，錢玄同沒有從一場喜劇中接受必要的教訓，相反，卻認爲世風比清季更壞了。一九一二年九月一日日記云：「時則土地雖復，人心之污濁則較清季愈況。顏公所譏彈琵琶、學鮮卑語者，世方以爲能；棄國故廢禮防者，比比皆是。」㉕爲了堅守「國故」，他寧可戴所謂象徵「六合一統」的瓜皮帽，而不願戴西方傳入的「禮帽」；寧可採用中國古代的「肅揖」，而不願學洋人的鞠躬。民國改用陽曆，這使錢玄同很反感。《日記》云：「孔子行夏時之語，固萬世不易之理。如中國以農立國、建國，豈可不依農時乎！」㉖此際，他對一九〇〇年以後中國文化思潮的變遷作了一番考察，得出結論說：

余謂中國人最劣之性質在不頑固、不自大耳。計自庚子至今，一星終矣，上下之人，靡不尊歐美，過先祖，賤己國，過儓隸。世有如此而能善立人國於大地者乎！㉗

二十世紀初年，愈來愈多的先進知識分子向西方尋求救國真理，嘗試著對中國社會和封建文化進行批判，開通、進化成爲美稱，然而錢玄同卻對此加以指責，希望中國人更「頑固」，更「自大」。至此，人們已經很難發現錢玄同和清末那些反對一切外來事物的「冬烘」們有多大區別了。錢玄同曾說他自己當時「比太炎先生還要頑固得多」，㉘誠然。

這一時期，錢玄同熱衷於從古禮中爲中國人民尋找行爲規範。一九一四年九月，袁世凱舉行祭孔儀式，錢玄同雖已在北京高等師範學校和北京大學任教，但不能親往觀禮，便設法找來「祭禮冠服圖」。檢閱之餘認爲：「斟酌古今，雖未盡善，而較之用歐洲大禮服而猶愈乎！」㉙他對袁世凱這一舉動的意圖居然毫無覺察。

國粹主義是清末民初氾濫一時的思潮。鼓吹這一思潮的人有著不同的政治傾向，其動機也就大相徑庭：頑固派藉以維護舊秩序，革命黨人藉以鼓吹「光復」和救亡。㉚錢玄同主張「師古」、「復古」、「存古」的原因，據他自己說是由於反清：「我以爲保存國粹底目的，不但要光復舊物；光復之功告成以後，當將滿清底政制儀文一一推翻而復於古。不僅復於明，且將復於漢唐；不僅復於漢唐，且將復於三代。」㉛這種解釋當然符合實際，但並不全面，在錢玄同的思想深層，還潛伏著另一個原因，這就是對「歐化」的恐懼與排斥。他說：「我那時對於一切『歐化』都持『訑訑然拒之』的態度。」㉜一九一七年，他在分析章太炎主張「保存國粹」的原因時，除了痛心於「舉國不見漢儀」這一層外，也還有感慨於所謂「滿街儘是洋奴」的另一層。㉝將這兩層結合起來，才能正確揭示當時部分革命黨人昌言「國粹主義」的思想契機。

近代中國的主要矛盾是和帝國主義的民族矛盾，而西方文化的母國又正是侵略中國的資本主義列強。這就造成了令人眼花撩亂的情況。爲了抵禦帝國主義，錢玄同等人力圖以中國傳統文化喚起人們的民族主義、愛國主義感情，增強凝聚力，達到所謂「種性固，民德淳」的目的，這是極爲自然的；他們對西方文化在中國的傳播懷有警惕並企圖不同程度地予以限制或抵拒也是自然的。他們不瞭解：帝國主義侵略是壞事，而西學的東漸則是好事；中國瀕臨滅亡是壞事，而中國傳統文化的式微不一定是壞事。他們更不瞭解：當時中國人民的歷史任務是建立以民主和科學爲主要內容的新文化，昌言「保存國粹」，除了其正面效果外，也還會產生負面效果——助長舊質，抵排進步，窒息新機。

二

到了「五四」時期，錢玄同的文化尋求卻發生了一百八十度的方向轉變。一反往日的「師古」、「復古」、「存古」主張，錢玄同對中國傳統文化展開了全面的批判。他的批判，缺少深刻的理論思維，也缺少充分嚴密的論證，但其激烈程度卻幾乎沒有人可以和他比擬。

清代中葉以後，主張「闡道翼教」的桐城派成爲散文中占統治地位的流派，與之並立的是講究駢儷、華藻的《文選》派，錢玄同的批判鋒芒首先指向這兩個文學流派。一九一七年一月一日，錢玄同訪問沈尹默，討論文學改良問題。他說：「應用文之弊，始於韓、柳，至八比之文興，桐城之派倡，而文章一道，遂至混沌。」㉞同年二月，他的《致陳獨秀書》在《新青年》二卷六號刊出，該函第一次提出「《選》學妖孽、桐城謬種」的指責，是錢玄同投身新文化運動的標誌。自此，錢玄同的批判遂一發而不可收。在內容方面，他指責兩派「迂謬不化」，思想頑固；在藝術方面，錢玄同指責其爲裝塡古典，故作搖曳醜態，只能稱爲「高等八股」；㉟在影響方面，錢玄同指責其爲「有害文學之毒菌，更烈於八股、試帖及淫書穢畫。」㊱

由桐城派、《文選》派上溯，錢玄同的批判推廣及於秦、漢以後的古文。他認爲，此類古文的病症在於言文分歧，和口語嚴重脫節，「專爲替貴人搭『臭架子』，什麼『典麗裔皇』，什麼『氣息高古』，攬到嘴裏這樣講，手下不許這樣寫，叫人嘴可以生今人的，手一定要生數千年前的殭屍的」。㊲錢玄同指責西漢揚雄爲第一個弄壞白話文章的「文妖」，㊳批評以後的文人們因襲模擬，陳腔爛調，「將甘蔗渣兒嚼了又嚼」。他說：「公等所謂美文，我知之矣，說得客氣一點，像個泥美人，說得不客氣一點，簡直像個金漆馬桶。」㊴

戊戌維新運動以後，小說、戲曲在文學門類中的地位逐漸上升；新文化運動中，它自然成爲熱門話題。錢玄同認爲，中國小說除《紅樓夢》、《水滸》、《儒林外史》等少數作品外，「非誨淫誨盜之作，即神怪不經之談，否則以迂謬之見，解造前代之野史，最下者，所謂『小姐後花園贈衣物，落難公子中狀元』之類，千篇一律，不勝縷指。」㊵至於戲曲，他認爲除《桃花扇》外，《西廂記》、《長生殿》、《牡丹亭》、《燕子箋》等，「詞句雖或可觀，然以無『高尚理想』、『真摯感情』之故，終覺無甚意味。」㊶「京調戲」是清末民初的新興劇種，錢玄同評之爲「理想既無，文章又極惡劣不通。」㊷對於「臉譜」等中國傳統戲曲的表現形式，錢玄同尤爲反感。他說：「臉而有譜，且又一定，實在覺得離奇得很。若云『隱寓褒貶』，則尤爲可笑。朱熹做《綱目》，學孔老爹的筆削《春秋》，已爲通人所譏訕；舊戲索性把這種『陽秋筆法』畫到臉上來了。這真和張家豬肆記卍形於豬鬣，李家馬坊烙圓印於馬蹄一樣的辦法。」㊸

孔學和孔教是新文化運動中的另一熱門話題。對於孔子，錢玄同表示對其「別上下，定尊卑」的學說，「實在不敢服膺」。㊹他認爲，儒學的長期影響使得中國人形成了兩種性格，一種是富而驕，一種是貧而諂，「苟遇富貴者臨於吾上，則趕緊磕頭請安，幾欲俯伏階下，自請受笞」，「一天到晚希望有皇帝，希望復拜跪」。㊺值得注意的是錢玄同對道教的批判。他說：「漢、晉以來之所謂道教，實演上古極野蠻時代『生殖器崇拜』的思想。二千年來民智日衰，道德日壞，雖由於民賊之利用儒學以愚民，而大多數之心理，舉不出道教之範圍，實爲一大原因。」㊻指出道教對中國民族心理有重大消極作用，這在新文化運動的先驅者中是頗爲獨特的，也是相當有見地的。

錢玄同批判中國傳統文化的代表作是《中國今後文字問題》。他說：「儒家以外之學，自漢即被罷黜。二千年來所謂學問，所謂道德，所謂政治，無非推衍孔二先生一家之學說。所謂『四庫全書』者，除晚周幾部非儒家的子書外，其餘則十分之八都是教忠教孝之書，『經』不待說，所謂『史』者，不是大民賊的家譜，就是小民賊殺人放火的賬簿——如所謂『平定什麼方略』之類。『子』、『集』的書，大多數都是些『王道聖功』、『文以載道』的妄談。還有那十分之二，更荒謬絕倫，說什麼『關帝顯聖』、『純陽降壇』、『九天玄女』、『黎山老母』的鬼話。」他認爲：「二千年來用漢字寫的書籍，無論那一部，打開一看，不到半頁，必有發昏做夢的話。」㊼錢玄同主張廢孔學、剿滅道教，不讀中國書。他說：「欲祛除三綱五倫之奴隸道德，當然以廢孔學爲唯一辦法；欲祛除妖精鬼怪、煉丹畫符的野蠻思想，當然以剿滅道教——是道士的道，不是老莊的道——爲唯一之辦法。欲廢孔學，欲剿滅道教，惟有將中國書籍一概束之高閣之一法。何以故？因中國書籍，千分之九百九十九都是這兩類書之故；中國文字，自來即專用於發揮孔門學說及道教妖言故。」㊽

由此，錢玄同進而批判曾經被自己認為是「世界之冠」的漢字。他說：「中國文字，論其字形，則非拼音而為象形文字之末流，不便於識，不便於寫；論其字義，則意義含糊，文法極不嚴密；論其在今日學問上之應用，則新理新事新物之名詞，一無所有；論其過去之歷史，則千分之九百九十九為記載孔門學說及道教妖言之記號。此種文字，斷斷不能適用於二十世紀之新時代。」㊾這裏，錢玄同提到文法、辭彙等問題，因而，它所說的文字實際上包含了語言。在《答姚寄人》一文中，他批評中國語言是單音，代名詞、前置詞不完備，動詞、形容詞無語尾變化，「根本上已極拙劣」，㊿這就連漢語也在批判之列了。

錢玄同認為，他的這種激烈的批判並不違背愛國主義原則。他說：「我愛支那人的熱度，自謂較今之所謂愛國諸公，尚略過之。惟其愛他，所以要替他想法，要剷除這種昏亂的『歷史、文字、思想』，不復使存於『將來子孫的心腦中』，要『不長進的民族』變成了長進的民族，在二十世紀的時代，算得一個文明人。」[51]他嚴重警告人們，如果不進行這種「剷除」，那末，循進化公例，中國人種總有一天將會「被逐出文明人之外」，並被人家「滅掉」。[52]同時，他並聲明，中國的歷史、道德、政治、文章還是需要研究的，但是，這種研究，目的是為了「鑒既往以察來茲」，「明人群之進化」，而不是為了排斥新事新理，使社會生活倒退，「人人褒衣博帶，做二千年前之古人。」[53]

錢玄同其人，好說過頭話，好走極端。章太炎曾經規勸他，「立論不可太過」。[54]魯迅也認為錢玄同喜歡將十分說到二十分。[55]在錢玄同對中國傳統文化的批判裏，人們不難發現他的偏激、偏頗以至謬誤之處。例如，他較少看到中國傳統文化的精華，無視它在中華民族生息、繁衍中的偉大作用及其對世界文明的貢獻，不瞭解經過分析、揚棄或創造性的轉換之後，這一文化的許多部分可以成爲發展新文化的營養並迸發出新的光彩，等等。這種偏激和偏頗反映了「五四」先行者普遍的弱點，這是毋庸諱言的。但是，應該看到，錢玄同所批判的有時是中國傳統文化的現實價值，而不是它的歷史價值。對於歷史價值，錢玄同還是承認的。例如，他肯定周秦諸子是可以和希臘諸賢、釋迦牟尼並立的「聖賢」，㊱孔子是「過去時代極有價值之人」；㊲肯定韓愈、柳宗元之文比初唐駢文和後來歸有光、方苞、劉大櫆，姚鼐諸人的文章「實在要好得多」，「在當時也還算有點價值」；㊳肯定《水滸》、《紅樓夢》、《西遊記》、《金瓶梅》是「中國有價值的小說」，㊴等等。錢玄同認爲，這種歷史價值是永恆的，無論到了三十世紀、四十世紀以至一百世紀，都不會「貶損絲毫」。㊵但是，在歷史上具有價值的文化形態不等於在後世具有同樣的價值。產生於宗法小農制基礎上的中國傳統文化不能適應現代生活的需要。因此，從現實出發，重新估量其價值是必然的，它的逐漸式微並讓位於新的、更高的文化形態也是必然的。這就是錢玄同所說的「退居到歷史的地位」。㊶如果在這一時刻，舊的社會力量企圖利用傳統文化，特別是其中的封建毒素干預社會的民主化、現代化進程，維護舊制度、舊事物，那末，一場鬥爭就是不可避免的了。

錢玄同從「師古」、「復古」到批判中國傳統文化的轉捩點是一九一六年。這一年，以尊孔復古爲復辟帝制前導的袁世凱斃命，但是，再興的民國也不過掛著共和的招牌，文化領域裏仍然彌漫著濃重的尊孔復古氣氛。這一切給了錢玄同以強烈刺激。他說：「共和與孔經是絕對不能並存的東西。如果要保全中華民國，惟有將自來的什麼三綱、五倫、禮樂、政刑、歷史、文章『棄如土苴』。如果要保全自來的什麼三綱、五倫、禮樂、刑政、歷史、文章，惟有請愛新覺羅溥儀復辟，或請袁世凱稱帝。」62這裏，錢玄同所批判的就正是以「孔經」爲代表的傳統文化的現實價値。他又說：「我是因爲自己受舊學之害者幾及二十年，現在良心發現，不忍使今之青年再墮此陷阱。」63這也是對傳統文化現實價値的批判。

錢玄同是徹底的共和主義者，即使在辛亥革命前主張「師古」、「復古」的年代裏，他也強烈反對君主制。正如他自己所說：「我那時復古底思想雖然熾烈，但有一樣『古』卻是主張絕對排斥的，便是皇帝。」64一九一六年，當他發現袁世凱們利用傳統文化復辟帝制，並由此進而發現中國社會「沉滯不進」的狀態時，也就發現了「保存國粹」的負面效果，其轉變就是必然的了。

在激烈批判中國傳統文化的同時，錢玄同熱烈肯定西方文化。他讚美外國小說家「拿小說看做一種神聖的學問，或則自己思想見解很高，以具體的觀念，寫一理想的世界，或者拿很透闢的眼光去觀察現在社會，用小說筆墨去暴露他的真相，自己總是立在『第三者』的地位。若是做的時候，寫到那男女奸私，和武人強盜顯他特殊勢力那些地方，決沒有自己忽然動心，寫上許多肉麻得意的句子，所以意境既很高超，文筆也極乾淨」。65錢玄同認爲：「若是拿十九、二十世紀的西洋新文學眼光去評判，就是施耐庵、曹雪芹、吳敬梓，也還不能算做第一

等」，「《水滸》以下的幾種小說，也還遠比不上外國小說」。㊱

近代中西文化碰撞的結果是，中國傳統的文化自大主義受到了很大衝擊，於是，又產生了新的變種——文化上的精神勝利法。其典型的例子就是認爲西方文明源於中國，說什麼大同是孔子發明的，民權、議院是孟子發明的，共和是周公和召公發明的，立憲是管仲發明的，以至連禮帽和燕尾服也是孔子發明的等等。對此，錢玄同尖銳地嘲諷說：「就算上列種種新道理、新事物的確是中國傳到西洋去的。然而人家學了去，一天一天的改良進步，到了現在的樣子，我們自己不但不會改良進步，連老樣子都守不住，還有臉來講這種話嗎？」㊲錢玄同認爲「現在百事不如人」，要求中國人民正視現實，承認差距，承認落後，並且當機立斷，急起直追。他說：「人家的學問、道德、智識都是現代的，我們實在太古了，還和《春秋》以前一樣，急起直追，猶恐不及，萬不可再徘徊歧路了。」㊳中國封建統治者一向自視爲「冠裳」之族，而將外國、外族視爲近似於「鱗介」之類的野蠻人；在文化上則強調「華夷之辨」，反對用夷變夏。現在歷史完全顛倒過來了，往日的「鱗介」之類竟成了「急起直追」的對象，而「冠裳」之族倒被認爲有淪落爲野蠻人的危險。這種認識的發生，反映出中國傳統的文化自大主義的進一步崩潰，也反映出近代中國社會文化心理的急速而巨大的變遷。

爲了改變中國的落後面貌，振興中國文化，錢玄同主張「樣樣都該學外國人」，「完全學人家」。他說：

> 凡道理、智識、文學，樣樣都該學外國人，才能生存於二十世紀，做一個文明人。[69]

> 我的思想，認定中華民國的一切政治、教育、文藝、科學，都該完全學人家的樣子，斷不可回顧七年前的「死帝國」。[70]

> 適用於現在世界的一切科學，哲學、文學，政治、道德，極〔皆〕是西洋人發明的，我們應該虛心去學他，才是正辦。[71]

一九一八年七月，陳獨秀曾經說：「若是決計更新，一切都應該採用西洋的新法子」。[72]錢玄同的思想和陳獨秀完全一致。儘管當時還沒有「全盤西化」的提法，但實際思想已經有了。

基於對漢字、漢語的不滿，錢玄同曾提出過一項驚世駭俗的主張，這就是以世界語或某種外國語來代替漢字，漢語。他說：

> 至於漢字之代興物，我以為與其製造羅馬字母的新漢字，遠不若採用將來人類公用的Esperanto。即退一步說，亦可採有一種外國語來代漢文、漢語。[73]

語言是民族文化中基本的、最有特色的因素。錢玄同主張以世界語或某一種外國語來代替漢語，這樣，他的「完全學人家」的主張也就發揮到了極致。應該說，這在新文化運動的先驅者中也是少見的。

錢玄同認爲，真理無國界，一切科學真理都是世界公有的。因此，他要求人們擺脫狹隘的民族主義和地域觀念的束縛，勇敢地追求真理和文明。當時，周作人在與錢玄同的通信中曾經提出：「將他國的文學藝術運到本國，決不是被別國征服的意思；不過是經過了野蠻階級蛻化出來的文明事物在歐洲先發現，所以便跳了一步，將它拿來，省卻自己的許多力氣。既然拿到本國，便是我的東西，沒有什麼歐化不歐化。」⑭對此，錢玄同極爲贊成。他說：「我們對於一切學問事業，固然不『保存國粹』，也無所謂『輸入歐化』，總之，趨向較合真理的去學去做，那就不錯。」⑮錢玄同自信，這種爲追求真理去學外國，不會成爲洋奴。他在提倡學外語的時候曾說：「有了第二外國語，才可以多看『做人的好書』，知道該做『人』了，難道還肯做『洋奴』嗎？」⑯

從十七世紀中葉起，歐洲各主要國家陸續完成了從封建主義到資本主義的變革，創造了強大的生產力，並在此基礎上建立了適應大生產需要的現代文化。中國當時還是封建主義和小農經濟占統治地位的國家，因此，以學習西方爲途徑，藉以振興中華和中國文化乃是歷史的必然。當然，西方文化並非一切都好，完美無缺。它有精華，也有糟粕；有積極面，也有消極面；有適用於中國的，也有不適用於中國的。因此，只能有選擇地學，有分析地學，有批判地學，錢玄同的「完全學人家」的主張並不正確。這裏，也有應予批評的偏激和偏頗。但是，去掉「完全」二字，他的「學人家」的主張卻正反映出錢玄同對歷史必然的認識，表現著他對民主、科學和現代文明的渴求。事實上，錢玄同所宣導學習的也主要是那些使中國人民自強、獨立，成爲「二十世紀人類」的新思想，新文化，並非一切都學，完全照搬的。

三

爲了振興中國文化，「五四」前後，錢玄同曾提出過不少方案，概括起來不外三點，即「輸入」、「新作」、「改革」。

首先是「輸入」，廣泛汲取域外知識。錢玄同認爲：「前此閉關時代，苦於無域外事可參照，識見拘墟，原非得已。今幸五洲變通，學子正宜多求域外知識，以與本國參照。」他說：「其實欲昌明本國學術，當從積極著想，不當從消極著想。旁搜博採域外之知識，與本國學術相發明，此所謂積極著想也；抱殘守闕，深閉固拒，此所謂消極著想也。」⑰他明確指出：「現在的中國文學界，應該完全輸入西洋最新文學，才是正當辦法。」⑱因此，他主張多譯外國書，多讀外國書，豐富「二十世紀之新知識」，「碰著與國人思想不相合的，更該虛心去研究，決不可妄自尊大」。⑲

第二是「新做」。翻譯只是介紹和引進，它不能代替自己的創造。因此，錢玄同要求「新做」，⑳即在借鑒外國文化的基礎上，創造出既不同於外國人，又不同於古人的全新的精神產品來。魯迅的《狂人日記》等小說就是在錢玄同的一再動員下，「新做」出來的。

第三是「改革」。錢玄同認爲，「中國現在沒有一件事情可以不改革」，⑧¹「不但文章要改革，思想更要改革」，⑧²但他的努力主要在語文方面。有成功，也有失敗；有些方案、建議，在他及身之年始終是空中樓閣。

成功的是他和胡適等人一起宣導了白話文運動。一九一七年一月，胡適發表《文學改良芻議》，錢玄同立即致函陳獨秀，表示肯定和支持。隨後，他又提出應用文改革大綱十三條，將白話的運用從文學推向更廣闊的天地，這十三條的頭一條就是「以國語爲之」。⑧³一九一七年七月，他並帶頭實行，致書陳獨秀說：「我們既然絕對主張用白話體做文章，則自己在《新青年》裏面做的，便應該漸漸的改用白話。我從這書信起，以後或撰文，或通信，一概用白話，就和適之先生做《嘗試集》一樣的意思，並且還要請先生、胡適之先生和劉半農先生都來嘗試嘗試。」⑧⁴一九〇八年，他又爲胡適《嘗試集》作序，明確宣布「白話是文學的正宗」。自此，白話文和白話文運動蓬勃發展，從根本上改變了我國書面語言和文學語言的面貌，成爲新文化運動的顯著業績。

爲了與提倡白話文相配合，並使白話文更完善，錢玄同回應胡適的建議，在應用文改革大綱中提出，「無論何種文章必施句讀及符號」。⑧⁵一九一八年一月，他總結《新青年》採用西文句讀符號的情況，提出繁式和簡式。⑧⁶其中繁式採用的西文六種符號，已經和我們今天的情況大體一致。

從黃遵憲起，近代中國不斷有人提倡白話文。一九〇三年前後，更出現了一批白話報刊。錢玄同自己在辛亥革命前也辦過《湖州白話報》和《教育今語雜誌》。但是，這一時期提倡白話文都是爲了普及和啓蒙，對象是文化低下的農工和市民，並不認爲白話有資格成爲正規的文學語言。新文化運動中，胡適提倡以白話寫作文學作品，錢玄同提倡以白話寫作各體「應用文」，白話才真正昂首闊步地走進文學語言的聖殿，建立起對文言的絕對優勢。一九二二年錢玄同在一次演講中談到：「改古文爲今語，是爲改良，不是求通俗；今語比古文精密，不是比古文淺俗。」⑧⑦這些話，道出了兩個時期白話文運動的不同特點，是早期提倡者不可能具備的認識。

與提倡白話文的成功相反，錢玄同以世界語代替漢語、漢字的企圖遭到了完全的失敗。最初，錢玄同只主張「不廢漢文而提倡世界語」，建議在高等小學加設世界語一課。⑧⑧但他不久即頭腦發熱，認爲世界進化已至二十世紀，「去大同開幕之日已不遠」，因而於一九一八年五月進一步主張廢漢文，代之以世界語。錢玄同估計，此項工作有十年、二十年工夫即可完成。⑧⑨但是，他的意見遭到了社會的強烈非難，連不少新文化運動的支持者也表示反對。陶孟和認爲「國民性不可剪除，國語不能廢棄」；⑨⓪任鴻雋批評錢玄同感情用事，「走於極端」；⑨①藍公武致函傅斯年，認爲《新青年》中有了錢玄同的文章，「人家信仰革新的熱情遂減去不少」。⑨②一九一九年一月，陳獨秀發表《本志罪案之答辯書》，肯定錢玄同追求民主和科學的熱情，說明他是由於「憤極了才發出這種激切的議論」，同時聲明：「錢先生這種用石條壓駝背的醫法，本志同人多半是不大贊成的。」㊾在這一情況下，錢玄同雖然廢除漢字的主張堅持未變，但不得不承認，世界語尚在提倡時代，未至實行時代，漢字一時不能廢去，不得不圖改良，因此轉而致力於「漢字改革」運動。

一切文化都發生於特定的時空環境中。它既有其時代的普遍性，又有其民族的特殊性；既有其發展的飛躍性，又有其歷史的連續性。強調民族的特殊性和歷史的連續性，反對外來進步文化，反對革故鼎新，當然是錯誤的；同樣，強調時代的普遍性和發展的飛躍性，無視民族的特殊性和歷史的連續性，也是錯誤的。錢玄同的上述成功和失敗表明，重大的文化改革決不能無視民族傳統，更不能脫離民族實際，浮誇、激烈的空想只能使自己失去人們的同情，增加改革的阻力。

錢玄同還有若干改革建議是在中華人民共和國成立之後付諸實施的：

一、**漢字左行橫移**。還在一九一七年初，錢玄同就認為：「文字排列之法，橫便於直。」㊿同年五月十五日，他致函陳獨秀，論證「漢文右行，其法實拙」，希望今後新教科書從小學起，一律改用橫寫。(95)七月，他又再次致函陳獨秀，建議《新青年》從四卷一號起，改用橫式，信中說：「《新青年》雜誌拿除舊佈新做宗旨，則自己便須實行除舊佈新。所有認做『合理』的新法，說了就做得到的，總宜趕緊實行去做，以為社會先導才是。」(96)

二、**數目改用阿拉伯號碼，用算式書寫**。錢玄同認為，「此法既便書寫，且醒眉目」。(97)

三、**改用世界通行的西曆紀元**。此為他的「應用文改革大綱」十三條之一。一九一九年一月，錢玄同為陳大齊的《恭賀新禧》一文作跋，指出陰曆不便於計算和應用，民國改用陽曆是正確的；同時，他又指出，「民國將來如能改用西曆記年，那就更便利了。」⑱同年十月，錢玄同發表《論中國當用世界西曆紀年》一文，批評中國傳統的以皇帝紀年的方法，也批評戊戌維新以來用孔子紀年、黃帝紀年的主張，認為「現在以後的中國，是世界的一部分；現在以後的中國人，是世界上人類的一部分」，應該爽爽快快地用世界通用的西曆紀年。⑲

四、**簡化漢字筆劃**。錢玄同認為：「文字者不過是一種記號，記號愈簡單，愈統一，則使用之者愈便利。」⑳一九二〇年二月，錢玄同發表專文《減少漢字筆劃底提議》，認為拼音文字非旦暮之功可以製成，不可粗心浮氣，草率從事，提出以簡體字補救漢字難識、難寫的缺點。他表示，將選取三千常用字進行簡化，其辦法有採用古字、俗字、草字、同音假借字、新擬同音假借字、借義字，減省筆劃字等八種。(101)

上述建議的實施過程表明，文化改革需要良好的政治環境，它最終不能脫離政治改革。一九〇九年，錢玄同在東京時，與同學有過一次討論。馬裕藻認為，文化變革必須借助政治力量，「臨之以帝王之威，始克有濟」。錢玄同不同意，他說：「止須其理正確，則真理自有明白之一日，故在野講學，效力亦不少也。」(102)錢玄同不瞭解，個人雖可以發現真理，宣傳真理，但要根本改變一個國家、民族的文化面貌，個人的力量仍然是微不足道的，僅僅靠「在野講學」也是不能成事的。

自一九一八年下半年起，《新青年》同人逐漸分化，李大釗率先歌頌十月革命和社會主義，開始了對比資本主義更高一級的社會形態和文化形態的尋求。次年一月廿七日，錢玄同以無可奈何的心情在他的日記裏寫下了一段話：「《新青年》爲社會主義的問題已經內部有了贊成和反對兩派的意見，現在《每週評論》上也發生了這個爭端了。」⑬

一九二一年初，《新青年》同人之間的矛盾更爲尖銳。陳獨秀主張「介紹勞農，又主張談政」；胡適「反對勞農，又主張不談政」。錢玄同認爲二人之間的分歧「其實是豬頭問題罷了」。⑭他曾與李大釗商量，準備調解，但未成功。⑮此後，錢玄同一面致力於古書辨僞，認爲「打倒僞經，實爲推倒偶像之生力軍，所關極大」，⑯同時企圖以甲骨文和金文爲基礎，推求真古字、真古史、真古制；另一方面，則揹起「漢字革命」的旗幟，努力探索中國文字改革的途徑。他雖然沒有沿著李大釗、陳獨秀的路子走，但繼續在「五四」精神的光照下活動。他的工作仍然是近代中國民主主義文化大潮的一部分。

四

從辛亥到「五四」，錢玄同走過了一段曲折的道路。他在兩個時期的不同尋求代表了近代中國先後出現的兩個文化派別——《國粹學報》派和《新青年》派。前者在不同程度上將「西學」的傳播看作是中國文化的災難，力主保存、發揚並光大中國傳統文化，希冀從中篩選出民族救亡圖存的思想武器，或在它的古老形式中灌注進某些時代內容。後者則激烈地批判中國傳統文化，力主敞開大門，以向西方學習爲途徑創造新一代中國文化。此後近代中國的文化論爭無不和這兩派密切相關，也無不投下這兩派或濃或淡、或密或疏的影子。

從「師古」、「復古」、「存古」到主張「輸入」、「新做」、「改革」，錢玄同作出了完全背反的選擇。這種選擇，既反映了他不怕自我否定、勇於追求真理的不懈熱情，也反映了近代中國的進步文化總流向和近代中國不可逆轉的歷史總趨向。在錢玄同的尋求裏，既有可資借鑒的經驗，也有值得警惕的教訓。錢玄同和他的同事們解決了近代中國文化發展中的若干問題，也留下了若干問題，例如，如何繼承並發揚中國傳統文化的優良部分，並進行創造性的轉換或變革，使之適應現代生活的需要？如何在吸收西方文化長處的同時抵制其腐朽部分？如何立足現實，在會通中西的基礎上創造一種新的文化形態？等等，都是錢玄同等人沒有涉及或很少涉及的。

有些問題，當時明確了，似乎解決了，但後來又以新的形式發生，再度成爲問題。例如，在中國人民從西方找到了馬克思主義並且建立了新中國之後，又出現了所謂「頂峰」說，從而形成新的文化封閉主義和文化自大主義，似乎中國人「向人家」學習的過程已經走完，今後的歷史只是「人家」學我們了。結果閉目塞聽，固步自封，使我們遠遠落在世界現代化進程後面。

錢玄同的時代過去了，但是，錢玄同時代提出的任務還沒有全部完成，他那個時代進行的文化論爭還在繼續。這就是二十世紀八〇年代中華大地上再度掀起「文化熱」的原因，也是我們重溫「五四」歷史的主旨所在。

（本文為提交一九八九年五月在北京召開的紀念五四運動七十周年學術討論會的論文，原載《五四運動與中國文化建設》，社會科學文獻出版社，一九八九。）

①《錢玄同日記》第一冊，一九〇六年三月廿九日，未刊稿，以下均同。
②《錢玄同日記》第三冊，一九〇八年三月五日。
③《錢玄同日記》第五冊，一九〇九年一月廿二日。
④《錢玄同日記》第一冊。
⑤《錢玄同日記》第二冊，一九〇七年二月廿七日。
⑥《錢玄同日記》第六冊，一九〇九年十二月十三日。
⑦《錢玄同日記》第一冊，一九〇六年三月廿九日。
⑧《錢玄同日記》第六冊。
⑨《錢玄同日記》第六冊，一九〇九年九月二日。
⑩《刊行〈教育今語雜誌〉之緣起》，《教育今語雜誌》第一冊。
⑪《錢玄同日記》第六冊，一九〇九年九月三十日。
⑫《錢玄同日記》第六冊，一九〇九年九月三十日。
⑬《錢玄同日記》第六冊，一九一〇年一月十八日。

⑭《錢玄同日記》第六冊，一九一〇年一月十八日。
⑮《錢玄同日記》第六冊，一九一〇年一月十八日。
⑯《錢玄同日記》第六冊，一九〇九年十月十七日。
⑰《教育今語雜誌章程》，《教育今語雜誌》第一冊。
⑱《錢玄同日記》第五冊，一九〇九年五月九日。
⑲《錢玄同日記》第六冊，一九〇九年十一月十日。
⑳《錢玄同日記》第一冊，一九〇六年二月十七日。
㉑《錢玄同日記》第五冊，一九〇九年三月十五日。
㉒《錢玄同日記》第六冊，一九〇九年九月三十日。
㉓《錢玄同日記》第六冊，一九〇九年十一月十日。
㉔《錢玄同日記》第四冊。
㉕《錢玄同日記》第九冊。
㉖《錢玄同日記》第九冊，一九一二年九月三十日。
㉗《錢玄同日記》第九冊，一九一二年十二月三日。
㉘《三十年來我對於滿清的態度底變遷》，《語絲》第八期。
㉙《錢玄同日記》第十一冊，一九一四年九月廿七日。
㉚參閱拙作《論辛亥革命前的國粹主義思潮》，見該書第二八七至三〇三頁。

㉛《三十年來我對於滿清的態度底變遷》，《語絲》第八期。
㉜《三十年來我對於滿清的態度底變遷》，《語絲》第八期。
㉝《錢玄同日記》第十六冊，一九一七年一月一日。
㉞《錢玄同日記》第十六冊，一九一七年一月一日。
㉟《致陳獨秀書》，《新青年》三卷一號，《通信》第七頁。
㊱《新青年》四卷六號，第六二七頁。
㊲《新青年》五卷五號，第五四二頁。
㊳《嘗試集序》，《新青年》四卷二號，第一四〇頁。
㊴《致陳獨秀書》，《新青年》，三卷四號，《通信》，第二頁。
㊵《致陳獨秀先生書》，《新青年》三卷一號，《通信》，第五頁。
㊶《致陳獨秀先生書》，《新青年》三卷一號，《通信》，第五頁。
㊷《致陳獨秀先生書》，《新青年》三卷一號，《通信》，第六頁。
㊸《新青年》四卷六號，第六二四頁。
㊹《致陳獨秀先生書》，《新青年》三卷四號，《通信》，第五頁。
㊺《致陳獨秀先生書》，《新青年》三卷四號，《通信》，第五頁。
㊻《隨感錄》，《新青年》四卷五號，第四六四頁。
㊼《新青年》四卷四號，第三五一頁。

㊽《中國今後之文字問題》，《新青年》四卷四號，第三五一頁。

㊾《中國今後之文字問題》，《新青年》四卷四號，第三五四頁。

㊿《新青年》五卷五號，第五四二頁。

(51)《新青年》五卷二號，第一七三頁。

(52)《新青年》五卷四號，第五四三頁。

(53)《新青年》三卷五號，《通信》，第十三頁。

(54)《致錢玄同書》，一九一〇年十二月九日，《魯迅研究資料》第十九輯，中國文聯出版公司一九八八年版，第十五頁。

(55)黎錦熙：《錢玄同先生傳》。

(56)《致胡適之先生》，《新青年》三卷六號，《通信》，第十九頁。

(57)《致獨秀先生書》，《新青年》三卷四號，《通信》，第五頁。又，當時朱希祖做了篇研究孔子的文章，認為「孔子以前是信神時代，孔子之學說不信神而信人，在當時原是進步，但他以信古尊聖為言，以至二千年來滯於信人的時代，至今尚未走到信我的時代，比之歐洲，瞠乎後矣」。錢玄同認為「此文極有價值」，為之圈點一過，並在日記中作了摘錄。於此亦可見錢玄同對孔子思想歷史價值的看法。見《錢玄同日記》第二十冊，一九一九年一月二十日。

(58)《新青年》五卷五號，第五三二頁。

(59)《致獨秀先生書》，《新青年》三卷六號，《通信》，第九頁。

⑥〇《新青年》五卷五號，第五三一頁。
⑥①《新青年》五卷一號，第七十九頁。
⑥②《新青年》六卷二號，第二二四頁。
⑥③《新青年》六卷六號，第六四九頁。
⑥④《三十年來我對於滿清的態度底變遷》，《語絲》第八期。
⑥⑤《致獨秀先生書》，《新青年》三卷六號，《通信》，第九至十頁。
⑥⑥《致獨秀先生書》，《新青年》三卷六號，《通信》，第九至十頁。
⑥⑦《隨感錄》，《新青年》六卷二號，第二一六頁。
⑥⑧《新青年》六卷六號，第六五〇頁。
⑥⑨《對於朱我農君兩信的意見》，《新青年》五卷四號，第四二五頁。
⑦〇《新青年》五卷一號，第八十一頁。
⑦①《隨感錄》，《新青年》五卷三號，第二九六頁。
⑦②《今日中國之政治問題》，《新青年》五卷一號，第三頁。
⑦③《對於朱我農君兩信的意見》，《新青年》五卷四號，第四二五頁。
⑦④《論中國舊戲之應廢》，《新青年》五卷五號，第五二七頁。
⑦⑤《新青年》五卷五號，第五二八頁。
⑦⑥《新青年》五卷六號，第六三四頁。

77《錢玄同日記》第十六冊，一九一七年一月二十日。

78《致獨秀先生書》，《新青年》三卷六號，《通信》，第十一頁。

79《新青年》四卷二號，第一二二頁。

80《新青年》四卷一號，第八十頁。

81《致獨秀先生書》，《新青年》三卷六號，《通信》，第十一頁。

82《新青年》六卷二號，第二四二頁。

83《致獨秀先生書》，《新青年》三卷五號，《通信》，第八頁。

84《致獨秀先生書》，《新青年》三卷六號，《通信》，第十一頁。

85《致獨秀先生書》，《新青年》三卷五號，《通信》，第九號。

86《新青年》四卷二號，第一八三頁。

87《錢玄同日記》第廿七冊，一九二二年十月廿二日。

88《致獨秀先生書》，《新青年》三卷四號，《通信》，第三頁。

89《新青年》五卷五號，第五四三頁。

90《致獨秀先生書》，《新青年》三卷六號，《通信》，第三頁。

91《致胡適書》，《新青年》五卷二號，第一七〇頁。

92《錢玄同日記》第十九冊，一九一九年一月七日。

93《新青年》六卷一號，第十一頁。

⑭《錢玄同日記》第十六冊，一九一七年一月六日。

⑮《致獨季先生書》，《新青年》三卷三號，《通信》，第十七頁。

⑯《致獨秀先生書》，《新青年》三卷六號，《通信》，第六頁。

⑰《致獨秀先生書》，《新青年》三卷五號，《通信》，第十頁。

⑱《新青年》六卷一號，第四頁。

⑲《新青年》六卷六號，第六二六至六二七頁。

⑩《致陶孟和書》，《新青年》四卷二號，第二七四頁。

⑩《新青年》七卷二號。

⑩《錢玄同日記》第五冊，一九〇九年四月十六日。

⑩《錢玄同日記》第二十冊。

⑩《錢玄同日記》第廿三冊，一九二一年一月十八日。

⑩《錢玄同日記》第廿三冊，一九二一年一月十九日。

⑩《錢玄同日記》第廿七冊，一九二三年十二月廿四日。

論錢玄同思想

——以錢玄同未刊日記為主所作的研究

錢玄同是「五四」新文化運動的主將之一，也是這一運動中最頂尖的激烈人物。他是北京大學、北京師範大學等校教授，先後參與編輯《新青年》、《語絲》和《國語週刊》，倡導整理國故，推動古史辨學派的創立和形成，又倡導漢字改革、國語統一，是著名的文字、音韻學家。本文將以他的未刊日記爲主，參以他的書札，勾畫並評述他的思想的幾個重要方面，從而探討「五四」思潮中幾個有普遍意義的問題。至於他公開發表過的文章，由於易於見到，故儘量少用。

一、無政府主義

二十世紀初年中國的先進人物大體都有一個從維新向革命發展的階段，錢玄同也是如此。他最初歌頌光緒皇帝，向慕維新變法；後來轉而贊同「排滿革命」。一九〇五年十二月東渡日本留學，在短暫的立志改革教育後，迅速轉向無政府主義。

錢玄同留學之初，日本社會黨中的激烈派日漸活躍。一九〇七年，幸德秋水、堺利彥、山川均、大杉榮等組織社會主義金曜講演會，宣揚社會主義和無政府主義。張繼、劉師培等受其影響，組織社會主義講習會，刊行《天義》報，認爲只有無政府主義才是中國的最好出路。錢玄同多次參加社會主義講習會的活動，聽過堺利彥、山川均、宮崎民藏以及印度旅日革命者等人關於無政府主義和布魯東、克魯泡特金、馬克思學說的演講。例如，他在日記中記堺利彥演說稱：「社會自有富豪而後，貴賤日分，貧富日區，今欲平此階級，宜實行無政府共產主義。」①顯然，演說給他留下了深刻的印象。自此，錢玄同即反對「社會不平等」，「反對『金錢之爲資本家掠奪』」，②信奉無政府主義者所標榜的「平民革命」。他在與人辯論時曾表示：「本國政府與外國政府其欺平民同，故即有國而富強，而平民終陷苦境。吾儕今日當爲多數平民之革命，不宜爲少數人之革命。」③一九〇八年，劉師培歸國投順清朝大臣端方，社會主義講習會一派受到東京中國革命黨人和留學生的冷落和恥笑，但錢玄同信仰無政府主義之志不變。④自民國初年至二十年代，他始終讚賞師復的心社及其主張。一九二五年八月四日日記說：「我自讀師復之《心社意趣書》以來，久想廢姓了。今又忽見此，更增我廢姓之念。」一直到三十年代，他仍然爲劉師培編輯遺書。可以說，錢玄同對無政府主義始終懷有感情，心嚮往之。

不過，錢玄同的思想和張繼、劉師培等仍然有著很大不同。社會主義講習會一派的無政府主義者大都對孫中山的三民主義表示不滿，甚至多所攻擊，他們對排滿革命、共和立憲也鄙夷不屑，要求在中國立即實行所謂「無政府革命」。「無政府」，作爲一種遙遠的美好的理想，本無可非議，但是，以「無政府」作爲一種行動綱領或近期目標，則不僅在理論上是錯誤的，而且在實踐上是有害的。同盟會在辛亥革命準備時期的分裂和兩次反對孫中山的風潮，都和這一思潮相關。⑤錢玄同雖然一度認爲，世界大勢，已至無政府階段。⑥但是，他贊成「排滿」，反對保皇，熱烈擁護共和，支持孫中山的革命活動。⑦他雖師從章炳麟，與陶成章、龔寶銓等光復會系統的人員過從甚密，但從不參與和孫鬧矛盾的派別活動。還在一九〇七年初，他就渴望「吾國之孫公」，能夠早日「撞革命之鐘，揚三色之旗」，建成「吾中華民國」。⑧一九二六年三月，更給了孫中山及其三民主義以極高的評價。他說：「夫彼孫公中山者，寧非當世偉人！彼之《三民主義》、《孫文學說》，雖不高明之言論也頗有，然他的功業一定比得上王安石，他的著作（即《三》、《孫》）一定比得上黃黎洲之《明夷待訪錄》。老實說，我是覺得不談政治則已，苟談政治，救中國之策，莫良於三民主義矣。」⑨

除了劉師培、張繼等人外，吳稚暉、李石曾、張靜江等在巴黎發刊《新世紀》，成爲中國思想界的又一個宣傳無政府主義的中心。這一派，和東京的《天義》派，既有共同點，又有相異點。其相異點之一是，《天義》派反對孫中山，而《新世紀》派則支持孫中山的民主革命理想和活動；之二是《天義》派對中國傳統社會和傳統文化常懷脈脈深情，而《新世紀》則多持批判、嘲笑態度。辛亥革命前，錢玄同稱譽《天義》報「精美絕倫」，⑩對《新世紀》派雖有所肯定，但時有不滿。日記稱：「購得《新世紀》五至八號，於晚間臥被中觀之。覺所言破壞一切，頗具卓識，惟終以學識太淺，而東方之學尤所未悉，故總有不衷於事實之處，較之《天義》，瞠乎後矣！」⑪個別時候，他甚至辱罵《新世紀》同人爲「諸獠」，「喪心病狂」。⑫在劉師培和吳稚暉二人之間，他也揚劉而貶吳，日記說：「（申叔）不斥舊學，賢於吳朓諸人究遠矣！」⑬而在「五四」前後，則對《新世紀》派時加讚許，肯定該刊「實爲一極有價值之報」。⑭對這一派的代表人物吳稚暉則引爲同道，尊敬有加。一九一七年九月廿四日日記說：「閱《新世紀》。九年前閱此，覺其議論過激，頗不謂然。現在重讀，乃覺甚爲和平。」一九二五年四月，他更將吳稚暉和孫中山、胡適、蔡元培等一起列爲中國人的「模範」，⑮這種變化，和錢玄同對中國傳統社會、傳統文化態度的變化密切相關。

近代中國的許多先進人物都曾信仰過無政府主義，或者受過它的影響。錢玄同之所以嚮往無政府主義，除了它的「平民」立場外，還在於它的「厭惡階級社會」，反對一切壓迫和「強權」，懷疑一切、破壞一切的「徹底性」和世界主義的傾向。這些方面，曾經影響了「五四」及其以後錢玄同的思想和性格。

二、反傳統思想

新文化運動諸人大都具有比較強烈的反傳統思想，但其頂尖人物則是錢玄同。

錢玄同一九〇八年在東京師從章炳麟，和龔寶銓等人一起聽章講《說文》、《漢書》、

《文心雕龍》等著作，一度主張復古。在這一方面，錢玄同甚至走得比他的老師更遠，更徹底。但是，袁世凱的復辟帝制使他受了強烈的刺激，袁世凱之後的北洋軍閥統治也使他深惡痛絕。一九一七年天津大水，但督軍曹錕卻到「太乙廟」去三跪九叩首地祭拜「蛇精」。錢玄同憤慨地在日記中寫道：「此種野蠻原人居然在二十世紀時代光天化日之下幹這種畜牲事業。唉！夫復何言！」⑯一九一九年，被魯迅等譏爲「大東海國大皇帝」的徐世昌連續下達衛道命令，錢玄同諷刺道：「這幾天徐世昌在那裏下什麼『股肱以膂』！什麼『祈天永命』！什麼『吏治』！什麼『孔道』的狗屁上諭！這才是你們的原形真相呢！」⑰

正是這些原因，使錢玄同轉而反對復古，對中國傳統道德、禮儀、歷史和以漢字爲載體的傳統文化持全面的激烈的批判態度。他反對舊的「三綱五常」，反對婦女的「三從」之訓，反對迷信，反對舊的婚禮、葬禮、喪服，以及拖辮、纏腳等惡習。他說：「凡過去的政治、法律、道德、文章，一切都疑其不合理。」⑱一九一八年，他一度認爲，在中國二千年的古籍中，「孔門忠孝干祿之書」占百分之五十五，道家及不明人身組織的醫書占百分之二十，誨淫誨盜、說鬼談狐，滿紙發昏夢瘋之書占百分之二十五。⑲在稍後公開發表的《中國今後之文字問題》一文中，他進一步提出：「欲廢除孔學，不可不先廢漢文；欲廢除一般人之幼稚的野蠻的頑固的思想，尤不可不先廢漢文。」⑳

中華民族在漫長的歷史中創造了光輝燦爛的文化。但是，在我們研讀錢玄同的著作時，總感覺到，他否定較多，看消極面較多。一九二三年七月一日，他致函周作人說：「我近日很

『動感情』，覺得二千年來的『國粹』，不但科學沒有，哲學也玄得厲害。」在他看來，不僅「理智的方面毫無可滿足之點」，即就「情感方面的文學」而論，也問題很多。㉑為此，他以疾惡如仇的態度激烈地攻擊國粹的崇拜者，聲稱對「國故派之頑凶」，「必盡力攻訐」。「前此已然，於今為烈」。㉒

在這一方面，他較之陳獨秀、魯迅、胡適諸人，也都走得更遠，更徹底。還在「五四」前夜，他就認為胡適「微有《老》學氣象」；㉓又批評他對外議論，旗幟有欠鮮明，「對於千年積腐的舊社會，未免太同他周旋了」。㉔一九二三年，更批評胡適「思想雖清楚」，而態度則不如陳獨秀和吳稚暉二人「堅決明瞭」。他甚至說：「舊則舊，新則新，兩者調和，實在沒有道理」，主張將「東方文化連根拔去」。㉕這是中國近代很少有人發表過的極端言論。

近代中國正處於社會轉型階段。與社會轉型相適應，文化也會發生不同程度的轉型。錢玄同的反傳統思想雖然偏激，有其謬誤之處，但它是這一歷史條件下的產物，有其必然性和合理性。同時，應該看到，錢玄同在事實上並未全盤反傳統。對於中國文化中的優良部分，他仍然是充分肯定的。例如：對周秦諸子，特別是墨學，對司馬遷、劉知幾的史學，對王充、鮑敬言、鄧牧、李贄等人的異端思想和無君思想，對宋代的永嘉學派、清代的顏李學派和浙東學派，以及對《水滸》、《三國演義》、《金瓶梅》、《紅樓》、《儒林外史》，等等，錢玄同都是肯定的，有些，還肯定得很高。例如，他之所以改名「玄同」，就是「妄希墨子」，「想學墨子的長處」。㉖。對《詩經》中的《國風》，他評之為「很真很美」。㉗對司馬遷的《史記》，他認爲「作意」好，有「特識」，可以使人「得鑒既往，以明現在，以測將來，決非帝王家譜、相斫書」。㉘一直到二十年代，禪宗的語錄、王陽明的《傳習錄》都還在他的常讀書之列。㉙即使對於有些所謂「僞書」，他也不輕易否定。一九二二年九月一日，錢玄同致函胡適說：「『托古改制』是中國人的慣技，自來造假書的最有名的人是劉歆和王肅，但此二人所造的僞書，儘有他的價值，未可輕於抹殺。」㉚

還特別應該指出的是，錢玄同所反對的主要是傳統文化的當代價值或此時價值，而非其歷史價值或彼時價值。對傳統文化的歷史價值或彼時價值，錢玄同也是肯定的，認爲這種價值可謂「不廢江河萬古流」，雖歲月變遷，不能「貶損絲毫」。例如，錢玄同對孔子，就肯定得很高。新文化運動期間，他雖然主張「廢孔學」，但同時明確表示：「如孔丘者，我固承認其爲過去時代極有價值之人。」他所「實在不敢服膺者」，不過只有「別上下，定尊卑」這一點。㉛他同意朱蓬仙的看法，認爲「孔子以前，榛榛狉狉，極爲野蠻。孔子修明禮教，撥亂反正」，有文明開化的功勞。㉜五四後，他進一步表示：「一部《論語》，確是古代底大學者的言論。」㉝又說：「孔丘確是聖人，因爲他是創新的，不是傳統的；秦漢以來的儒生，直到現在的孔教徒是蠢才，因爲他們是傳統的，不是創新的。」㉞他對孔學在中國歷史上因時變遷的情況也有很好的分析。他認爲，在孔子成爲「教主」後，經過漢、宋、晚清等不同時期學者的解釋，「三次增加，真相愈晦」。㉟錢玄同提出：「適用於古昔，未必適用於今日。」㊱他所反對的，主要是袁世凱、孔教會之流利用孔學，毒化當代人，爲復辟帝制或爲鞏固北洋軍閥統治服務。因此，他明確表示：孔學不適用於二十世紀共和時代，「孔門忠孝干祿」一類書籍：「斷不可給青年閱看，一看即終身陷溺而不可救拔」。㊲可見，他對傳統文化的批判的立足點、著眼點都在當代。

錢玄同主張，新的時代，中國應該有一種新的文化出現，傳統文化必須「退居到歷史地位」。㊳這一思想仍然有其合理性。打個比方，商鼎周彝之類，在彼時是適用的禮器、食器、酒器，但在此時，則只能送進歷史博物館陳列。它們可以價值連城，但是，卻不再具有實用價值。假如今天仍然有人要求社會公眾普遍使用，那只能是笨伯。一九二二年九月廿二日，錢玄同致函周作人稱：「我尊重《紅樓夢》有恆久的文學價值，猶之乎尊重《詩經》有恆久的文學的價值，但現在做詩，人之知其決不應該『點竄《周南》《召南》字，塗改《鄭風》《衛風》詩』，則現在做文，當然也不應該『點竄貫中、雪芹字，塗改承恩、敬梓文』也。」㊴錢玄同所反對的只是「拒新崇故」，用舊事物、舊文化攔阻新事物、新文化的出生和成長。㊵

任何文化形態都是特定時空狀態下的產物，它常常只適應於特定的時間和空間，因此，文化的發展總是如長江、黃河，一浪一浪地向前發展，所謂「江山代有人才出，各領風騷五百年」是也。但是，在文化的發展中，也總有若干東西，若干成分，可以適用於其他時代，其他環境。這裏，有著文化發展的階段性和連續性的辯證關係，也有著民族性和世界性的辯證關係。應該承認，錢玄同只看到了文化發展的階段性，較少看到其連續性和可繼承性，這是其缺陷。同時，也應該看到，一種過時的文化，在不同的歷史條件下，可以再度煥發生命；或者，在經過改造、轉換後，可以爲新的時代服務。我們這個民族有許多寶貴的東西，腐朽尚且可以化爲神奇，何況本來就是寶貝呢！

近年來，有些學者提倡對「儒學」進行「創造性的轉換」，力圖使古老的儒學和現代化結合，或者以之作爲對西方現代病的一種補偏救正的藥方。這方面的探索當然是有益的、有意義的。這些情況，當年的錢玄同當然無法夢見，但是，一九二二年四月，錢玄同評論沈尹默「五四」後的「篤舊」傾向時，曾經表示，「舊成績」總有一部分可以「供給新的」，「爲材料之補充」，這樣的觀點就較爲全面了。

三、歐化思想

錢玄同主張中國的出路是「歐化」。所謂「歐化」，也就是「西化」。他說：「我的思想，認定中華民國的一切政治、教育、文藝、科學，都該完全學人家的樣子，斷不可回顧十年前的死帝國。『不好的樣子』雖然行了數千年，也該毅然決然的撲滅他；合理的新法，雖然一天沒有行，也該毅然決然，振興他。」他號召中國國民「做一個二十世紀時代的文明人，不做那清朝、唐朝、漢朝、周朝、五帝、三皇、無懷、葛天時代的野蠻人。」㊶錢玄同這裏所說的「學人家」，自然指的是學西方。錢玄同甚至公開主張，要廢除漢語，改用一種外國語作國語。他說：「中國的語言文字總是博物院裏的貨色，與其用了全力去改良他，還不如用了全力來提倡一種外國語作爲第二國語——或簡直作爲將來的新國語，那便更好。我的意思，以爲今後中國人要講現在的有用學問，必當懂幾國語言文字。」㊷辛亥革命前，錢玄同曾經辱罵主張改革漢字或廢漢字的人爲「發瘋」，是「王八蛋」，㊸至此，算是轉了一個一百八十度的大彎子。

此後，在「西化」和「保存國粹」之間，他總是肯定「西化」。一九二〇年八月十六日，錢玄同致函周作人說：「純粹美國派固亦不甚好，但總比中國派好些。專讀英文，固然太偏，然比起八股、駢文的修辭學來，畢竟有用些。」又說：「我近來對於什麼也不排斥（**因為我自己太無學問也**），惟對於『崇拜國故者』，則以爲毫無思想與知識之可言。雖著作等身，一言以蔽之曰，屁話而已。」㊹

近代中國人的難題是：中國人一方面學習西方，但是，西方列強卻又侵略和欺負中國，於是，頑固派和「國粹」派就有了市場。錢玄同卻能正確處理這一難題。他認爲，爲了愛國，不吸哈德們香煙是對的，但是，不能回過頭去提倡三尺長的旱煙筒。後來，他進一步明確表示：「忍受帝國主義者侵略的暴力，是糊塗蛋丟臉的行爲；服從先進國發明的學術，是明白人合理的舉動。」㊺

錢玄同的所謂歐化，實際上是現代化的同義語。他說：「到了民國時代，還要祀什麼孔，祭什麼天，還要說什麼綱常名教，還要垂辮裹腳，還要打拱叩頭……你想，人家是坐了飛機向前直進，我們極少數人踱著方步向前跟走，那班『治平』大家還氣不過，還要橫拖直扯的把少數人拉扯上了哪吒太子的風火輪，向後直退。」㊻又說：「我堅決地相信所謂歐化，便是全世界之現代文化，非歐洲人所私有，不過歐洲人聞道較早，比我們先走了幾步。我們倘不甘『自外生成』，惟有拚命去追趕這位大哥，務期在短時間之內趕上，到趕上了，然後和他們並轡前驅，笑語前行，才是正辦。」㊼這兩段話，可以幫助我們瞭解錢玄同提倡「歐化」及其心情迫切的原因。

如所周知，民族語言是民族文化中最重要的因素，錢玄同卻主張用一種外國語來作爲中國的國語，自然，這是徹底的西化論。在日記和私人信札中，錢玄同也曾有過「全盤承受西洋文化」的說法。㊽陳序經的「全盤西化」論和胡適的「充分世界化」論，都出現於三〇年代，比起錢玄同來，要晚很多年。

「全盤西化」論當然是錯誤的，以一種西方語言代替漢語作爲國語的意見也當然是錯誤的。但是，必須指出的是，錢玄同所主張引進的主要的是西方的自然科學和進步的社會科學、文學，如達爾文的進化論、易卜生的問題戲劇，以及博愛、互助、平等、自由等學說之類，並非認爲西方什麼都好，連月亮也是外國圓。㊾他清醒地看到，西方也有「臭蟲」，反對將它移到中國來「培養」。一九二三年七月十六日，錢玄同致函周作人說：「我們縱然發現了外國人的鐵床上有了臭蟲而不撲滅，但我們決不應該效尤，說我們木床上的臭蟲也應該培養，甚至說應將鐵床上的臭蟲捉來放在木床上也。」他反對什麼都效法西方，亦步亦趨，認爲「外國女人雖穿銳頭高跟的鞋子，但中國女人並非不可穿寬頭平底的鞋子。」㊿一九二五年六月廿五日，他又進一步解釋道：「我常說『歐化』，似乎頗有『媚外』之嫌，其實我但指『少數合理之歐』而言之耳。『多數之歐』，不合理者甚多，此實無『化』之必要。」⑤¹這樣，他就又在實際上修正了自己的「全盤西化」論。

西方世界從十八世紀起陸續脫離中世紀（也就是大陸學界通常所說的封建社會），進入現代化過程；到二十世紀二十年代前後，西方發達國家的現代化已經達到了相當的高度。中國則自鴉片戰爭之後，長期沉淪於半封建、半殖民地的泥潭中。擺在中國人民面前的所謂「歐化」問題，實際上是一個學習西方，實現中國的現代化問題。自林則徐、魏源以致嚴復、康有為、梁啓超、孫中山等先進的中國人無不提倡學習西方，今天的現代中國文明的許多方面也確實來源於西方。因此，我們應該看到「歐化」思想的合理內核，而不應該恐懼「歐化」，拒絕「歐化」。試問，我們能拒絕在西方充分發展起來的「聲（學）、光（學）、化（學）、電（學）」等近代科學嗎？能拒絕以選舉制、代議制、政黨制等爲特徵的近代民主嗎？當然不能。

堅定不移地從事改革，從事開放，世界各個國家、各個民族一切比我們先進的東西都要學過來，這是歷史的經驗，也是歷史的結論。自然，我們也要記住錢玄同的話，不要引進西方的「臭蟲」。

四、自由主義思想

如上述，錢玄同早年就羨慕社會主義和無政府主義，但是，很奇怪，當陳獨秀和胡適因在贊成或反對社會主義這一問題發生分歧，《新青年》內部因而分裂時，錢玄同卻站到了胡適一邊。

根據錢玄同日記所述，分歧始於一九一八年一月，爆發於一九一九年十月，李大釗將《新青年》六卷五號編爲《馬克思主義研究專號》時。衝突的結果是改變《新青年》四、五、六三卷所實行的輪流編輯制，仍如此前各卷一樣，歸陳獨秀一人編輯。㊾一九二〇年，陳獨秀先後出版《勞動紀念節專號》和《俄羅斯研究專欄》，陳、胡分歧加劇，雙方「短兵相接」。「一則主張介紹勞農，又主張談政；一則反對勞農，又主張不談政治。」㊿從思想自由的理念出發，錢玄同認爲「統一思想」是「最丟臉的事」，(54)反對胡適「不談寶雪維幾（Bolshevism）」的意見，主張陳獨秀等人可以談，《新青年》可以任由陳獨秀辦下去，辦成《蘇維埃俄羅斯》的漢譯本也無不可。(55)但是，他認爲中國人的程度不夠，要改良中國政治，首先要改良中國社會，改變中國人的思想，「好好地坐在書房裏」，「請幾位洋教習」來教「做人之道」，「等到略有些『人』氣了，再來推翻政府」。(56)因此，他明確表示，「布爾什維克」主義「頗不適用於中國」。(57)

錢玄同之所以有上述看法，固由於他從早年起，就反對「強凌弱，眾暴寡」。(58)但更重要的原因則在於，他覺得中國人「專制」、「一尊」的思想過於強烈，有關傳統過於深厚，會發生「學術專制」、「思想壓迫」的可怕狀況。一九二〇年九月廿五日，他致函周作人說：「我們實在中孔老爹學術思想專制之毒太深，所以對於主張不同的論調，往往有孔老爹罵宰我，孟二哥罵楊、墨，罵盆成括之風。」㊾一九二二年四月八日，再致周作人函說：「我近來覺得改變中國人的思想真是唯一要義。中國人『專制』『一尊』的思想，用來講孔教，講皇帝，講倫常，……固然是要不得，但用它來講德謨克拉西，講布爾什維克，講馬克思主義，講安那其主義，講賽因斯，……還是一樣的要不得。反之，用科學的精神（分析條理的精神），容納的態度來講東西，講德先生和賽先生等固佳，即講孔教，講倫常，只是說明他們的真相，也豈不甚好。我們從前常說『在四隻眼睛的倉神菩薩面前剛剛爬起，又向柴先師的腳下跪倒』，這實在是很危險的事。」㊿

他神往於中國古人所幻想的「萬物並育而不相害，道並行而不相悖」的寬闊而自由的世界，只要不「有害於社會」，個人的各種信仰、崇拜、愛好都可以聽其自由。㊿一九二六年三月十四日，錢玄同致函周作人稱：「我的謬見，總覺得還是『太丘道廣』些好。」「三民主義也好，好政府主義也好，『蘇』制也好，無政府主義也好（只要比曾琦略為不討厭些，也就可以容納）；國語也好，方言也好；漢字暫且維持也好，注音字母也好，羅馬字母也好；規規矩矩的文章也好，放屁放屁的文章也好；讚美《馬太福音》的第五章也好，反對基督教也好；到天安門前去痛哭流涕也好，在愛人懷裏做『狄卡丹』也好。」㊿又說：「若有人肯研究孔教與舊文學，鰓理而整治之，這是求之不可得的事。即使那整理的人，佩服孔教與舊文學，只是所佩服的確是它們的精髓的一部分，也是狠正當，狠應該的。但即使盲目的崇拜孔教與舊文學，只要是他一個人的信仰，不波及社會——波及社會，亦當以有害於社會爲界——也應該聽其自由。」63錢玄同認爲，天下最可厭的事便是「清一色」，不能大家都做「千篇一律，千言萬語只是一句話」的文章，「要它駁雜不純些才好」。64

二〇年代的錢玄同主張改變五四時期「排斥孔教，排斥舊文學」的絕對態度，但是，他仍然堅持，「很鮮明的『渾』不得不反對」，「例如鼓吹復辟，鼓吹文言，鼓吹向孔丘與耶穌叩頭」。65一九二五年五月，當他讀到章太炎主編的《華國》雜誌第三十八期時，不勝憤憤，認爲「『敝老師』的思想的的確確夠得上稱爲昏亂思想」，「其荒謬之程度遠過於梁任公之《歐遊心影錄》，不可不辭而辟之。他致函胡適，希望他出來做「思想界的醫生」，爲思想界注射「防毒針和消毒針」，不僅寫《中國哲學史》、《中國佛學史》、《國語文學史》一類著作，而且尤其希望他寫《評東西文化及其哲學》、《科學與人生觀序》一類文章。他謙虛地自稱：「錢玄同是『銀樣蠟槍頭』，心有餘而力沒有（還配不上說『不足』），儘管叫囂跳突，發一陣子牢騷，不過贏得一班豬玀冷笑幾聲而已，所以不得不希望思想、學問都很優越的人們來幹一下子。」66同年，當章士釗出任北京政府教育總長，攻擊白話文，企圖恢復文言的一統天下時，錢玄同奮然再起，組織反擊，致函胡適說：「現在古文妖焰太盛了，這種『反革命』的潮流，實有推翻它之必要。」67不久，反章鬥爭勝利，錢玄同又著文宣布：「章行嚴去矣，後之來者，要是也像他那樣做渾蛋們的代表，也像他那樣，要憑藉官勢來統一思想，不管他是張三或李四，阿貓或阿狗，亡國大夫或興國偉人，紳士或暴徒，我還是與對待章行嚴一樣，反抗他，攻擊他。」⑱

思想自由與思想鬥爭相輔相成。沒有思想自由，就會窒息新機，使社會和文化趨於僵化、停滯；但是，沒有思想鬥爭，也會使謬種流傳，真理不彰，無法除舊佈新，推動社會和文化向更高層次的發展。當然，這種思想鬥爭，憑藉的是真理自身的力量，而不是憑藉權勢或其他。爭論雙方都應該是平等的。

五、整理國故思想

研究一種民族文化，只懂得這種文化本身是不夠的。還在新文化運動初期，錢玄同就主張研究外國文化，擴大外國文化知識，然後才能獲致對民族文化的精確認識。他說：「前此閉關時代，苦無域外事可參照，識見拘墟，原非得已。今幸五洲變通，學子正宜多求域外知識，以與本國參照。域外知識愈豐富者，其對於本國學問之觀察，亦愈見精美。」⑲

「五四」以後，錢玄同是整理國故運動的倡導者之一。他主張用新思想、新方法研究國故，反對頂禮膜拜。一九二〇年八月十六日致周作人函稱：「我以為『國故』這樣東西，當他人類學、地質學之類研究研究，也是好的，而且亦是應該研究的。」⑳在他和胡適等人的推動下，古史辨學派興起。

疑古思潮古已有之。錢玄同推尊自唐代劉知幾、宋代歐陽修、明代李贄直至清代康有爲等人的疑古思想，大力提倡辨僞之學，企圖將疑古精神普遍擴展到當時對中國古代歷史和傳世古籍的研究中去。還在辛亥革命前，錢玄同就對劉知幾的著作有極高的評價。日記說：「晚閱《史通》，先取前儒所痛斥爲非聖無法之《疑古》篇而觀之，覺其偉論卓識，獨具眼光，欽佩無量。」[71]李贄在其著作《焚書》中對被儒家尊爲大聖人的舜有所非議，錢玄同也表示讚賞，有先得我心之喜。[72]五四前夜，錢玄同的疑古思想進一步發展。當時，朱希祖曾認爲「雖子思、孟子所說亦不足信」，錢玄同贊成此說，聲稱：「思、孟之義既不可信，何以左丘明之事實便可信，義可僞造，事寧不可僞造乎？」[73]五四後，他多次表揚宋人、明人「勇於疑古」。[74]他甚至認爲，善疑是學術進步的必要條件，聲稱：「學術之進步全由於學者的善疑，而『贗鼎』最多的國學界尤非用極熾烈的懷疑精神去打掃一番不可。」[75]

錢玄同認爲，辨僞經重於辨諸子，辨僞事重於辨僞書。

西漢時，儒學從九流中脫穎而出，定於一尊；自此，儒學和與儒學有關的若干著作也就上升爲「經」，具有了「天經地義」、不容置疑的權威性和永恆性。錢玄同重視辨僞經。一九二一年十一月五日，他致函顧頡剛，認爲辨僞經的重要性超過辨子書，刻不容緩的工作是編纂《僞經辯證集說》一書。他說：「『子』爲前人所不看重，故治『子』者尚多取懷疑之態度，而『經』則自來爲學者所尊崇，無論講什麼，總要徵引它，信仰它（**直到現在，還有人根據《周禮》來講周史的！**）也。」[76]後來又說：「我覺得宋以來有四個大學者，本來都是可以有大成就的，因爲被『經』字罩住了，以致大蒙其害。」⑺可見，錢玄同著眼辨僞經，目的是打掉籠罩在儒學著作上的神聖光輪，將人們的思想從「經」的桎梏中解放出來。一九二一年十二月七日，他曾將這一工作戲稱爲「毀冠裂冕」，「撕袍子」，「脫褲子」，致函胡適說：「我們是決心要對於聖人和聖經幹『裂冕，毀冕』撕袍子，剝褲子的勾當的，那麼，打『經字招牌』是狠要緊的事了。」⑻

儒家學說有穩定社會秩序的作用，漢以後，歷代的統治者大都提倡讀經，清末和北洋時代的軍閥們尤其如此，凡疑「經」、非「經」者均視爲非聖無法，大逆不道，可以「正兩觀之誅」。⑼錢玄同說：「在官廳方面，打『經字招牌』更是極重要的事。教育部雖然比較別部稍微乾淨一點，可是遺老、遺少，衛道的君子們，晚晴簃的詩翁，此中亦復有之，在這種地方發點『非聖無法』的議論，也是功德。」「晚晴簃的詩翁」，指徐世昌及其清客們。由此不難看出錢玄同的辨僞經和當時現實的反對北洋軍閥鬥爭的關係。

古無文字。人類的遠古史靠一代一代人的口耳相傳，自然，其可靠性、科學性是極爲有限的。在這種口耳相傳中，後人會不斷地、層層疊疊地附加自己臆想的成分，自然，離古史的實際情況也會越來越遠。中國古代流行尊古、崇古觀念，各家各派常常自覺不自覺性地托古改制，或借古喻今，或自我作古，僞造古事以至僞造古書的情況更時有發生。錢玄同認爲：三皇、五帝、三代（至西周止）的事實，百分之中倒有九十分以上是後人虛構的。⑽又認爲：孟子、墨子、荀子以至宋代的「朱老爹」等人，「無不造假典故」。⑾因此，錢玄同主張將辨僞作爲研究工作的「第一步」，⑧既辨僞事，也辨僞書，以便清除古史、古籍中的虛假成分，還其真實面目。一九二一年一月廿七日，錢玄同致函顧頡剛稱：「考辨真僞，目的在於得到某人思想或某事始末之真相，與善惡是非全無關係。」⑧他認爲，只有這樣，才能將歷史學和文獻學的研究建立在科學的、可信的基礎之上。

近代古史研究的重要推進是對甲骨文、金文的利用。在這方面，王國維做出過重大成就。錢玄同雖然強烈反對一切忠於清王朝的人，稱羅振玉爲「羅遺老」，王國維爲「王遺少」，但是，他仍然充分肯定「王遺少」的研究方法，提出要「應用甲、金二文，推求真古字、真古史、真古制。」⑧五四以來的中國古史研究證明，這是一條正確的道路。

有些古代著作，並非僞書，但是，經過歷代儒生的解釋後，面目全非，《詩經》就是最典型的例子。錢玄同認爲：《詩經》只是一部最古的『總集』，與後來的《文選》、《花間集》、《太平樂府》等書性質相同，不是什麼「聖經」。他反對漢儒動輒牽合政治，主張不去理會所謂某篇「刺某王」，「美某公」，以及「后妃之德」，「文王之化」一類注解，同時主張將解《詩》的漢儒「毛學究、鄭呆子」的文理不通處舉出幾條來示衆。⑧一九二一年十二月七日，錢玄同致函胡適，要求他在闡述「國語文學」時，首列《詩經》中的《國風》，同時建議胡適，趕緊「請它洗一個澡，替它換上平民的衣服、帽子」。他說：「腐儒誤解的，我們更要替它洗刷，留它的『廬山真面目』才是。」一九二三年，他又曾致函顧頡剛，鼓勵他說：「救《詩》於漢宋腐儒之手，剝下它喬裝的聖賢面具，歸還它原來的文學真相，是狠重要的工作。」⑯錢玄同勉勵胡適重新整理《詩經》他說：「孔聖人雖未一定幹過『刪詩』的事業，而胡聖人則大可——而且應該——幹『刪詩』的事業。」⑰錢玄同這裏稱胡適為「胡聖人」，讓他和「孔聖人」平起平坐，雖是戲言，但卻充分表現出錢玄同平視古今的勇敢態度。

《詩經》是舊時《六經》之一。錢玄同認為《六經》之說，乃是「無端將幾部無條理、無系統、真偽雜揉，亂七八糟的什麼『經』也者硬算是孔二先生的著作，還造了許多妖魔鬼怪之談，什麼『三統』咧，什麼『四始』咧……強說是他老先生說過這樣不通可笑的話，他真被冤誣了！」因此，錢玄同主張將《六經》與孔丘分家。⑱

《春秋》長期被認為是孔子的重要著作。錢玄同認為，《春秋》是歷史，但不是孔子做的，「以他老人家那樣的學問才具，似乎不至於做出這樣一部不成東西的歷史來。」⑲《尚書》，錢玄同認為其《金滕》篇「滿紙鬼話」，「其荒誕不經的程度，比《三國演義》中諸葛亮借東風那一段還要加增幾倍」。⑳……

可以看出，疑古思潮、整理國故運動、古史辨學派的出現，都是「五四」精神在學術領域內的深入和發展，具有反對老八股、老教條，解放思想，存真求實的作用。在這一精神的光照下，古史辨學派在中國古史、古籍的辨偽、還原等方面，做出過一定的貢獻。但是，萬事萬物都有度，過了度，真理就可能成為謬誤。近年來考古學、古代文獻學等方面的發展已經證明，錢玄同和古史辨學派的疑古有許多過頭之處，因此，又出現了「走出疑古時代」的呼籲。

信古和疑古，是兩個對立面，也是兩個極端。迷信古人，易為古人所欺；反之，懷疑過分，也會否定了應該肯定的東西。科學的態度應該是，盡力擺脫政治附庸、宗派師承、個人好惡的局限，客觀冷靜，實事求是，當信則信，當疑則疑，這才能接近真理，掌握真理。

六、文學革命、漢字革命思想

辛亥革命前，錢玄同一度是中國傳統文學的崇拜者。一九〇九年六月，他在閱讀清代作家張惠言的《茗柯文編》時，評價說：「閱其賦，庶幾漢人矣，而其散文出入韓文，頗有桐城氣息。」㉑他的朋友和同學朱蓬仙準備學習駢體文，以清代汪中爲榜樣，他也極表贊成。㉒但是，新文化運動興起後，錢玄同卻尖銳地批判「桐城謬種，《選》學妖孽」，成爲舊文學的強烈反對者。一九一七年一月廿五日日記說：「若如近世所謂桐城派之文，江西派之詩……直欲令人作三日嘔。」

錢玄同積極支持胡適、陳獨秀等倡導的文學革命。胡適發表《文學改良芻議》後，錢玄同即斷言「必能於中國文學界開新紀元」。但是，錢玄同提倡一種比較徹底的白話文學。他總覺得胡適的白話還不到家，有點像宋詞和明清小說。一九一七年，錢玄同讀了胡適的《嘗試集》後，在日記中寫道：「適之此集是他白話文的成績，而我看了覺得還不甚滿意，總嫌他太文點，其中有幾首簡直沒有白話的影子。我曾勸他，既有革新文藝的宏願，便該儘量用白話去做才是。此時初做，寧失之俗，毋失之文。」㉓他主張：「我們現在做白話詩，不但應該脫盡古詩、律詩的俗套，而且應該脫盡從前的白話詩詞至民歌的俗套。」⑭在錢玄同的幫助下，胡適才「放手去做那長短無定的白話詩」。⑮其他白話詩作者，如劉半農、周作人、汪靜之等，也都得到過錢玄同的鼓勵或幫助。例如，錢玄同認為，周作人的《小河》等詩「做得比適之、半農都好」，汪靜之的詩，「確是一種蔥蘢、清新氣象，可羨可妒」。⑯

錢玄同也提倡一種比較徹底的白話文，認為「不但應該脫盡古文、駢文的俗套，而且應該脫盡從前的白話文學（如禪宗及宋儒的語錄、宋明人的筆札、曹吳的小說）的俗套。⑰但是，他也主張，「凡明白易曉的文言，可以儘量輸入於白話之中，使白話的內容逐漸豐富起來」。此外，他還主張，吸收西方語言的優點，做歐化的白話文。⑱一九二二年十月十九日，錢玄同致函周作人，稱讚周的「歐化語體文」，要求「努力做得『極力各洛』，使其去中國舊白話文愈遠愈好。」⑲

中國小說長期有文言小說、白話小說兩派。還在辛亥革命前，錢玄同就認為小說應該以白話為正宗。一九〇六年二月三日日記稱：「小說總以白話章回體為宜。若欲以文筆行之，殊難討巧。」一九二〇年，他又為《儒林外史》作序，稱頌這部書的出世，「可以說他是中國國語文學完全成立的一個大紀元」。⑳他甚至提出，要將《儒林外史》作中等學校的《模範國語讀本》。⑳

在提倡以白話寫作文學作品之外，錢玄同特別提倡在應用文領域內普遍使用白話。一九一七年，他致函陳獨秀，提出應用文改革大綱，其第一條就是，以國語寫作。⑳這就空前地擴大了白話的使用範圍，使它全面佔領漢語書面語言的各個領域。錢玄同多次指出，近語比古語精密，⑩提倡白話，不是為了求通俗，求普及，而是要將它「作為高等文化、高等知識的媒介」。⑩一九二二年十月二日，他在北京女子高等師範學校演講，特別說明：「我們主張文學革命，不是嫌古文太精深，乃是嫌古文太粗疏；不是單謀初級教育和通俗教育的方便，乃是謀中國文學的改良。我們不僅主張用白話文來做初級教育和通俗教育的教科書，尤其主張用彼來著學理深邃的書籍。」⑩

提倡白話，將白話定為正統的漢民族的書面語言和文學語言，對於普及文化，提高民族文化素質，引進先進的外來文化，發展新文化、新文學，都極為有利。它是五四新文化運動的重大功績。這一革命的主將自然是胡適，而助其成者，陳獨秀之外，就是錢玄同。

在提倡白話的同時，錢玄同主張改良漢語。一九一九年一月五日日記說：「國語的用處，當限於普通信札、報紙等等。以中國現在的普通語言，即所謂的官話也者為根底，其有不備，古文、方言和外國語裏的字都應該採用。」錢玄同從一九一七年加入國語研究會起，就一直以滿腔熱情投入提倡國語和國語統一的各項工作。他提出，「國語應該以民眾的語言為基礎」，「要仔細搜集考察民眾的語言、文藝的精髓」，⑩這都是有價值的見解。

錢玄同對漢字進行過猛烈的攻擊。他認為漢字是低級的文字。日記說：「論其本質，為象形字之末流，為單音語之記號。其難易巧拙已不可與歐洲文字同年而語。」又說：「此等文字亦實在不可以記載新文明之事物。」⑩因此，他大力提倡漢字革命。其主要內容是，為漢字注音或改用羅馬字拼音。一九二七年，錢玄同對早年的激烈言論頗多後悔，但是，對提倡「國語羅馬字」一事卻始終堅持。致胡適函說：「我近來思想稍有變動，回思數年前所發謬論，十之八九，都成懺悔之資料。今後大有『金人三緘其口』之趨勢了。事業中至今尚自信爲不謬，且自己覺得還配幹的唯有『國語羅馬字』一事。」⑩⑧

錢玄同很清楚，廢漢字，改爲拼音文字不是短時期所可以完成的。因此，他主張首先簡化漢字，同時減少漢字字數，挑選白話中所用及普通文言中所常用而爲白話中所欠缺的字約三四千字左右，作爲常用字。

錢玄同非常重視他的漢字革命思想，把他看成一件很重要的事業。他說：「這也是一種大胡鬧，和文學革命一樣，不是一班『主張通俗教育的人們』（如勞乃宣、王照之流）做給『小百姓』吃的窩窩頭，實是對於魚翅、燕窩改良的食物——是雞蛋、牛乳之類。」⑩⑨

漢字有自己的特點，在地域廣大、方言繁多的中國，漢字在傳播和發展民族文化等方面發揮過無可替代的作用。它具有卓越的構詞能力。少數漢字便可以發展出數量龐大的新詞。在人類進入電腦時代的今天，漢字更顯示出若干新的過去爲人們所不知的優越性。因而，錢玄同視漢字爲低級文字的思想是錯誤的，主張廢除漢字的思想也是錯誤的。但是，他的漢字拼音方案不應完全否定，作爲一種學習漢字的輔助工具，今天在華人世界和非華人世界已普遍流行。他的減少常用漢字字數和簡化漢字筆劃的意見也是正確的。從漢字發展的歷史看，簡化是主流趨向。當然，這一點，熱愛繁體的朋友可能不同意，這是一個可以討論並讓歷史去選擇的問題。

七、篇末贅語

「五四」時期，曾經有人稱道，錢玄同是「文學革命軍裏一個衝鋒健將」，又說他是「說話最有膽子的一個人」，這是正確的。⑪⓪

如前所述，近代中國處於轉型時期。隨著社會向現代化的發展，文化也必然要向現代化發展。這就要揚棄舊文化中不適合現代需要的部分，創造符合現代社會需要的新文化。這是一個不可阻擋也不應阻擋的歷史大趨勢。在五四時期的反對舊文化，提倡新文化的鬥爭中，錢玄同有摧陷廓清、倡導改革和扶植新芽之功，應該予以充分肯定；對他發表過的若干偏激、過當、極端以至謬誤的言論，則應該在批評的同時，加以分析。

謬誤有兩種。一種是旨在推動時代前進的謬誤，一種是保守現狀、阻礙時代前進，甚或是「拉著車屁股」向後的謬誤。這是兩種不同的、應該加以區別的謬誤，顯然，錢玄同的謬誤屬於前者。傅斯年在反思五四新文化運動時曾經說過：「發動這個重新評價，自有感情的策動，而感情策動之下，必有過分的批評。但激流之下，縱有漩渦，也是邏輯上必然的，從長看來，仍是大道運行的必經階段。」⑪⑪錢玄同的偏激和謬誤就是傅斯年所說的激流奔騰時的漩渦。

但是，既然是謬誤，就不能不加以批評。應該承認，錢玄同的偏激言論在當時就有負面作用。一九一八年，任鴻雋批評錢玄同廢滅漢字的主張，「有點Sentimental」。⑪⑫一九一九年一月五日，《時事新報》發表漫畫，譏刺錢玄同主張廢漢文，用西文的主張。同年一月七日，藍公武在《國民公報》上發表給傅斯年的信，聲稱《新青年》中有了錢玄同的文章，於是人家信仰革新的熱心遂減去不少。由於批評的言論多了，以致陳獨秀不得不出面聲明，錢玄同的主張是「用石條壓駝背的方法」「本誌同人多半是不大贊成的」。

近代以來，中國人在現代化的過程中已經走過了漫長的途程，曲折很多，犯的錯誤也很多。我們既要堅持不懈地向前走，又要力戒偏激，力求片面，儘量讓曲折少一點，錯誤少一點。

（本文為提交一九九九年四月在臺北召開的紀念五四運動80周年學術討論會的論文，原載臺北《近代中國》，第一三二期。）

①《錢玄同日記》，未刊，一九〇七年九月十五日，以下簡稱《日記》。該項日記起於一九〇五年，止於一九三九年錢玄同去世之前三天。
②《日記》，一九〇八年二月十四日。
③《日記》，一九〇八年一月廿一日。
④《日記》，一九一七年九月十二日。
⑤參閱本書第一卷〈同盟會的分裂與光復會的重建〉。
⑥《日記》，一九〇八年三月五日。

⑦《日記》，一九〇七年一月一日。

⑧《日記》，一九〇七年一月七日，三月五日。

⑨《致周作人》，《魯迅研究資料》第九輯，第一一一頁。

⑩《日記》，一九〇七年七月十一日。

⑪《日記》，一九〇七年十月三日；參見同年九月十八日日記。

⑫《日記》，一九〇八年六月六日；一九一〇年一月二十日。

⑬《日記》，一九〇八年七月一日。

⑭《日記》，一九一七年一月十一日。

⑮《回語堂的信》，《語絲》第廿三期。

⑯《日記》，一九一七年九月廿五日。

⑰《日記》，一九一九年一月五日、一月七日。

⑱《日記》，一九二五年八月四日。

⑲《日記》，一九一八年三月四日。

⑳《新青年》第四卷四號。據錢玄同一九一八年一月二日日記云：「獨秀、叔雅二人皆謂中國文化已成僵死之物，誠欲保種救國，非廢滅漢文及中國歷史不可，吾亦甚然之。此說與豫才所主張相同。」可見當時主張廢除漢字的不止錢玄同一人，不過別人沒有像錢玄同一樣「放炮」而已。

㉑《致周作人》，《中國現代文藝研究資料叢刊》第五輯，第三四〇至三四一頁。

㉒《致胡適》，《胡適遺稿及秘藏書信》第四十冊，第二七〇頁。
㉓《日記》，一九一八年一月二日。
㉔《致胡適》，一九一八年七月或八月，《胡適遺稿及秘藏書信》第四十冊，第二五五頁。
㉕《致周作人》，《中國現代文藝研究資料叢刊》第五輯，第三四六頁；又見於其一九二四年四月八日日記。
㉖《日記》，一九一七年四月十四日。
㉗《致胡適》，一九二一年十二月七日，《胡適遺稿及秘藏書信》，第四十冊，第二九七頁。
㉘《日記》，一九一九年一月一日。
㉙《日記》，一九二三年九月十二日。
㉚《胡適遺稿及秘藏書信》第四十冊，第三一六頁。
㉛《致陳獨秀》，《新青年》第三卷第四期。
㉜《日記》，一九一七年三月廿八日。
㉝《古史辨》（一），第五十二頁。
㉞《日記》，一九二三年十月一日。
㉟《日記》，一九二六年九月十四日。
㊱《日記》，一九一七年一月廿八日。
㊲《日記》，一九一八年三月四日。

㊴《新青年》第四卷第一號。

㊴《中國現代文藝研究資料叢刊》第五輯，第三三五至三三六頁；參見《日記》，一九二二年十月一日。

㊵《致周作人》，同上，第三四三頁。

㊶《新青年》第五卷第一號，第八十一頁。

㊷《日記》，一九一九年一月五日。

㊸《日記》，一九〇八年四月廿九日、八月廿七日。

㊹《中國現代文藝資料叢刊》，第五輯，第三一七頁。

㊺《通訊》，《國語週刊》第九期。

㊻《新青年》六卷二號，第二四一頁。

㊼《回語堂的信》，《語絲》第廿三期。

㊽《致周作人》，《中國現代文藝研究資料叢刊》第五輯，第三四六頁；又見於其一九二四年四月八日日記。

㊾《致周作人》，《魯迅研究叢刊》第七頁；參見《新青年》第六卷第六期第六五〇頁。

㊿《中國現代文藝資料叢刊》，第五輯，第三四四頁。

51《致周作人》，《魯迅研究資料》第十輯，第七頁。

52《日記》，一九一九年十月五日。

53《日記》，一九二一年一月十八日。
54《關於「新青年」問題的幾封信》，《中國現代出版史料》甲編，北京中華書局一九五四年版，第十一頁。
55《錢玄同致魯迅、周作人》，《魯迅研究資料》第十二輯，第十八頁。
56同上。
57《致周作人》，一九二一年六月十二日，《中國現代文藝研究資料叢刊》第五輯，第三三二頁。
58《日記》，一九一七年一月五日。
59《中國現代文藝研究資料叢刊》第五輯，第三三二頁。
60《魯迅研究資料》第九輯，第一一二頁。該刊將本函寫作年代繫於一九二二年，誤。
61《日記》，一九二一年一月一日。
62《魯迅研究資料》第九輯，一一〇至一一一頁。
63同上，第一一三頁。
64《致周作人》，一九二六年三月十四日，同上，第一一〇至一一一頁。
65同上，一一〇頁。
66《胡適遺稿及秘藏書信》第四十冊，第三五二至三五六頁。
67同上，第三六〇至三六二頁。
68《國語週刊》第廿六期，一九二五年十二月六日。

(69)《日記》，一九一七年一月二十日。

(70)《中國現代文藝研究資料叢刊》第五輯，第三一七頁。

(71)《錢玄同日記》，一九〇八年一月二日。

(72)《日記》，一九〇八年一月廿三日。

(73)《日記》，一九一七年三月廿八日。

(74)《日記》，一九二二年一月五日，一九二三年一月十日。

(75)《研究國學應該首先知道的事》，《讀書雜誌》第十二期，一九二三年八月五日。

(76)《古史辨》（一），第四十一頁。

(77)《古史辨》（一），第五十二頁。

(78)《胡適遺稿及秘藏書信》第四十冊，第四十六至四十八頁。

(79)《古史辨》（一），第五十二頁。

(80)錢玄同《三國演義序》。

(81)《胡適遺稿及秘藏書信》第四十冊，第三一六頁。

(82)《古史辨》（一），第三十頁。

(83)《古史辨》（一），第廿四頁。

(84)《日記》，一九二三年七月十五日。

(85)《覆顧頡剛》，一九二三年二月廿二日，《古史辯》（一），第四十六至四十七頁。

⑧⑥《致顧頡剛》，《古史辨》（一），第五十頁。
⑧⑦《胡適遺稿及秘藏書信》第四十冊，第四十六至四十八頁。
⑧⑧《古史辨》（一），第五十二頁。
⑧⑨《古史辨》（一），第二七六頁。
⑨⓪錢玄同《三國演義序》。
⑨①《日記》，一九〇九年六月十八日。
⑨②《日記》，一九〇九年十月廿二日。
⑨③《日記》，一九一七年十月廿二日。
⑨④《日記》，一九二三年十月一日。
⑨⑤胡適《五十年來的中國文學》，《胡適文存》二集卷一。
⑨⑥《日記》，一九一九年二月五日，一九二二年九月廿九日。
⑨⑦《日記》，一九二二年十月一日。
⑨⑧《三國演義序》。
⑨⑨《中國現代文藝研究資料叢刊》第五輯，第三三八頁。
⑩⓪《儒林外史新敘》，亞東版《儒林外史》，一九二〇年十一月。
⑩①同上。
⑩②《新青年》第三卷第五號，《通信》第八頁。

(103)《日記》，一九二二年十月廿二日。

(104)《國語月刊發刊詞》。

(105)《國語月刊》第一卷第九期。

(106)《答裴文中》，《國語週刊》第廿七期。

(107)《日記》，一九一八年三月四日。

(108)《胡適遺稿及秘藏書信》第四十冊，第三七七頁。

(109)《致周作人》，一九二二年十二月廿七日，《中國現代文藝資料研究叢刊》第五輯，第三三九頁。

(110)《新青年》五卷三號，第三〇三、三〇六頁。

(111)《五四二十五周年》，重慶《大公報》，一九四四年五月四日。

(112)《新青年》五卷二號，第一七〇頁。

錢玄同與胡適

錢玄同和胡適的友誼始於「五四」前夜，延伸至本世紀三十年代。二人的思想性格雖然有較大的反差，但二十多年中，始終互相支持，互相影響，共同爲中國新文化事業作出了巨大貢獻。

一、「小批評，大捧揚」

古有所謂「神交」之說，常用以指人們雖未見面，卻已經精神交通，成爲莫逆。錢玄同與胡適的友誼即發端於「神交」。一九一七年一月一日，錢玄同日記云：

往訪尹默，與談應用文字改革之法。余謂文學之文，當世哲人如陳仲甫、胡適之二君均倡改良之論。二君邃於歐西文學，必能於中國文學界開新紀元。余則素乏文學智識，於此事全屬門外漢，不能贊一辭，而應用文之改革，則二君所未措意。其實應用文之弊，始於韓、柳，至八比之文興，桐城之派倡，而文章一道，遂至混沌。晚唐

> 以後，至於今日，其間能撇去此等申申夭夭之醜文字者，惟宋明先哲之語錄耳。今日亟圖改良，首須與文學之文劃清，不能存絲毫美術之觀念，而古人文字之疵病，雖見於六藝者，亦不當效。①

這當兒，胡適還是個廿二歲的年輕人，正在美國哥倫比亞大學研究哲學，同時探索中國文學改革的道路。一九一六年八月，他寄書陳獨秀，提出文學革命八條件。十一月，寫成《文學改良芻議》。錢玄同於此即斷言，胡適「必能于中國文學界開新紀元」，這不能不說是獨具慧眼。一月七日日記又云：

> 至尹默處，攜胡適之《論文字句讀及符號》一文（見《科學》第二卷第一期）往。因客冬尹默與幼漁及我，選有關於中國古今學術升降之文百餘篇，擬由學校出資排印，尹默意欲用西文點句之法及加施種種符號，將以胡文所論供參考。此意我極謂然。

胡適的《論句讀及文字符號》作於一九一五年八月，發表於一九一六年，並未受到重視，但是，錢玄同、沈尹默卻敏感地注意到了，並且試圖立即加以實踐。

胡適的《文學改良芻議》當年一月在《新青年》二卷五號發表，錢玄同立即致函陳獨秀，表示「極爲佩服」，「其斥駢文不通之句，及主張白話體文學，說最精闢」，錢玄同並稱：

具此識力，而言改良文藝，其結果必佳良無疑，惟《選》學妖孽，桐城謬種，見此又不知若何咒罵，雖然得此輩多咒罵一聲，便是價值增加一分也。②

二月十五日，錢玄同再次致函陳獨秀，特別肯定胡適「不用典」的主張，認爲此論「實足祛千年來腐臭文學之積弊」。③他以中國文學的發展歷史說明，齊、梁以前的文學，如《詩經》、《楚辭》、漢魏歌詩、樂府等，樸實真摯，從無用典者，只是到了後世，才習非成是，競相用典，成爲文學窳敗的一大原因。在《文學改良芻議》中，胡適雖主張「不用典」，但又認爲「工者偶一用之，未爲不可」，特別舉了蘇軾詩、江亢虎文等爲例，作爲「用典之工」的例子。對此，錢玄同不以爲然，認爲無論工拙，用典均爲行文之病；至於普通應用文，更須老老實實講話，務期老嫗能解。他表示：

白話中罕有用典者，胡君主張採用白話，不特以今人操今語，於理為順，即為驅除用典計，亦以用白話為宜。蒙于胡君採用白話之論，固絕對贊同者也。④

信中，錢玄同還就文章中人的稱謂、駢散、文法，小說、戲劇的文學價值等問題，廣泛發表了看法。信末，錢玄同再次表示了他對「桐城鉅子」、「《選》學名家」的蔑視，稱他們的作品爲「高等八股」。

錢玄同是章太炎的弟子，有名的聲韻訓詁學家，當時是北京大學教授，他的信使胡適有受寵若驚之感。儘管胡適正在緊張地準備博士考試，還是於五月十日覆函陳獨秀，接受錢玄同的批評，承認所舉用典五例，有「不當」和「失檢」之處，對錢玄同所論文中稱謂、駢散、文法等問題，均「極表同情」。⑤信中，胡適也對錢玄同所論《聊齋誌異》等小說提出了不同看法，由此二人反覆通信，展開了中國古典小說評價問題的討論。

錢玄同對《文學改良芻議》的批評是局部的、細節性的，而肯定則是總體的、根本性的，胡適後來稱之爲「小批評，大捧場」。他說：「錢玄同教授則沒有寫什麼文章，但是，他卻向陳獨秀和我寫了些小批評，大捧場的長信，支持我們的觀點。這些信也在《新青年》上發表了。錢教授是位古文大家，他居然也對我們有如此同情的反應，實在使我們聲勢一振。」⑥

讀了胡適的《文學改良芻議》後，錢玄同一直想寫一篇《論應用之文亟宜改良》，因課務繁忙，未能執筆。七月，《新青年》三卷五號發表了他的致陳獨秀函，提出應用文改革大綱十三事，其主要者爲「以國語爲之」、「絕對不用典」、「無論何種文章，必施句讀及符號」、「凡紀年，盡改用世界通行之耶穌紀元」，「改右行直下爲左行橫迤」等。稍後，錢玄同又致函陳獨秀，建議《新青年》同人帶頭使用白話。他說：

我們既然絕對主張用白話體做文章，則自己在《新青年》裏面做的，便應該漸漸的改用白話。我從這通書信起，以後或撰文，或通信，一概用白話，就和適之先生做《嘗試集》一樣的意思，並且還要請先生、胡適之先生和劉半農先生都來嘗試。⑦

錢玄同滿懷信心地表示：「若是大家都肯『嘗試』，那麼必定『成功』。『自古無』的，『自今』以後一定會『有』了。」

《新青年》同人積極回應錢玄同的倡議，自此，愈來愈多的人採用白話寫作，中國文化發展中長期存在的言文脫節現象得到徹底糾正，文學語言、書面語言邁上了健康發展的大道。

二、初次相識

一九一七年八月，胡適應蔡元培之邀，回國任北京大學教授，講授中國古代哲學史。十日，到達北京。十二日，蔡元培在六味齋設宴接風，陪客有蔣竹莊、湯爾和、陶孟和、沈尹默、沈兼士、馬幼漁及錢玄同等七人，這是錢、胡二人第一次見面。⑧十四日，錢玄同赴北大拜訪胡適，未晤。十九日，錢玄同再至北大拜訪，二人「暢談甚樂」。胡適興奮地談起他對於中國儒學的新看法：

自漢至唐之儒學，以《孝經》為主，自宋至明之儒學，以《大學》為主。以《孝經》為主者，自天子以至庶人，均因我為我父之子，故不能不做好人，我之身但為我父之附屬品而已。此種學說，完全沒有個「我」。以《大學》為主，必先誠意、正心、修身，而後能齊家、治國、平天下，此乃以「我」為主者，故陸、王之學均能以「我」為主。如陸九淵所言，我雖不識一字，亦須堂堂做一個人是也。⑨

封建主義力圖壓抑、桎梏以至虐殺「我」，「五四」先驅者們則力圖拯救、發現以至擴張「我」。胡適的這段議論未必是對儒學發展的正確總結，但他力圖重新審視中國思想史，並且力圖用一種新的觀點加以闡釋，因此，使錢玄同極爲佩服，歸來後立刻在日記中記述了這段談話，並且加了一句評語：「此說可謂極精。」

胡適又說：

古書僞者甚多。然無論何書，未有句句皆具本來面目者，讀書貴能自擇，不可為古人所欺。⑩

中國人喜歡托古立言或托古改制，因此，中國浩如煙海的文化典籍中便攙進部分僞書。胡適看出了這一點，強調「自擇」，擺脫古人的蒙蔽以發現歷史的「本來面目」，這一思想成爲他後來提倡疑古辨僞的發端。對此，錢玄同也很佩服，認爲「此說亦極是」。

九月廿五日，錢玄同第三次去北大拜訪胡適，從下午三點談到六點。這次，還是胡適高談闊論。他說：

> 現在之白話，其文法極為整齊。凡文言中止詞為代名詞者，每倒在語詞上，如不己知、莫我知、莫余毒、不吾欺、不汝理、我詐爾虞之類，在白話則不倒置，略一修飾，便成絕好之文句。

胡適表示，他準備編輯《白話文典》一書，對此，錢玄同表示：「此意吾極以爲然。」⑪兩次談話，胡適思想活躍，才華煥發，使錢玄同極爲傾倒，他開始在各種場合讚美胡適。十月二日，錢玄同見到朱希祖，盛讚胡適的《墨經新詁》「做得非常之好」。⑫唐人楊敬之詩云：「平生不解藏人善，到處逢人說項斯。」錢玄同之於胡適，頗有楊敬之對項斯的意味了。

在此期間，胡適和錢玄同之間多次通信，討論並設計新式標點符號。⑬一九一八年一月，錢玄同在《新青年》四卷二號提出繁式和簡式兩種方案。一九一九年十一月，胡適和錢玄同又聯合馬裕藻、周作人、朱希祖、劉半農，向教育部提出《請頒行新式標點符號議案》。⑭今天廣爲通行的標點符號正是他們當年呼籲、奮鬥的結果。

三、關於中國小說的討論

戊戌變法前後，嚴復、夏曾佑、康有爲、梁啓超等人爲了啓迪民智，開始重視小說的社會作用和藝術功能，小說在文學各門類中的地位得到了前所未有的提高。「五四」時期，胡適、錢玄同爲了提倡白話文學，小說的地位再一次升騰，成了「正宗」，因此，小說研究也就進入學術之宮，逐漸成爲顯學。

在《文學改良芻議》中，胡適於批判以摹仿爲能事的詩人、古文家的同時，高度評價《水滸傳》、《紅樓夢》、《儒林外史》以及吳趼人、李伯元、劉鶚的小說。他說：「吾每謂今日之文學，其足與世界『第一流』文學比較而無愧色者，獨有白話小說。」⑮錢玄同大體同意上述看法，他根據胡適所提出的批評標準對中國小說作過一個總體分析。一九一七年二月廿五日函云：

> 前此小說與戲劇在文學上之價值，竊謂當以胡先生所舉「情感」與「思想」兩事來判斷。其無「高尚思想」與「真摯情感」者，便無價值之可言。舊小説中十分之九，非誨淫誨盜之作，即神怪不經之談，否則以迂謬之見解，造前代之野史，最下者，所謂「小姐後花園贈衣物」，「落難公子中狀元」之類，千篇一律，不勝縷指。故小說誠為文學正宗，而前此小說之作品，其有價值者乃極少。⑯

錢玄同反對胡適對《老殘遊記》的評價，認爲該書只有寫毓賢殘民以逞一段是好的，其他所論，「大抵皆老新黨頭腦不甚清晰之見解」。

在「五四」先行者中，錢玄同的批判色彩最濃，而胡適則較淡。五月十日函中，胡適承認錢玄同對《老殘遊記》的批語中肯，但是，在若干小說的評價上，胡適也表示「未敢苟同」。

《聊齋誌異》：錢玄同認爲「全篇不通」，胡適認爲「此言似乎太過」。

《西遊記》：錢玄同認爲「神怪不經」，胡適認爲「其妙處在於荒唐而有情思，詼諧而有莊意」，其中寫孫行者歷史的八回，「在世界神話小說中實爲不可多得之作」。

《七俠五義》：錢玄同視爲「誨淫誨盜」之作，胡適認爲「其書似亦有深意」。

《三國演義》：錢玄同視爲「見解迂謬」之作，胡適視爲世界歷史小說中「有數的名著」，特別讚美它對於讀者的「魔力」。

此外，胡適特別提出，《鏡花緣》一書爲吾國倡婦權者之作，寄意深遠，請錢玄同注意。

⑰ 「五四」先行者們有一種坦率真誠的美德，既勇於堅持真理，也勇於修正錯誤。七月二日，錢玄同致函胡適，糾正自己在《聊齋誌異》和《西遊記》兩書評價問題上的偏頗。他表示，《聊齋》一書，指責齷齪社會，訕笑肉食者流，就作意而言，尚有可取之處；而《西遊記》一書，確可與《水滸》、《儒林外史》、《紅樓夢》三書並列爲第一流小說。但是，在

《三國演義》的評價上，錢玄同仍然堅持自己的看法——「未知其佳處」。他認爲，該書的「帝蜀寇魏之論，原極可笑」，而關羽的影響，尤爲不佳，函稱：

> 明清兩代，社會上所景仰之古人，就是孔丘、關羽二位……不但愚夫愚婦信仰「關老爺」，即文人學士亦崇拜「關夫子」。此等謬見，今後亟應掃蕩無疑。玄同之不以《三國演義》為佳著者，此也。

信中，錢玄同還特別談到了《金瓶梅》，認爲其作意與《紅樓夢》相同，「若拋棄一切世俗見解，專用文學的眼光去觀察，則《金瓶梅》之位置，固亦在第一流也」。[18]

十一月二十日，胡適覆函錢玄同，繼續闡述對《三國演義》的看法，認爲「以小說的魔力論，此書實具大魔力」，至於褒劉貶曹，不過是受了習鑿齒和朱熹的影響，並非獨抒己見。關於《金瓶梅》，胡適認爲「即以文學眼光觀之，亦殊無價值」。他說：「文學之一要素，在於『美感』。請問先生讀《金瓶梅》作何美感？」[19]

錢玄同對《金瓶梅》的看法很快就改變了。還在七月末，他就致書陳獨秀，指出該書「雖具刻畫社會的本領，然而描寫淫褻，太不成話」。[20]十一月下旬，他又覆函胡適，承認以前對《金瓶梅》的看法「大有流弊」。在《三國演義》的評價上，他也接受了胡適的部分觀點，承認該書具有「大魔力」，但認爲其原因，「並不在乎文筆之優，實緣社會心理迂謬所致」。錢玄同認爲，中國的傳統小說，即使是《水滸》、《紅樓》，也非青年所宜讀，因此，寄希望於新小說，他說：「中國今日以前的小說，都該退居到歷史的地位，從今日以後，要講有價值的小說，第一步是譯，第二步是新做。」㉑

錢胡二人關於小說的通信是「五四」時期的重要學術討論之一，它表現出良好的學風、文風，也部份地反映出那個時代的活躍氣氛。

錢胡通信激發了胡適研究小說的興趣。一九一九年，胡適向錢玄同吐露心願，準備以科學方法寫一部《中國小說史》。㉒次年，他以對《水滸傳》的考證爲開端，展開了對中國小說歷史演進的研究。同年，他又促進上海亞東圖書館制定出版新式標點本中國小說名著的龐大計畫。在這兩項工作中，錢玄同都是積極的支持者。他曾應胡適之請，爲亞東版的《儒林外史》和《三國演義》寫過兩篇序言。從那裏可以看出，錢玄同繼續受到胡適學術觀點的影響。

四、《嘗試集》及其批評

白話文的提倡始於晚清，這時候，人們只認識到，白話易讀好懂，便於普及教育和社會啓蒙，並不認識到白話可以成爲優美、高雅的文學語言。到了「五四」前後，人們提倡白話詩，這就意味著承認白話可以進入文學中最輝煌神聖的殿堂，白話的身分也就前所未有地升騰起來了。

胡適是「五四」時期最早的白話詩人之一。一九一六年，他因與友人討論文學，頗受攻擊，一時感奮，發誓三年之內專作白話詩詞，借此實地試驗，考察「白話之是否可作爲韻文之利器」。不過六、七個月，寫出的作品居然成集。陸游詩云：「嘗試成功自古無」，胡適因取名爲《嘗試集》。一九一七年二月，他在《新青年》二卷六號上發表了《朋友》等白話詩八首。這些詩，開始突破中國傳統詩歌的嚴謹格律，採用自然音節和自由句式，是中國現代文學史上第一批新詩。但是，又保留了若干舊詩的痕跡。對於胡適用白話寫詩，錢玄同十分贊成，但又不十分滿意。還在一九一七年七月二日，錢玄同就在信中批評這些詩「未能脫盡文言窠臼」。㉓同年十月廿二日，錢玄同收到胡適的《嘗試集》稿本，在日記中寫道：

> 適之此集，是他白話詩的成績，我看了覺得還不甚滿意，總嫌他太文一點，其中有幾首簡直沒有白話的影子。我曾勸他，既有革新文藝的弘願，便該儘量用白話去做才是。此時初做，寧失之俗，毋失之文。㉔

十月廿九日，胡適將新做的題爲《唯心論》的詩給錢玄同看，錢玄同較爲滿意，在日記中寫道：

> 詩用長短句，較從前所作白話七言、白話詞自然得多，我對於用白話作韻語，

極端贊成，唯以為不可限於五、七言，因字數規定，則必有強為增減之字也。白話填詞，我意尤不以為然。適之謂詞句有長短，較詩為佳，我則以為詞句長短固佳，然某長某短，有一定則，比詩更為束縛也。㉕

三十一日，錢玄同致函胡適，函稱：

現在我們著手改革的初期，應該儘量用白話去做才是。倘使稍懷顧忌，對於文的一部分不能完全捨去，那麼便不免存留舊汙，於進行方面很有阻礙。㉖

對錢玄同的批評，胡適初時覺得很奇怪，後來平心一想，又認爲是極不易得的諍言，覺得自己的「嘗試」不過是一些「洗刷過的舊詩」，於是，改弦更張，在北京所做的白話詩就都不用文言了。㉗

詩的特點之一是音樂性。白話詩打破了舊體詩的格律，同時也容易丟掉詩的音樂性。因此，「五四」先行者們在倡導白話詩的同時，又在探求一種新的形式，以保持詩的格律和節奏。錢玄同、劉半農產生過「塡西皮二黃」的想法，胡適則看中了「長短無定的韻文」。十一月二十日，胡適在答錢玄同書中說：

由詩變而為詞，乃是中國韻文史上一大革命。五言七言之詩，不合語言之自然，故變而為詞，詞舊名長短句，其長處正在長短互用，稍近語言之自然耳。㉘

但是，胡適又認爲詞的字句終嫌太拘束，只可用來表達一層或兩層意思，至多不過能表達三層意思，因此，他又說：「最自然者，終莫如長短無定之韻文，元人之小詞，即是此類。今日作『詩』，似宜注重此長短無定之體。」對胡適的主張，錢玄同表示同意，但他強調：「總而言之，今後當以『白話詩』爲正體，其他古體之詩，及詞、曲，偶一爲之，固無不可，然不可以爲韻文正宗也。」㉙

經過胡適、錢玄同等人的倡導，白話初步在文學殿堂裏站穩了腳根，但是，社會上懷疑和反對白話的人仍然不少。一九一八年一月，錢玄同爲胡適的《嘗試集》作序，再次爲白話和白話詩護法。他從文字發展的歷史論證語言和文字最初是完全一致的，後來言文分歧，乃是獨夫民賊和文妖們弄壞的。他再一次宣稱：「白話是文學的正宗。」同時也再一次表示：「現在做白話韻文，一定應該全用現在的句調，現在的白話。」㉚

五四時期的錢玄同是這樣一個人——他看準了一個真理，就全身心地爲之奮鬥，決不徬徨，也決不妥協。

五、張厚載風波

胡適和錢玄同都熱心宣導新文化，這是他們迅速成爲莫逆的原因，但是，二人的思想性格又有著很大的差異。錢玄同熾烈、偏激，好走極端，不願作任何調和，胡適則冷靜、平和，樂於持中，因此，二人之間便免不了有時發生點風波。

《新青年》同人大都對中國傳統戲曲沒有好感。一九一七年二月廿五日，錢玄同在致陳獨秀函中曾說：「中國戲劇，專重唱工，所唱之文句，聽者本不求其解，而戲子打臉之離奇，舞臺設備之幼稚，無一足以動人情感。」㉛一九一八年六月十五日，《新青年》四卷六號發表了北大學生、《神州日報》通訊記者張厚載（繆子）的通信《新文學及中國舊戲》。該文表示贊成文學改良，但認爲「一切詩文，總須自由進化於一定範圍之內」，「必以漸，不以驟」。該文指名批評錢玄同對臉譜的看法，認爲中國舊戲中的臉譜，「隱寓褒貶之義」，未可以「離奇」二字一概抹殺之。該文並稱：「中國戲曲，其劣點固甚多；然其本來面目亦確自有其真精神。」胡適、錢玄同、劉半農、陳獨秀等人都在同期作了答辯。胡適首稱：

繆子君以評戲見稱于時，為研究通俗文學之一人，其贊成本社改良文學之主張，固意中事。但來書所云，亦有為本社同人所不敢苟同者。

接著，胡適逐一反駁了張厚載的有關觀點：他說：

來書兩言詩文須「自由變化於一定範圍之中」，試問自由變化於一定範圍之「外」，又有何不可？又何嘗不是自然的進化耶？來書首段言中國文學變遷，自三代之文以至於梁任公之「新文體」，此豈皆「一定範圍之中」之變化耶？吾輩正以為文學之為物，但有「自由變化」而無「一定範圍」，故倡為文學改革之論，正欲打破此「一定範圍」耳。㉜

胡適的答辯著重於說理，而錢玄同的答辯則嬉笑嘲諷，表現了完全不同的風格。他說：

我所謂「離奇」者，即指此「一定之臉譜」而言；臉而有譜，且又一定，實在覺得離奇得很。若云：「隱寓褒貶」，則尤為可笑。朱熹做《綱目》，學孔老爹的筆削《春秋》，已為通人所譏訕；舊戲索性把這種陽秋筆法畫到臉上來了，這真和張家豬肆記卍形於豬鬣，李家馬坊烙圓印於馬蹄一樣的辦法。哈哈！此即所謂中國舊戲之「真精神」乎？㉝

錢玄同對胡適答張厚載信中「君以評戲見稱于時」一段話不滿，八月八日，他在覆劉半農信中說：

這幾句話，我與適之的意見卻有點反對。我們做《新青年》的文章，是給純潔的青年看的，決不求此輩「贊成」。

錢玄同並稱，張厚載要保存「臉譜」，「實與一班非作奴才不可的遺老要保存辮子，不拿女人當人的賤丈夫要保存小腳同是一種心理」。㉞

胡適則不然，他寫了一封信給張厚載，要他把「中國舊戲的好處」，「詳細再說一說」。爲此，張厚載已在《晨鐘報》上撰文和胡適辯論，但胡適仍要張厚載爲《新青年》撰文，「預備大家討論討論」。㉟錢玄同反對胡適的這一做法，宣稱要脫離《新青年》。同月二十日，胡適致函錢玄同，批評他過於激動，主張「吾輩不當亂罵人」。函稱：

至於老兄以為若我看得起張繆子，老兄便要脫離《新青年》，也未免太生氣了。我以為這個人也受了多做日報文字和少年得意的流毒，故我頗想挽救他，使他轉為吾輩所用。若他真不可救，我也只好聽他，也決不痛罵他的。㊱

胡適說明，他之所以請張厚載做文章，目的是替自己找做文章的材料。他說：「無論如何，總比憑空閉戶造出一個王敬軒的材料要值得辯論些。老兄肯造王敬軒，卻不許我找張繆子做文章，未免太不公了。」但是，錢玄同仍不同意胡適的做法，覆函說：

至於張厚載，則吾期期以為他的文章實在不足以汙我《新青年》（如其通信，卻是可以），並且我還要奉勸老兄一句話，老兄對於中國舊戲，很可以拿他和林琴南的文章、南社的詩一樣看待。

由此，錢玄同進而批評胡適的處世態度。函稱：

老兄的思想，我原是很佩服的，然而我卻有一點不以為然之處，即對於千年積腐的舊社會，未免太同他周旋了。平日對外的議論，很該旗幟鮮明，不必和那些腐臭的人士周旋。㊲

胡適也不接受錢玄同的批評，答覆說：

我所有的主張，目的並不在於「主張」，乃在「實行這主張」，故我不屑「立異以為高」。我立「異」，並不「以為高」，我要人知道我為什麼要「立異」，換言之，我「立異」的目的在於使人「同」於「我的異」。

胡適認爲，提出一種主張，要考慮他的可實行性，考慮人們的接受程度，因此，不願發表「曲高和寡」式的言論。函末，胡適堅決而又溫和地頂回了錢玄同的指責：

> 老兄說：「你無論如何敷衍他們，他們還是狠罵你」。老兄似乎疑心我的「與他們周旋」是要想「免罵」的，這句話是老兄的失言，庶不駁回了。㊳

君子之交以道。胡適和錢玄同之間有分歧，有辯論，但是，這並不影響他們之間的融洽關係。十月，胡適在《新青年》五卷四號中以附錄形式發表了張厚載《我的中國舊戲觀》。該文論述中國舊戲有三大好處，聲稱「中國舊戲是中國歷史社會的產物，也是中國文學美術的結晶，可以完全保存，社會急進派必定要如何如何的改良，多是不可能的。」同期，胡適發表《戲劇改良各面觀》、《再論戲劇改良》等文，批評張厚載的觀點，於是，這一期《新青年》便成了《戲劇改良號》。

六、在《新青年》同人的矛盾中

一九一八年十一月，胡適因母親病故，回鄉奔喪，次年一月返京。同月廿二日錢玄同日記云：

> 適之此次來京，路過南京、上海，不知怎樣，捱了人家的罵，一到就和獨秀說，有人勸我，為什麼要同這班人合在一起，適之自己也發了多……

這段日記沒有寫完就被錢玄同塗去，看來錢玄同不願記下《新青年》同人中正在萌發的矛盾。一月廿四日日記又云：

> 午後三時半農來說，已與《新青年》脫離關係，其故因適之與他有意見，他又不久將往歐洲去，因此不復在《新青年》上撰稿。

如果說，胡適和劉半農之間還是私人矛盾，那麼，胡適和李大釗、陳獨秀之間的矛盾則反映出政治上的分野了。一月廿七日，錢玄同日記云：

> 《新青年》為社會主義的問題已經內部有了贊成和反對兩派的意見，現在《每週評論》上也發生了這個爭端了。

胡適與李大釗之間關於問題與主義的爭論發生於一九一九年七月，錢玄同的這則日記表明，《新青年》同人間的內部爭論要比這早得多。

自六卷一號起，《新青年》成立編輯委員會，由陳獨秀、錢玄同、高一涵、胡適、李大釗、沈尹默輪流編輯，由李大釗編輯的六卷五號成爲馬克思主義研究專號。胡適不贊成這種做法，提議刊物由他一個人來編。十月五日，《新青年》同人在胡適寓所集會，錢玄同日記云：

> 下午二時至胡適之處，因仲甫函約《新青年》同人今日在適之家中商量七卷以後之辦法，結果仍歸仲甫一人編輯。

一九二〇年二月，陳獨秀爲逃避北京政府拘捕，遷居上海，《新青年》也隨之在滬出版。五月一日，出版「勞動節紀念專號」。九月，八卷一號刊出「《俄羅斯研究》專欄」，譯載蘇俄革命理論和實際情況的有關資料。此後，陸續發表文章，和梁啓超、張東蓀等開展「社會主義論戰」，這樣，胡適和陳獨秀之間的矛盾就逐漸尖銳起來了。

一九二一年一月十一日，錢玄同致函魯迅和周作人，對胡、陳二人「已到短兵相接的時候」表示驚訝。他聲明「於此事絕不願爲左右袒」，「若問我的良心，則以爲適之所主張者較爲近是」，但是，胡適反對談「寶雪維幾」（Bolshevic），錢玄同也不以然。他認爲：「馬克思啊，『寶雪維幾』啊，『安那其』啊，『德謨克拉西』啊，中國人一概都講不上。」㊴一月十八日，錢玄同日記云：

接守常信，知仲、適兩人意見衝突。蓋一則主張介紹勞農，又主張談政，一則反對勞農，又主張不談政治，其實是豬頭問題罷了。

十九日，錢玄同訪問李大釗，討論胡、陳二人衝突。㊵廿二日，胡適寫信給李大釗、魯迅、錢玄同等人，徵求對《新青年》前途的意見，錢玄同表示說：

玄同的意見，和周氏弟兄差不多，覺得還是分裂為兩個雜誌的好。一定要這邊拉過來，那邊拉過去，拉到結果，兩敗俱傷，不但無謂，且使外人誤會，以為《新青年》同人主張「統一思想」，這是最丟臉的事。㊶

當時，陶孟和主張停辦，錢玄同表示和李大釗一樣，絕對的不贊成。他說：「《新青年》這個團體，本來是自由組合的，即此〔使〕其中人彼此意見相左，也只有照『臨時退席』的辦法，斷不可提出解散的話，極而言之，即使大家對於仲甫兄感情真壞極了，友誼也斷絕了，只有他一個人還是要辦下去的。我們也不能要他停辦。」廿九日，錢玄同致函胡適，重申上述意見。他說：「與其彼此隱忍遷就的合作，還是分裂的好。」又說：「即《新青年》若全體變爲

《蘇維埃俄羅斯》的漢譯本，甚至於說這是陳獨秀、陳望道、李漢俊、袁振英等幾個人的私產，叫做《新青年》，我們和他們全不相干而已，斷斷不能要求他們停板。」㊷

事情的發展正如錢玄同所言，《新青年》繼續按陳獨秀的方針出版，而胡適則於一九二二年五月七日，另辦《努力週報》。

七、整理國故與疑古辨僞

「五四」運動後，《新青年》同人分途揚鑣，一派主要從事政治，一派主要從事學術文化活動，胡適、錢玄同屬於後者。

一九一九年八月，胡適在《新潮》發表《論國故學》，主張「用科學的方法去做國故的研究」。十二月一日，在《新青年》七卷一號發表《「新思潮」的意義》，提出「研究問題，輸入學理，整理國故，再造文明」。胡適的主張得到了錢玄同的全力支持，他們首先致力的工作是「辨僞」。

中國人有製造僞書的傳統，也有辨僞的傳統。自漢以後，即不斷有辨僞著作問世。一九二〇年十月，胡適讓顧頡剛整理清人姚際恒的《古今僞書考》，胡適自己則準備編輯《古今僞書續考》。一九二一年一月，錢玄同致函胡適，建議蒐集古今辨別僞書的著作，自王充起至崔適止，編輯刊行。㊸同月，胡適收得崔述的《東壁遺書》，認爲他是「二千年來的一個了不得的疑古大家」。㊹錢玄同完全同意胡適的看法，致函胡適說：

> 我以為推倒漢人迂謬不通的經說，是宋儒；推倒秦漢以來傳記中靠不住的事實，是崔述；推倒劉歆以來偽造的古文經，是康有為。但是宋儒推倒漢儒，自己取而代之，卻仍是「以暴易暴」，「猶吾大夫崔子」。崔述推倒傳記雜說，卻又信《尚書》、《左傳》之事為實錄。康有為推倒古文經，卻又尊信今文經——甚而至於尊信緯書。這都未免知二五而不知一十了！㊺

錢玄同鼓勵胡適用新方法來進行研究，紹述並光大前人的事業。他說「若足下做上幾年『仿泰西新法，獨出心裁的新國故黨』，我敢預言必大有造於國故界也。」

同年九月十八日，錢玄同在中央公園遇見胡適。這時，胡適新自上海回京。二人見面，分外親熱，寒暄之後，迅速談到了中國古代的經書。錢玄同說：

> 我以為章炳麟師治經，篤信劉歆偽古文固非，但是他的治經方法甚為不錯。他只是把經典當作一種古書看，不把彼當做什麼聖經看。他對於經典持評論的態度，不持崇拜的態度。這都是正當的。

按照儒學保守派的觀點，經書體現著先王和聖賢的精義，是中國人民必須遵循的典則。章炳麟把「經典」當作古書看，反映出近代的理性精神。錢玄同又談到：

我們對於《堯典》、《皋陶謨》只應作為古史看，不必于此中孔丘的微言大義看。不信《堯典》諸篇之事蹟為真，則惟有下列之兩種講法尚可言之成理：（一）他們本是古代官書，所敘事功多是鋪張粉飾，不可據為實錄；（二）他們也是孔後後人之所偽造，其價值等於《大禹謨》、□□之類。㊻

胡適非常贊同錢玄同的意見。

同月十九日，錢玄同見到顧頡剛。顧正在胡適影響下收集辨僞資料，計畫出版《辨僞叢刊》。他告訴錢玄同，已以書名爲綱，將前人對於諸子的辨僞之說抄成一書，錢玄同極爲欣賞這一工作，連聲稱：「這樣辦法很好。」㊼但是，錢玄同自己的興趣則在辨僞經。他認爲：「經」則「自來爲學者所尊崇，無論講什麼，總要徵引它，信仰它，故《僞經辨徵集說》之編纂尤不容緩」。㊽

一九二二年一月，北京大學決定設立研究所，下設自然科學、社會科學、國學、外國文學四門。二月十一日，國學門第一屆委員會成立，蔡元培爲當然委員長、李大釗、沈兼士、馬裕藻、朱希祖、胡適、錢玄同等任委員。三月廿一日，國學門開會，決定創辦《國學季刊》，推胡適爲編輯委員會主任，錢玄同等十人爲委員。十一月，胡適將所作《發刊宣言》請錢玄同審閱，該文聲稱：「『國學』在我們的心眼裏只是『國故學』的縮寫，中國的一切過去的文化、歷史都是我們的『國故』，研究這一切過去的歷史文化的學問就是『國故學』，省稱爲『國學』」。錢玄同認真地閱讀了這篇《宣言》，並曾「指出幾處毛病」，請胡適改正。㊾

《國學季刊》於一九二三年一月出版，橫排，採用新式標點符號，表現出和「國粹派」不同的新姿態。錢玄同熱心支持這一刊物，並期望它多登一些「離經畔道」、「非聖無法」的文章。當時，顧頡剛在上海商務印書館任編輯。二月九日，錢玄同致函顧頡剛，囑他爲《季刊》作文。顧早有這個意思，他想寫一篇《層累地造成的中國古史》。二月廿五日，顧頡剛致函錢玄同，告以該文大意。該函第一次提出，禹是九鼎上鑄的一種動物，大約是蜥蜴之類。四月廿七日，顧頡剛再次寄函錢玄同，詳細地闡明了他的「古史說」。一、時代愈後，傳說的古史期愈長；二、時代愈後，傳說中的中心人物愈放愈大。五月廿五日，錢玄同覆函顧頡剛，從文字學的角度說明禹是蜥蜴的說法難以成立，但熱烈讚美他的「古史說」，希望顧「用這種方法常常考查，多多發明，廓清雲霧，斬盡葛藤，使後來學子不致再爲一切僞史所蒙。」㊿信中，錢玄同詳盡地闡述了他對中國古史，特別是《六經》的看法。錢玄同認爲：一、孔丘無刪述或製作《六經》之事；二、《詩》、《書》、《禮》、《易》、《春秋》本來是各不相干的五部書；三、《六經》的配成，當在戰國之末。錢玄同並進一步說明，《詩》是一部最古的總集；《書》似乎是「三代」時候的「文件類編」或「檔案匯存」；《儀禮》、《周禮》均是僞書；

《易》是「生殖器崇拜時的東西」；《春秋》是「斷爛朝報」，在《六經》中最不成東西。他說：

我們要看中國書，無論是否研究國學，是否研究國史，這辨偽的工作是決不能省的。《六經》在古書中不過九牛之一毛，但它作怪了二千多年，受害的人真是不少了；它作怪時用的許多法寶之中，「偽書」和「偽解」就是很重要的兩件，我們不可不使使勁來推翻。[51]

顧頡剛的觀點受到了劉掞藜、胡堇等人反對，雙方在胡適主編的《讀書雜誌》上展開辯論，六月廿五日，錢玄同發表《研究國學應該首先知道二事》，支持顧頡剛。他提出，要敢於疑古，對於《六經》，應該持「置疑」、「糾繆」兩種態度，斷不可無條件的信任。[52]這次討論歷時九個月，在《讀書雜誌》共發表了八萬字的辯論文章。一九二四年二月廿二日，胡適發表《古史討論的讀後感》一文，支持顧頡剛和錢玄同。文章說：

如果我們的翻案是有充分理由的，我們的翻案只算是破了一件幾千年的大騙局，於人心只有好影響，而無惡影響。即使我們的論據不夠完全翻案，只夠引起我們對於古史某部分的懷疑，這也是好的影響，並不是惡影響。[53]

顧頡剛、錢玄同、胡適的疑古辨偽工作極大地震動了中國學術界。一九二六年，顧頡剛將有關文章，結集為《古史辨》第一冊，由樸社出版。錢穆評論說：「《古史辨》不脛走天下，疑禹為蟲，信與不信，交相傳述。三君者或仰之如日星之懸中天，或畏之如洪水猛獸，縱橫於四野，要之凡識字之人幾於無不知三君者。」54

八、為「漢字改革」放炮

錢玄同認為漢字難認、難寫，「五四」前夜曾積極主張廢除漢字、漢語，代之以世界語或某一種外國語。錢玄同的這一主張遭到了廣泛的非難，也遭到了胡適的批評。一九一八年五月廿九日，胡適致函錢玄同云：

> 中國文字問題，我本不配開口，但我仔細想來，總覺得這件事不是簡單的事，須有十二分的耐性，十二分的細心，方才可望稍稍找得出一個頭緒來。若此時想「抄近路」，無論那條「近路」是世界語，還是英文，不但斷斷辦不到，還恐怕挑起許多無謂之紛爭，反把這問題的真相弄糊塗了。55

信中，胡適充分肯定錢玄同研究文字問題的熱情，鼓勵他研究出一些「補救」的改良方法，批評他的「抄近路」是「存一個偷懶的心」，態度嚴格而語氣溫存，充分體現出胡適的論學爲人風格。

在胡適等人的影響下，錢玄同逐漸感到，漢字一時不能廢去，轉而致力於「漢字改革」運動，同時，力圖創造一種記錄漢語的新式拼音文字。

一九二〇年二月，錢玄同發表《減少漢字筆劃底提議》，提出以簡體字來補救漢字的缺點。㊻一九二二年，教育部召開國語統一籌備會第四次大會。會上，由黎錦暉提出《廢除漢字採用新拼音文字案》，錢玄同、黎錦熙等連署；又由錢玄同提出《減省現行漢字的筆劃案》，黎錦熙等連署。錢玄同在提案中指出：「現行的漢字，筆劃太多，書寫費時，是一種不適用的符號，爲學術上、教育上之大障礙。」他認爲：改用拼音是治本的辦法，減省現行漢字的筆劃是治標的辦法，但是，「我們決不能等拼音的新漢字成功了才來改革！所以治標的辦法，實是目前最切要的辦法。」㊼大會通過了錢玄同的提案，成立漢字省體委員會，以錢玄同爲首席委員。「漢字改革」運動取得了一個重要的勝利。

同年冬，錢玄同與黎錦熙在西單牌樓一家小羊肉館雨花春樓上，共同決定利用中華民國國語研究會的《國語月刊》放炮，出版一期特刊《漢字改革號》，除各同志都寫一篇論文外，並把歷年討論這個問題的文字都綜合起來。一九二三年一月十二日，錢玄同邀請胡適爲《漢字改革號》做些短文。當時，胡適正在病中，但他「答應就做」。㊽十三日，胡適即將文章寄給錢玄同。文中，胡適聲稱，他在研究語言文字的歷史時，曾發現一條通則：「往往小百姓是革新家而學者文人都是頑固黨」。胡適又稱：從這條通則上又可得一條附則：「促進語言文字的革新，須要學者文人明白他們的職務是觀察小百姓語言的趨勢，選擇他們的改革案，給他們正式的承認。」胡適讚美中國小百姓所創造的「破體字」，讚美錢玄同等人以這些「破體字」作爲「簡筆新字」。他說：

> 這雖不是徹底改革，但確然是很需要而且應該有的一樁過渡的改革。錢先生們的理論是很不容易駁倒的，他們的態度是十分誠懇的。我很盼望全國的人士也都用十分誠懇十分鄭重的態度去研究他們的提議。(59)

胡適的這篇文章只提到了簡筆字，而沒有提到注音字母、詞類連書、改用世界字母拼音等問題，錢玄同怕讀者「或有誤解」，因此，特別加了一個跋語，說明「字體改簡，只是漢字改革的第一步，只是第一步中的一種方法，而且只是第一步中的一件事；此外應該研究的問題狠多狠多。」(60)

錢玄同自己寫了一篇《漢字革命》，提倡「漢字之根本改革的根本改革」，即採用「羅馬字母式的字母拼音」。錢玄同希望，以十年爲期，完成這一任務。他說：「我希望從一九三二年（民國廿一年）以後，入學的兒童不再吃漢字的苦頭！」(61)錢玄同完全明白，以十年爲期根

本辦不到，他承認，「這不過聊作快語，以鼓勵同志罷了」。㊷

一月二十日，錢玄同在國語講習所講演「漢字革命」。未講前，有人對他說，「革命」這個詞兒太駭人聽聞了，不如換個較和平的詞兒好。錢玄同聽後，不僅沒有接受，反而故意在演講中說了幾句「激烈」的話，當日錢玄同日記云：

說的時候，自己覺得臉上熱烘烘的，我想，鼓吹漢字革命，難道就會被槍斃嗎？何以他竟會嚇得如此？若果因此事而被槍斃，這真是為主義而犧牲，是最光榮的犧牲，是最值得的。㊸

在錢玄同發表「激烈」演說之後不久，某次宴會上，有人問胡適：「聽說北大有提倡過激主義之說，信否？」胡適答道：「人數到了三千，自然形形色色的都有，這是不稀奇的。北大有提倡過激主義的，也有主張復辟的。」又說：「北大的人提倡過激主義倒不稀奇，讀八股和信道教這才稀奇哩！」㊹胡適的答語使錢玄同非常滿意，在日記中寫道：「這句話說得真妙！」

九、對溥儀出宮的不同態度

溥儀出宮本來是一九一二年制訂的清室優待條件規定的，但歷屆北京政府均意在優容，讓溥儀繼續在「黃圈圈」裏做他的小皇帝。這種情況，直到一九二四年馮玉祥發動「首都革命」後才得以改變。十一月四日，黃郛攝政內閣通過修改清室優待條件，宣布「永遠廢除皇帝尊號」，清室「即日移出宮禁」。次日，溥儀被迫出宮。

廢除溥儀尊號，令其出宮一事得到社會輿論的普通讚揚，但出人意料的是，胡適卻認爲，這不是「紳士的行爲」，於十一月五日致函外交總長王正廷抗議，函稱：

> 先生知道我是一個愛說公道話的人，今天我要向先生們組織的政府提出幾句抗議的話。今日下午外間紛紛傳說馮軍包圍清宮，逐去皇帝；我初不信，後來打聽，才知道是真事。我是不贊成清室保存帝號的，但清室的優待乃是一種國際的信義，條約的關係。條約可以修正，可以廢止，但堂堂的民國，欺人之弱，乘人之喪，以強暴行之，這正是民國史上一件最不名譽之事。㉟

函中所言「欺人之弱」，意指溥儀爲弱者；所謂「乘人之喪」，則指半個月前瑾太妃去世。胡適出發此信後，還親赴醇親王府慰問，聲稱「這在歐美國家看來，全是東方的野蠻」。㊱

錢玄同和胡適的態度迥然相反，十一月六日，他立即撰文，恭賀溥儀恢復「固有的人格和人權」，「超升爲現代的平民」，並且希望他「好好地補習」，把自己造就成一個「知識豐富」的人。㊼十二月二日，又撰文說明民國政府對溥儀的寬厚與仁慈。錢玄同寫道：

我民國以寬大為懷，不念舊惡，將奴爾哈赤以來三百餘年殘殺漢人之滔天罪惡一筆勾銷，不效法夏啓「予則孥戮汝」底行為，不主張孔丘作《春秋》所讚美的齊襄復仇世之仇底辦法，僅僅取消溥儀底政權和帝號，既沒有絲毫難為他，也不曾「夷其社稷，遷其宗廟」，且還送錢給他用。民國對於滿清，豈但是「仁至義盡」，簡直是「以德報怨」。㊽

不久，錢玄同得悉溥儀逃入日本使館，極爲憤怒，再次撰文表示：「對於亡清的武裝已經解除了的，現在又重新要披掛起來了，看他們那樣勾結外人來搗鬼，說不定仇恨之心比以前還加增些。」㊾

胡適的抗議曾經遭到他的一些朋友如周作人、李書華、李宗侗等人的批評。㊿錢玄同雖然沒有直接加入批評的行列，但他顯然是站在周作人等一邊的。

對溥儀出宮的不同態度再次顯示出錢胡二人在思想、性格上的差異。儘管如此，錢玄同仍然尊敬並崇拜胡適。一九二五年四月，他在《回語堂的信》中說：

我以為若一定要找中國人做模範，與其找孔丘、墨翟等人，不如找孫文、吳敬恒、胡適、蔡元培等人。71

十、同心「驅虎」

一九二五年四月，章士釗出任北洋政府教育總長。他反對白話文和注音字母，主張小學生讀經。同年七月，出版《甲寅週刊》，公開宣布「文字須求雅馴，白話庶不刊佈。」該刊仿照民初《甲寅月刊》的舊例，封面上畫一隻老虎，其譯名即爲《The Tiger》；章士釗也因此被稱爲「老虎總長」。

面對思想文化界的昏謬、倒退現象，錢玄同十分著急。他致函胡適，動員他「開炮」，但胡適有他自己的想法，覆函說：

老兄不要怪我的忍耐性太高，我見了這些糊塗東西，心裏的難受也決不下於你。不過我有點愛惜子彈，將來你總會見我開炮時，別性急呵。72

然而，錢玄同耐不住。當年五月初，他即和黎錦熙二人以私人名義倡辦《國語週刊》，堅持提倡國語和白話文。同月六日，錢、黎應胡適之約，到中央公園長美軒相見。當日錢玄同日記云：「邵西與談行嚴之倒行逆施，適之允爲作文致函，並允爲《國語週刊》撰文。」這就是說，胡適準備「開炮」了。《週刊》籌辦得很順利。六月九日，錢玄同、黎錦熙邀約胡適、邵飄萍、孫伏園、李小峰、蕭家霖等人在長美軒吃飯，慶祝《國語週刊》告成。⑬十四日，該刊第一期出版，發刊詞是錢玄同的手筆，中云：

我們相信這幾年來的國語運動是中華民族起死回生的一味聖藥，因為有了國語，全國國民才能彼此互通情愫，教育才能普及，人們底情感思想才能自由表達，所以我們對於最近「古文」和「學校底文言課本」陰謀復辟，認為有撲滅它的必要，我們要和那些殭屍魔鬼決鬥，拚個你死我活。⑭

錢玄同宣稱：吳稚暉、胡適、林語堂、周作人、顧頡剛、魏建功等人已應允爲刊物經常撰稿。這樣，就形成了與「虎陣」對抗的局面。⑮

《國語週刊》提倡民間文藝，胡適很快就送來了《揚州的小曲》一文。八月廿七日，錢玄同編輯《國語週刊》第十二期，「專攻章士釗」。⑯胡適通知錢玄同稱，「有《老章又反叛了》一文，今晚撰成，不及送出，明日當一早送來。」次日晨七時，胡適如約送來稿子。三十日，該文在《國語週刊》第十二期刊出。胡適說：

我們要正告章士釗君：白話文學的運動是一個很嚴重的運動，有歷史的根據，有時代的要求，有他本身的文學的美可以使天下睜開眼睛的共見共賞，這個運動不是用意氣打得倒的。

同期，錢玄同也發表了《甲寅與水滸》一文，用冷嘲熱諷的語言諷刺章士釗與反對白話文，視《水滸》爲「下等說部」的汪某之間的通信。錢文說：

這樣一吹一唱，雖然一個是短短幾行，一個是寥寥數語，而衛道之誠，憂時之切，溢於言表，其有功聖門，殆有過於刻在《古文觀止》裏的那篇《原道》。

胡適和錢玄同的文章，莊諧雜出，尖銳地抨擊了章士釗的復古衛道立場。

十一月下旬，北京革命形勢日漸高漲，人們高舉著「首都革命」的大旗，多次集會、遊行，要求打倒軍閥政府，懲辦賣國賊。憤怒的群眾搗毀了章士釗等人的住宅，章士釗被迫潛逃天津。十二月六日，錢玄同撰文說：

章行嚴去矣，後之來者，要是也像他那樣做昏蛋們的代表，也像他那樣要憑藉官勢來統一思想，不管他是張三或李四，阿貓或阿狗，亡國大夫或興國偉人，紳士或暴

徒，我還是與對待章行嚴一樣，反抗他，攻擊他。㊆

至此，「驅虎」之役取得了完全的勝利。

十一、《錢玄同成仁紀念歌》與《胡適之壽酒米糧庫》

錢玄同因人到中年，常常變得固執而專制，曾經不無感慨地說過：「凡人到了四十歲，便應該綁赴天橋，執行槍決。」㊇一九二五年十月三十日，他在一封信中又說：「我現在三十九歲了，照舊法算，再過兩個月便到槍決之年了。即照新法算，也不過『槍監候』十個月罷了。」㊈一九二六年是錢玄同的「成仁」之年。次年，有幾個幽默的朋友和他開玩笑，打算在《語絲》週刊裏發刊一期《錢玄同先生成仁專號》。錢玄同欣然同意，親自致函友人索稿。當時，胡適正在上海，擔任新月書店董事長，八月十一日，他致函錢玄同說：「生離死別，忽忽一年，際此成仁週年大典，豈可無詩，援筆陳詞，笑不可仰。」詩云：

> 該死的錢玄同，怎會至今未死！
> 一生專殺古人，去年輪著自己。
> 可惜刀子不快，又嫌投水可恥，

這樣那樣遲疑，過了九月十二。
可惜我不在場，不能來監斬你！

今年忽然來信，要做「成仁紀念」。
這個倒也不難，請先讀《封神傳》。
回家挖下一坑，好好睡在裏面，
用草蓋在身上，腳前點燈一盞，
草上再撒把米，瞞得閻王鬼判，
瞞得四方學者，哀悼成仁大典。
年年九月十二，處處念經拜懺，
度你早早升天，免在地獄搗亂。⑧⓪

這一年，錢玄同貧病交攻，神經衰弱，精神極爲痛苦，日記自云：「懶散頹廢，日甚一日，真成了一個鮮鮮活死人了！這樣活法，實在太苦惱，太無意義了。」⑧①大概他在致胡適函中有「回思數年前所發謬論，十之八九都成懺悔之資料」一類的話，因此，胡適在信中說：「實則大可不必懺悔，也無可懺悔。所謂『種種從前，都成今我，莫更思量更莫哀』是也。我們放的野火，今日已蔓燒大地，是非功罪，皆已成無可懺悔的事實。」胡適要求錢玄同持一種

堅定的人生態度：「此中一點一滴都在人間，造福造孽惟有挺身肩膀擔當而已。」㉜

胡適的《紀念歌》寫好了，其他人的輓聯、輓詩也寫好了，《成仁專號》的廣告也在有些地方發表了，但是，張作霖正統治著北京，對文化界採取高壓政策，邵飄萍、林白水、李大釗等人都先後死在他的手下。爲了避免引起「誤會」，《成仁專號》終於沒有出版。

轉眼到了一九三〇年，胡適四十歲。十一月廿八日，胡適離滬到北平任北京大學教授。這時，離胡適的生日已經很近，朋友們便醞釀爲他作壽。十二月四日，魏建功和錢玄同商量，擬聯絡馬隅卿、黎錦熙、徐旭生、周作人等十二人，共同送一篇壽辭，由魏建功作文，錢玄同書寫。㉝十五日，魏建功將壽辭寫成，題爲《胡適之壽酒米糧庫》。文章稱胡適爲「從事革新中國文學的先鋒將」，讚美他「慧眼高深，法力廣大」，使中國文化界發生了一日千里的變化。壽辭說：

> 民國十九年（一九三〇）十二月十七日便是他的四十整生日，他的朋友和學生們中間，有幾個從事科學考古工作的，有幾個從事國語文學研究和文字改革運動的，覺得他這四十歲的紀念，簡直比所謂「花甲」、「古稀」更可紀念，因為在這十三四年中間，他所盡力於中國學術的辛苦，應該獲得一些愉快，應該享受一點安慰。㉞

壽辭共兩千餘字，當日，錢玄同準備了優質的高麗紙，採購了筆墨，從晚七時直寫至十二時。十六日，約周作人、黎錦熙、魏建功來觀看。十七日，發現其中有兩處錯字，便割下重寫了三分之二。當晚，錢玄同前去拜壽。本來，胡適因夫人規勸戒酒，其詩中有云：「幸能勉強不喝酒，未可全斷淡巴菰。」魏建功等人在壽辭中要求爲胡適開戒，「好比鄉下老太婆念佛持齋，逢了喜慶，親友來給他開了齋，好飽餐肉味一樣。」不料，胡夫人卻重申酒戒。錢玄同日記云：

> 胡夫人贈以戒指與適之，刻「止酒」二字。吃得半中晦時，他受戒了。我過去看看，被胡夫人推為「證戒人」。⑧⑤

生日晚會在「大開玩笑」中結束，它顯示出胡適和朋友們的良好關係，也顯示出錢胡二人間的深厚友誼。

十二月二十日，胡適應錢玄同之請在信中談了自己對《春秋》的看法。胡適認爲，今日無法可以證或否證今本《春秋》爲孔子所作，由於時代關係，其中「有所忌諱」乃是很平常的事：函稱：「即使胡適之、錢玄同在今日秉筆作國史，能真正鐵面不避忌嗎？」函末，胡適對錢玄同費了那麼多工夫書寫壽辭表示感謝，並稱：「裱成時，還要請你簽字蓋章，使千百年後人可以省去考證的工夫。」⑧⑥

十二、國難期間

一九三三年一月一日，日本侵略軍突襲山海關。三日，山海關和臨榆縣城失守，中國軍民遭到瘋狂的屠殺。二月廿一日，日軍進犯熱河。三月四日，佔領承德，進迫長城腳下。自此，中國軍隊展開了英勇的長城抗戰，歷時八十餘天，其中如宋哲元部在喜峰口，徐庭瑤、關麟徵、黃杰所率中央軍隊在南天門一帶的血戰，都極爲悲壯激烈。五月廿二日，北平陷入日軍三面包圍之中。次日晨，華北軍第七軍團傅作義部在懷柔牛欄山抗擊日軍，演出了長城抗戰最後的一幕。

從一開始，錢玄同就關注著長城戰事。

一月三日日記云：「今日看天津報，知一日晚日本兵在榆關開火，恐北平不能久居矣！」

三月五日日記云：「在會中見報，知湯玉麟昨日逃，承德遂陷落，計日人攻熱以來，不戰而叛而降或逃。噫！」

三月十四日日記云：「古北口又失守了！」

三月十五日日記云：「塘沽日兵已上岸！」

由於憂心國事，而又自感缺少「執干戈以衛社稷」的能力，簡直不知「究竟該做什麼事才對」。⑧錢玄同從年初開始就謝絕參加各種宴會。他在致黎錦熙函中說：「緣國難如此嚴重，瞻念前途，憂心如搗，無論爲國爲家爲身，一念憶及，便覺精神不安，實無赴宴之雅興也。」

[88]五月十七日，師大研究院畢業生宴請導師，錢玄同「照例謝絕」，只參加了飯後的攝影。[89]

進入五月以後，北平的局勢日益緊張，敵機不斷前來盤旋、偵察，街頭開始挖壕，設置沙包。廿一日，何應欽通知各國立大學，可以允許學生「請假旋里」。[90]廿二日，軍政首腦機關準備撤離，錢玄同也曾擬攜子赴天津暫避。當日，北平政務整理委員會委員長黃郛開始與日方談判停戰。三十一日，簽訂《塘沽協定》，規定中國軍隊撤離長城區域，承認冀東爲非武裝區；同時也規定日軍撤至長城線。

《塘沽協定》是屈辱的城下之盟，但它暫時穩定了華北地區的局勢，錢玄同的心境也逐漸平靜下來。六月初，胡適準備赴加拿大參加第五屆太平洋國際學會。六日，錢玄同致函胡適，告以將在九日爲他餞行。函稱：

> 我以熱河淪陷以後，約有三個月光景，謝絕飲讌之事。我並非以國難不吃飯為名高，實緣彼時想到火線上的兵士以血肉之軀當坦克之炮彈，渾噩的民眾又慘遭飛機炸彈之厄，而今之東林黨君子猶大倡應該犧牲糜爛之高調，大有「民眾遭慘死事極小，國家失體面事極大」之主張。弟對於此等怪現象與新宋儒，實覺悲傷與憤慨，因此，對於有許多無謂之應酬實不願參與，蓋一則無心談讌，一則實不願聽此等「不仁的梁惠王」之高調也。自塘沽協定以後，至少河北民眾及前線士兵總可以由少慘死許多乃至全不遭慘死，故現在不再堅持不飲讌之主張了。[91]

錢玄同這裏批評的「今之東林黨君子」，主要指的是「自己安坐而唱高調，而以爲民眾應該死的空談派，對於真正捨生忘死、英勇殺敵的戰士們，他是敬仰的。這從他爲傅作義部在懷柔戰死將士書碑一事可以清楚地看出來。碑文由胡適執筆，銘文說：

> 這裏長眠的是二百零三個中國好男子，他們把他們的生命獻給了他們的祖國。我們和我們的子孫來這裏憑弔敬禮的，要想想我們應該用什麼報答他們的血。

墓碑樹立於綏遠大青山下，這座由兩位文化巨匠合作的紀念物堪稱雙璧，但是，遺憾的是，後來又有人命令說，一切抗日的紀念物都應該隱藏，於是，又在上面加了一層遮蓋，另刻「精靈在茲」四字。

十三、「只努力作工，就好像永永不死一樣」

錢玄同長期爲疾病所苦。從一九二九年起，他就身患高血壓、血管硬化、神經衰弱諸症，此後，國事日非，他的疾病也日益加劇，身體與精神都日益衰頹。一九三四年冬天，他有一次在師大講師，頭目眩暈，幾乎傾倒。一九三五年，他的右目突患視網膜炎，血壓繼續增高，因此，經常陷入目昏、頭重、心悸、手顫的艱難境地。但是，他仍然孜孜兀兀於他所心愛的文字改革和國語統一工作，並作文自勉：「一個人，無論事功或學問，總得要幹，總得要努力幹，不問賢愚，更無間老少。少年固然要努力幹，老年因桑榆暮景，更應該乘此炳燭之明努力去幹。」㉒

一九三七年，錢玄同致函胡適，詢問佛學中的若干問題。四月八日，胡適覆函錢玄同，認爲佛教是一種消極的人生觀，但積極的人，如王安石、張居正等，均能從中尋出積極的人生觀來。他說：尊恙正需一種弘毅的人生觀作抵抗力，切不可存一「苟延殘喘的悲觀」。我曾聽丁在君說一句英國名言，我曾替他譯爲韻語：

Ready to die tomorrow,But work as if you Live long!

明日就死又何妨！只努力工作，就好像永永不死一樣！㉓

這是目前所能見到的胡適致錢玄同的最後的一封信。它是胡適對老朋友的慰勉，也可以看作是他對老朋友的評價。

（原載《胡適與他的朋友》，紐約天外出版社，一九九〇。）

①本文所引錢玄同日記，均據未刊原稿，不一一注明。

②《新青年》第二卷第六號，《通信》，第十二頁。
③同上，第三卷第一號，《通信》，第一至二頁。
④同上，第三卷第一號，《通信》，第一至二頁。
⑤同上，第三卷第四號，《通信》，第七頁。
⑥胡適英文口述稿，唐德剛編校譯注《胡適的自傳》，見《胡適研究資料》，北京十月文藝出版社，一九八九年版，第二四八頁。
⑦《新青年》第三卷第六號，《通信》第十一頁。
⑧《錢玄同日記》，一九一七年九月十二日。
⑨《錢玄同日記》，一九一七年九月十九日。
⑩《錢玄同日記》，一九一七年九月十九日。
⑪《錢玄同日記》，一九一七年九月廿五日。
⑫《錢玄同日記》，一九一七年十月二日。
⑬參見《胡適致錢玄同函》，一九一七年九月廿八日、九月三十日，《中國現代文藝資料叢刊》第五輯，上海文藝出版社，一九八〇年版，第二八八至二九〇頁。
⑭《胡適文存》卷一。
⑮《新青年》第二卷第五號，第十三頁。
⑯《胡適文存》卷一，第三十五頁，《新青年》三卷一號所載文字與此有小異。

⑰《新青年》第三卷第四號，《通信》，第七至九頁。
⑱同上，第三卷第六號，《通信》第十五至十八頁。
⑲同上，第四卷第一號。
⑳同上，第三卷第六號，《通信》第十頁。
㉑同上，第四卷第一號，第七九至八十頁。
㉒《胡適致錢玄同》，一九一九年×月十六日，《中國現代文藝叢刊》第五輯，第二九七頁。
㉓《新青年》第三卷第六號，《通信》，第二十頁。
㉔《錢玄同日記》，一九一七年十月廿二日。
㉕同上，一九一七年十月廿五日。
㉖函佚，見胡適《答錢玄同書》、《胡適文存》卷一，第六十一頁。
㉗《嘗試集自序》，《胡適文存》卷一，第二八二頁。
㉘《新青年》第四卷第一號，第七十八頁。
㉙同上，第八十頁。
㉚同上，第四卷第二號，第一四一頁。
㉛同上，第三卷第一號，《通信》，第六頁。
㉜同上，第四卷第六號，第六二二至六二三頁。
㉝同上，第六二四頁。

㉞同上，第五卷第二號，第一八七至一八八頁。
㉟同上，第五卷第四號，第三四三頁。
㊱《胡適來往書信選》上，北京中華書局一九七九年版，第廿四至廿五頁。該書繫此函於一九一九年二月廿日，誤。
㊲同上書，第廿五頁。
㊳同上書，第廿七頁。
㊴《中國現代文藝資料叢刊》第五輯，第三一九至三二〇頁。
㊵《錢玄同日記》，一九二一年一月十九日。
㊶《關於新青年問題的好封信》，《中國現代出版史料》甲編，北京中華書局一九五四年版，第十一頁。
㊷《胡適往來書信選》上，第一二一至一二二頁。
㊸《古史辨》第一冊，第廿三至廿四頁。
㊹同上書，第廿七頁。
㊺同上書，第廿七至廿八頁。
㊻《錢玄同日記》，一九二一年九月十八日。
㊼同上，一九二一年九月十九日。
㊽《論編纂經部辨偽文字書》，《古書辨》第一冊，第四十一頁。

㊾《錢玄同日記》，一九二二年十一月十八日。

㊿《讀書雜誌》第十期，一九二三年六月十日。

(51)《讀書雜誌》第十期，一九二三年六月十日。

(52)同上，第十二期，一九二三年八月五日。

(53)同上，第十八期，一九二四年二月廿二日。

(54)《崔東壁遺書序》，亞東圖書館一九三五年版。

(55)《中國現代文藝資料叢刊》第五輯，第二九四頁。

(56)《新青年》第七卷，第二號。

(57)《國語月刊》第七期，第一六〇頁。

(58)《錢玄同日記》，一九二三年一月十二日。

(59)《國語月刊》，第七期，第一至四頁。

(60)同上，第四頁，參見《錢玄同日記》，一九二三年一月十四日。

(61)同上，第廿四至廿五頁。

(62)《錢玄同日記》，一九二三年一月十七日。

(63)同上，一九二三年一月二十日。

(64)同上，一九二三年二月三日。

(65)《胡適來往書信選》上，第二六八頁。

(66) 溥儀《我的前半生》，北京群衆出版社一九八一年版，第一七九頁。
(67)《恭賀愛新覺羅溥儀君遷升之喜並祝進步》，《語絲》第一期。
(68)《告遺老》，《語絲》第四期。
(69)《三十年來我對於滿清底態度底變遷》，《語絲》第八期。
(70) 參加拙作《溥儀出宮‧胡適抗議及其論辯》，北京《團結報》一九八九年四月八日。
(71)《語絲》第二十三期。
(72)《胡適致錢玄同》，一九二五年四月十二日，《魯迅研究資料》第九輯，天津人民出版社一九八二年版，第八十五頁。
(73)《錢玄同日記》，一九二五年六月九日。
(74)《國語週刊》第一期，一九二五年六月十四日。
(75) 黎錦熙《國語運動史綱》，第一三五頁。
(76)《錢玄同日記》，一九二五年八月廿七日。
(77)《在邵西先生的文章後面寫幾句不相干的話》，《國語週刊》，第二十六期。
(78)《國語週刊》第二十一期。
(79)《國語週刊》第二十一期。
(80)《胡適致錢玄同》，一九二七年八月十一日，《魯迅研究資料》第九輯，第八十六頁。
(81)《錢玄同日記》，一九二七年九月十二日。

㉜《魯迅研究資料》第九輯，第八十八至八十九頁。
㉝《錢玄同日記》，一九三〇年十二月十四日。
㉞魏建功影印《錢玄同先生遺墨》。
㉟《錢玄同日記》，一九三〇年十二月十七日。
㊱《胡適致錢玄同》，一九三〇年十二月二十日，《魯迅研究資料》第九輯，第八十六頁。
㊲《以西曆一六八四年歲在戊子為國語紀元議》，《國語運動史綱》第四頁。
㊳曹述敬《錢玄同年譜》，山東齊魯書社一九八六年版，第一一七頁。
㊴《錢玄同日記》，一九三三年五月七日。
㊵同上，一九三三年五月廿一日。
㊶《胡適來往書信選》中，第二一五至二一六頁。
㊷《哀青年同志白滌洲先生》，《國語週刊》第一六〇期。
㊸《魯迅研究資料》第九輯，第一〇一至一〇二頁。

潘漢年與錢玄同

——近世名人未刊函電過眼錄

潘漢年以從事中共的秘密工作著名，但是，他還是一位優秀的文化人。關於前者，史學界研究已多；關於後者，史學界也已開始研究，不過，留下的空白尚多。錢玄同家藏潘漢年書札一通，可以幫助我們認識這位傳奇人物早年活動的一個方面。函云：

玄同先生：

你老雖只歡迎民間文藝裏的戲劇、故事、小說，我偏要抄幾首我「收藏袋」裏的歌謠給你看看，你會說它的價值在故事、劇本之下嗎？——所以我主張ㄍㄨㄛㄩㄓㄡㄎㄢ（國語週刊——筆者注，以下同）上同樣收載歌謠。今先寄上幾首給你看看，你如歡迎在ㄓㄡㄎㄢ（週刊）上發表，我盡可絡續抄來；我的「收藏袋」裏至少也有百餘首了！

ㄌㄧㄣㄌㄠ（您老）如一定說：「窮鬼！你要出風頭好送到《歌謠週刊》上去發表」，則我也只有叩頭謝罪，不應該多此一舉！我對於民間文藝興味特別好，像有些故事，很高興用筆去述出來（有現成文字記述的，我當然不必費神），不過我一度試驗的「ㄎㄨㄚ（苦啊）故事」寄給周作人先生後，《語絲》上也不見刊出，大概是我的文字太壞，被扔在字紙簍裏去了！本來我也忒年小膽大，我的狗屁文字，怎麼好送去與你們的大作排在一起呢！但我總還希望有一天周先生能把我的大作退回讓我重做一篇！

再讓我説幾句閒話。ㄍㄨㄛㄩㄓㄡㄎㄢ（國語週刊）的印刷有時太不清楚了，你們為什麼不和手民先生們交涉一下？

哈，我的上司ㄌㄧ（黎）今灰和郭後覺，看見我身上「落湯雞」的樣子，我想他們正在那裏代我可憐，（每月得廿元，只夠吃吃住住，他們也知道我買不起雨傘皮鞋，然而他們對我似更説，你的二十元還是僥倖呀！）編輯室裏有這麼一個窮小子！哪知道我目空一切，悠悠自得在這裏寫信給你ㄋㄜ（呢）！請原諒我第一次寫信給你便發牢騷。

你的小朋友潘漢年

我今年廿歲，對你稱「小」，稱你為「老」，不算得罪吧？哈，我笑了！

一四、七、三，下午

潘漢年一九〇六年出生於江蘇省宜興縣的一家書香門第。一九一九年畢業於宜興縣立第三高等學校，其後，陸續就讀於武進延陵公學、無錫國學專修館、上海中華國語專科學校等處，均因家庭經濟困難，中途輟學，到小學任教。一九二三年十月十二日，潘漢年在上海《民國日報》發表愛情詩《不敢》，自此步入文壇。一九二四年，潘漢年到上海中華書局，在黎錦暉創辦的《小朋友》雜誌擔任校對員。本函用紅墨水書寫，顯係在編輯部的校對案上寫成。函中所稱「ㄌㄧ今灰」，指的就是黎錦暉；「郭後覺」，未詳，當為《小朋友》的編輯。從函中可以看出，潘漢年在雜誌社，地位很低，工資也很低。有不少「牢騷」。

寫信這一天，潘漢年出門後突遇大雨，但因身無分文，買不起雨傘，只好一手用報紙蓋頭，一手提著衣襟，穿著浸水的破皮鞋，趕到編輯部上班。自然，澆成「落湯雞」，狼狽不堪。進門時，穿著「拷綢」衣褂的聽差看到潘漢年這般模樣，不禁一笑。這笑，令潘漢年感到飽含著譏諷；走進編輯部，潘漢年又受到幾個同事的奚落。有一位還向黎錦暉瞪眼，那意味，讓潘漢年感到是在埋怨，不該找「這麼一個落拓下屬來殺編輯部的風景」。潘漢年坐定之後，開始為錢玄同、黎錦熙共同主編的《國語週刊》寫稿：首先敘述自己當天成為「落湯雞」的遭遇，接著就慨嘆：「我也不恨他們，只恨我的祖宗不曾留遺產——不，只怪不共產；否則我年紀輕輕，那要混到這裏來騙飯吃！」字裏行間，已經透露了潘漢年後來投身「共產革命」的訊息。

《國語週刊》出版於一九二五年六月十四日，作為《京報副刊》之一，星期日隨報附送。錢玄同在《發刊詞》中表示：

> 我們相信這幾年來的國語運動是中華民族起死回生的一味聖藥，因為有了國語，全國國民才能彼此互通情愫，教育才能普及，人們底情感思想才能自由表達，所以我們對於最近「古文」和「學校底文言課本」陰謀復辟，認為有撲滅它之必要，我們要和那些殭屍、魔鬼決鬥，拚個你死我活。

五四新文化運動的重大勝利之一是白話文取得正宗地位。不僅白話詩、白話小說風行一時，而且，應用文也已通行白話。但是，世間事常有反覆。一九二五年四月，章士釗出任北洋政府教育總長，公開反對白話文和注音字母，提倡小學讀經。錢玄同《發刊詞》所稱「陰謀復辟」白話文的「殭屍、魔鬼」，就是指的章士釗等人。

當年五月十五日，上海日本紗廠資本家槍殺工人顧正紅。三十日，上海學生在租界遊行，英國巡捕開槍射擊，群眾死十餘人，史稱「五卅慘案」。事件激起了中國人民的巨大憤怒。在《發刊詞》中，錢玄同寫道：

> 我們相信中華民族今後之為存為亡，全靠民眾之覺醒與否，而喚醒民眾，實為知識階級唯一之使命。這回帝國主義者英吉利和日本在上海屠殺咱們底學生和工人的事件發生，我們更感到「禍至之無日」，喚醒民眾之萬不能緩。講到喚醒民眾，必須用

民眾的活語言和文藝，才能使他們真切地瞭解。

可見，錢玄同等辦《國語週刊》並不僅是為了反對文言文復辟，而是有著明確的愛國主義自覺，旨在通過提倡國語，喚醒民眾。潘漢年之所以樂於為《國語週刊》寫稿，首先是一種政治上的契合。

錢玄同高度評價民間文藝。《國語週刊》創刊時，錢玄同即發表啓事，徵求民間文藝。啓事稱：「民間埋藏著狠豐富的、美麗的、新鮮的、自然的文藝，如故事、小說、戲曲等，一定非常之多。現在我們想盡力地發掘這個寶庫。」大概由於此前已經有一個《歌謠》週刊，所以啓事沒有提到歌謠。潘漢年對此有異議，認為《國語週刊》也應該徵集、發表民間歌謠。從潘函可以看出，他對民間歌謠極有興趣，「收藏袋」裏有百餘首之多。這次給錢玄同投稿，即有《落雨沉沉》、《有錢使得鬼推磨》、《銅錢親》、《光棍》、《不嫁讀書郎》等多首。在抄錄這些歌謠時，潘漢年有時還穿插一兩句話，為「窮人」，也為自己鳴不平。例如，一開頭，潘漢年就寫道：「今天落雨沉沉，我窮人真正氣勿過，再唱幾隻民歌出氣。」又如，在「光棍好比活神仙，一把雨傘到天邊」兩句下邊，潘漢年注道：「今天我沒有雨傘，光棍也做不得。」這些地方，都說明在這位二十歲的年輕人的內心，已經積累了很多對當時社會的不平。

潘漢年投稿時間是一九二五年七月三日，同月廿六日，稿件即在《國語週刊》第七期發表。不僅如此，錢玄同還立即覆函潘漢年，說明表揚民間文藝的目的在於建立「國語文學的基礎」，國語文學「必須根據於活語言」，「國語必須有文學的美」。他要求潘漢年將「收藏袋」裏的寶貝陸續寄給刊物。同月三十日，潘漢年在宜興覆函錢玄同，自稱「窮人大肚皮」，決無吝色，同意將「收藏袋」裏的寶貝陸續寄上，但潘同時聲明，「收藏袋」掉在上海，不在手邊，只能先行寄上「一週內所得的成績」——《兩首歌的故事》。

新文化運動確立了白話文的地位，但是，如何做好白話文，進一步發展白話文，當時有兩種意見。一種是從傳統文言文中脫化，這就要多讀古書，一種是從民眾口語中提煉，這就要大力宣導民間文藝。錢玄同所提倡的是後一種。對此，潘漢年極表贊同。七月三十日函中，潘漢年說：

> 數年前我就聽到「擁護國語文」的先生們說過：「要求國語文的活潑美麗，當學胡適之、梁任公兩先生，因為他們古書讀得很多，不像你們唯讀過幾本『的嗎了呢』的語體文，做起文來，不免生硬拙劣。」當時我聽了，真氣得肚皮發漲！我想這樣的「緣木求魚」，將來「ㄧㄙㄇ國語（主義）」總得要遭厄運！果然，至今有許多「效顰」胡、梁二先生的，大做其不文不語的文章，自以為活潑美麗，大可與胡、梁二先生比擬了。因是胡、梁二先生已深受了古文的束縛，胡先生雖有「八不主義」的提倡，一旦打破了舊的桎梏，要實行有生命的語體文，正如現在的「半老徐娘」取消她的「一對金蓮」中的裏腳布，穿了天足女學生的皮鞋，走起路來，一扭一捏，總難免

「牛吃蟹」；不料會行路的天足女孩，倒要來學假天足的胡、梁二先生，其醜何如？何況先天有別，死也學勿像。①

潘漢年認爲，胡適、梁啓超的白話文，受古文束縛過多，不文不白，好像纏腳女人放腳，只是一種「假天足」，一旦穿起皮鞋走路，必然一扭一捏，不像樣子。因此，潘漢年反對以胡、梁的文章作爲白話文的典範，而要提倡做「有生命的語體文」。

錢玄同以激烈著稱，但是，似乎不完全贊成潘漢年對胡適和梁啓超的評價。十二月十一日，錢玄同覆函潘漢年說：

胡、梁的白話文所以有時候還能夠活潑美麗者，正因為他們熟讀《水滸傳》、《紅樓》、《琵琶記》、《牡丹亭》諸書也；然而他們的白話文究竟不免「像煞有價事者」，便是您所謂「深受了古文的束縛」，或別人所謂「古書讀得狠多」的緣故。有人想做活潑美麗的白話文嗎？學活語言跟民間文藝，斯為上策；學有名的小說跟戲曲，尚不失為中策；學胡、梁的白話文，實不免為下策。不過下策究竟還是策。②

錢玄同承認胡適、梁啓超的白話文，有時「還能夠活潑美麗」，但是，錢玄同認爲，其原因，不在於他們讀的古書多，而是他們繼承了古代白話文學的傳統。因此，錢玄同不像潘漢年那樣激烈，認為胡適、梁啓超的白話文還是可以學，雖然「實不免為下策」。在婉轉地表達了對潘漢年的不同意見後，錢玄同再次盛讚民間文藝：「這才是真正活潑美麗的語言，表情最真率，達意最精細，用字造句尤極自由。」錢鼓勵潘漢年和自己合作，函稱：「我們表揚民間文藝，認為它為國語的靈魂，國語的血液，只希望深明此理者——例如您——來同力合作，咱們大傢伙兒努力的幹起來。」

上引潘函提到的《兩首歌的故事》，即《苦哇鳥的故事》，寫一個悲慘的民間傳說：一戶人家領養了一個童養媳，男孩病死，婆婆虐待童養媳，將她關在水缸裏。幾天後，童養媳化鳥飛出，整天哭叫「苦啊！」因名「苦哇鳥」。潘漢年寫這個故事，同樣表現出他對社會底層人物命運的關懷和同情，這篇故事經周作人之手發表於一九二五年七月出版的《語絲》第三十五期。潘漢年給錢玄同寫信的時候，他還不知道此稿的處理情況。

潘漢年給錢玄同寫信的時候，是一個剛剛二十歲的小小校對員，而錢玄同則已經是著名的大學者。上引潘函寫得輕鬆、隨便，並未將錢玄同看成大權威，而錢也不以大權威自居。錢收到當年七月三十日潘函後，因為要「驅虎」（驅趕章士釗），後來又因為左臂跌壞，兩手患濕症，沒有及時給潘漢年回信，特別在十二月十一日函中道歉：

> 從我收到這封信跟「兩首歌謠的故事」到現在，不差麼兒有一百天了；九月中又接到由周豈明先生轉來「長女怨幼夫及其他」。這兩次收到的信在我們的「乾坤袋」

中擱得那麼久，不但未曾登出，連回信也不寫一封，我想您總在那兒罵我了；——縱子不吾罵，我獨能無動於衷乎！則我當向您道歉，殆無疑義。

這封信文白夾雜，既有大白話，又有文言，詼諧與莊重兼而有之，生動地體現出錢玄同的幽默和平易近人的性格。

（原載《百年潮》，二〇〇三年第七期。）

① 《國語週刊》第廿三期。

② 《國語週刊》第廿三期。

《錢玄同日記》（整理本）前言

錢玄同是近代中國著名的學者，以文字音韻學見長，但又是思想家、教育家、史學家、編輯家、文化改革家，有著多方面的造詣。

錢玄同祖籍浙江湖州。一八八七年九月十二日（清光緒十三年七月二十五日）出生於蘇州。原名師黃，字德潛。辛亥革命前改名夏，別號中季，亦稱季。一九一六年改名玄同，一九二一年以疑古爲別號，自稱疑古玄同。一九三七年十一月，再次名爲「夏」。

父親錢振常，曾任禮部主事及紹興、揚州、蘇州等地書院山長。異母兄錢恂，號念敏，清末歷任駐日、英、法、德、俄、荷蘭、義大利等國使館參贊或公使。嫂單士厘，隨錢恂出使各國，是近代中國最早走向世界的知識女性之一。

錢玄同幼受家教，熟讀傳統經籍。一九〇二年前後贊同「保皇」，欣賞梁啓超的政治主張。一九〇三年冬，受《蘇報》案影響，開始轉向「排滿革命」。一九〇四年與方於笥（青箱）等人創辦《湖州白話報》。一九〇五年冬，錢恂出任湖北留日學生監督，錢玄同隨兄赴日，進入早稻田大學師範科學習。次年，結識章太炎，成爲章的崇拜者，主張「保存國粹」，「光復舊物」。一九〇七年加入同盟會。當時，日本「左翼」知識界流行無政府主義思潮，錢玄同一度醉心於此。他一面參加國學講習會，與朱希祖、朱宗萊、黃侃、周樹人、周作人、龔寶銓、許壽裳、馬裕藻、沈兼士等共同受教於章太炎，學習《說文》、《莊子》、《文心雕龍》等書；一面參加「社會主義講習會」，與無政府主義者劉師培等人交往。一九一〇年，協助與同盟會分離之後的章太炎、陶成章創辦《教育今語雜誌》，批評當時知識分子中的「歐化」傾向，以白話講述中國的文字學、經學、諸子學等方面的知識。同年，錢玄同歸國，先後任教於湖州、海寧、嘉興等地的中學堂。一九一一年春，拜見今文經學者崔適，自此，崇信今文經學派。後來並曾尊崔適爲師。

武昌起義，浙江光復，錢玄同無比興奮。一九一二年三月，錢玄同在浙江教育司任科員。他在「復古」思想影響下，參考《禮記》等書，自製「深衣」、「玄冠」，穿戴上班，一時引爲笑談。一九一三年，錢玄同隨兄到北京，任教於北京高等師範學校及附屬中學。不久，兼任北京大學預科文字學教員。一九一五年，任北京高等師範學校國文部教授，兼任北京大學文字學講師。一九一八年，在北大講授音韻學。此後，錢玄同長期任北大教授。一九二二年二月，北京大學成立研究所，錢玄同任國學門第一屆委員會委員。次年初，創辦《國學季刊》，錢玄同任編委。一九二三年，北京高等師範學校改名爲國立北京師範大學，錢玄同仍任教授。一九二八年任該校國文系主任。其間，曾一度在孔德學校、北京女子高等師範學校（後改北京女子師範大學）及中法大學服爾泰學院兼課。

錢玄同熱忱擁護共和，袁世凱復辟帝制的行爲給了錢玄同以巨大刺激。當時，部分復辟分子利用孔子學說製造輿論，錢玄同因之主張「孔氏之道斷斷不適用於二十世紀共和時代」。①一九一七年一月，錢玄同讀到胡適發表在《新青年》雜誌上的《文學改良芻議》，致函陳獨秀，表示「絕對贊同」，同時激烈地攻擊「《選》學妖孽」與「桐城謬種」。一九一八年初參加編輯《新青年》。他在該刊發表了大量批判舊文化，要求學習西方，在文化領域實行改革的文章，成爲新文化運動中的一員驍將。但是，其間他也發表過一些廢漢字、漢語、不讀中國書的偏激之論，受到社會批評，以致連陳獨秀也不得不出面聲明：「這種用石條壓駝背的醫法，本志同人多半是不大贊成的。」②

他積極提倡白話文，曾化名王敬軒致函《新青年》，攻擊新文化運動，供劉半農反駁，二人共同演出了一齣有名的「雙簧」。又曾多次訪問正在埋頭抄古碑的周樹人，勸他爲《新青年》寫稿，鼓勵周樹人走上以文學改造社會的道路。一九一九年十月，《新青年》仍歸陳獨秀一人編輯。次年，編輯部遷回上海，錢玄同與該刊關係日疏。一九二一年一月，李大釗與胡適之間爲《新青年》的辦刊方針發生衝突，錢玄同認爲是「豬頭問題」。③他主張思想自由，認爲盡可任《新青年》「勞農化」，「我們和他們全不相干而已，斷斷不能要求他們停版」。④一九二二年三月，與周作人、沈兼士等發表《主張信教自由宣言》，反對當時的「非基督教運動」，宣稱人的信仰「應當有絕對的自由」。⑤

五四當日，錢玄同曾隨學生一起遊行。五四之後，當年的《新青年》同人向政治與學術兩途分化，錢玄同選擇的是學術之途。他堅持新文化運動的精神，繼續反對復古傾向，認爲「賽先生絕對不是西洋人所私有，的的確確是全世界人類所公有之物」，「分明是世界文化」。⑥因此，他積極主張：《新青年》的議論，「現在還是救時的聖藥」。⑦當時，因整理中國傳統文化而出現「疑古思潮」。錢玄同爲了探討中國古史和古書的真僞，積極支持胡適和顧頡剛的學術研究，鼓勵他們對於「聖人」和「聖經」「幹『裂冠，毀冕』，撕袍子，剝褲子的勾當」。⑧他說：「打倒僞經，實爲推倒偶像之生力軍。」⑨一九二一年，他與顧多次通信，提倡收集古今辨僞著作，點校刊行，不僅辨「僞書」，而且辨「僞事」。他認爲，《詩經》只是一部最古的「總集」，與後來的《文選》、《花間集》等書無異，不是什麼「聖經」。他要胡適爲《詩經》中的《國風》「洗一個澡，替他換上平民的衣服、帽子」。⑩

一九二三年，顧頡剛致函錢玄同，提出「層累地造成的中國古史」說，錢玄同在覆函中評之爲「精當絕倫」。函中，錢玄同並進一步提出自己對「六經」的懷疑意見。二人之間的通信一時成爲「轟炸中國古史的一個原子彈」，⑪引起學術界的激烈爭論。「仰之如日星之懸中天，或畏之如洪水猛獸之氾濫縱橫於四野」。⑫

一九二四年十一月，錢玄同與周樹人、周作人、顧頡剛等共同發起創辦《語絲》週刊。當時，適值馮玉祥發動「首都革命」，溥儀被逐出故宮，錢玄同曾在該刊發表《恭賀愛新覺羅溥儀君升遷之喜並祝進步》等文，堅持民主、共和立場，認爲中國出路在於接受「全世界之現代文化」，而不是「復興古人之精神」。⑬他的文章，魯迅曾評論說：「玄同之文，即頗汪洋，而少含蓄，使讀者覽之了然，無所疑惑，故於表白意見，反爲相宜，效力亦復很大。」⑭《語絲》出版後，迅速風行，成爲《新青年》之後北京的又一名刊。一九二五年五月，北京女子師範大學發生反對校長的風潮，錢玄同曾與周樹人、周作人、馬裕藻等共同發表宣言，支持女師大學生的正義鬥爭。一九二六年，錢玄同反思五四前後的偏激之論，自稱「十之八九都成懺悔之資料」。⑮

錢玄同一生用力時間最長、用功最勤的是「國語統一」和「漢字改革」運動。一九一七年間，錢玄同曾加入中華民國國語研究會。同年，參預審訂吳稚暉主編的《國音字典》。一九一九年四月，教育部成立國語統一籌備委員會，錢玄同任委員兼常駐幹事。同年，與胡適等共同提出《請頒行新式標點符號議案》。在推行「國語統一」的同時，錢玄同又提倡世界語，鼓吹漢字改革。一九二〇年，錢玄同撰文提出減少漢字筆劃的建議。一九二二年，任漢字省體委員會首席委員。同年，國語研究會出版《國語月刊》，錢玄同利用該刊，積極提倡「漢字革命」與「國語文學」。

一九二五年四月，章士釗出任北京政府教育總長，創辦《甲寅》雜誌，反對白話文和注音字母。錢玄同堅決反對文化界的昏謬和倒退，憤而與黎錦熙等創辦作爲《京報》副刊之一的《國語週刊》，錢玄同宣稱，要與「殭屍」、「魔鬼」決鬥，「拚個你死我活」，同時，提倡「豐富的、美麗的、新鮮的、自然的」民間文藝。⑯同年九月，《新青年》舊日同人劉半農自歐洲歸國，組織語音學團體「數人會」，錢玄同、黎錦熙、趙元任等均成爲會員。該會研究的《國語羅馬字拼音法式》於一九二六年十一月公佈，成爲中華人民共和國成立後廣爲推行的《中文拼音方案》的基礎之一。一九二八年，錢玄同被南京國民政府聘任國語統一籌備委員會常委。一九三一年，兼任教育部國音字母講習所所長。同年，《國語週刊》在北平《世界日報》復刊。一九三二年，錢玄同耗費多年心力主持編纂的《國音常用字彙》由教育部公佈。一九三三年，與黎錦熙分任中國大辭典總編纂。一九三四年，錢玄同提出「簡體字」方案，於一九三五年通過，但未能推行。同年，任教育部國語推行委員會常委。

錢玄同是愛國主義者。五四運動後，他雖潛心治學，但仍關懷時事政治。一九二五年，上海發生五卅慘案，錢玄同發表文章，主張一面「反抗帝國主義對於我國施加的政治和經濟的侵略」，一面積極「喚醒國人」，「請德先生（Democracy）、賽先生（Science）、穆姑娘（Moral）來給咱們建國」。⑰一九三三年，日軍突襲山海關，華北危急，錢玄同痛感於日本侵陵，而自己缺乏「執干戈以衛社稷之能力」，曾謝絕宴飲。五月，傅作義所轄部隊在北平近郊抗戰。事後，胡適以白話為該部隊犧牲將士墓撰寫碑文，錢玄同為之書丹，反映出他們二人共同的愛國熱情。一九三六年，與北平文化界七十餘人聯合簽名，要求南京國民政府抗日救國。

自一九二九年起，錢玄同即患高血壓、神經衰弱等病。一九三五年，右目患視網膜炎，身體日衰，但他仍作文自勉，聲稱「一個人，無論事功和學問，總得要幹，總得要努力幹。」⑱一九三七年盧溝橋事變，北平淪陷，師大遷往陝西，錢玄同因病留平。他托人寄語隨校西遷的老友黎錦熙，宣稱決不「汙偽命」。一九三九年一月十七日，因腦溢血逝世，終年五十二歲。其生平著作，近年已輯為《錢玄同文集》出版，但並不完整。

錢玄同的日記始於一九〇五年十二月九日東渡日本之初，終於一九三九年一月十四日，距逝世僅三天，長達三十四年。

治史者大都重視日記，因為它記敘個人經歷和親見、親聞的世界，比較準確，也比較具體，常常可以據此考證若干歷史事件發生的時間、地點和人物關係，更常常有正史、官書所不可能有的「私房」情節，有助於補正史之缺，甚或解正史不能解之謎。但是，前人日記也有兩種。一種是專為寫給別人看的。這種日記，倘能真實地記錄世事、人情，亦自有其價值；倘不以記錄世事、人情為目的，而以裝腔作勢，自扮聖賢為事，則這種日記的價值就很小。另一種日記，是主要為寫給自己看的。或為備忘，或為個人道德修養，或為情之所發，不能自已。這種日記，率性操弧，一任本真。其記錄世事、人情者固然可貴，即使純記個人經歷或感情，也可以從中見到一個赤條條的未經包裹的「自我」。其價值不言而喻。錢玄同的日記，顯然屬於後者。他解剖自己時，坦率真誠，至情流露；論事論人時，直言無隱，毫無粉飾，不像日常交往和著書時總有不可避免的某些顧慮。

錢玄同一生，歷經維新保皇、辛亥革命、五四運動、以至抗日戰爭等近代中國的許多重大歷史事件。他的日記，不同程度地折射出時代的面影，可以幫助我們瞭解二十世紀前半個世紀的中國史。錢玄同是文化人，他的生平活動關涉近代中國文化的啓蒙與轉型，可以幫助我們瞭解那一時期的思想史、文化史、教育史、學術史。他的日記，不僅記個人經歷、思想，而且大量記述自己的讀書心得與研究成果。他是大學問家，研究面廣，閱讀面更廣，涉及經學、諸子學、史學、文學、藝術、宗教、文字、音韻、訓詁、碑帖、書法等門類，可以幫助我們瞭解錢玄同多方面的成就。錢玄同的日記還記錄了他和同時代許多文化人的交往和對他們的評價，有助於我們研究近代的文化人。

錢玄同的日記書寫極爲潦草、紊亂，難於辨識，因此整理工作的第一步是「認字」。日記涉及許多專門的學術門類，除包含日文、法文、德文、世界語以及甲骨文、金文、篆文、國際音標、當時在討論中的各類中文拼音方案外，還有許多錢玄同自製的符號和詞語，這使我們的整理工作分外艱難。有時，錢玄同將古書記錯、古字寫錯，麻煩就會更大。本書的整理在二十世紀八〇年代開始，斷斷續續地進行了近二十年，其重要原因之一固在於我個人各事叢雜，但另一重要原因則在於認讀艱難。我們不願也不捨得輕易放棄對疑難字詞的辨識。一段文字，常常在反覆閱讀、反覆揣摩之後，才能讀懂，這以後還要廣泛閱讀各種古籍或相關文獻，多方驗證，方敢確定釋文，施加標點。有些字，多年不識，年深日久，忽然解悟，相關段落也就豁然貫通。這時候，我們真有像發現一顆小行星那樣的歡樂。在全書排出清樣後，我又「大海撈針」，利用互聯網進行檢索和驗證，解決了許多人工檢索難以迅速解決的疑難問題。現在的整理稿中還有少數字，有的因原稿缺損，或因字跡漫漶，或因過於潦草，我們雖已盡力，而仍然無法辨識；在整理工作中，我們也可能還有其他訛誤不當之處，均祈高明教之。

錢玄同日記的最大缺點是詳略不一。有些日記洋洋灑灑，連篇累牘，有些日記則只有一兩句話。錢玄同自稱是一個「無恒」的人，日記時斷時續，有些年，只有少數月份有記，有的年，則乾脆一字不記。

錢玄同對自己的日記很重視，生前曾親自清點，一一編號，最早的少部分日記還曾謄錄重抄。錢玄同去世後，日記連同其藏書由其長子錢秉雄先生珍存。「史無前例」的年代中，日記一部分由魯迅博物館取走，一部分被查抄，其被查抄部分雖在文革結束後發還，但其中第十五冊（一九一六年十月廿六日至十二月三十一日）及第四十六冊（一九二六年二月十二日至六月廿二日）已不見蹤跡。上一世紀八〇年代，我參與編輯《中國哲學》，爲刊物開闢稿源，不想卻自此陷進此書的整理工作裏。錢秉雄先生熱情支持並授權我主持整理此稿，但錢先生生前未能見到此書的出版，這是令我深自愧疚的事。錢先生的長子端偉先生繼承先人遺志，繼續支持整理工作，熱情古道，令我感動。魯迅博物館兩任領導王士菁、陳漱渝教授均曾關懷並支持此事，謹致謝意。

本書由魯迅博物館閻彤、王燕芝、左瑾、陳盛榮提供整理初稿。遼寧師範大學劉貴福副教授協助我校訂初稿並參加整理部分初稿。整理工作的指導及全稿的修改、審訂、疑難問題的解決、部分初稿的整理以及最後的統稿、定稿均由我負責。整理工作中，曾得到日本伊原澤周教授的幫助，中國社會科學院近代史研究所馬勇、左玉河、鄭匡民、趙利棟、王法周諸位協助我閱讀校樣，編製附錄，熱忱可感。

本書由於某一家出版社的簽約、毀約，因此其出版一度遭遇困難。承清華大學劉桂生教授、北京大學楊琥先生關懷，又承北京大學出版社張文定先生慧眼相中，封越建先生做了艱難、細緻的編輯工作，均此致謝。此書由五四運動的發源地北京大學隆重推出，並作爲《北大學者叢書》之一，這是最合適不過的處理了。

（原載《學習時報》，二〇〇七年一月一日）

①《錢玄同日記》，一九一九年一月一日。
②《本志罪案之答辯書》，《新青年》第六卷第一號。
③《錢玄同日記》，一九二一年一月十八日。
④《胡適來往書信選》（上），中華書局版，第一二二至一二三頁。
⑤《晨報》，一九二二年三月三十一日。
⑥《錢玄同日記》，一九二三年四月六日。
⑦周作人：《錢玄同的復古與反復古》，《文史資料選輯》第九十四輯。
⑧《胡適論學往來書信選》，河北人民出版社版，第一一一九頁。
⑨《錢玄同日記》，一九二二年十二月廿四日。
⑩《胡適論學往來書信選》，第一一二〇頁。
⑪顧頡剛：《我是怎樣編寫〈古史辨〉的？》，《古史辨》第一冊，上海古籍出版社一九八二年版。
⑫錢穆：《崔東壁遺書序》，《崔東壁遺書》，亞東圖書館一九三五年版。
⑬《回語堂的信》，《語絲》第廿三期。

⑭《兩地書》，《魯迅全集第十一卷》，人民文學出版社一九八一年版，第四十七頁。

⑮《胡適遺稿及秘藏書信》，第四十冊，第三七七頁。

⑯《國語週刊發刊詞》，《國語週刊》第一期；參見該刊錢玄同啓事。

⑰《關於反抗帝國主義》，《語絲》第三十一期。

⑱《哀青年同志白滌洲先生》，《國語週刊》第一六〇期。

《醒世姻緣傳》與胡適的「離婚」觀
——近世名人未刊函電過眼錄

胡適與錢玄同是好友。多年前，我在忙於各種事情的時候，也附帶做一點胡適研究。某次，我詢問錢玄同的長公子秉雄先生，家中有無胡適手札，錢先生很感傷地告訴我，均已在文革中爲人「奪去」。但不久，錢先生就寄給我幾封他手抄的胡適函件，說是玄同先生生前夾在書中，因而留存的。二〇〇二年，我得秉雄先生公子端偉、曉峰二先生允許，幾次到曉峰先生府上閱讀玄同先生藏札，不想又發現幾封。下面討論的就是其中之一。

道中
July 24，1926

玄同：

匆匆走了，不曾和你作別。現在出國境已三日了，已過了貝加爾湖了。道中一切平安，可以告慰。

有一件小事來托你，不知道你有工夫做麼？

汪原放之兄乃剛標點了一部《醒世姻緣》，我曾許他作一篇序。但我現在走了，很覺得對他不住。你肯作一篇短序嗎？

那天聽說你讀了此書，並且有批評的意見，我便存了此意，想請你作序。

我以為此書有點價值。你那天說，除了楔子之外，便是迷信，一無足取。我以為除了它的大結構是根據於一種迷信觀念之外，其餘的描寫很富於寫實的精神，語言也很流暢漂亮，很有可取之處。

古人見了一種事實，不能用常識來解釋，只好用「超自然」的理由來解釋。其實狄希陳的怕老婆，和他老婆的憎惡他，都是平常的很的現狀。狄希陳本是一個混蛋，他不配討一個好老婆。一個一無所長的混蛋討了一個美而慧的老婆，自然怕她；她也自然嫌他。後來積威既成，她越兇，他越萎縮；他越萎縮，她越看不起他，越討嫌他。

這是常識的解釋。但古人不肯從這方面著想，所以不能明白真原因在於「性情不合」，在於婚姻的根本制度不良。其實是他們不是「不能」，只是「不敢」。試看《聊齋》上記那個《馬介甫》（？）的故事；本是道地事實，卻夾一個狐仙在內！（《恒娘》一篇，也是如此。）

我們今日讀《馬介甫》，或讀《醒世姻緣》，自然要問：「為什麼古人想不到離婚的法子？」這個問題差不多等於晉惠帝問的「何不食肉糜？」古代婚姻生活所以成為大悲劇，正因為古人從不敢想到離婚這個法子。請看狄希陳與他的父母，與他的朋友，那一個想到這個法子？離婚尚且不敢，更不必說根本打破婚姻制度了。

老大哥，我出了題目，並且表示了「範圍」。你難道當真不肯交卷嗎？請你幫點忙罷！

乃剛還標點了一部《封神榜》，我已托頡剛做一篇短序。我今天給他一信，也是出題目兼表示範圍。

嫂夫人好點了沒有？你這幾個月常說太太快怎樣怎樣了。要是我在你太太的地位，聽你這樣詛咒他，爭一口氣，偏要好給你看看。

車搖得利〔厲〕害，紙也沒有了。再談罷。

適之

一九二六年七月，胡適赴英國出席中英庚款委員會。廿二日，自哈爾濱乘西伯利亞火車出發，途經俄國。本函寫作時間爲同月廿四日，注明「道中」，函中有「已過了貝加爾湖了」，「車搖得厲害」等語，說明此函寫作於俄國西伯利亞火車上。

汪原放（一八九七～一九八〇）安徽績溪人。「五四」以後曾標點《紅樓夢》、《水滸傳》等小說，由上海亞東圖書館出版，《醒世姻緣傳》就是其中之一。

《醒世姻緣傳》是清朝初年以家庭、婚姻爲主題的長篇小說，全書一百回，百萬餘字，相傳爲蒲松齡所作。該書寫冤仇相報的兩世姻緣。前二十三回寫前世姻緣：武城縣晁源射死一頭仙狐，縱容其妾珍哥虐待妻子計氏，以致計氏上吊身亡。二十三回以後寫今世姻緣：晁源托生爲狄希陳，仙狐托生爲其妻薛素姐，計氏托生爲其妾童寄姐，珍哥托生爲童之婢女珍珠。結果，珍珠被童逼死，狄希陳受到素姐與寄姐的種種虐待。其中素姐尤爲狠毒，常以囚禁、針刺、棒打、火燒等辦法虐狄。後狄經高僧點明因果，誦讀《金剛經》萬遍，得以消除宿孽。

錢玄同看到了這部小說宣揚因果報應的一面，因而對它評價很低，認爲它「除了楔子之外，便是迷信，一無足取」。胡適同意此書的「大結構」是「根據於一種迷信觀念」，但認爲「富於寫實精神」，語言「流暢漂亮」，「很有可取之處」。

胡適信中還提到《聊齋誌異》中的另一篇小說《馬介甫》，寫大名諸生楊萬石與尹氏一對夫婦的故事。尹潑辣悍毒，鞭撻丈夫，虐待公公，楊極爲軟弱，後萬石遇一狐仙幻化的年輕人，名馬介甫，二人訂交。馬知楊懼內，便多次助楊，設法懲罰尹氏，但楊始終不能改變懼內的毛病。一篇是《恒娘》，寫洪大業其人，妻（朱氏）貌美而妾貌平平，但洪卻暱妾疏妻。另有布商狄某，妾貌美而妻（恒娘）貌平平，但布商卻暱妻疏妾。朱氏向恒娘求教，在恒娘的指導下，終於得到丈夫的專房之愛，兩人遂成閨中密友。數年後，恒娘才向朱氏坦陳，自己是狐仙。

夫虐妻或妻虐夫，一夫多妻，妻妾爭寵，都是一種社會現象，需要從社會找尋其發生根源，也需要從社會找尋解決辦法。胡適不同意用因果報應說解釋其發生原因，也批判依賴「超自然」的力量——「狐仙」解決矛盾的幻想，反映出五四時期的科學精神。他提出發生上述現象的「真原因」在於男女「性情不合」與「婚姻的根本制度不良」，部分地接觸到了問題的本質。信中，胡適認爲「古代婚姻生活所以成爲大悲劇，正因爲古人從不敢想到離婚這個法子」，提出以「離婚」的辦法來解決婚姻悲劇，這是符合「五四」時期的「個性解放」精神的。

中國古代社會是男女極爲不平等的社會。男子可以「出妻」「休妻」，而女子則不能「出夫」、「休夫」，基於平等原則的「離婚」是近代中國「西風東漸」之後的產物。它是對傳統婚姻制度的重要改革，是人類社會進化的重要一步。胡適本函，其重要性不僅在於用新視角對《醒世姻緣傳》提出了新評價，而且在於它提出了解決婚姻悲劇和劣質婚姻的辦法，爲「離婚」的正當性與合理性作了論證。這在長期處於封建桎梏，封閉、落後的舊中國，顯然具有開風氣的意義。

儘管胡適大力推崇《醒世姻緣傳》，但是，錢玄同始終不覺得怎樣好，再加上其他一些原因，序言一直未寫。一九二七年八月二日，錢玄同致函胡適云：

> 去年您在西北利亞火車中給我寫的信，我因為實在交不出卷，故沒臉寫回信；兼之一年多以來，貧（我）病（我妻）交攻，心緒惡劣，神經衰弱，什麼興趣也沒有，

連無聊的罵人文章也寫不出（自然也是不願意做），遑論還有點意思之論議文乎？其實《醒世姻緣》之新序，有兩個人很可以做得，而且都是很配做的：一是徐旭生，一是馮芝生也。芝生最恭維此書，謂其決可與《金瓶梅》、《紅樓夢》媲美，旭生亦甚以為然。至於區區，則對此書終覺感情平常，且評論文學作品之文，實在不會做，故只好交白卷了。諒之！①

徐旭生，原名炳昶，河南唐河人。一八八八年生。一九一九年畢業於法國巴黎大學。一九二一年任北京大學哲學系教授。一九二五年主編《猛進》雜誌。馮芝生，指馮友蘭，與徐旭生同籍，一八九五年生。一九一八年畢業於北京大學哲學門。一九二二年畢業於美國哥倫比亞大學研究院。先後在中州大學、廣東大學、燕京大學等校任教授。

錢玄同推薦徐、馮二人爲標點本《醒世姻緣傳》作序，但二人均未作。後來爲該書作序的是徐志摩。

（原載《百年潮》，二〇〇三年第五期。）

①見《胡適論學往來書信選》

胡適與楊杏佛

楊杏佛和胡適曾是好朋友。在胡適的文學道路上，楊杏佛起過支持和相互切磋的作用。在新文化運動前後，二人依然相互支持。進入二十年代後，由於政治態度逐漸發生分歧，二人的友誼也慢慢淡薄，終於形成無法消解的隔閡。

楊杏佛（一八九三～一九三三）名銓，江西清江人。一九〇七年入上海吳淞中國公學就讀。次年秋，公學內部發生矛盾，楊杏佛隨大多數學生退學，組織中國新公學。一九一〇年加入同盟會。一九一一年八月，進入河北路礦學堂預科。十月，赴武昌參加起義。一九一二年南京臨時政府成立，任秘書處收發組組長。同年三月，加入文學團體南社。不久，南北和議成功，孫中山讓位於袁世凱，楊杏佛遂申請赴美留學。同年十一月成行。

一、異國唱和的詩友

一九一二年十二月一日中午，胡適下山，到綺色佳（Ithaca）車站迎接來美留學的任鴻雋和楊杏佛。任、楊都是胡適在中國公學時的同學，楊又是胡適在中國新公學時英文班的學生。

「多年舊雨，一旦相見於此，喜何可言！」①當時，胡適在康奈爾（Cornell）大學文學院學文學，任鴻雋來到該校後也進了文學院，楊杏佛則學的是機械工程。這樣，胡和楊杏佛再次成了同學。儘管二人所學專業不同，但都喜愛文學，尤好詩歌。異國風光，常常闖入他們的詩篇。一九一四年三月，春暖雪消，胡適作詩云：

春暖雪消水作渠，萬山積素一時無。
欲檄東風討春罪，奪我寒林粉本圖。

詩貴新。自來的詩人大都譴責嚴冬，歌頌春天，而胡適卻獨出心裁，聲討「東風」破壞了雪景，顯示出對生活的獨特觀察和思考。楊杏佛和作云：

潺潺流水滿溝渠，漠漠林煙淡欲無。
歸思欲隨芳草發，江南三月斷魂圖。

江南多勝景，三月的江南尤爲迷人。六朝人丘遲有「暮春三月，江南草長，雜花生樹，群鶯亂飛」之句；楊杏佛的詩，以眼前的連天芳草暗喻勃勃難收的鄉愁，也寫得很有情味。綺色佳位於美東，景色清幽；康奈爾大學的校園本身就是一座美麗的園林。胡適、楊杏佛、任鴻雋自此常以當地的山水為題，互相唱和。五月廿三日，胡適作《春朝》云：

葉香清不厭（人但知花香，而不知新葉之香尤可愛也），鳥語韻無囂。
柳榮隨風舞，榆錢作雨飄（校地遍栽榆樹，風來榆實紛紛下，日中望之，真如雨也）。
何須乞糟粕，即此是醇醪。
天地有真趣，今人殊未遙。

楊杏佛和作云：

山路蔽蒼翠，春深百鳥囂。
泉鳴塵意寂，日暖草香飄。
欲笑陶彭澤，忘憂藉濁醪。
棲心長流水，世累自相遙。

二詩都歌頌自然美，以為遠過於醇酒，鼓勵人們去大自然中尋求「真趣」，也是有新意的作品。

異國相逢最相親。楊、胡本來就關係不錯，綺色佳的同窗生活更增加了二人之間的友誼。一九一五年八月，胡適將赴紐約哥倫比亞大學學習，楊杏佛作《水調歌頭》贈別，詞云：

三稔不相見，一笑遇他鄉。暗驚狂奴非故，收束入名場。秋水當年神骨，古柏而今氣概，華貴亦蒼涼。海鶴入清冥，前路正無疆。

羨君健，嗟我拙，更頹唐。名山事業無分，吾志在工商。不羨大王（指托那司）聲勢，欲共斯民溫飽，此願幾時償？各有千秋業，分道各翱翔。

當年在上海的時候，胡適青春年少，有過一段放浪清狂的生活。本詞讚美胡適一改故態，立志修學，祝願他前途無疆，同時自述志在工商的緣由，不在成爲富可敵國的托那斯大王，而在於「欲共斯民溫飽」。胡適極爲欣賞楊杏佛的這一志向，和詞云：

朔國秋風，汝遠東來，過存老胡。正相看一笑，使君與我，春申江上，兩個狂奴。萬里相逢，殷勤問字，不似黃爐舊酒徒。還相問：「豈當年塊壘，今盡消乎？」君言：「是何言歟！只壯志新來與昔殊。」

願乘風役電，斟天縮地（科學之目的在於征服天行以利人事），頗思瓦特（Jame Watt），不羨公輸。户有餘糈，人無菜色，此業何嘗屬腐儒！吾狂甚，欲斯民溫飽，此意何如？

胡適的這首詞，模仿辛棄疾的風格，以對話入詞，縱橫開闔，生動地寫出了楊杏佛的一腔壯懷。楊杏佛很喜歡胡適的這首詞，回信說：「《沁園春》極自然，詞中不可多得也。」②

中國詩詞發展到了清末民初，已經非變不可。在綺色佳期間，胡適逐漸萌生了「文學革命」的念頭。一九一五年九月十七日，胡適《送梅覲莊往哈佛大學詩》有「文學革命其時矣」之句。十九日，任鴻雋送胡適往哥倫比亞大學詩有「文學今革命，作歌送胡生」之語。二十日，胡適在車中作《戲和叔永再贈詩》，贈給綺色佳的朋友們：

詩國革命何自始？要須作詩如作文。
琢鏤粉飾喪元氣，貌似未必詩之純。
小人行文頗大膽，諸公一一皆人英。
願共戮力莫相笑，我輩莫作腐儒生。

這首詩，可以看作是胡適動員綺色佳的朋友們共同致力詩界革命的宣言。

十一月廿九日，胡適在《留美學生季報》讀到了楊杏佛的一首《遣興》詩：

黃葉舞秋風，白雲自西去。
落葉歸深澗，雲倦之何處？

大概這首詩比較符合胡適的「詩國革命」理想，所以他認爲，這是楊杏佛近年來的最佳作品。

離開綺色佳時，梅光迪、任鴻雋、楊杏佛、胡適四人曾合攝一照。一九一六年一月，胡適得到楊杏佛寄來的照片，隨後又得到任鴻雋寄來的合影詩：

適之淹博杏佛逸，中有老梅挺奇姿。
我似長庚隨日月，告人光曙欲來時。

同月廿八日，胡適成和詩，讚美三人品格。其二云：

種樹喜長楊（最喜挪威長楊[Norwegian Poplars]，紐約尤多），非關瘦可憐。
喜其奇勁枝，一一上指天。

這裏的「長楊」，借指楊杏佛。「奇勁」二字，貼切地表現出楊的爲人。二月十四日，楊杏佛也寫了一首《題胡、梅、任楊合影》，中云：「適之開口笑，春風吹萬碧。似曰九州寬，會當舒六翮。」也很好地寫出了胡適當時的氣質。

在詩歌創作實踐中，胡適的「詩國革命」主張逐漸成熟。一九一六年六月，胡適重到綺色佳，與楊杏佛、任鴻雋、唐鉞三人唱談文學改良之法，力主以白話作文、作詩、作戲曲小說。廿四日，胡適自綺色佳到克利弗蘭城開會，收到楊杏佛寄來的一首題爲《寄胡明復》的白話詩：

自從老胡去，這城天氣涼。
新屋有風閣，清福過帝王。
境閒心不閒，手忙腳更忙。
為我告夫子（趙元任），《科學》要文章。

一九一四年六月，任鴻雋、楊杏佛、趙元任、胡達（後改名明復）等九人因感於中國科學落後，決定創辦《科學》雜誌，「以傳播科學提倡實業爲職志」。一九一五年一月，雜誌第一號問世。同年十月，成立中國科學社，任鴻雋、趙元任、胡明復等任董事，楊杏佛任編輯部部長。楊杏佛的這首詩便是爲《科學》托胡明復向趙元任約稿的。它其實是一首信筆寫來的遊戲之作，但由於語言通俗，明白如話，符合胡適的主張，因此，受到胡適推崇。當時的詩壇霸主是以南社爲代表的詩人們，楊杏佛本人也是南社成員，但胡適卻認爲這首詩「勝南社名士多多矣」！

在胡適的影響下，楊杏佛等人開始改變詩風。八月，任鴻雋赴波士頓，楊杏佛贈詩有「瘡痍滿河山，逸樂亦酸楚」。「畏友兼良師，照我暗室燭。三年異鄉親，此樂不可復」之句，自跋云：「此銓之白話詩」。朱經農有一首和詩，有「征鴻金鎖絎兩翼，不飛不鳴氣沉鬱」之句，自跋云：「無律無韻，直類白話」。但是，胡適對這兩首詩都不滿意，寫了一首打油詩諷刺他們，詩云：

老朱寄一詩，自稱「仿適之」。
老楊寄一詩，自稱「白話詩」。
請問朱與楊，什麼叫白話？
貨色不地道，招牌莫亂掛。

楊、朱的「白話詩」不過是較爲淺顯的舊體，胡適的不滿是自然的。這一時期，胡適自己寫的詩，口語化的程度確實較楊、朱二人爲高。他的和楊杏佛送任鴻雋赴波士頓詩寫道：

救國千萬事，選人為最要。

但得百十人，故國可重造。
眼裏新少年，輕薄不可靠。
那得許多任叔永，南北東西處處到。

同月底，朱經農到紐約造訪胡適，作三日留，暢談極歡。別後，胡適作《寄朱經農》云：

年來意氣更奇橫，不消使酒稱狂生。
頭髮偶有一莖白，年紀反覺七歲輕。
舊事三日說不全，且喜皇帝不姓袁。
更喜你我都少年，「匹克匿克」來江邊。
赫貞江水平可憐，樹下石上好作筵。
牛油麵包頗新鮮，家鄉茶葉不費錢。
吃飽喝脹活神仙，唱個「蝴蝶兒上天」。

九月六日，胡適又有《思懷祖國》一首云：

你心裏愛他，莫說不愛他。

要看你愛他，且等人害他。
倘有人害他，你如何對他？
倘有人愛他，更如何對他？

胡適一向認爲，口語新鮮活潑，具有表現力量，可以成爲優秀的文學語言。胡適的這幾首詩，自覺地運用大量口語，在探索中國傳統詩歌的改革上邁出了大步。宋代詩人陸游曾有「嘗試成功自古無」之句，胡適不贊成這一思想，反其意而作《嘗試篇》，詩稱：「我生求師二十年，今得嘗試兩個字。作詩做事要如此，雖未能到頗有志。」這首詩，可以看作胡適創造新文學的自誓。楊杏佛讀了胡適的上述諸詩後寫信給胡適說：

今日讀《致叔永函》，《與經農詩》甚佳，達意暢而傳情深，雖非純粹白話詩，然固白話詩中傑作也。《懷祖國詩》似為字累。此體至難作，必字簡意深然後能勝。《嘗試篇》說理亦佳。兄白話詩進境頗速，不負此試。③

楊杏佛此函，有鼓勵，有批評，既不一味捧場，也不一概否定，確實是良友諍言。不過，後來楊杏佛始終未能在寫作白話詩上邁出更大的步子，而胡適則精進不已，終於在中國詩的創作上開拓出新天地。

楊杏佛不僅爲胡適評詩，而且爲胡適改詩。一九一七年一月，胡適作《寒江》詩三首，其一云：

江上還飛雪，西山霧未開。
浮冰三百畝，載雪下江來。

「畝」字原作「丈」，爲楊杏佛所改。胡適認爲楊的意見很好，在《留美學生季報》發表時即加以採納，同時附跋說明：「此一字師也，記之以謝。」

同年六月初，胡適即將歸國。這時，他的詩作已小有成就。他自感這些成就中有任鴻雋、楊杏佛的助力，因此，寫了一首《文學篇》，與任、楊、梅三人作別。序云：「吾數年來之文學的興趣，多出於吾友之助。若無叔永、杏佛，定無《去國集》。若無叔永、覲莊，定無《嘗試集》。」詩中回憶一九一二年與任、楊、梅見面時的情景：

明年任與楊，遠道來就我。
山城風雪夜，枯坐殊未可。
烹茶更賦詩，有作還須和。
詩爐久灰冷，從此生新火。

戊戌維新前後，黃遵憲、譚嗣同、梁啓超等一直想點燃起中國詩歌改革的火焰，始終未能成功。人們不會想到，這一簇火焰卻在美洲的山城裏點燃起來了。

胡適歸國前，朋友們趕到紐約送別，楊杏佛因事未能成行，他寫了一首詩寄給胡適，詩云：

遙淚送君去，故園寇正深。
共和已三死，造化獨何心？
腐鼠持旌節，饑烏滿樹林。
歸人工治國，何以慰呻吟？

當時，張勳正率領辮子軍北上，威脅黎元洪解散國會，楊杏佛親自參加締造的共和制度再一次面臨夭折的危險，他勉勵胡適歸國後投入鬥爭，拯救人民的苦難。七月三日，胡適在太平洋上航行。當夜，月色明朗，胡適在甲板上散步，面對萬頃銀波，想起了美洲的朋友們。次日，作成《百字令》一首寄給任鴻雋、楊杏佛等人，詞云：

幾天風霧，險些兒把月圓時辜負。待得他來，又長被如許浮雲遮住。多謝天風，吹開孤照，萬頃銀波怒。孤舟帶月，海天衝浪西去。

遙想天外來時，新洲曾照我故人眉宇。別後相思如此月，繞遍人寰無數。幾點疏星，長天清迥，有濕衣涼露。憑欄自語，吾鄉真在何處？

胡適的這首詞，有情有景，在闊大清迴的意境中表達出對朋友的無限思念，也隱約地表露了對國家狀況的感慨。楊杏佛讀後，覆函稱：「舟中詞曲折蒼涼，佳作也。有此景乃有此作，誠不負煙士披里薰矣！」④

二、「君作游天龍，吾為籠內雞」

楊杏佛本在康奈爾大學機械系學電機，一九一六年八月畢業，轉入哈佛大學攻讀工商管理碩士學位。一九一八年冬學成歸國。十月下旬抵滬。十一月與趙志道女士結婚，胡適曾作詞祝賀。此詞今不傳。廿三日，楊杏佛覆胡適函云：

賀詞及書均拜收，謝謝。詞極佳，在白話、文言之間，為新婚紀念。遲日得暇，或能作答，今則俗務紛紜，不敢語此矣！⑤

當時，國事混亂，不少留學生懷著報效鄉邦的壯志歸來，但不久即沮喪消沉，無所事事。胡適與他們不同，歸國後即積極投入新文化運動，成績煊赫。對此，楊杏佛表示欽佩，信中說：

國中事無一可人意。留學生混飯易，作事難。昔之以志士自命者，今多碌碌養妻子，如兄之能始終言新文學者，誠為鳳毛麟角。

他要求胡適今後經常通訊，互相勉勵，以期不負初衷。信中又說：

吾此後行事當時時告兄，願兄盡直言之責，吾亦當勉貢芻蕘也。今日在國中能盡言者惟兄與叔永、明復耳。人少責重，吾所望於兄者多矣！

同年十二月，楊杏佛準備應漢陽鐵廠之聘，任會計處成本科長。但他對這一工作並無多大熱情，想在兩、三個月後即回上海，與人合辦工廠。同月十一日致函胡適說：

銓明春二、三月即擬返滬，因滬上已與人約同辦工廠，果開辦，勢不能爽約也。漢廠人習氣極深，難與有為。吃飯易，作事難，故欲別就。⑥

漢陽鐵廠雖是座現代化的工廠，但也像當時中國許多地方一樣，充滿了衙門氣。果如楊杏佛所料，他到廠不久，就對這個環境感到厭倦。一九一九年初致函胡適說：

銓來漢陽雖已一月，所為尚茫無頭緒。職為成本會計，然廠中習氣甚深，時有五斗米折腰之嘆。今始知在中國作工商與作官等耳，安望其能與世界相競！⑦

中國長期依靠官僚治國，官僚主義成爲深入膏肓的錮疾，作工商如同作官，自然，和現代化企業的要求也就相距天壤了。胡適能理解楊杏佛的牢騷，於一月三十日、二月二日連致兩書勸慰。二月五日，楊杏佛再致胡適函云：

銓對漢陽不滿意者，不在中國大局，但為小己著想耳。黃金虛牝，自惜華年而已。果能有益國家，雖馭此微賤之事，亦所樂為也。⑧

同函中，楊杏佛告訴胡適，詹天佑曾擬聘請他擔任《中華工程師會會報》編輯，月薪二百元，並可在鐵路上兼事，但他猶疑不願接受。函稱：

歸國後辭《科學》編輯，即因欲實地辦事始然。今何能以受薪遽易初志。又線路事業本非所習，若胡亂就之，真成飯碗主義矣！惟此間會計事亦極無聊，或於二月底請假來京一行，亦未可知。在中國習實業學生無資本者誠屬可憐，若能自辦工廠，何致如喪家之犬耶！

從本函看，楊杏佛在上海與人合辦工廠的計畫也沒有什麼進展。正當他爲生活無聊不能有所作爲而苦悶時，任鴻雋過漢。久別重逢，兩個好朋友自然有許多話要說。但是，楊杏佛爲廠事所羈，竟找不出暢談的時間，而任鴻雋也只能停留三日，就匆匆離去。楊杏佛感嘆之餘，成詩一首：

聯翼涉美亞，歸道忽東西。
君作游天龍，吾為籠內雞。
值此千里逢，難同一日棲。
友情空復熱，心遠暮雲低。
——《叔永過漢，余以廠事不得久談，為此志別》

胡適歸國後，於一九一七年九月十日就任北京大學教授，次年一月參加《新青年》編委會，四月發表《建設的文學革命論》，成爲新文化運動中的風雲人物，而楊杏佛則困頓下僚，鬱鬱不得志。「君作游天龍，吾爲籠內雞。」這兩句本來是楊杏佛用以比喻自己和任鴻雋的不同境遇的，但是，移來比喻胡適和楊杏佛也許更加合適。

四月廿二日，楊杏佛將上引詩寄給胡適，請他指正。函稱：「吾近來自由喪失殆盡，作詩詞之權利亦爲剝奪。」「此間自由少，時間少，而吾偏好事，所以忙不勝忙。」⑨同函中，楊杏佛並告訴胡適，月內又將擔任《科學》編輯，稿件尙不知向何處去找，要求胡適能以講義「幫忙」。當年，中國科學社將在杭州召集年會，信中，楊杏佛也要求胡適能提供哲學上的研究成果。胡適雖然志趣在文學，但他也參加了科學社，是該社的永久社員。還在一九一六年，胡適就在《科學》二卷一期上發表《論句讀及文字符號》一文，第一次提出使用新式標點。一九一六年，又在該刊三卷一期上發表《先秦諸子之進化論》，成爲胡適用西方科學觀念研究中國古代文化的開端。胡適收到楊杏佛此函後，即將《清代漢學家的科學方法》一文寄給了楊杏佛，該文旋即發表於《科學》五卷二至三期上。

三、分道翱翔中的相互關懷與支持

一九一九年夏，楊杏佛應聘擔任南京高等師範學校教授。其後，該校改爲東南大學，楊杏佛歷任商科主任、文理科經濟教授、工科教授等職，同時致力於中國科學社的工作，聲名日著，真正做到了和胡適「分道各翺翔」了。

由於所業不同，二人間的聯繫自然不能十分密切，有兩三年工夫不曾見過一面，但是，二人間仍然時通訊息，相互關懷，相互支持。胡適有一首《戲楊杏佛的大鼻子》，可能作於這一時期，詩云：

鼻子人人有，惟君大得凶。
直懸一寶塔，倒掛兩煙囪。
親嘴全無分，聞香大有功。
江南一噴嚏，江北雨濛濛。

正如詩題所說，胡適寫這首詩完全是「戲」，不過，從中倒可以看出二人之間的融洽關係，也可以看出胡適性格中幽默、詼諧的一面。⑩

一九二二年五月，胡適與丁文江等在北京創辦《努力週報》，以學者的身分談政治，提倡「好人政府」，「希望在一個無可奈何的環境裏，做一點微薄的努力」。⑪雖然是一種溫和的改良主義，但仍然表現出對舊秩序的不滿。楊杏佛始終關注著這份刊物。當年十二月十七日，胡適因身體不好，決定請假一年，離開北大休養。同月廿四日，在《努力》第三十四號登出啓事，一時引起許多猜測。次年一月十九日，蔡元培因反對北洋政府教育總長彭允彝，發表《不合作宣言》，宣布不再到北大辦事。廿一日，胡適在《努力》第三十八號上發表《蔡元培以辭職爲抗議》的評論，支持蔡的不合作立場。二月四日，楊杏佛在病中讀到《努力》，很高興，致函胡適稱：

閱《努力》，知復奮鬥，為知識界爭人格。北方之強，畢竟不同。前聞兄病，是否舊疾復發，甚以為念。銓近肺疾亦發，但不甚劇，亦無復原之望。天時人事皆使人不得不病也。⑫

一九二三年十月，胡適決定將《努力週報》暫時停刊，改出半月刊或月刊，以徹底批評「復古的混沌思想」和「頌揚拳匪的混沌思想」。上海商務印書館對此感到興趣，要求承辦。同年十二月下旬，努力社與商務印書館簽約，籌備出版《努力月刊》。楊杏佛曾積極參與刊物的籌備。他擬邀在法國的張奚若回國擔任主撰。一九二四年二月二十日，楊杏佛致函胡適云：

《努力》稿件如何？我假中病仍無癒望，故未敢作文，惟總必拚命為《努力》成一文，大約月內或下月初可交卷，題為《中國之勞動立法問題》。

他告訴胡適，張奚若已同意出任編輯，但回國需旅費一千元，商務不能預支，自己願與胡適等各籌一、二百元湊足。⑬但是，這以後，雖經長期努力，《努力月刊》始終未能問世。

胡適也關懷楊杏佛在東南大學的情況。

一九二三年四月廿一日，胡適離開北京，到上海參加新學制課程起草委員會。廿九日，利用休會機會，與任鴻雋、陳莎菲及曹佩聲等同遊杭州，楊杏佛夫婦自南京趕來參加。五月三日胡適回到上海，不久就病了。廿五日，胡適收到楊杏佛寄來的一首《西湖紀痛》詩，詩云：

今年浪跡欲何依，每到西湖便當歸。
換世誰知丁令鶴，淒魂猶夢老萊衣。
病纏中歲孤兒疲，春晚南屏墓草肥。
三日盛遊還痛哭，此生無計報春暉。

楊杏佛早年住在杭州。其父一九一九年五月在當地逝世。此詩為思親之作。從「病纏中歲孤兒疲」等句看來，楊杏佛在東南大學的境遇並不好。當時，東大教員分新舊兩派，楊杏佛因經常演講勞動問題和社會改造思想，議論時局，批評校務，受到進步青年的愛戴，成為新派的首領；舊派則擁護校長郭秉文的保守主張和措施。學校經常發生風潮，郭秉文認為均出於楊杏佛的挑唆，必欲去之而後快。東大的教授一年一聘，「年年續約之時，輒生去留問題。郭氏及其黨徒，暗示明言，無不諷其辭職。」⑭一九二三年六月初，郭秉文代表中國赴英參加教育會議，行前召開行政委員會，指使代理校務的人辭去楊杏佛等人的教職。同月三日，楊杏佛趕到上海，質問郭秉文。不料，郭竟一賴到底，矢口否認開過什麼會。這時，胡適的同情完全在楊杏佛方面。當他從楊的電話中得知此事時，激憤地認爲郭的行爲「真是無恥」！此次鬥爭，楊杏佛得到勝利。六月八日，他致函胡適報告說：

至銓之續約書，則於歸後次晨即送來。我決向校中提出教授人格保障及講學自由為條件，因此事發生，行政方面並以吾講社會改造思想為藉口。一場黑劇，竟於三四日中和盤托出，可稱痛快。兄等聞之，當為我浮一大白也。我亦將從此努力讀書著述，不更與群小周旋矣！⑮

次日，再致胡適一函云：

東南之黑幕完全敗露，梅、竺皆暫留，弟亦因學生堅留，擬暫不表示辭職，惟前途暗礁甚多，非精神改組，亦不過暫時清靜耳！⑯

樹欲靜而風不止，楊杏佛在東南大學無法得到他所企求的「暫時清靜」，因此，他又時萌去志。一九二四年二月二十日致胡適函云：「弟病須養，而貧不能無業，故進退維谷，不得不勉留南京。」⑰一九二四年夏，郭秉文爲了排擠楊杏佛，竟利用軍閥齊燮元的淫威，以經費不足爲名，要求停辦東南大學工科。同年十月，楊杏佛赴廣州，任孫中山秘書。十一月，隨孫中山北上。其間，楊杏佛曾向北洋政府教育部次長馬敘倫控告郭秉文。一九二五年一月初，教育部宣布解除郭秉文職務，改以胡敦復任。不料此舉卻遭到舊派的強烈抵制。十九日，胡適在北京一家俱樂部請客，楊杏佛在座，胡適出示任鴻雋（時任東南大學副校長）的一封信，中云：「郭當去而去之之法太笨，遂使郭因禍而得福，反不易去了。」⑱胡適特別將這段話記在日記裏。看來，胡適同意任鴻雋的觀點。

四、爭取「庚款」中出現的分歧

一九二四年，美國國會決定將庚子賠款餘額六百餘萬退還中國，用作教育文化事業經費。中國科學社同人獲知資訊後，決定爭取其中一部分用於科學社的研究。

五月廿五日，科學社在南京召開理事會，認爲此事已刻不容緩。廿六日，楊杏佛致函胡適，希望他赴美活動。函稱：

> 科學社近因美退賠款餘額，頗思分羹，其詳經農、叔永已函告。惟弟等頗擬請兄專為此事赴美一行，由社供給經費，兄且可借此一換空氣。⑲

胡適對此事也很感興趣。他建議將此款全數作爲基金。六月十一日，胡適代表各學術團體向外交部部長顧維鈞提出美國退還庚款管理辦法，顧隨即轉知駐美公使施肇基，請施和美國政府接洽。楊杏佛贊成胡適的意見，十六日再致胡適一函云：

> 信悉。已轉上海。此間當分頭鼓吹，叔永已在起草一宣言，弟亦將以私人資格發表一文（或載《教育與人生》），惟美國方面似較有望，故仍盼兄大力進行也。⑳

七月三十一日，美國政府指派哥倫比亞大學師範學院教授孟祿（Paul Monroe）前來中國，和北京政府談判。隨簽訂協定，規定由雙方政府任命，建立中美聯合董事會，負責管理、分配此項款額。九月十七日，曹錕根據外交總長顧維鈞、教育總長黃郛的呈請，指派顏惠慶、張伯苓、郭秉文、蔣夢麟、范源濂、黃炎培、顧維鈞、周貽春、施肇基等九人爲中華教育文化基金會董事，美方則指派孟祿、杜威等五人爲董事。次日，中華教育文化基金董事會成立，以范源濂爲會長，孟祿爲副會長。由於中方董事爲北洋政府指派，因此，排斥南方國民黨人和親國民黨的科學家，楊杏佛對此很不滿意，埋下了後來改組董事會的種子。

繼美國國會之後，英國國會也於一九二五年六月決定退還一部分庚款給中國，但又同時決定，該項款額須由英國外交大臣全權保管與支配，所設諮詢委員全由英國政府指派，且英人占多數。一九二六年二月十一日，丁文江致函胡適，告以已得英公使正式函件，聘請胡適、丁文江等三人爲英國庚款諮詢委員會中國委員。三月十六日，北京教育界人士集會反對英國處置庚款辦法。楊杏佛和北京教育界人士立場相同，認爲英國政府此舉「無退還之實而欲得親善之名」，「中國委員直英庚款委員會之客卿」。三月二十日，他公開致函胡適，指責英國政府「一方以強硬之侵略行爲欺侮中國，如去年『五卅』事件，最近粵海關及大沽口等事；一方復以空言市惠，欲以不可必得未必有利中國之數百萬賠款，轉移四萬萬華人要求民族獨立與國際平等之心理。」㉑當時，英國庚款諮詢委員衛靈敦爵士（Viscount Willingdon）等三人正在上海，和胡適等三個中方委員組成「中國訪問團」，準備到中國各地調查訪問，徵求意見，提交全體委員會最後決定。對此，楊函稱：

> 英庚款委員韋林頓輩來華後，對華人退還之要求，則故作癡聾；對用途之性質復模稜其辭。中國委員以代表中國之智識界自命者，亦皆反舌無聲，但知隨爵士輩酬酢哺啜，如此不痛不癢之委員會，乃北走胡，南走粵，僕僕道途，所為何事，誠所不解！

這裏批評的「反舌無聲」，「但知隨爵士酬酢哺啜」，當然包括胡適在內。楊杏佛要求胡適斷然採取措施。函稱：

兄在士林，雅負時望，對英亦多好感。竊謂宜聯合中國委員，要求英政府無條件退還賠款，否則全體退出英庚款委員會，以示國人對於此事之決心。年來國內名流學客，爭為外人文化侵略之買辦通事，但知朋比分贓，不顧國體國權，士林正氣，早已蕩然無存。惟兄能受敝言，故不憚辭費，一吐所懷，幸有以慰國人之望也。㉒

一九二五年五月三十日，上海租界英捕房開槍射擊遊行示威的學生和市民，造成震撼中外的「五卅慘案」，中國各界的反英情緒空前地強烈起來。六月廿三日，英國水兵、巡捕又開槍射擊在廣州沙基遊行的中國群眾，激起了轟轟烈烈的省港大罷工。楊杏佛曾於「五卅慘案」後在上海創辦《民族日報》，猛烈地抨擊英帝國主義的野蠻行徑。他在英國退還庚款問題上的立場正是他這一時期民族意識高漲的反映。

胡適沒有採納楊杏佛的建議。他認爲要英國政府無條件退還庚款是不可能的，主張在英國政府的條件中做文章：「爲今之計，只有潛移默運於此案範圍之中，使此案不成爲障礙，反爲有益的根據。」㉓基於此，他不僅費了幾個月工夫陪同英國庚款諮詢委員訪問了上海、漢口、南京、杭州、天津北京等地，而且於一九二六年七月十七日，赴英參加庚款諮詢委員會。

兩個老朋友之間由是出現分歧。

五、分歧的加深

孫中山逝世後，楊杏佛更爲積極地投入了中國的政治活動。一九二六年一月，任國民黨上海特別市黨部執行委員。同年七月廣東國民政府成立後，任上海政治分會委員。一九二七年北伐軍向東南勝利進軍期間，他代表國民黨上海特別市黨部參加國共聯席會議，積極支持上海工人三次武裝起義，曾被選爲市臨時政府常務委員。「四一二」政變後，楊杏佛受到株連，被撤銷國民黨上海市黨部執行委員職務，只擔任了一項清理招商局委員的閒職。十月，南京國民政府接受蔡元培等人的意見，仿照法國制度，成立大學院，主管全國學術及教育事宜，楊杏佛被院長蔡元培聘爲行政處主任。次年一月，任副院長。同年四月，成立中央研究院，蔡元培任院長，楊杏佛任總幹事。

胡適自赴英參加庚款會議後，陸續流轉於英、法、德、美、日等國，進行研究並作學術講演。直到一九二七年五月十七日，胡適才從神戶抵達上海。八月，受聘於私立光華大學。他仍然堅持學術獨立於政治之外的原則，和楊杏佛的分歧逐漸加深。

一九二八年五月三日，日軍在濟南慘殺中國外交官蔡公時等，是爲「五三慘案」。同月六日，楊杏佛邀請教育界人座談。胡適提出：「由政府主張一個國際的公正調查，期於搜集證據，明定啓釁責任所在。」㉔與會者都贊成胡適的意見。十八日，胡適到南京參加教育會議。楊杏佛時任大學院副院長，二人因得以再次見面。二十日，星期日休會。胡適、楊杏佛、朱經農、錢端升、張奚若等同到第一林場、建業農場、靈谷寺等地遊覽。楊杏佛騎著一匹馬，器宇軒昂，胡適見了很高興。他認爲，近幾年中，楊杏佛取「蠟燭主義」，「點完即算了」，生活上馬馬虎虎，「在銘德里時，家中雖有灶而不舉火，燒水都沒有器具。」㉕現在，天天出去騎馬，胡適從這裏看到了老朋友精神面貌的變化。

一九二七年八月，楊杏佛曾在《現代評論》雜誌發表過一首詩，中云：

人們，你若苦黑暗麼？
請你以身作燭。
用自己膏血換來的，
方是真正光明之福。

胡適所稱楊杏佛取「蠟燭主義」，當即本此。不過，楊杏佛意在表達犧牲自己，以「膏血」換取「光明」的戰鬥精神，並非「點完即算了」的消極主義，這一點，胡適理解錯了。

當天遊紫霞洞時，眾人紛紛抽籤。胡適的籤詩是：

惡食粗衣且認真，逢橋下馬莫辭頻。
流行坎坷尋常事，何必區區諂鬼神。

當時胡適和南京國民政府還在若即若離之間，這次到南京，真使他有「諂鬼神」之感。楊杏佛抽得第九籤，詩云：

撥開雲霧睹青天，況是中天月正圓。
四馬通衢無阻礙，佳聲美譽得爭傳。

此詩是「時運大通之象」，楊杏佛抽到此籤，不免有幾分高興。不過，楊杏佛在大學院的工作也並不順利。六月十四日，胡適收到蔡元培和楊杏佛的一份快信，要他十五日到南京參加大學委員會。當時，教育界正因撤換中央大學校長張乃燕一事出現風潮。張乃燕是張靜江的侄子，蔡元培、楊杏佛事前未通知張靜江與張乃燕，楊杏佛也未與高等教育處處長張奚若等商量，即匆促下令撤換張乃燕，以吳稚暉繼任，命張改任大學院參事。此次風潮的目的在推倒楊杏佛。對於此事，胡適認爲「確似係大學院的錯誤」，曾當面建議楊杏佛辭職，楊杏佛表示同意。㉖其後，蔡元培於八月十七日辭去大學院院長職務，楊杏佛也於十月六日辭去副院長職務。

在辭去副院長之前，楊杏佛搶時間做了一件早就和蔡元培商量好的事，這就是改組中華教育文化基金董事會。此事引起胡適的強烈不滿，成爲二人友誼關係上的重要轉捩點。

為了改變中華教育文化基金董事會的人員組成，早在當年三月，蔡元培即草擬了一份方案。同年七月廿七日，蔡元培向國民政府會議正式提出，獲得通過。國民政府隨即下令，「著即取消」舊董事會，任命胡適、趙元任、施肇基、翁文灝、蔡元培、汪精衛、伍朝樞、蔣夢麟、李石曾、孫科等十五人為董事，其中孫科、李石曾、伍朝樞、汪精衛、趙元任五人為新董事。這一做法，加強了國民黨人的力量，但是，和董事會舊章不合。舊章規定：董事遇有缺額，由本會選舉補充，然後呈報中國政府。胡適認為舊章的缺額自行補充辦法是近代學術基金保管機關的一般組織原則，可以鞏固組織，防止外來干涉，避免因政局變遷而牽動會務，因此，反對南京國民政府的決定。孟祿也自美來電，要求從緩改組董事會，美國財政部並表示不能繼續撥款。這就迫使南京國民政府不能不謀求補救。由於大學院制度受到許多人反對，當年十月廿三日，國民政府明令改大學院為教育部。十一月廿六日，教育部部長蔣夢麟致函胡適，主張由教育部函舊董事，請其開會，將歷年經辦事件作一系統的報告；開會時，舊董事五人提出辭職，由會議推舉出國民政府任命的新董事五人，以便既承認董事會舊章和舊董事會的權威，同時，又實際達到國民政府改組董事會的目的。十二月十九日，孟祿趕到上海，處理此事。胡適日記云：「此事本沒有問題，楊杏佛一個人的搗亂，累的大家這樣勞師動眾！真所謂『天下本無事，庸人自擾之。』」㉗

十二月下旬，南京國民政府根據蔣夢麟和胡適等人的建議下令：「准予召集原有中華教育文化基金董事會開會，將應行改組事宜妥善辦理。」次年一月三日，舊董事會在杭州召開第三次常會，胡適到會，當日日記云：「楊杏佛放了一把火，毫不費力：我們都須用全部救火隊之力去救火。」又云：「他們這樣忍辱遠來，爲的是要顧全大局，給這個政府留一點面子，替一個無識人圓謊。」這裏所說的「無識人」顯指楊杏佛。日記並稱：「我恨極了，實在沒有什麼面孔留在基金會，遂決計辭職。」㉘

一九二九年，中華文化教育基金會董事會決定撥款五十萬元，作爲設在上海的中央研究院理化工程研究所的建築費。一九三〇年一月，南京國民黨中央政治會議決定停止建築工作，將研究院遷到南京。楊杏佛不願處於國民黨的直接控制之下，爲此僕僕奔走於寧滬道上，十四天內往返八次，打通了行政院與國民政府，呈覆政治會議。然而，就在此時，蔣介石力主研究院於四月之前遷到南京，上海的建築工程立即停止。二月一日，胡適在日記中寫道：「此令昨日到研究院。蔡、楊諸君在前年屢次用政府勢力壓迫學術文化機關，而自己後來終想造成一個不受政府支配的學術機關，此是甚不易做的事。果然今日自己受威力壓迫，而杏佛的語氣似是想用他前年極力摧殘的中華文化教育基金會來替他搪塞！此真是作法自斃。」㉙可以看出，楊杏佛在胡適心目中的形象已經相當不好了。

六、射向胡適的一箭

胡適由於對南京國民政府統治下人權缺乏保障等情況不滿，於一九二九年五月發表《人權與約法》、《我們什麼時候才可有憲法》等文，批評國民黨的「黨治」。不久，又進一步撰文批評孫中山的「知難行易」學說。這對許多將中山思想視爲句句是真理的國民黨人來說，自然是大逆不道的事情。於是，集會決議、通電聲討、撰文批判，紛至遝來，形成了一場頗具聲勢的對胡適的圍剿。有的國民黨人並要求將胡適「逮捕解京，予以懲處」。楊杏佛不贊成這種霸道作風，但他也不理解胡適這些文章在當時中國的意義。

八月廿五日，他建議《時事新報》的程滄波撰文，指出胡適的主張極平常，沒有干涉的必要，同時也不妨指駁胡適一部分觀點。廿七日，程文見報，聲稱胡氏近作，「實已平淡至於極度，決無聲罪致討之價值，亦更無明正典刑之必要」，但是，胡文「批評政府之處，似不能無引起人民對於政府惡感或輕視之影響」。胡適讀了這篇文章後，覺得非常好笑，在日記上寫下了「上海的輿論家真是可憐」幾個字。㉚

對胡適的「圍剿」持續了很長一段時間。十二月二日，楊杏佛在上海大夏大學演講，將胡適列爲「旁觀派」，是「騎在牆上，看人打架，叫一聲好的東西」。事後，馬君武將楊杏佛的講稿寄給胡適，同時寫道：「杏佛在大夏演講《從時局想到個人》，罵得你好利害。特寄與你看，以爲研究厤子哲學之一助。」㉛馬君武和胡適同樣具有自由思想，因此支持胡適。一九三〇年四月，吳稚暉、楊杏佛在上海市黨部發表演講。楊在演講中批評胡適，一會兒在段祺瑞的善後會議裏大談特談政治，一會兒跑到俄國，談起共產主義是如何的好，不多時，又覺得三民主義很好，預備作一部三民主義的哲學；到了國民黨快統一的時候，又罵國民黨不禮賢下士。

他說：「學者、教育家不是萬應如意油，過去可以在軍閥底下做工具，現在可以在國民黨底下做忠實的信徒，將來國家亡了，也可以在帝國主義底下做走狗。若是這樣，主義是商品化了，思想也商品化了。」同月廿九日，楊杏佛寫了一封信託蔡元培帶給胡適，說明由於記錄者的原因，演講稿「多顛倒錯誤」。函稱：「演說中走江湖的博士乃指江亢虎先生，下文有胡先生亦犯此毛病，不肯作第二人，故好立異，筆記者必誤會『江湖』乃暗指兩姓，故混爲一談。」楊杏佛並稱：這次演說完全是被吳稚暉「拉作陪綁」。㉜

楊杏佛的這次演講對胡適的批評是很嚴峻的，這封信旨在緩和一下氣氛，但並未修正自己的觀點。四月三十日，胡適覆函楊杏佛，首引五、六年前與魯迅弟兄關於《西遊記》第八十一難的一段談話，然後說：

> 我受了十餘年的罵，從來不怨恨罵我的人。有時他們罵的不中肯，我反替他們著急。有時他們罵的太過火了，反損罵者自己的人格，我更替他們不安。如果罵我而使罵者有益，便是我間接於他有恩了。我自然很情願挨罵。如果有人說，吃胡適一塊肉可以延壽一千年，我也一定情願自己割下來送給他，並且祝福他。㉝

從表面上看，胡適的這封信表現了一種對批評者的大度和寬容，彷彿毫不在意，實際上，包含著對楊杏佛等人的深刻批評和挖苦。它表明，兩個老朋友之間已經出現了無法消解的隔閿。

七、在中國民權保障同盟中

還在一九二五年，爲了救濟五卅慘案烈士和受傷者的家屬，楊杏佛就曾和共產黨人惲代英、沈雁冰、張聞天以及進步人士郭沫若、葉聖陶、鄭振鐸等組織中國濟難會。一九三〇年之後，楊杏佛的思想急劇左傾。他秘密參加了鄧演達發起的第三黨，曾代表蔡元培聯繫陳銘樞，企圖建立反蔣的第三政權。一九三二年十二月，爲了營救政治犯，廢除非法拘留、酷刑及殺戮，爭取集會、言論、出版自由，楊杏佛又和宋慶齡、蔡元培等在上海組織中國民權保障同盟。同盟以宋慶齡爲主席，蔡元培爲副主席。楊杏佛任總幹事，會員有林語堂、史沫特萊、鄒韜奮、胡愈之、魯迅等人。一九三三年一月十七日，成立上海分會。同月，同盟派楊杏佛、李濟之北上，組織北平分會。

胡適於一九三三年新年赴滬時加入同盟。一月廿五日，楊、胡在北平相見。三十日，北平分會召開成立會，胡適、楊杏佛分別致詞。會議選舉胡適、成舍我、許德珩、任鴻雋、蔣夢麟、李濟之、馬幼漁等九人爲執行委員，胡適被推爲主席。會議同時推舉楊杏佛、胡適等三人赴各監獄視察政治犯在獄情況。

胡適對同盟的組織和活動最初是熱心的。一月廿六日，他對《晨報》記者談話稱：「近年以來人民之被非法逮捕，言論、出版之被禁等，殊爲司空見慣，似此實與約法之規定相背。」[34]同盟成立的當晚，胡適和楊杏佛即決定視察北平各監獄，調查政治犯的待遇及生活情形。夜十一時，楊杏佛會見張學良，獲得允准。三十一日，楊、胡，加上成舍我，三人一起參觀了陸軍反省院、陸軍監獄和軍分會看守所及另外兩所監獄。楊稱：值此抗日吃緊之時，深盼全國人材，無論爲國家主義派，爲共產黨，均能集中於同一戰線之下。[35]同時決定由分會組織正式委員會，詳加考察。三日，楊杏佛離平。在楊杏佛離平之後不久，胡適即和同盟中央發生尖銳衝突。

一月廿五日，史沫特萊向同盟執委會提交了北平軍人反省分院政治犯的一份呼籲，呼籲書聲稱：「我們生存在二十世紀的今日，而我們被捕後所受的種種酷刑，立即使我們感覺到好像我們是羅馬時代或極野蠻的部落社會。現在中國統治階級所使用的各種刑具，極盡野蠻之能事。他們想出種種方法要能給受難者以最高度的痛苦。」[36]二月一日，同盟執委會舉行新聞記者招待會，由宋慶齡簽字，將呼籲書交給各報發表。同日，史沫特萊致函胡適，附寄呼籲書及宋慶齡簽名英文函件，要求北平分會「指派一個委員會立即去見負責官員，提出最強有力、最堅決的抗議」。[37]宋慶齡的英文信件要求「立即無條件的釋放一切政治犯」。[38]胡適研究了呼籲書，認爲反省院都是「已決犯」，沒有私刑拷打的必要。同時，有人自稱住在胡適家，假借胡適名義，遞交一份題爲《河北省第一監獄政治犯致民權保障同盟北平分會》的函件給《世界日報》，揭露該獄的種種黑暗。胡適認爲，此信與宋慶齡所收的呼籲書「同是揑造」。二月四日、五日，他連續兩次致函蔡元培、林語堂，批評同盟不應不加調查，就匆匆發表。他說：「如果一、二私人可以擅用本會最高機關名義，發表不負責任的匿名稿件，那麼，我們北平的幾個朋友，是決定不能參加這團體。」㊴

同盟接到胡適的信後，蔡元培、楊杏佛、林語堂等都認爲「事情極其嚴重，須徹查來源」。二月十日，楊杏佛致函胡適，認爲呼籲書所云種種酷刑，「即使有之，在反省院前不能籠統便加入反省院」，表示「以後發表文件自當審慎」。函中，楊杏佛勸慰胡適說：

> 弟行時曾告兄，弟等奔走此會，吃力不討好，尤為所謂極左者所不滿，然集中有心人爭取最低限度之人權，不得不苦鬥到底，幸勿灰心，當從內部設法整頓也。㊵

十四日，蔡元培、林語堂致函胡適，說明呼籲書發表經過，表示「其過失當由本會全體職員負責」。㊶同日，楊杏佛再次致函胡適，函稱：「希望兄千萬勿消極，在京、平市黨部開始壓迫本會之時，內部自當精誠團結也。」㊷

胡適與同盟中央的分歧主要不在對呼籲書真僞的判斷上，而在於胡適反對「無條件釋放一切政治犯」這一主張。二月五日，胡適對北平《民國日報》記者發表談話稱：「對政府逮捕政治犯，並不是無條件的反對，但必須先有四個原則：（一）逮捕前必須得有確實證據；（二）逮捕後須遵守國法，於廿四小時內移送法院；（三）法院偵查有證據者，公開審判，無證據者，即行取保開釋；（四）判罪之後，必須予以人道之待遇。㊸十九日，在《獨立評論》發表文章稱：「這不是保障民權，這是對一個政權要求革命的自由權。」「一個政府要存在，自然不能不制裁一切推翻政府或反抗政府的行動。」㊹廿一日，又對《字林西報》發表談話，明確指出：「同盟不應如某些團體所指出的那樣，提出釋放一切政治犯，不予治罪的要求。一個政府應該有權對付那些威脅這本身生存的行動，但政治嫌疑犯必須如其他罪犯一樣，應當得到法律的保障。」㊺廿二日，同盟執委會開會討論，會後致電胡適，指出上項談話「與本會宣言目的第一項完全違背，是否尊意，請即電覆。」㊻

廿三日，楊杏佛致函胡適，報告執委會開會情況：

> 執委會特開會討論，極以如此對外公開反對會章，批評會務，為反對者張目，且開會員不經會議各自立異之例，均甚焦灼。

楊函也要求胡適「有以解釋，勿使此會因內部異議而瓦解」。㊼廿八日，宋慶齡、蔡元培致函胡適稱：「會員在報章攻擊同盟，尤背組織常規，請公開更正」，否則唯有自動出會。㊽

胡適對上述函電均不作答覆。三月三日，同盟臨時中央開除胡適會籍。四日，胡適在日記中寫道：「此事很可笑！此種人自有作用。我們當初加入，本是自取其辱。」㊾下午，在胡適家中召開同盟北平分會，胡適表示，不願再和上海那班人辯爭。廿一日，他致函蔡元培，表示

「不願多演戲給世人笑」，並稱：「不願把此種小事放在心上」。胡適並說：「我所耿耿不能放心者，先生被這班妄人所包圍，將來真不知如何得了啊！」㊿胡適這裏所稱「妄人」，即包括楊杏佛在內。

八、對於楊杏佛之死的評論

一九三三年六月十五日，胡適爲赴美參加太平洋國際學會到達上海。同日，赴中央研究院訪問蔡元培和楊杏佛，沒有見著。到蔡元培家，見到了蔡氏夫婦。第二天，楊杏佛到胡適住所回拜。胡適約楊同到李拔可家吃飯。飯後，楊杏佛又送胡適回住所。兩個老朋友之間仍然維持著形式上的友誼關係，但是，內心卻已經很隔膜。當日，胡適在日記中寫道：

> 杏佛來，此為二月初我在北平見他之後第一次見他。為了民權保障同盟事我更看不起他。因為他太愛說謊，太不擇手段。

由於彼此政治觀點不同，胡適對楊杏佛在民權保障同盟中的作爲不滿是可以理解的，但是，罵楊杏佛「太愛說謊，太不擇手段」，就不知何所據而云然了。

楊杏佛和中國民權保障同盟的活動引起了國民黨當局的忌恨，國民黨特務不斷寫信威脅同盟領導人，甚至在給楊杏佛的信裏裝進子彈。就在胡適到達上海的同一天，國民黨特務組織秘密發出通告，計畫暗殺「中國共產黨領袖、左翼作家以及各反蔣軍人政客」，魯迅、楊杏佛均在黑名單之列。十八日，胡適準備登輪，到幾位朋友處辭行。到了徐新六家時，即得到楊杏佛的噩耗。當日上午八點半，楊杏佛從中央研究院出門，被四個人從三面開槍打死，公子楊小佛腳上受傷，汽車司機受重傷。兇手三人，兩人逃了，一人被追，開槍自殺。

胡適覺得很奇怪，在日記中寫道：

> 此事殊可怪。杏佛一生結怨甚多，然何致於此！兇手至於自殺，其非私仇可想。豈民權同盟的工作招搖過甚，未能救人而先召殺身之禍耶？似未必如此？
>
> 前日我尚與杏佛同車兩次，第二次他送我回寓的車即是今日被槍擊的車。人世變幻險惡如此！
>
> 我常說杏佛一生吃虧在他的麻子上，養成了一種「麻子心理」，多疑而好炫，睚眥必報，以摧殘別人為快意，以出風頭為作事，必至於無一個朋友而終不自覺悟。我早料他必至於遭禍，但不料他死的如此之早而慘。他近兩年來稍有進步，然終不夠免禍。51

政治態度有時使人接近真理，有時卻又使人離開真理。胡適猜到了楊杏佛的死和國民黨有關，但是又認爲「似未必如此」，走到了真相邊緣卻又離開了。這顯然與胡適當時對國民黨認識有關。楊杏佛自稱：「生平未嘗樹敵，但知疾惡如仇；不解修怨，但知爲國鋤奸。」㊾胡適這段日記中對楊杏佛的評價，就離事實更遠了；「痲子心理」一段，更使人有失忠厚之感。

胡適又寫道：

（杏佛）頗有文學天才，作小詞甚可誦。當囑其同事保存其詩詞稿。

這裏，算是多少表現了一點對老朋友的情誼。

一九三五年七月，胡適寫信給羅隆基，中稱：

杏佛是一個最難用的人，然而蔡先生始終得其用。中央研究院之粗具規模，皆杏佛之功也。㊿

這就朝正確地評價楊杏佛前進了一步。

（原載《胡適與他的朋友》，第四集，紐約天外出版社，一九九七。）

①《胡適留學日記》（一），臺灣遠流出版公司版，第一一六頁。
②楊杏佛致胡適函手跡，一九一五年九月十五日，中國社會科學院近代史研究所藏，以下均同。
③楊杏佛致胡適函手跡，一九一六年。
④楊杏佛致胡適函手跡，一九一七年八月十五日。
⑤楊杏佛致胡適函手跡，一九一八年十一月廿三日。
⑥《胡適來往書信選》（上），中華書局一九七九年版，第十八頁。
⑦楊杏佛致胡適函手跡，一九一九年一月十五日。
⑧楊杏佛致胡適函手跡，一九一九年二月五日。
⑨《胡適來往書信選》（上），第三十九頁。
⑩《胡適手稿》第十集卷四，臺灣胡適紀念館版，第三三一頁。
⑪《一年了》，《努力週報》第三十五期。
⑫楊杏佛致胡適函手跡，一九二三年二月四日。
⑬《胡適來往書信選》（上），第二三七頁。
⑭《與東大同學論軍閥與教育書》，《楊杏佛文存》，上海平凡書局一九二九年版第三一七頁。
⑮《胡適來往書信選》（上），第二〇四頁。
⑯同上，第二〇五頁。
⑰《胡適來往書信選》（上），第二三七頁。

⑱《胡適的日記》（手稿本），一九二五年一月十九日，臺灣遠流出版公司一九九〇年版。
⑲《胡適來往書信選》（上）第二五二頁。
⑳同上，第二五四頁。
㉑《致胡適之書》，《楊杏佛文存》第二六三頁。
㉒同上。
㉓《胡適來往書信選》（上），三七一頁。
㉔《胡適的日記》（手稿本），一九二八年五月六日。
㉕同上，一九二八年五月二十日。
㉖同上，一九二八年六月十五日。
㉗同上，一九二八年十二月十九日。
㉘同上，一九二九年一月三日。
㉙同上，一九三〇年二月一日。
㉚同上，一九三九年八月廿七日。
㉛同上，一九二九年十二月二十日。
㉜《胡適來往書信選》（中），第十至十一頁。
㉝同上，第十一頁。
㉞《晨報》，一九三三年一月廿七日。

㉟北平《民國日報》，一九三三年二月一日。

㊱《北平政治犯的黑暗生活》，《中國論壇》第二卷第一期。

㊲《胡適來往書信選》（中），第一六九頁。

㊳同上，轉引自《胡適致蔡元培、林語堂》，《胡適來往書信選》（中），第一七九頁。

㊴《胡適來往書信選》（中），第一八一頁。

㊵同上，第一八六頁。

㊶同上，第一八七頁。

㊷同上，第一八八頁。

㊸北平《民國日報》，一九三三年二月六日。

㊹《民權的保障》，《獨立評論》第三十八號。

㊺《字林西報》，一九三三年二月廿一日。

㊻《胡適來往書信選》（中），第一八九頁。

㊼同上，第一九二頁。

㊽同上，第一九三頁。

㊾《胡適的日記》，一九三三年三月三日。

㊿同上，一九三三年三月廿一日、六月十六日。

(51)同上，一九三三年六月十八日。

52 《再函王儒堂書》，《楊杏佛文存》，第三三八頁。

53 《胡適的日記》，一九三五年七月廿六日。

胡適和國民黨的一段糾紛

有一段時期，胡適和國民黨的關係很緊張，其發端與衝突經過，表現出近代中國獨特的社會現象與文化現象。

一、發端

一九二九年三月，國民黨召開第三次全國代表大會，上海特別市代表陳德徵向會議提出《嚴厲處置反革命分子案》，內稱：「反革命分子包含共產黨、國家主義者、第三黨及一切違反三民主義之分子，此等分子之危害黨國，已成爲社會一致公認之事實，吾人應認定對反革命分子應不猶疑地予以嚴厲處置。」陳德徵抱怨過去處置「反革命分子」，均以移解法院爲唯一辦法，而法院又「礙於法例之拘束」，常以「證據不足」爲詞，加以寬縱。他建議黨部直接干預。提案說：

> 凡經省及特別市黨部書面證明為反革命分子者，法院或其他法定之受理機關應以

反革命罪處分之；如不服得上訴，惟上級法院或其他上級法定之受理機關，如得中央黨部之書面證明，即當駁斥之。①

這就是說，國民黨省市黨部有權確定誰是反革命，只須一紙「書面證明」，即使「證據不足」，法院也必須遵命治罪。胡適反對這種以黨代法的意見。三月廿六日，即陳德徵提案見報的當日，胡適即致函南京國民政府司法院長王寵惠說：

先生是研究法律的專門學者，對於此種提議，不知作何感想？在世界法制史上，不知哪一世紀哪一個文明民族曾經有這樣一種辦法，筆之於書，立為制度的嗎？我的淺陋寡聞，今日讀各報的專電，真有聞所未聞之感。中國國民黨有這樣黨員，創此新制，大足誇耀於全世界了。②

胡適諷刺說，審判既不須經過法庭，處刑又何必勞動法庭，不如拘捕、審問、定罪、處刑、執行，「皆歸黨部」，完全「無須法律」，「無須政府」，「豈不更直截了當嗎？」

除致函王寵惠外，胡適又將該函送給國聞通信社，要求轉送各報發表。廿九日，國聞通信社覆函胡適，告以各報均未見刊出，聽說已被檢查者扣去，將原稿退給了胡適。③此事本來已經終結，不料四月一日，上海《民國日報》卻出現了陳德徵的短文《匕首》，中云：

不懂得黨，不要瞎充內行，講黨紀；不懂得主義，不要自以為是，對於主義，瞎費平章；不懂得法律，更不要冒充學者，來稱道法治。在以中國國民黨治中國的今日，老實説，一切國家底最高根本法，都是根據于總理主要的遺教，違反總理遺教，便是違反法律，違反法律，便要處以國法，這是一定的道理，不容胡説博士來胡説的。

一九二八年八月，國民黨五中全會宣布開始訓政。一九二九年三月，國民黨第三次全國代表大會通過決議，以孫中山所著《三民主義》、《五權憲法》、《建國方略》、《建國大綱》及《地方自治開始實行法》，「爲訓政時期中華民國最高之根本法」，決議宣稱：「吾黨同志之努力，一以總理全部之遺教爲準則」，「總理遺教，不特已成爲中華民國所由創造之先天的憲法，且應以此中華民國由訓政時期達于憲政時期根本法之原則」。④陳德徵文中所稱：「一切國家底最高根本法，都是根據于總理主要的遺教」，即本於該項決議。陳德徵由此進一步推論：違反孫中山的「遺教」就是違反法律，便要處以國法。文末所説「胡説博士」隱指胡適。胡適讀了之後，激憤地在日記中寫道：「我的文章沒處發表，而陳德徵的反響卻登出來了。」⑤

同年四月二十日，南京國民政府發佈命令，聲稱：

世界各國人權，均受法律之保障，當此訓政開始，法治基礎亟宜確立。凡在中華民國法權管轄之內，無論個人或團體均不得以非法行為侵害他人身體自由及財產，違者即依法嚴行懲辦不貸。⑥

胡適認爲這道命令令人失望，於五月六日寫成《人權與約法》一文，向南京國民政府質疑。他批語該項命令說：一、「自由」究竟是哪幾種自由？財產究竟受怎樣的保障，沒有明確規定。二、命令所禁止的只是「個人或團體」，而並不曾提及政府機關。他說：「個人或團體固然不得以非法行爲侵害他人身體自由及財產，但今日我們最感覺痛苦的是種種政府機關或假借政府與黨部的機關侵害人民的身體自由及財產。」三、所謂「依法」是依什麼法？他說：「我們就不知道今日有何種法律可以保障人民的人權。」胡適指斥當時的國民黨當局說：

無論什麼人，只須貼上「反動分子」、「土豪劣紳」、「反革命」、「共黨嫌疑」等等招牌，便都沒有人權的保障。身體可以受侮辱，自由可能完全被剝奪，財產可以任意宰割，都不是「非法行為」了。⑦

文中，胡適並以致王寵惠函被扣一事爲例說：「這封信是我親自負責署名的，我不知道一個公民爲什麼不可以負責發表對於國家問題的討論。」此外，胡適還引證了當時人權保障的其他兩個例子：安徽大學某校長因在語言上頂撞蔣介石，被拘禁多日，其家人親友只能到處奔走求情，而不能到任何法院去控告「蔣主席」；唐山商人楊潤普被當地駐軍一百五十二旅指爲收買槍枝，擅自抓去審問，刑訊逼供，經全市罷市後才釋放。胡適提出：如果真要保障人權，確立法治基礎，第一件應該制定一個中華民國的憲法，至少，至少，也應該制定所謂訓政時期的約法。他說：

> 我們要一個法來規定政府的許可權，過此許可權，便是「非法行為」。我們要一個約法來規定人民的「身體、自由及財產」的保障，有侵犯這法定的人權的，無論是一百五十二旅的連長或國民政府的主席，人民都可以控告，都得受法律的制裁。⑧

控告「一百五十二旅的連長」，也許沒有什麼了不起，但是，胡適認爲，也可以控告並依法制裁「國民政府的主席」，在中國歷史上，這就不能不是石破天驚之語了。

文末，胡適呼籲：「快快制訂約法以確定法治基礎」、「快快制定約法以保障人權。」該文旋即在《新月》二卷二號上發表。

二、胡適對孫中山和國民黨的批評

胡適的《人權與約法》發表後，立即引起了廣泛的注意。一些朋友擔心胡適吃虧，勸他罷手。六月二日，張元濟致函胡適說：

> 先生寫了信給王博士，又把信稿送給國聞通信社，又被什麼檢查者看見，我只怕這《新月》裏雪林女士所說的那猛虎大吼一聲，做一個跳擲的姿勢，張牙舞爪，直向你撲來，你那一枝毛稚子，比不上陸放翁的長矛，又他不住。古人道：「邦無道，其默足以容。」這句話原不是對共和國民說的，但是我覺得我們共和國國民的面具很新，他幾千年的老客氣擺脫不掉，所以他幾千年的話還是有用的。⑨

次日，張元濟再次致函胡適，進一步補充說：

> 現在街上有一群瘋狗在那裏亂咬人，避的避，逃的逃，忽然間有個人出來打這些瘋狗，那有個不讚嘆他呢！但是要防著，不要沒有打死瘋狗，反被他咬了一口，豈不是將來反少了一個打狗的人。⑩

但是，胡適不怕被「咬」，他以「少一事不如多一事」⑪的態度，又撰文提出：「不但政府的許可權要受約法制裁，黨的許可權也要受約法的制裁。」他說：

如果黨不受約法的制裁，那就是一國之中仍有特殊階級超出法律制裁之外，那還成「法治」嗎？其實今日所謂「黨治」，說也可憐，那裏是「黨治」？只是「軍人治黨」而已。⑫

胡適的這些話，鋒芒所向，觸及到了國民黨長期標榜的「以黨治國」的根本方針。不僅如此，胡適又進一步把批評的矛頭指向孫中山思想。

長期以來，孫中山一直將建設程序分爲軍政、訓政、憲政三個時期，所謂訓政時期，又稱過渡時期。一九二三年以前，孫中山始終主張訓政時期要有一個約法來「規定人民之權利與義務，與革命政府之統治權」，但是，在一九二四年的《建國大綱》裏，孫中山卻沒有再提起約法，也沒有規定訓政時期的年限。在《人權與約法》一文中，胡適對這一現象作過解釋，認爲這不過是一種偶然的遺漏。他說：「《建國大綱》不過是孫中山先生一時想到的一個方案，並不是應有盡有的，遺漏的東西多著呢！」但是，胡適在進一步研究之後，卻於七月二十日寫成《我們什麼時候才可以有憲法》一文，對《建國大綱》提出質疑。胡適認爲：民國十三年的孫中山已不是十三年以前的孫中山，他的《建國大綱》簡直是完全取消他以前所主張的「約法之治」了，不但訓政時期沒有約法，直到憲政開始時也還沒有憲法。據胡適分析，孫中山之所以一再延遲憲政時期，其原因在於孫中山認爲，中國人民知識程度不足，需要訓練。胡適批評孫中山說：「人民初參政的時期，錯誤總不能免的，但我們不可因人民程度不夠便不許他們參政。人民參政並不須多大的專門知識，他們需要的是參政的經驗。民治主義的根本觀念是承認普通民眾的常識是根本可信任的。『三個臭皮匠，賽過一個諸葛亮。』這便是民權主義的根據。」胡適由此進一步指出，人民固然需要訓練，但黨國諸公也同樣需要訓練，他說：

憲法的大功用不但在於規定人民的權利，更重要的是規定政府各機關的許可權。立一個根本大法，使政府的各機關不得逾越他們的法定許可權，使他們不得侵犯人民的權利——這才是民主政治的訓練。人民需要「入塾讀書」，然而蔣介石先生、馮玉祥先生，以至許多長衫同志和小同志，生平不曾夢見共和政體是什麼樣子的，也不可不早日「入塾讀書」罷！

人民需要的訓練是憲法之下的公民生活，政府與黨部諸公需要的訓練是憲法之下的法治生活。「先知先覺」的政府諸公必須自己先用憲法來訓練自己，裁制自己，然後可以希望訓練國民走上共和的大路。不然，則口口聲聲「訓政」，而自己所行所為皆不足為訓。小民雖愚，豈易欺哉！⑬

胡適力圖說明「憲法之下正可以做訓導人民的工作」，批評孫中山的「根本大錯誤在於誤認憲法不能與訓政同時並立」。他要求南京國民政府迅速制訂憲法。文末，胡適說：

我們不信無憲法可以訓政，無憲法的訓政只是專制。我們深信只有實行憲政的政府才配訓政。

孫中山在他的遺囑中曾經要求：「務須依照余所著《建國方略》、《建國大綱》、《三民主義》及《第一次全國代表大會宣言》繼續努力，以求貫徹。」國民黨第三次全國代表大會更將《建國大綱》及軍政、訓政、憲政三大程序宣布爲「中華民國不可逾越的憲典」。⑭胡適對《建國大綱》提出質疑，不僅是對孫中山思想的批評，也是對國民黨第三次全國代表大會的決議和南京國民政府既定國策的批評。

同時，胡適又發表《知難，行亦不易》一文，批評孫中山的「知難行易」學說。胡適認爲，這一學說有積極方面和消極方面。就積極方面說，它是一種很有力的革命哲學，可以鼓舞人們不怕艱難，勇往進取，北伐勝利即其功效。但是，這一學說又存在著兩大「根本錯誤」，其一是把知、行分得太分明。他說：

中山的本意只要教人尊重先知先覺，教人服從領袖者，但他的説話很多語病，不知不覺把「知」、「行」分作兩件事，分作兩種人做的兩類的事，這是很不幸的。因為絕大部分的知識是不能同「行」分離的，尤其是社會科學的知識。這絕大部分的知識都是從實際經驗（行）上得來：知一點，行一點；行一點，更知一點，——越行越知，越知越行，方才有這點子知識。三家村的豆腐公也不是完全沒有知識；他做豆腐的知識比我們大學博士高明的多多。⑮

胡適指出，孫中山志在領導革命，自任知難，而勉人以行易，其結果是：「一班當權執政的人也就借『行易知難』的招牌，以爲知識之事已有先總理擔任做了，政治社會的精義都已包羅在《三民主義》、《建國方略》等書之中，中國人民只有服從，更無疑義，更無批評辯論的餘地了。於是他們揹著『訓政』的招牌，背著『共信』的名義，箝制一切言論出版的自由，不容有絲毫異己的議論。知難既有先總理任之，行易有黨國大同志任之，輿論自然可以取消了。」⑯

胡適批評孫中山「知難行易」學說的第二個「根本錯誤」是不懂得：知固是難，行也不易。他以醫學爲例，說明讀了許多生理學、解剖學、化學、微菌學、藥學，並算不得醫生，只有從臨床的經驗上得來的學問與技術才算是真正的知識。一個人，熟讀了六、七年書，拿著羊皮紙的文憑，而不能診斷，不能施手術，不能療治，才知道知固然難，行也大不易。由此，胡適進一步批評當時紈袴子弟辦交通，頑固書生辦考試，當火頭出身的辦財政，舊式官僚辦衛生等現象。他說：

今日最大的危險是當國的人不明白他們幹得是一件絕大繁難的事。以一班沒有現代學術訓練的人，統治一個沒有現代物質基礎的大國家，天下的事有比這個更繁難的嗎？要把這件大事辦的好，沒有別的法子，只有充分請教專家，充分運用科學。然而「行易」之說可以作一班不學無術的軍人政客的護身符！⑰

胡適這裏就將南京國民政府的袞袞諸公都罵進去了。

一波未平，一波又起。十月十七日，國民黨中央宣傳部長葉楚傖在《浙江民報》發表文章，其中有「中國本來是由美德築成的黃金世界」一語，胡適認爲這句話「最可以代表國民黨的昏憒」，如果三百年前的中國真是如此美好，那末我們還做什麼新文化運動呢？我們何不老老實實地提倡復古，回到「覺羅皇帝」以前就是了。十一月十九日凌晨，胡適寫成《新文化運動與國民黨》一文，宣告「葉部長」在思想上是一個反動分子，他所代表的思想是反動的思想。文章進一步分析南京國民政府建立後的文化政策，從維持古文、駢文壽命，壓制思想言論自由，高唱「抵制文化侵略」，提倡舊文化等方面，論證「國民黨是反動的」。他說：

上帝可以否認，而孫中山不許批評。禮拜可以不做，而總理遺囑不可不讀，紀念週不可不做。一個學者編了一部歷史教科書，裏面對於三皇五帝表示了一點懷疑，便引起國民政府諸公的義憤，便有戴季陶先生主張要罰商務印書館一百萬元！一百萬元雖然從寬豁免了，但這一部很好的歷史教科書，曹錕、吳佩孚所不曾禁止的，終於不准發行了！⑱

文章進一步分析了國民黨和孫中山的文化思想，認為他們「自始便含有保守的性質」。孫中山曾經有過「歐洲的新文化都是我們中國幾千年以前的舊東西」一類說法，胡適在詳加摘引之後評論說：

> 這種說法，在中山先生當時不過是隨便說說，而後來一民主義成為一黨的經典，這種一時的議論便很可以助長頑固思想，養成誇大狂的心理，而阻礙新思想的傳播。⑲

胡適認爲：一九一九年五四運動以後，國民黨接受過新文化運動的影響，但是，一九二七年以來，「鐘擺又回到極右一邊」，「國民黨中的守舊勢力都一一活動起來」。他說：現在國民黨所以大失人心，一半固然因爲政治上的設施不能滿足人民期望，一半卻是因爲思想的僵化，不能吸引前進的思想界的同情。胡適要求：一、廢止一切「鬼話文」的公文、法令，改用國語；二、通令全國日報、新聞論說一律改用白話；三、廢止一切箝制思想言論自由的命令、制度、機關；四、取消統一思想與黨化教育的迷夢；五、至少至少，學學專制帝王，時時下個求直言的詔令。

同日，胡適在梁實秋陪同下，以上文為內容在暨南大學作了講演。講畢，文學院長陳鐘凡對胡適吐舌說：「了不得！比上兩回的文章更厲害了！我勸先生不要發表，且等等看！」⑳但是，胡適仍然將該文在《新月》二卷六、七號合刊上發表了。其後，胡適又以同樣題目在光華大學作了講演。㉑

十二月，胡適將他自己和羅隆基、梁實秋等人的文章結集為《人權論集》，計收胡適《人權與約法》、《我們什麼時候才可有憲法》、羅隆基《論人權》、梁實秋《論思想統一》、羅隆基《告壓迫議論自由者》、胡適《新文化運動與國民黨》、《知難，行亦不易》、羅隆基《專家政治》、胡適《名教》等文。十三日，胡適為這個集子寫了篇小序，中云：

我們所要建立的是批評國民黨的自由和批評孫中山的自由。上帝我們尚且可以批評，何況國民黨與孫中山！㉒

文中，胡適在引用了周櫟園《書影》裏的一則鸚鵡救火的故事後說：

今日正是大火的時候，我們骨頭燒成灰終究是中國人，實在不忍袖手旁觀。我們明知小小的翅膀上滴下的水點未必能救火，我們不過盡我們的一點微弱的力量，減少良心上的一點譴責而已。

三、國民黨的反應

胡適的激烈言論自然不能不引起國民黨方面的強烈反應。

一九二九年八月十日，上海市第三區黨部召開全區代表大會，提出臨時動議一項，認爲胡適「十餘年來，非惟思想沒有進境，抑且以頭腦的頑舊迷惑青年」，呈請市執委會轉呈中央，諮請國民政府，令飭教育部，撤去其中國公學校長一職並予以懲處，決議通過。㉓廿四日，國民黨上海特別市執行委員會開會，陳德徵等出席，決定將第三區黨部的決議轉呈中央。呈文說：「查胡適近年以來刊發言論，每多悖謬」，「足以引起人民對於政府惡感或輕視之影響」，「爲政府計，爲學校計，胡適殊不能使之再長中國公學。而爲糾繩學者發言計，又不能不予以相當之懲處」。㉔廿八日，再次開會，通過宣傳部的提案：「中國公學校長胡適，公然侮辱本黨總理，並詆毀本黨主義，背叛政府，煽惑民眾，應請中央轉令國府嚴予懲辦。」㉕接著，北平、天津、青島各地的國民黨黨部和部分黨員紛紛表態，回應上海市黨部的要求，北平市黃汝翼等人的呈文並將胡適和共產黨聯繫起來，呈文稱：

> 當此各反動派伺機活動，共產黨文藝政策高唱入雲之時，該胡適原為一喪行文人，其背景如何，吾人雖不得而知，然其冀圖解我共信，搖我黨基之企謀，固已昭然若揭，若不從嚴懲處，勢必貽罪無窮。㉖

其中，態度最嚴厲的要數青島市指委會，除指責胡適「搖動革命信仰」，「影響黨國初基」外，竟要求將胡適「逮捕解京，予以嚴懲」。㉗

九月，國民黨中央常務委員會將上海特別市執行委員會的呈文交給中央訓練部。廿一日，中央訓練部致函南京國民政府，內稱：

> 查胡適近年來言論確有不合，如最近《新月》雜誌發表之《人權與約法》、《我們什麼時候才可以有憲法》及《知難，行亦不易》等篇，不諳國內社會實際情況，誤解本黨黨義及總理學說，並溢出討論範圍，放言高論。
>
> 呈文在表示「本黨黨義博大精深，自不厭黨內外人士反覆研究討論」之後，接著指責說：
>
> 胡適身居大學校長，不但誤解黨義，且逾越學術研究範圍，任意攻擊，其影響所及，既失大學校長尊嚴，並易使社會缺乏定見之人民，對黨政生不良印象，自不能不

予以糾正，以昭警戒。㉘

中央訓練部要求國民政府轉飭教育部，警告胡適，同時通飭全國各大學校長，切實督率教職員，精研黨義，以免再有類似現象發生。不久，國民黨中央就規定，各級學校教職員每天至少須有半小時自修研究《孫文學說》等「黨義」。九月廿五日，國民政府行政院轉飭教育部。十月四日，教育部長蔣夢麟訓令胡適：「該校長言論不合，奉令警告。」㉙

在教育部警告令發表前後，上海《民國日報》、南京《中央日報》等並發表了一批文章，對胡適進行批判。這些文章在同年十一月由上海光明書局結集，出版了一本《評胡適反黨義近著》。綜觀這些文章，其論點大略不出以下數點：

一、指責胡適動機惡劣，態度狂妄。張振之撰文稱：「孫先生的學說與主義是最完備、最準確的真理，是領導革命的最高原則，我們只有堅確地信仰，不能絲毫懷疑。」㉚他批評胡適說：「胡先生在文章中所表現出來的態度，不僅攻擊孫文學說，而且想修正孫文學說，我們除佩服胡先生的妄誕以外，幾乎無話可以形容了。」㉛張文並指責胡適，「感情用事，毫無理性已達極點」。

二、指責胡適照搬西方理論，迷信西方民主。陶其情在該書序文中說：

歐美政治潮流的趨勢，便以人權做中心，由人權而民權。這種人權的民權，正是民治主義的真義所在，乃虛偽的不普遍的民權，建築在各個個人自私自利的人權上。資產階級暨特殊階級，為著自家人權的發展，勢必行其侵略主義或操縱主義，法律為其護符，政治為其轉移，便造成種種人為的不平等，還談什麼真正的民權呢？大多數民眾既已得不到民權，處在不平等地位，更談什麼人權呢？

陶其情宣稱：只有中國國民黨的「民權」，「以大多數民眾做中心」，才是真正的「民權」；胡適學著「立憲派的論調」，「泥於民治主義的見解」，不過是一種「洋八股」的精神罷了。有的文章更批評胡適，「到了歐美，只看見坐汽車、住洋房的人們生活享受愉快」，「沒有看見工廠裏面做資本家奴隸的工人」。㉜

三、指責胡適破壞「中心」，破壞「統一」，造成思想與社會的混亂。文章說：

現在除了三民主義、孫文學說可以為中國社會中心以外，別無他種可以為中國社會之中心。㉝

還有的文章說：

我們相信，中國的統治，是需要國民黨的統治；救中國的主義，是需要三民主

義。㉞

基於上述觀點，他們認爲胡適的文章只能引起「更大的混亂」，「更大的糾紛」，「中國社會將從此失去其重心，而陷於萬劫不復之地」。㉟有的文章更由進一步指責胡適「深中共產黨、改組派及帝國主義者反宣傳之毒」，㊱「爲帝國主義與奸商張目，蹈賣國漢奸之所爲」。㊲

此外，還有的文章認爲，當時「政局初定，人心浮動」，對於人民之自由，「稍加限制」，以至採取「相當壓制、防制」手段，都是必要的。文章說：

> 我們現雖踱入訓政時期，然外有赤白帝國主義之勾誘，內有共產黨與其他反動分子之隱伏，則政府取無形戒嚴的狀態以制裁此輩之活動，實非常必要。㊳

他們逐一反駁胡適所舉的國民黨違反人權的幾個例子，認爲都是合理的。關於安徽大學某校長事，文章說：「胡適既謂該大學校長挺撞蔣主席，則被拘禁數天亦宜。」關於胡適致王寵惠函各報均不能發表事，文章說：「與其公開後而引起不良之影響，更不如陽以扣留以減少無謂之糾紛。」如此等等。㊴

批判之外，國民黨當局又進一步採取行政措施。

一九三〇年一月二十日，上海特別市黨部宣傳部開會，陳德徵主持，認爲新月書店出版的《新月》月刊刊登胡適詆毀本黨言論，「茲又故態復萌，實屬不法已極」，決議查封新月書店，同時呈請市執委會，轉呈中央，褫奪胡適公權，嚴行通緝，使在黨政府下不得活動。㊵不久，國民黨中央宣傳部密令上海市黨部，聲稱《新月》第二卷第六、七期載有胡適《新文化運動與國民黨》、羅隆基《告壓迫言論自由者》二文，「詆諆本黨，肆行反動，應由該部密查當地各書店，有無該書出售，若有發現，即行沒收焚毀」。㊶五月初，國民黨中宣部又下令查禁上海現代書局出版的《大眾文藝新興文學專號》與新月書店出版的《人權論集》。㊷

胡適對國民黨的批判、警告、禁令一概採取蔑視態度。他逐一將有關消息、文章剪存，並批上「上海的輿論家真是可憐」，「這樣不通的文章，也要登在報上丟醜」等字。㊸一九二九年十月七日，他將教育部的警告令退還蔣夢麟，附函列舉部令所引公文的種種矛盾，糾正了其中兩個錯別字。胡適並說：「這件事完全是我個人的事，我做了三篇文字，用的是我自己的姓名，與中國公學何干！」㊹一九三〇年二月十五日，胡適讀到新月書店送來的上海市黨部宣傳部的密令，中有中央宣傳部「沒收焚毀」《新月》六、七期的密令。胡適在日記中寫道：「密令而這樣公開，真是妙不可言！此令是犯法的，我不能不取法律手續對付他們。」㊺十六日，胡適找到徐士浩律師，徐認爲「沒有受理的法庭」。當晚，胡適與鄭天錫、劉崇佑二人商談，劉表示可以起訴，於是，胡適決意起訴。㊻

然而，胡適最終沒有起訴。

四、自由主義者的讚譽和革命論者的不滿

胡適對孫中山和國民黨的批評文章發表以後，國內外報刊紛紛介紹、轉載，它爲胡適贏得了大量社會讚譽，但是，也有一部分人表示不滿。

讚譽者大多是和胡適懷有同樣自由主義觀點的知識分子。六月十日，蔡元培致函胡適，肯定他的《人權與約法》一文「振聵發聾」。㊼九月十日，張謇的兒子、南通大學校長張孝若寫了一首詩給胡適，詩云：

許久不相見，異常想念你。
我昨讀你文，浩然氣滿紙。
義正詞自嚴，鞭辟真入裏。
中山即再生，定說你有理。
他們那懂得？反放無的矢。
一黨說你非，萬人說你是。
忠言不入耳，勸你就此止。

——《讀適之先生論政近文因贈》㊽

張孝若的這首詩高度肯定了胡適的文章和精神，譽爲浩然正氣，鞭辟入裏。「一黨說你非，萬人說你是」云云，明確地劃出國民黨「一黨」和「萬人」的不同是非界限。

和張孝若同樣高度評價胡適文章的還有張元濟。一九三〇年五月三日，他致函胡適說：

承賜《新月》一冊，大作一首，真人人之所欲言而不能言者。當日連讀兩過，家中婦孺亦非終卷不能釋手。苦口婆心，的是有功世道文章。安得世人日書萬卷讀萬遍也。㊾

唐朝的韓愈爲了歌頌平定藩鎮叛亂的業績，寫過一篇《平淮西碑》，詩人李商隱曾表示「願書萬本誦萬過」；張元濟此函，讚美胡適言「人人之所欲言而不能言者」，希望「世人日書萬卷讀萬遍」，隱約將胡適比作韓愈。

當時像張孝若、張元濟一樣對胡適擊節稱嘆的頗不乏人。《光報》有一篇文章說：「胡以不黨之學者自居，而社會亦以是稱之，故『胡說』一出，遂大得社會之同情，尤其智識階級，大爲稱快。」㊿這確是事實。原北大學生胡夢秋致函胡適說：

《申報》的記載，《人權與約法》的大著已有單行本了！在我們追佩著法國盧梭的《民約論》時，又於言論界得到一個盧梭第二的偉作。[51]

高夢旦的哥哥寫信給高夢旦說：

> 自梁任公以後可以胡先生首屈一指。不特文筆縱橫，一往無敵，而威武不屈，膽略過人。[52]

這位作者由於佩服胡適的勇敢，居然「擬上胡先生謚號，稱之爲龍膽公，取趙子龍一身都是膽之義」。繼此函之後，高鳳池致書高夢旦說：

> 承賜胡君所著之書兩冊，甚感。謝謝。揭奸誅惡，大有董狐直筆氣概，讀之如炎暑飲冰，沁人肺腑，既爽快，又警惕，一種愛國熱忱與直言之膽魄，令人起敬不已。尤可重者，胡君心細思密，每著眼在人所忽而不經意之處，不愧一時才子。[53]

把胡適喻爲中國古代的「良史」董狐，也是一種極度的推崇。同函又說：

> 言者諄諄，聽者藐藐，剛愎之政府，肆行其矛盾自利政策，不加以反革命罪名，

亦云幸矣。

確實，當時很多人都為胡適揑著一把汗，寫了那樣激烈的文字，卻只得著一紙「警告令」，真是「亦云幸矣」！

對胡適文章表示不滿的大都是社會革命論者。一九二九年六月，《白話三日刊》發表過一篇《爭自由與胡適的胡說》，中云：

什麼自由和法權，並不是沒有，只是我們窮苦的人們沒有罷了。胡適之不曾分開來說，以為他們也可以拿自由和法權給我們，所以他起先雖然憤憤不平，結果只好跪地求饒了。老實告訴你罷，現時固然沒有約法，但是，假使由他們定出來，也決不會對於民眾有利的（於胡適之這一等人或者是有利的）。我們革命的民眾決不會向統治者要求頒佈什麼約法，請他們保障什麼人權。我們只有向著敵人猛攻，以取得我們的法，我們的權，和我們的自由！胡適之的口號與要求，無裨於實際，只有幫助統治者緩和民眾鬥爭的作用。我們必須排斥這種哀求敵人的投機理論。54

以向敵人「猛攻」為唯一的鬥爭手段，將胡適的有關文章斥之為「幫助統治者緩和民眾鬥爭」的「投機理論」，完全是二、三十年代左派的口吻。

與上文觀點相近的是《自由》雜誌發表的一篇文章，中云：

> 民權與約法是「爭」出來的，不是「求」出來的；是用鐵和血所換來的，不是用請願的方式所能得到的，何況事實上連請願都不可能呢！我們倘若真正想要民權與約法，現在只有一條路，就是大踏步走過來，加入全國革命的組織，以鐵和血的力量，去打倒一黨專制的國民黨，打倒袁世凱第二的蔣中正。55

反對一切合法鬥爭，主張訴之於「鐵和血」，顯然，這是主張暴力革命的宣言。

五、質問胡漢民

在國民黨元老中，胡漢民一直以孫中山思想的捍衛者自居。胡適批評孫中山的軍政、訓政、憲政三大程序和知難行易學說，要求南京國民政府迅速制訂憲法，自然不爲胡漢民所喜。當時，他擔任立法院長。一九二九年九月，他先後在立法院及國民黨中央黨部發表演說，闡述知難行易等有關理論，批評胡適。他說：

> 人民不知如何運用政權，憲法豈不是假的，故訓政乃〈必〉要的，殊不知我們

現在已有憲法，總理的一切遺教就是成文的憲法，三全大會已經確定並分期實施訓政工作，如再要另外一個憲法，豈非怪事！民元時代，因不遵守總理訓政方案，已誤國家。總理著的《孫文學說》，至今尚有人懷疑。足見一般人是愛假的，不要真實的。

㊿56

一九三〇年十一月，胡漢民在立法院再次發表談話，中云：「最近見到中國有一位切求自由的博士在《倫敦泰晤士報》上發表一篇長長的論文，認爲廢除不平等條約不是中國的急切要求。」胡漢民由此批判說：

> 在他個人無論是想借此取得帝國主義者的贊助和榮寵，或發揮他「遇見溥儀稱皇上」的自由，然而影響所及，究竟又如何呢？此其居心之險惡，行為之卑劣，真可以「不與共中國」了。㊿57

胡漢民這裏所說「中國有一位切求自由的哲學博士」，明眼人一看便知道指的是胡適，「居心之險惡」，「不與共中國」云云，批判十分嚴厲。

對於一九二九年九月的講話，胡適未加理睬；這一次，胡適忍不住了。十一月廿五日，他致函胡漢民，中云：

這一段文字很像是暗指著我說的，我知道先生自己不會看《泰晤士報》，必定有人對先生這樣說。我盼望先生請這個人指出我在那一天的《倫敦泰晤士報》上發表過何種長長的文章或短短的文章，其中有這樣一句「居心險惡，行為卑劣」的話。倘蒙這個人把原來的報紙剪下寄給我看看，我格外感謝。㊽

十二月十日，胡適再次致函胡漢民，要求他「務必撥出幾分鐘的工夫，令秘書處給我一個答覆」。信中，胡適強調說：「先生既認這句話犯了『可以不與共中國』的大罪，便不應該不答覆我的請問」。㊾

胡適從未在《倫敦泰晤士報》發表過胡漢民所指責的那一類文章，所以胡漢民當然指不出哪一天，更無從把報紙剪下來寄給胡適。十二月九日，即胡適發出第二封信的前一日，胡漢民的「隨從秘書處」覆函胡適，說明原委，原來是：胡漢民的一位「熟諳英文」的朋友說：當中國要求撤廢領事裁判權的照會到達英國時，《倫敦泰晤士報》曾引述「中國某哲學博士」的言論，說明「中國司法與政治種種不善」，以此「反證中國政府要求撤銷領事裁判權之無當」云云。胡漢民認為「某哲學博士」的言論竟成為帝國主義維護在華利益的藉口，足以證明當時「極端言論自由者」的過錯，因此在談所謂「言論自由」時「縱論及之」。覆函並稱胡漢民「始終不欲舉著論者之姓名，殆亦朱子『必求其人以實之則鑿矣』之意歟！」㊿

胡漢民「隨從秘書處」的這封信實際上承認胡漢民的指責沒有根據，但又聲稱胡適的言論「竟爲帝國主義者維護其在華特權之藉口」，而且引朱熹的話，諷刺胡適，當然不能使胡適滿意。由於《大公報》的胡政之在一篇訪問胡漢民的文章中有同樣的記載，因此，胡適又於十二月廿一日致函胡政之，詢問胡漢民在談話時，是否曾明確地說到自己的姓名。信中，胡適說：「請你看一個被誣衊的同宗小弟弟的面上，把當日的真相告訴我。」⑥¹廿五日，胡政之覆函胡適，證實胡漢民談話時，確曾指明胡適。胡政之並告訴胡適，廿一日來函受過北平公安局的檢查，函面上留有檢查圖記，希望他注意。⑥²

胡適自認受了「誣衊」，按照他的可以控告國民政府主席的理論，他完全可以控告胡漢民這位立法院長，然而，他沒有採取任何行動。儘管他對國民黨仍然有種種不滿，但是，他的態度卻逐漸軟化了。

六、調解羅隆基案

在批評國民黨問題上，羅隆基是胡適的戰友。從一九二九年四月出版的《新月》二卷二號起，羅隆基連續發表了《專家政治》、《告壓迫言論自由者》、《論人權》、《我對於黨務上的盡情批評》、《我們要什麼樣的政治制度》等文。羅隆基並不像胡適那樣把矛頭指向孫中山，相反，他卻在某些地方以闡發孫中山思想的形式做文章，但是，他對國民黨的批評仍然是相當顯豁、激烈的，例如《我對於黨務上的盡情批評》一文就說：

國民黨天天拿民主、民權來訓導我們小百姓，同時又拿專制獨裁來做政治上的榜樣。天天要小老百姓看民治的標語、喊民權的口號，同時又要我們受專制獨裁的統治。㊳

國民黨不能容忍胡適的批評，當然也不能容忍羅隆基的批評。一九三〇年十月，國民黨上海第八區黨部向上海警備司令部控告羅隆基：「言論反動」，「侮辱總理」，並稱羅是「國家主義的領袖」，有「共產黨嫌疑」云云。十一月四日，羅隆基在中國公學被捕，書包、身體，從內到衣到外套，從帽到襪，都被搜查。同日，羅隆基被保釋。事後，羅隆基立即寫了《我的被捕經過與反感》一文，向社會披露有關事實。文中，羅隆基激烈地抨擊了國民黨的「黨治」。他說：「這段小故事，是很簡單的，然而又是很嚴重的。在一個野蠻到今日中國這個地步的國家，我上面的那段故事是許多小市民很通常的經驗。」羅隆基認爲：「一切罪孽，都在整個的制度；一切責任，都在南京國民政府和黨魁。」㊴當時，羅在上海光華大學任教授，講授政治學，南京國民政府教育部即以「言論謬妄，迭次公然詆毀本黨」爲理由，要求該校解除羅隆基的教職。

事關自己的同志和言論自由的原則，因此，胡適不能不出面干預。但是，他這一次的做法不同了——不再寫文章訴諸於輿論，而是走上層路線，疏通化解。

當時，陳布雷任南京國民政府教育部次長（部長蔣介石兼），胡適便托和陳有關係的經濟學家金井羊去遊說，告以「此事實開政府直接罷免大學教授之端，此端一開，不但不足以整飭學風，將引起無窮學潮」，勸陳「息事寧人」。胡並稱，必要時，他將親赴南京一行。㊅但是，陳布雷堅決不同意收回成命。一九三一年一月十五日，胡適致函陳布雷，聲言羅隆基所作文字，並無「惡意」的詆毀，只有善意的忠告；《新月》雜誌對輿論界的貢獻在於用真姓名發表負責任的文字，黨部與政府認爲有不當之處，可以用書面駁辯，認爲有干法律，可向法庭控訴，法律以外的干涉只足以開惡例，貽譏世界，胡適並稱：

此類負責的言論，無論在任何文明國家之中，皆宜任其自由發表，不可加以壓迫。若政府不許用真姓名負責發表言論，則人民必走向匿名攻訐或陰謀叛逆之路上去。㊅

信中，胡適並以美國哈佛大學和五四前的北大爲例，說明「在大學以內，凡不犯法的言論，皆宜有自由發表的機會；在大學以外，凡個人負責發表的言論，不當影響他在校內的教授的職務」。胡適稱：「此事在大部或以爲是關係一個人的小問題，然在我們書生眼裏，則是一個絕重要的『原則』問題。」十七日，陳布雷覆函胡適，聲稱對他的意見「殊未能苟同」，

「此事部中既決定者，當不能變更」，但陳布雷表示，便中當將胡函轉呈蔣介石；對胡適提到的「原則」問題，陳布雷邀請胡適到南京一談，「若能談出一個初步的共同認識來，亦爲甚所希望的事」。㊼十八日，胡適在日記中寫道：「人言布雷固執，果然。」

同日，胡適將《新月》二卷及三卷已出的三期各兩份托金井羊帶給陳布雷及蔣介石。在致陳布雷信中，胡適說：

> 望先生們能騰出一部分時間，稍稍流覽這幾期的言論，該「沒收焚毀」（中宣部密令中語），或該坐監槍斃我們都願意負責任。但不讀我們的文字而但憑無知黨員的報告便濫用政府的威力來壓迫我們，終不能叫我心服的。㊽

此信金井羊認爲過於強硬，未帶。

十九日，胡適在羅隆基家中與潘光旦、王造時、全增嘏、董任堅等人商議，胡適提出三條辦法：一、先由教育部承認「我們的原則」，後由光華大學校長張壽鏞去呈文，請教育部自己轉圜，然後羅隆基辭職；二、教育部已說不通了，可由張壽鏞發表一個談話，說他不能執行部令，如此，羅隆基也可辭職；三、教育部與張壽鏞皆不認此「原則」，則羅隆基自己抗議，聲明爲顧全光華大學而去。㊾同日，張壽鏞擬具了一份給蔣介石的密呈，中云：

羅隆基在《新月》雜誌發表言論，意在主張人權，間有批評黨治之語，其措詞容有未當，惟其言論均由個人負責署名，純粹以公民資格發抒意見，並非以光華教員資格教授學生。今自奉部電遵照後，教員群起恐慌，以為學術自由將從此打破，議論稍有不合，必將蹈此覆轍，人人自危，此非國家之福也。⑳

呈文強調羅隆基意在「匡救闕失」，要求蔣介石「愛惜士類」，「稍予矜念」。此呈經胡適修改並經羅隆基同意後發出。二人約定，此呈經蔣介石批准後即發表，發表後羅隆基即辭職。當時，金井羊仍然要求胡適去南京與陳布雷談話，胡則要金轉告陳；共同的認識必須有兩點：一、負責的言論絕對自由；二、友意的批評，政府應完全承認。無此二項，沒有「共同認識」的可能。㉑

在與胡適等商談之後，張壽鏞見到了蔣介石。蔣問：「羅隆基這人究竟怎麼樣？」張答：「一介書生，想作文章，出點風頭，而其心無他。」蔣再問：「可以引爲同調嗎？」張感到氣氛轉變了，連答：「可以！可以！」廿一日，張壽鏞向胡適轉述了這次會見的經過，胡適聽了以後，忍不住笑出聲來，說：「話不是這樣說的，這不是同調問題，是政府能否容忍異己的問題。」㉒胡適勸張壽鏞將呈文抄給羅隆基，勸羅辭職，並請羅聲明：反對政府的「原則」，但不願使光華大學爲難。

實際上，胡適選擇了一種不使南京國民政府「爲難」的辦法。

七、胡適逐漸和國民黨接近

儘管胡適激烈地批評國民黨，然而，他並不反對國民黨，當他寫作《人權與約法》等文章時，就同時保持著和國民黨要員宋子文等人的密切聯繫。胡適在日記中曾說：「我們的態度是『修正』的態度：我們不問誰在臺上，只希望做點補偏救弊的工作。補得一分是一分，救得一弊是一利。」⑬胡適對孫中山思想和國民黨的批評，其實只是一種「補偏救弊」。這一點，國民黨上海特別市黨部的執行委員們糊塗，而有些讀者卻是清楚的，例如，有一位山東讀者就致函胡適說：

> 我要向黨國的忠實同志進一忠告：《人權論集》不但不是要加害于黨國的宣傳品，依我看，倒能幫助黨國根基的永固。因為此書把黨國不自覺的錯處，都歷歷指出，黨國能翻然改悟，再不致惹民眾的抱怨，可以有甚麼危害？所以不但不必禁售，非黨員固當各具一本，即黨員亦應置一編，以自策勵。⑭

這位讀者顯然要比國民黨的黨國要員們高明。還有一位外國人在《星期字林報》上發表文章說：「一個政府與其把胡適抓起來，不如聽聽他的勸告。」⑮這位外國人也比國民黨的黨國要員們高明。

大概蔣介石多少懂得這一點，所以儘管上海等地方黨部一再呼籲嚴懲以至通緝胡適，但蔣介石卻在一九三一年任命胡適爲財政委員會委員。他詢問張壽鏞，羅隆基這樣的人是否可以引爲「同調」，這句話雖然被胡適譏笑爲「話不是這樣說的」，但至少表示出，他企圖將羅隆基一類人收爲己用。

大概胡適也看出了蔣介石這一點，所以一九三三年十一月，他在武漢將自己做的一本《淮南王書》送給蔣介石，希望他從中悟出治國之道和「做領袖的絕大本領」來。[76]一九三四年四月，又找蔣廷黻帶信給蔣介石，勸他「全力專做自己權限以內的事」，而當蔣介石採納了胡適的某些意見時，胡適就認爲蔣介石「不是不能改過的人，只可惜他沒有諍友肯時時指摘他的過舉。」[77]

此後，胡適和國民黨就逐漸接近起來，「拋卻人權說王權」了。

（原載《中國文化》第四期，一九九一年八月。）

①上海《民國日報》，一九二九年三月廿六日。

②《胡適的日記》，美國哥倫比亞大學藏縮微膠捲（以下均同），一九二九年三月廿六日。

③胡適存國聞通信社來信，《胡適的日記》，一九二九年三月廿九日。

④榮孟源主編：《中國國民黨歷次代表大會及中央全會資料》，光明日報出版社版，第六五四至六五六

頁。

⑤《胡適的日記》，一九二九年四月一日。

⑥《國民政府公報》第一四七號，一九二九年四月廿三日。

⑦《新月》二卷二號。

⑧《新月》二卷二號。

⑨《胡適的日記》，一九二九年六月二日。

⑩《胡適的日記》，一九二九年六月三日。

⑪《胡適的日記》，一九二九年五月六日。

⑫《人權與約法》的討論，《新月》二卷四號。

⑬《新月》二卷四號。

⑭《中國國民黨歷次代表大會及中央全會資料》，第六五四至六五六頁。

⑮《吳淞月刊》第二期，又見《新月》二卷四號。

⑯《吳淞月刊》第二期，又見《新月》二卷四號。

⑰《吳淞月刊》第二期，又見《新月》二卷四號。

⑱《新月》二卷六、七號合刊。

⑲《新月》二卷六、七號合刊。

⑳《胡適的日記》，一九二九年十一月十九日。

㉑《光華大學大事繫年錄》，《光華大學十週年紀念冊》，第三十頁。

㉒《人權論集》。

㉓上海《民國日報》，一九二九年八月十三日；參見胡適存《教育部訓令》。

㉔上海《民國日報》，一九二九年八月廿五日。

㉕上海《民國日報》，一九二九年八月廿九日。

㉖、㉗胡適存剪報，《胡適的日記》，一九二九年九月九日，二十日。

㉘《教育部訓令》，《胡適的日記》，一九二九年十月六日。

㉙《教育部訓令》，《胡適的日記》，一九二九年十月六日。

㉚《再論知難行易的根本問題》，《評胡適反黨義近著》，第七十二至七十三頁。

㉛《知難行易的根本問題》，《評胡適反黨義近著》，第七頁。

㉜《評胡適反黨義近著》，第九十頁。

㉝《評胡適反黨義近著》，第七十七頁。

㉞《評胡適反黨義近著》，第一四三頁。

㉟《評胡適反黨義近著》，第一二三頁。

㊱《評胡適反黨義近著》，第一三二頁。

㊲《評胡適反黨義近著》，第一三〇頁。

㊳《評胡適反黨義近著》，第一三一至一三二頁。

㊴《評胡適反黨義近著》，第一三一至一三二頁。

㊵《時事新報》，一九三〇年一月二十日。

㊶《國民黨上海特別市執行委員會宣傳部令》，《胡適的日記》，一九三〇年三月十七日。

㊷《中國國民黨上海特別市第四區執行委員會訓令》，中國社會科學院近代史研究所藏。

㊸《胡適的日記》，一九二九年八月廿七日。

㊹《胡適致蔣夢麟函》，《胡適的日記》，一九二九年十月七日。

㊺《胡適的日記》，一九三〇年二月十五日。

㊻《胡適的日記》，一九三〇年二月十六日。

㊼《胡適來往書信選》（上），中華書局一九七九年版，第五一五頁。

㊽胡適存來信，《胡適的日記》，一九二九年九月十日。

㊾胡適存來信，《胡適的日記》，一九二九年五月。

㊿《光報》第三期。

51胡適存來信，中國社會科學院近代史研究所藏。

52胡適存來信，《胡適的日記》，一九三〇年一月三十日。

53胡適存來信，《胡適的日記》，一九三〇年五月八日。

54《白話三日刊》，一九二九年六月六日。

55《自由》，第一期。

56胡適存剪報，《胡適的日記》，一九二九年九月廿四日。
57上海《民國日報》，一九三〇年十一月廿二日。
58《胡適來往書信選》（中），第三十二至三十三頁。
59《胡適來往書信選》（中），第三十四至三十五頁。
60《胡適來往書信選》（中），第三十四頁。
61《胡適來往書信選》（中），第三十五頁。
62《胡適來往書信選》（中），第三十六至三十七頁。
63《新月》二卷八號。
64《新月》三卷三號。
65《胡適致陳布雷函》，《胡適的日記》，一九三一年一月。
66《胡適致陳布雷函》，《胡適的日記》，一九三一年一月。
67《陳布雷覆胡適函》，《胡適的日記》，一九三一年一月十八日。
68《胡適的日記》，一九三一年一月十八日。
69《胡適的日記》，一九三一年一月十九日。
70《胡適的日記》，一九三一年一月十九日。
71《胡適的日記》，一九三一年一月十九日。
72《胡適的日記》，一九三一年一月廿二日。

㊸《胡適的日記》，一九二九年七月二日。
㊹胡適存來信，中國社會科學院近代史研究所藏。
㊺胡適存剪報，《胡適的日記》，一九三〇年一月三十日。
㊻《胡適的日記》，一九三〇年十一月廿九日。
㊼《胡適的日記》，一九三四年四月四日、十日。

胡適曾提議放棄東三省，承認「滿洲國」

——近世名人未刊函電過眼錄

臺灣蔣介石檔案中，藏有陶希聖致陳布雷函手跡一通，函云：

一、平津淪陷，胡適向蔣介石上條陳

布雷先生：

本日下午五時，希同胡適之先生奉謁，未遇為悵。我等以為川越之南下，中國政府只有兩種態度（一）為拒絕其入京，（二）為積極表示政府在決戰之前作最後之外交努力。希等主張第二辦法，並主張與之作一刀兩斷之方案，即放棄力所不及之失地，而收回並保持冀察之領土行政完整。其冀察部分希仍主張以實力保守滄保線而以外交手段收回平津。此種意見之意義在運用我國可戰之力與必戰之勢，不輕啓大戰，亦不避免大戰。蓋大戰所耗之力亦即我國之統一與現代化之力。若輕於用盡，必使中國復歸於民六、民八敵方紛爭時也。望先生為委座陳之。

弟陶希聖上，五日

陶希聖（一八九九～一九八八），名匯曾，字希聖，後以字行。湖北黃岡人。一九二二年畢業於北京大學法科。一九二七年參加北伐軍政治工作。一九二九年主編《食貨》半月刊。一九三一年任北京大學教授。陳布雷（一八九〇～一九四八），原名訓恩，布雷爲其筆名。浙江慈谿人。一九二七年加入國民黨。一九三五年任軍事委員會侍從室第二處主任。一九三七年任中央政治委員會委員。常爲蔣介石起草文稿。函中所稱川越，指川越茂，原任日本駐天津總領事，一九三六年被提拔爲日本駐華大使。次年奉調回國。一九三七年六月，再度使華。同年七月七日，盧溝橋事變爆發。次日，川越聲稱赴北平「避暑」，自上海北上，滯留天津，和中國政府之間的交涉均由使館參事代理。經中國政府與日本外務省交涉，川越才於八月三日離津，經大連南返。函末署五日，知此函爲一九三七年八月五日作。當日，陶希聖與胡適共同訪問陳布雷，企圖對時局有所建議，未遇，便由陶希聖出面，寫了這封信，要求陳向蔣介石陳述。

盧溝橋事變爆發後。蔣介石於十七日在廬山發表談話，宣稱：「最後關頭一到，我們只有犧牲到底，抗戰到底。」但他同時又表示：「在和平根本絕望之前一秒鐘，我們還是希望和平的。」他提出解決盧溝橋事件四原則：一、任何解決不得分割中國主權與領土之完整；二、冀察行政組織不容任何不合法之組織；三、中央政府所派地方官吏，如冀察政務委員會委員長宋哲元等，不能任人要求撤換；四、第二十九軍現在所駐地區，不得受任何約束。①七月底，北平、天津相繼淪陷，蔣介石積極部署軍隊，企圖防守滄縣至保定一線。陶函即是在這一情況下提出的應時之策。雖僅一人署名，但函中明言「我等」，則代表胡適觀點無疑。

盧溝橋事變後，在對日態度上，國民黨和知識階層人士分為和戰兩派。汪精衛、周佛海、陶希聖、胡適、高宗武等人認為中國國力衰弱，與日本作戰必敗，極力主和，形成所謂「低調俱樂部」。八月三日，川越茂離津時，曾就盧溝橋事件向記者表示：「吾人擔任外交，非努力將此種事件設法由和平解決不可。結果如何，固當別論，自應盡力從事者也。」②又稱：「仍冀中日關係於最後危機線上可以轉換，盡力調整國交。」③

陶、胡對川越茂的南返存有希望，提出不要拒絕他入京，而要利用他「在決戰之前作最後之外交努力」，與日本達成「一刀兩斷」的方案，其內容為保持冀察領土完整，保守河北中部的滄州、保定一線，以外交手段收回平津，而其交換條件則為「放棄力所不及之失地」。何處是陶、胡所指「力所不及之失地」，函中未明言，但同函附有條陳一份：

原則：解決中日兩國間一切懸案，根本調整中日關係，消除兩個民族間敵對仇視的心理，建立兩國間之友誼與合作，以建立東亞的長期和平。

方針：

（一）中華民國政府在左列條件之下，可以承認東三省脫離中華民國，成為滿洲國：

1·在東三省境內之人民得自由選擇其國籍；

2·在東三省境內，中華民國之人民享受居留，經營商業，及購置土地產業之自由。

3·東三省境內之人民應有充分機會，由漸進程序，做到自治獨立的憲政國家。

4·在相當時期，如滿洲國民以自由意志舉行總投票表決願意復歸中華民國統治，他國不得干涉阻止。

5·熱河全省歸還中華民國，由中國政府任命文官大員在熱河組織現代化之省政府，將熱河全省作為非武裝之區域。

6·自臨榆縣（山海關）起至獨石口之長城線由中華民國設防守禦。

（二）中華民國全境內（包括察哈爾全部，冀東，河北，北平，天津，濟南，青島，漢口，上海，福建等處），日本完全撤退其駐屯軍隊及特務機關，並自動放棄其駐兵權，租借地，領事裁判權。此後在中國境內居留之人民，其安全與權益，完全由中國政府負責保護。

（三）中國與日本締結互不侵犯條約，並努力與蘇聯締結互不侵犯條約，以謀亞洲東部之永久和平。

（四）中國與日本共同努力，促成太平洋區域安全保障之國際協定。

（五）日本重回國際聯盟。

外交手續：

1・兩國政府商定上項方針（不公佈）之後。兩國政府同時宣布撤退兩國軍隊，恢復七月七日以前的疆土原狀。中國軍隊撤退至河北省境外，日本軍隊撤退至長城線外。北平天津及河北省曾被日本佔據地域內之政警務由中國政府派文官大員接管。其治安維持，由中國保安隊擔負。兩國政府宣布軍隊撤退時，同時聲明在公佈之後三個月之內，由兩國選派全權代表在指定地點開始調整中日關係的會議。

2・第二步為根本調整中日關係的會議，依據兩國政府會商同意之原則與方針，作詳細的節目的討論。此第二步之談判，應不厭其詳，務求解決兩國間一切懸案，樹立新的國交。談判期間不嫌其長，至少應有兩三個月之討論。交涉之結果，作成詳細條約，經兩國政府同意後，由兩國全權代表簽字。

此條陳用紅格稿紙、直行書寫，共四頁，根據字跡，一望而知爲胡適親筆。據此可知，陶、胡二人所主張放棄的「力所不及之失地」指的就是東三省。條陳中，陶、胡明確提出，在東三省人民可自由選擇國籍以及將來可以用「總投票表決」的辦法「復歸中華民國統治」等四項條件下，中國可以放棄東三省，承認僞滿洲國。陶、胡二人企圖以此換取日本讓步，自東三省以外的中國境內全面撤兵，從而「根本調整中日關係，消除兩個民族間敵對仇視的心理」。

陳布雷見到陶希聖的信件和胡適的條陳後，於八月六日轉呈蔣介石，同時寫了一封短函，表示自己的意見，中云：

> 茲有陶希聖、胡適密陳國事一函，所言或未必有當，而其忠誠迫切，不敢不以上聞，敬祈睿察。

函中，陳布雷明確否定了陶、胡之見，但肯定二人的「忠誠迫切」。蔣介石見到後，在第二天召開的國防會議上介紹了胡適的「主和」主張，加以譏刺，但他未點胡適的名，而是稱爲「某學者」。參謀總長程潛很生氣，直斥胡適爲「漢奸」。④當晚召開國防聯席會議時，蔣介石又說：

> 許多人說，冀察問題、華北問題，如果能予解決，中國能安全五十年。否則，今天雖能把他們打退，明天又另有事件發生。有人說將滿洲、冀察明白的劃個疆界，使不致再肆侵略。劃定疆界可以，如果能以長城為界，長城以內的資源，日本不得有絲毫侵佔之行為，這我敢做，可以以長城劃為疆界。
>
> 同時有許多學者說，你不能將幾百千年的民族結晶，犧牲於一旦，以為此事我們不可以打戰〔仗〕，難打勝戰〔仗〕。⑤

顯然，蔣介石所稱「許多人」，包含陶希聖和胡適；所稱「有人」，更直指陶、胡。蔣所稱「以長城爲界」，正是胡適在條陳中所述意見：「自臨榆縣（山海關）起至獨石口之長城線由中華民國設防守禦」，「日本軍隊撤退至長城線外」；所稱「不能將幾百千年的民族結晶犧牲於一旦」，也與陶函所述不能將國力「輕於用盡」的意思相近。然而，蔣介石又說：

> 要知道日本是沒有信義的，他就是要中國的國際地位掃地，以達到他為所欲為的野心。所以我想如果以為局部的解決，就可以永久平安無事，是絕不可能，絕對做不到的。⑥

甲午戰爭以來的歷史證明，日本軍國主義者不僅沒有「信義」，而且貪欲無盡，得寸進尺，吃到一塊肥肉之後還想吃下一塊，占了一個便宜之後還想占下一個。以爲承認「滿洲國」，放棄東三省就可以使日本軍國主義者止步，換來中日間的長久和平，實在是一個天真而幼稚的幻想。在這一點上，作爲學者的陶希聖、胡適糊塗，而蔣介石卻比較清醒。因此，蔣介石又說：「革命的戰爭，是侵略者失敗的。日本人只能看到物質與軍隊，精神上他們都沒有看到。各位同志，大家今天要有一個決定，如果看到我們國家不打戰〔仗〕要滅亡的，當然就非打戰〔仗〕不可。」會議以全體起立形式決定抗戰。陶希聖、胡適的意見被否定。蔣介石在信封上用藍色鉛筆寫了一個「胡」字，一個「存」字，將二人的信件「留中」了。

胡適條陳之後，蔣介石檔案還收有陶希聖《中日外交意見書》一份，建議「以非常之方法準備外交談判」。其方法有三種：一、派遣要員直接與川越茂「作側面而有力之秘密周旋，在京滬急轉直下以達於正式談判」；二、派在野重要人員直到東京，訪問日本近衛首相與廣田外相以至日本軍部，作開始談判之先聲；三、在倫敦由中國駐英大使經過或不經英國外交部之周旋，與日本駐英大使開始作談判之準備。陶希聖認爲，以上三種方法中，以第三種較爲適宜。《意見書》中，陶希聖進一步提出與日本談判的「最高與最低限度之條件」。他說：

今日中國不能戰勝日本，故當然不得不作最高限度之讓步。今日中國已能抵抗過度之侵略而維持生存，故可以要求獨立自主之存在，非一二八以前或塘沽協定以前忍氣吞聲可比也。所謂獨立自主之存在，一則如政治經濟組織之完整，二則如國防之自由建設，三則如國際關係之自決，皆其必有之條件。故共同防共，五省自治乃至於走私等等，皆在最低限度之下，不可容許。然為保持此最低限度，在最高之讓步，不可不以蓋世絕代之魄力而為之。最高之讓步，全為保持完整獨立自主之政治經濟軍事之組織，不恤將六年來之一切紛擾，一刀兩斷而解決之。為此，宜一改過去只定最低限度之容忍條件，消極的拒絕其要求或降低之態度，積極的提出我國保持完整獨立自主國家所能出之代價，具體簡明言之，寧割地而不喪權，不復效過去寧喪權而不肯割地，以致地仍失而權亦不保。

《意見書》要求蔣介石和國民政府「以蓋世之魄力」作「最高之讓步」，「寧割地而不喪權」，可見，其主要意見仍是放棄東三省，承認滿洲國。《意見書》最後稱：「依此痛苦之認識，另提交涉條件，茲不再贅。」並以括弧說明「胡適之先生寫成另交」。可見這份《意見書》仍爲陶、胡二人的共同意見。《意見書》並稱：「上海戰起，首都被襲，更無從再談不戰。」「上海戰起」，指八月十三日淞滬抗戰爆發；「首都被襲」，指八月十五日日本飛機兩次空襲南京。據此，知此《意見書》寫於八月十五日之後不久。當時，抗戰已成國策，但是，陶希聖、胡適仍然擔心戰爭會毀滅中國精華，主張通過「割地」，以外交手段結束軍事。《意見書》說：「若我盡吾六年來之菁華而置之於疆場，則菁華既竭，分崩又起。故當在外交上乘我力未竭之時，求收束軍事也。」

二、早有此議

胡適主張放棄東三省、承認「滿洲國」並非一時心血來潮。早在一九三五年六月十七日，胡適就致函時任南京國民政府教育部長的王世杰，要求「與日本公開交涉，解決一切懸案」。當年五月，日本華北駐屯軍藉口親日派分子白逾桓等二人在天津日租界被暗殺以及東北義勇軍一部退入灤東「非武裝區」，要求中國政府取消在河北的黨部，撤退駐河北的中央軍，撤換日方指定的軍政人員，禁止全國的排日行爲。爲了施加武力威脅，日本還從中國東北調關東軍入關。六月十日，胡適從何應欽處得知，「日本人的要求完全接受了」，心裏覺得「難過得很」。⑦次日，胡適特撰《沉默的忍受》一文，號召國人接受教訓，「把國家的恥辱化成我們的骨血志氣，使骨頭硬，使血熱，使志氣堅韌剛毅，時時提撕警醒自己」。⑧同月十七日，胡適因擔心國民政府「在槍尖之下步步退讓」，「自己一無所得」，發展下去，「豈不要把察哈爾、河北、平津全然無代價的斷送」，便錯誤地向王世杰提出：中國方面承認「滿洲國」，而日本方面則歸還熱河，取消華北停戰協定，自動放棄辛丑和約及附帶換文中的種種條件，如在北平、天津塘沽、山海關一帶駐兵權等。胡適將這一「交換」稱爲「有代價的讓步」。⑨可以看出，胡適在盧溝橋事變爆發以後向蔣介石所上條陳的基本內容，在一九三五年六月華北危急時就已形成了。

王世杰反對胡適的意見，六月廿八日覆函稱：

故在今日，如以承認偽國為某種條件之交換條件，某種條件既萬不可得，日方亦決不因偽國之承認而中止其侵略與威脅。而在他一方面，在我國政府一經微示承認偽國之意思以後，對國聯，對所謂華府九國，即立刻失其立場。國內之分裂，政府之崩潰，恐亦絕難倖免。⑩

王世杰清醒地看到了胡適主張的巨大危害：日本不會因得到部分滿足而停止侵略，中國政府在國際上無法立足，在國內則面臨分裂、崩潰的危險。但是，胡適執迷不悟，七月廿六日致函羅隆基，告以致王世杰函內容，函稱：

> 雪艇（指王世杰——筆者）諸人贊成我的「公開交涉」，而抹去我的「解決一切懸案」的一句，他們尤不願談及偽國的承認問題。他們不曾把我的原電及原函轉呈蔣先生，其實這是他們的過慮。

胡適否認自己的方案是「妥協論」，要求羅隆基將此函帶給蔣介石一閱。

盧溝橋事變爆發後，胡適曾應邀參加蔣介石所召集的廬山談話會。在聽了蔣的談話後，他表示「非常興奮」，建議調用全國的軍隊充實河北國防，而且肯定第二十九軍軍長宋哲元等華北將領「不屈服，不喪失主權」。⑪但是，很快他就發生變化。七月廿八日，胡適下山飛抵南京。廿九日，得悉中國軍隊在南苑等處慘敗，宋哲元等退出北平，胡適大爲緊張，即積極活動，力主與日本「和談」。三十日，他到高宗武家吃飯，與所謂南京的「青年智囊團」蕭同茲、程滄波等人商議，決定外交路線不能斷，由高宗武負責打通此線，同時決定尋找「肯負責任的政治家擔負此大任」。陳布雷是蔣介石「侍從室」中的要人，胡適看中陳布雷，打電話給他，要他做「社稷之臣」，在蔣的身邊「努力做匡過補闕的事」。⑫三十一日，胡適致函蔣廷黻，聲稱「這幾天是最吃緊的關頭」，「焦急的不得了，又沒有辦法」。⑬同日，胡適應邀到蔣介石處吃飯。蔣稱「決定作戰，可支持六個月」。蔣的意見得到在座的南開大學校長張伯苓的支持，胡適覺得不便說話，只表示：「外交路線不可斷，外交事應尋高宗武一談，此人能負責任，並有見識。」當日，胡適日記云：「我們此時要做的事等於造一件miracle，其難無比，雖未必能成，略盡心力而已。」⑭這則日記說明，胡適自知他的放棄東三省的主張難以為南京國民政府接受，但他還是要竭盡心力去遊說。

八月三日，胡適、吳達銓、周炳琳、羅家倫、蔣孟麟等在王世杰家密談。王世杰日記記載說：「今日午後與胡適之先生談，彼亦極端恐慌，並主張汪、蔣向日本作最後之和平呼籲，而以承認偽滿洲國為議和之條件。」周炳琳、蔣孟麟同意胡適的意見，主張「忍痛求和」，認為「與其戰敗而求和，不如於大戰發生前為之」。⑮八月五日，胡適遂與陶希聖共同拜會陳布雷，企圖通過陳向蔣介石遞條陳。次日，胡適得到蔣介石的談話通知，胡適事先準備了一封長函，用以補充談話中的不足。其主題為：「徹底調整中日關係，謀五十年之和平」。其理由為：一、近衛內閣可以與談，機會不可失。二、日本財政有基本困難，有和平希望。三、國家今日之雛形，實建築在新式中央軍力之上，不可輕易毀壞。將來國家解體，更無和平希望。其步驟為：先停戰，恢復七月七日以前之疆土情況；第二步，兩三個月後舉行正式交涉。⑯顯然，與上引八月五日條陳及陶希聖函的精神完全一致。不同的是，此函未提放棄東三省、承認滿洲國，而代之以「趁此實力可以一戰之時，用外交收復新失之土地，保存未失之土地」。會談情況，據記載：「蔣甚客氣，但未表示意見。」⑰

三、胡適拋棄「和平夢想」

胡適放棄東三省的主張當然大錯特錯，但是，有其特殊的用心所在。一九三五年六月二十日，胡適在致王世杰函中，說明自己的目的是「討價還價，利用人之弱點，爭回一點已失或將再糊塗失去的國土與權利」，從而取得「喘氣十年」的機會。他說：

> 察、冀、平、津必不可再失。失了之後，魯、晉、豫當然隨之而去。如此，則中國礦源最大中心與文化中心都歸敵手。如此形勢之下，中央又豈能練軍整頓內政？⑱

胡適估計，「在一個不很遠的將來，太平洋上必有一度最可慘的國際大戰，可以作我們翻身的機會，可以使我們的敵人的霸權消滅。」因此，他在提出向日本「求和」的第一方案的同時，又提出不計利害，苦戰四年，等待國際大戰的「主戰」方案。同年六月廿七日，他在致王世杰函中說：

欲使日本的發難變成國際大劫，非有中國下絕大的決心不可。

我們試平心估計這個「絕大犧牲」的限度，總得先下決心作三年、或四年的混戰，苦戰，失地，毀滅。⑲

胡適提出，必須準備：一、中國沿海口岸與長江下游全部被日軍侵佔毀滅；二、河北、山東、察哈爾、綏遠、山西、河南等省淪陷；三、長江被封鎖，天津、上海被侵佔，財政總崩潰。胡適認爲，只有在這種情況下，才可以促進太平洋國際戰爭的實現。他說：

也許等不到三四年，但我們必須要準備三四年的苦戰。我們必須咬定牙根，認定在這三年之中我們不能期望他國加入戰爭。我們只能期望在我們打的稀爛之後而敵人也打的疲於奔命的時候才可以有國際的參加與援助。這是破釜沉舟的故智，除此之外，別無他法可以促進那不易發動的世界二次大戰。⑳

胡適並不認爲，他的第一方案一定成功，因此，提出必須以第二方案爲後盾。他說：「委曲求全，意在求全；忍辱求和，意在求和。倘辱而不能得全，不能得十年的和平，則終不能免於一戰。」他並以俄國史爲例，說明列寧和蘇俄共產黨在十月革命之後，與德國講和，「割地之多，幾乎等於歐俄的三分之一，幾乎把大彼得以來所得地全割掉了，但蘇俄終於免不掉三年多的苦戰。」他要中國人向蘇俄學習，說「蘇俄三年多的苦戰最可以做我們今日的榜樣。我們如要作戰，必須下絕大決心，吃三年或四年的絕大痛苦」。㉑胡適所沒有想到的是，後來中國人民忍受的痛苦比他估計的還要大，苦戰的時間也更長。

淞滬之戰爆發後，南京國民政府抗戰意志堅決，中國士兵作戰英勇。這使胡適受到感染。九月八日，胡適離開南京，行前，他勸汪精衛「不要太性急，不要太悲觀」；勸高宗武：「我們要承認，這一個月的打仗，證明了我們當日未免過慮。這一個月的作戰至少對外表示我們能打，對內表示我們肯打，這就是大收穫。」㉒又勸陶希聖說：「仗是打一個時期的好。不必再主和議。」㉓自此，胡適「態度全變」，「漸漸拋棄和平的夢想」。㉔不久，胡適接受蔣介石的決定，以非官方身分赴美，爭取國際支持中國抗戰。次年，又出任駐美大使，投入中國的抗戰外交。

（原載《近代史研究》，二〇〇四年第十二期。）

① 《蔣公總統大事長編初稿》，臺北中國國民黨黨史會一九七八年版，第一一二八至一一三一頁。
② 《川越昨飛大連》，《申報》，一九三七年八月四日。
③ 《川越由連來滬》，《申報》，一九三七年八月五日。
④ 《王世杰日記》，一九三七年八月七日，臺北中研院近代史研究所一九九〇年版。
⑤ 《抗戰爆發前後南京國民政府國防聯席會議記錄》，《民國檔案》，一九九六年第一期。

⑥《抗戰爆發前後南京國民政府國防聯席會議記錄》，《民國檔案》，一九九六年第一期。

⑦《胡適的日記》（手稿本），一九三五年六月十日。臺灣遠流出版公司一九八九年版。

⑧《獨立評論》第一五五號。

⑨胡適此函未留稿，其內容見《致羅隆基函》，《胡適的日記》（手稿本），一九三五年六月三十日；參見胡適一九三五年六月二十日《致王世杰函》，《胡適的日記》（手稿本），一九三五年六月二十日。

⑩《胡適的日記》（手稿本），一九三五年六月廿九日。

⑪第一期廬山談話會第二次共同談話會速記錄，臺北中國國民黨黨史館藏。

⑫中國社會科學院近代史研究所民國史研究室編：《胡適的日記》，一九三七年七月三十日，中華書局一九八五年版，北京，第五七六至五七七頁。

⑬《胡適來往書信選》（中），中華書局一九七九年版，第三六三至三八四頁。

⑭《胡適的日記》，一九三七年七月三十一日，中華書局版，第五七七頁。miracle，奇蹟。

⑮《王世杰日記》，一九三七年八月三日。

⑯《抗日戰爭初期胡適的賣國罪證》（胡適日記摘錄），《近代史資料》，一九五五年第二期。此日日記，後來近代史研究所民國史研究室編輯《胡適的日記》時失收。

⑰《王世杰日記》，一九三七年八月六日。

⑱《胡適的日記》（手稿本），一九三五年六月二十日。

⑲《胡適的日記》（手稿本），一九三五年六月廿七日。
⑳《胡適的日記》（手稿本），一九三五年六月廿七日。
㉑《胡適的日記》（手稿本），一九三五年六月廿七日。
㉒《胡適的日記》，一九三七年九月八日，中華書局版，第五八一頁。
㉓《陶希聖致胡適》，《胡適來往書信選》（中），第三九六頁。
㉔《胡適來往書信選》（中），第三六四頁。

胡適與陳光甫

胡適的朋友大都是文化教育界人士，但是，也有幾位銀行界的大亨，陳光甫就是其中之一。

陳光甫（一八八一～一九七六），江蘇鎮江人。年輕時在美國留學，曾獲賓州商學院學士學位。一九一五年創辦上海商業儲蓄銀行。一九二七年創辦中國旅行社。同年，任南京國民政府財政委員會主任委員。一九三三年，任全國經濟委員會委員。一九三六年，以中國幣制代表團首席代表身分赴美，與美國財政部長毛根韜（Henry Morgenthau）談判，簽訂了有關中國向美國出售白銀等問題的《白銀協定》。談判中，陳光甫給毛根韜留下了良好的印象。次年，任貿易整理委員會主任委員，主持推廣出口、爭取外匯等事宜。

抗戰期間，胡適與陳光甫二人共同在美國尋求援助，卓有成績，彼此之間的友誼也因而建立。

一、早期交往

胡適與陳光甫的交往始於二十年代末期。一九二九年三月，陳光甫赴歐考察，途經埃及時曾致函胡適，中云：

此次歐行，未克走別為悵。廿五號過蘇彝士運河時，弟離輪乘汽車，夜渡沙漠，訪開羅，遊覽金字塔、石神Sphinx、尼羅河，誠舊跡之奇觀也。又見英人經營埃及之成績，道路平坦，交通利便，此時弟取出兄之大著「East and West Civilization」再讀一遍，令人欽佩不已。同行有一美國學者，原來係醫生，名Dr.Clark，對兄之書深為欽佩云。全書精華皆在兄之文章裏，不日來華，欲與一談也。

弟約四月一號可抵馬賽，即渡英小住數月，研究調查，此時國內已交春令，一般小孩子又要頑刀舞槍矣。可憐可笑！吾兄近有新著作否？有暇時希便賜示。①

一九二六年，胡適曾發表《我們對於西洋近代文明的態度》一文。一九二八年，胡適以英文改寫，內容略有變動，題爲：Civilization of the East and west（《東西文化之比較》），成爲比爾德（Charles A.Beard）所編*Whether Mankind*（《人類的前程》）一書中的一章，一九二八年由紐約Longman書局出版。該文反對所謂「西方的物質文明已經破產，東方的精神文明將要興起」的說法，認爲「十八世紀的新宗教信條是自由、平等、博愛，十九世紀以後的新宗教信條是社會主義」②。又稱：「這種民治的宗教」，「乃是設法使個個男女都能得到自由，除了用科學與機械增高個人的快樂之外，還要利用制度與法律使大多數人都能得著幸福的生活，這就是西方最偉大的精神文明」。胡適寫道：「我可以問問，婦女解放、民治政體、普及教育等是否從東方的精神文明產生出來的呢？焚燒孀婦、容忍階級制度、婦女纏足，凡此種種，是否精神文明呢？」陳光甫信中所稱「令人欽佩不已」的「大著」，指的就是這一篇。

近代中國，東西方文化的論爭是個熱門話題，人們的態度大體可以分爲西化和國粹兩派。陳光甫此函說明，他和胡適同屬於西化派，也說明這一時期，他們已有較密切的關係。此後，胡適和陳光甫交往見之於記載的有：

一九三一年十月下旬，胡適和陳光甫同時出席在上海召開的太平洋國際學會第四屆大會。

一九三三年五月，陳光甫等銀行家和部分外交界人士發起組織國際問題研究會，邀請胡適爲研究組成員。③

一九三四年五月，陳光甫到北平。六月一日，胡適前往拜會。陳稱：「現時各處建設頗有進步，人才也多有新式訓練而不謀私利的人。」④

同年除夕，胡適赴香港大學講學，途經上海，正值亞東圖書館發生經濟困難，有一筆銀行欠款必須償還。爲了幫助亞東度過年關，胡適托浙江興業銀行總經理徐新六，請他打電話給陳光甫，把亞東在上海銀行的三千元透支款再轉一期。⑤當夜，胡適到百樂門舞廳，看見宋子文、顧維鈞、陳光甫、李銘等人舞興正濃，胡適不禁感慨起來：空前的經濟大恐慌正逼人而來，國家的絕大危難就在眼前，怎麼誰也感覺不到呢！⑥

這一段時期，胡適和陳光甫只能算相交，還不能算相知。

二、共同爭取美援

胡適和陳光甫的相知主要是在抗戰期間。

一九三八年，中國抗戰正處於極爲艱難的階段。爲了爭取美國的財政援助，國民政府應羅斯福政府之請，於當年九月指派陳光甫赴美談判。同月，召回王正廷，任命胡適爲駐美大使。十月三日，胡適到達任所，旋即致孔祥熙電云：

> 鄙意外交至重要，當以全付精神應付。此外如借款、購械、宣傳、募捐四事，雖屬重要，均非外交本身，宜逐漸由政府另派專員負責。光甫兄等來後，借款事空氣頓肅清，即是最好例證。⑦

自三〇年代初起，美國國內即彌漫著濃重的孤立主義、和平主義情緒，不願過問歐洲和亞洲正在發生和可能發生的戰爭。一九三五年，美國國會通過中立法，更使這種孤立主義情緒得到了法律的肯定。胡適感到：要改變美國的這種情況，必須花大力氣，因此，他對陳光甫來美專門談判借款，非常高興。

爲了不違反美國的中立法，並且不招致美國孤立主義者的反對，陳光甫和毛根韜商定，在中國成立復興商業公司，收購桐油，售給在美國成立的世界貿易公司，再由該公司與美國進出口銀行訂立借款契約。這樣，就使該項借款成爲一項商業機關與銀行之間的借款契約。談判按照這一思路進行，比較順利。

但是，國內戰場的形勢卻一直很不好。十月廿一日，華南重鎭廣州失守，胡適和陳光甫都十分悲憤。廿三日，消息更壞，陳光甫懊喪異常。胡適力勸陳不要灰心。他說：「我們是最遠的一支軍隊，是國家的最後希望，決不可放棄職守。」⑧廿五日，華中重鎭武漢淪陷，胡適、陳光甫受到了又一次嚴重的打擊。也就在這一天晚上，毛根韜打電話給胡適，約胡和陳光甫同到他家去喝酒。二人到達後，覺得氣氛有點異樣。財部的要員都在，毛根韜的秘書手裏拿著紙和筆，好像有什麼事要辦一樣。毛根韜說：借款的事已經成功，羅總統已經OK了。他順手指著桌上的紙張說，那就是借款協定的草案，他又說：這兩天中國的消息不好，希望這筆借款可以有強心針的作用。⑨胡適、陳光甫正高興時，毛根韜又說：現在只剩下最後一件事：今天中午向總統請示，總統略加思考，即稱：不幸廣州、武漢相繼陷落，如果我今天批准借款，明天中國忽然換了政府，變了政策，我一定遭到非議。若在數日內，蔣介石將軍能明白表示，中國政府安定而政策不變，我可以立即批准此項借款。⑩這突如其來的消息使胡適、陳光甫又興奮、又驚異，稍坐了一下，一人喝了一杯涼開水，就匆匆告別。

離開毛根韜住所後，胡適、陳光甫立即聯名致電蔣介石、孔祥熙，要求按羅斯福的要求有所表示。當時，中國抗戰需款甚巨。此次借款共美元二〇六〇萬元，孔祥熙覺得數目太小。廿七日，他致電陳光甫及胡適，詢問數字是否有誤？此款之外，是否另有其他借款。關於國內情況，孔祥熙電稱：

> 雖以廣州陷落，武漢撤退，政局情形，尚稱安定。金融方面，以竭力維持，人心安定，亦尚平穩，政治決不致有所變更。至於今後方針，只要友邦能予有力援助，決仍照原定計劃繼續抗戰，決不因一二城市之得失而有所變更。軍事發言人已有談話發表，想已得悉。

孔電並稱：

> 為持久抗戰而達最後之目的，所望于美方者至深。如美只空表同情；不能實力幫助，殊使我為世界和平之抗戰者，有所寒心。⑪

陳光甫接電後，和胡適分析情況，認爲此項借款，數目確實微小，其原因可能在於廣州、武漢陷落，謠傳政府改組，調停議和，在此情況下，美方暫事觀望，亦屬情理之常。陳、胡二人建議：先行接受美方方案，加緊組織公司，一面將桐油、錫、鎢等，由新路源源運來，證明運輸確有辦法；一面相機續談。陳、胡二人表示：「只要我方情形相當穩定，繼續援助，似有可能。」陳、胡並稱：「美國論利害與我非唇齒之依，論交情亦無患難之誼。全國輿論雖同情於我，終不敵其畏戰之心。執政者揣摩民意，不敢毅然拂逆」，因此，在這種情況下，只能依靠毛根韜，「兢兢業業，與之研求」。⑫

十月三十一日，陳光甫向胡適要一張照片，胡適在背面題了一首詩：

略有幾莖白髮，
心情已近中年。
做了過河小卒，
只許拚命向前。⑬

這首小詩，反映出胡適當時爲挽救民族危難，奮勇工作的精神面貌。

同日，蔣介石發表《爲武漢撤退告全國同胞書》，表示決心抗戰到底。十一月二日，羅斯福約胡適談話，胡適將孔祥熙來電要點轉告。羅斯福表示已經知道，並稱將與財長商量。但是，美國國務卿（外交部長）赫爾（Cordell Hull）認爲借款幾乎純粹是政治性的，擔心日本報復，於是，借款暫時被擱置。直到十一月底，在毛根韜的斡旋下，羅斯福才批准借款。十二月十五日，美國國務院發佈關於進出口銀行與世界貿易公司達成二千五百萬美元信貸協定的通告。十八日，蔣介石致電胡適、陳光甫，予以鼓勵，電云：

借款成功，全國興奮。從此抗戰精神必益堅強，民族前途實利賴之。⑭

由於這筆借款以中國向美國出售桐油爲條件，因此，被稱爲「中美桐油借款」。中美桐油借款數量不大，但它是美國援助中國抗戰的第一筆借款，意味著美國的孤立主義、和平主義壁壘被突破，國民政府爭取美援的道路自此打開，它在一定程度上鼓舞了中國軍民的抗戰士氣。

三、相互間的信任與支持

首次談判成功，蔣介石很高興。企圖進一步搬掉美國援華的絆腳石。一九三八年十二月三十日，蔣介石手諭孔祥熙：「美國國會即將開會，對於美館宣傳與對其各議員之聯絡，應特別注重。其目的則在修改其中立法與提倡召開九國公約會議，與召集太平洋和平會議。」⑮孔祥熙隨即電告胡適、陳光甫二人，同時電匯美金二萬元，要求他們「迅爲運用，期達目的」。但是，這時胡適正因心臟病突發，住在醫院裏，直到一九三九年二月二十日，胡適才出院恢復工作。

胡適以學者出任大使，作風和外交系的官僚們完全不同，因此，爲部分人所不滿，傳言陳光甫將繼任駐美大使。一九三九年五月十八日，陳光甫到華昌洋行，有人對陳說：「適之人地極爲相宜，全美華僑十分愛戴。朝野推崇備至，爲數十年來最好之大使，可爲中國得人之慶。此時若輕易調換，美政界必致發生誤會。千鈞一髮，萬不可冒險出此。」陳光甫此時已與胡適共事八個月，覺得這一觀察不錯，在日記中寫道：「此項謠傳之由來，大約不外國內有人對之不滿。以書生出任大使，本爲革命外交，舊外交系系員認爲破天荒之舉。試問今日外交，豈能盡如人意，一旦有機可乘，群起而攻之，造謠生事，無所不用其極。適之向抱樂觀，全不在意。余料此類謠言，再過一月半月，即可冰消瓦解矣！」⑯

陳光甫信任胡適，胡適也信任陳光甫，對陳的愛國熱忱與工作精神日益佩服。

在美國談判借款很困難，需要看人臉色、仰人鼻息行事。陳光甫曾在致蔣介石電中訴苦：「錢在他人手中，告求良非易易。」⑰又在日記中自述：「余在此間接洽事宜，幾如賭徒在賭場中擲注，日日揣度對方人士之心理，恭候其喜怒閒忙之情境，窺伺良久，揣度機會已到，乃擬就彼方所中聽之言詞，迅速進言，藉以維持好感。自（二十七年）九月來此，無日不研究如何投其所好，不敢有所疏忽。蓋自知所擲之注，與國運有關，而彼方係富家闊少，不關痛癢，幫忙與否，常隨其情緒爲轉移也。」⑱有時，陳光甫不無牢騷：「我頭髮白了，還來受這氣惱，何苦來！」六月廿二日，陳光甫會見胡適，作了一次深談，胡適對陳說：「我最佩服你這種委曲求全的精神。」當日，胡適在日記中寫道：「光甫辦銀行三十年，平日只有人求他，他不消看別人的臉孔。此次爲國家的事，擺脫一切，出來到這裏，天天仰面求人，事事總想不得罪美國財政部，這是他最大的忠誠，最苦的犧牲。我很佩服他這種忠心。」又稱：「光甫作此事，真是沒有一點私利心，全是爲了國家。」其後不久，又在日記中寫道：「光甫不是很高的天才，但其人忠厚可愛。」⑲爲了幫助陳光甫消解客中的寂寞，胡適特意送了一本自己編的《詞選》給陳。

由於日軍在中國的肆無忌憚的侵略行爲日益損害美國的在華利益，加上國際形勢的變化，七月廿六日，美國外交部正式照會日本大使館，聲明廢止一九一一年美日商約，六個月後失效。胡適聽了，大爲興奮，馬上打電話給陳光甫，陳也很興奮。⑳二人再一次分享了成功的歡樂。

陳光甫身體不大好，是抱病到美國工作的，加上談判艱難，因此早有退志。七月三十一日，陳光甫告訴胡適，已托人在雲南呈貢的湖上買幾畝地，蓋幾間房子，預備十二月或次年正月回去休養。胡適大笑道：「我和你都是逃走不掉的。」㉑

此後不久，國內政局即醞釀著一次新的變動。

國民黨內孔、宋各成一派，長期相互爭鬥。孔祥熙於一九三八年一月擔任國民政府行政院代院長，不久就受到中外輿論和傅斯年、宋子文等人的批評。當年十二月十八日，翁文灝致電胡適云：

兄與陳光甫論孔意見，弟極讚佩。光甫公忠愛國，亦久佩。孔本人亦相當有用。惟其手下有若干人物，恐獨立如光甫者，亦感不易應付。故進賢退不肖，實為當前急務耳！㉒

從本電可以看出，孔祥熙「手下」的「若干人物」已經成了物議對象，「進賢退不肖」云云，正反映出當時部分人士改組「孔家店」的要求。

一九三九年十一月，蔣介石兼任行政院院長，孔祥熙改任副院長，傳說宋子文將出任要職，擔任財政部或貿易部部長。陳光甫和宋子文有矛盾，和孔祥熙則有三十年的關係，私交甚好。㉓胡適擔心宋子文不能與陳光甫合作，影響爭取美援，準備發電反對。十一月廿五日，胡適到紐約。廿六日，在陳光甫家吃晚飯，商量此事。當晚在日記中寫道：

我是向來主張「打孔家店」的人，今反過來為庸之說好話，是很傷心的事。但我為國家計，認為應該如此幹，故不避嫌疑，決心發此電。㉔

他本想當晚寫完此電，因背上受涼，不舒服，未能完成。第二天一早起床，完成電文。十點時，陳光甫和紐約華昌公司董事長李國欽來，又請他們看，二人提了一點意見。中午，胡適返回華盛頓。晚上，重寫電文，並於當夜發出。

電報是打給陳布雷的，內稱：

弟向不滿於庸之一家，此兄所深知。然弟在美觀察，此一年中庸之對陳光甫兄之事事合作，處處尊重光甫意見，實為借款購貨所以能有如許成績之一大原因。㉕

同電盛讚陳光甫在美國的工作：

弟默察光甫諸人在美所建立之採購輸運機構，真能弊絕風清，得美國朝野敬信。不但在抗戰中為國家取得外人信用，亦可以為將來中美貿易樹立久遠基礎。

電中，胡適表示：一、宋子文個性太強，恐怕難以與陳光甫合作；二、如貿易委員會改以宋子良代陳光甫，則陳所辦事業，恐不能如向來順利。三、今年夏間，宋子文曾向美財部重提棉麥借款，美財部疑爲另起爐灶，印象相當不佳。胡適估計，以上情況，恐怕沒有人向蔣介石詳說，建議陳布雷密陳，供蔣考慮。胡適建議：由蔣出面，切囑孔祥熙，屏除手下的貪佞小人，命孔繼續擔任財政部長，這樣對陳光甫在美的借款、購貨諸事，最爲有益。如果由他人出長財部與貿易部，也必須由蔣切實叮囑，與陳光甫誠意合作，力戒其邀功生事，造成貽譏國外、妨害事機的不良效果。

前些年，胡適曾在《寫在孔子誕辰之後》一文中說：「凡受這個世界的新文化的震撼最大的人物，他們的人格都可以比一切時代的聖賢，不但沒有愧色，往往超越前人。」胡適舉了高夢旦、張元濟、蔡元培、吳稚暉、張伯苓、李四光、翁文灝等九人。這一時期，胡適覺得應該增補幾個人，其中就有陳光甫。㉖

四、再次聯手爭取美援

二千五百萬元的桐油借款主要用於改善滇緬公路的運輸狀況，並不能解決多大問題。因此，胡適、陳光甫奉命繼續談判借款。

一九三九年五月廿三日，陳光甫到華盛頓與胡適商談。胡適提出，今後談判有三條途徑：一、直接與羅斯福談判。二、托最高法院推事佛蘭克福特（Frankfurter）從中斡旋。此人與胡有舊，接近羅斯福，托其居間活動或可較爲順利。三、胡以大使資格直接與外交部（國務院）交涉。胡適此時正值大病之後，陳光甫覺得胡勇於任事，勁頭十足，非常高興，立即表示，三項之中，自以與外交部接洽爲正常途徑。當時的美國外交部以「守舊不管閒事」著稱，陳對此雖有顧慮，但胡適聲稱，目下外交部對此亦相當有興趣。㉗六月廿一日，胡適即拜會美國國務卿赫爾，說明桐油借款已經用完，希望由國務院提議，向中國提供第二次借款。赫爾要胡適與聯邦貸款主任傑西・鐘斯（Jesse Jones）商量。

國內催促借款的電報不斷飛向華盛頓。七月廿七日，陳光甫再次到華盛頓看望胡適，從下午一直談到晚十點半，重點商討第二次借款如何發動。陳光甫計畫於當年十一、十二月脫身返國，因此，建議此次由胡適發動。八月十九日陳光甫日記云：「余去志已堅，當然無留此之必要。第二次借款，當看國內政治、經濟情形。如果仍有去年余來美時之狀況，此事似不悲觀。數目多少，現難推測，可由胡大使與外部直接商辦。」九月一日，歐洲大戰爆發。七日，胡適與陳光甫商量，決定先由胡適向羅斯福開口，借款原則可以桐油為押，不足時加錫為抵押品。陳光甫一直覺得：羅斯福對胡適有好感。由胡出面，成功的把握更大；由自己出面，如果羅斯福情緒不佳，說一否字，一切就都完了。次日，胡適拜會羅斯福，請求美國再打一次強心針。羅斯福答應交財部商辦，隨後即通知毛根韜。廿六日，胡適拜會毛根韜，毛稱：「我等候了你兩個星期了！」當天談判順利，說定可照桐油借款辦法，繼續加借。陳光甫計畫於次日赴華盛頓研究辦法及準備手續。他在日記中寫道：「此次由大使發動，余可早日脫身。大使究屬國家代表，余之職務本屬畸形現象，早應更正，今得機會，私心慶幸。」㉘廿八日，陳光甫趕赴華盛頓，與胡適長談。當日，與胡適共同約請毛根韜的助手勞海（Archie Lochhead）夫婦吃晚飯。十月十三日，二人再次作東，請羅斯福政府中的幾個「少年才士」吃「中國飯」。在做好了這些周邊工作後，胡適起草了一份說帖，於十六日交給美國外交部。

胡適談判的艱辛也不亞於陳光甫。有些美國人始終堅持孤立主義、中立主義立場，援助中國的話半句也聽不進去，使胡適有「對牛彈琴」之感。有些美國人架子很大。十月十三日，陳光甫在日記中寫道：「（美國國務院）暮氣沉沉，只以保全個人地位爲目標，其他概非所計，欲求其出力助華，殆如登天之難，能不從中阻撓已屬萬幸矣！因此又憶及美外部之遠東司長項白克（Hornbeck），此君老氣橫秋，彼對適之講話有如老師教訓學生，可見做大使之痛苦矣！」第二次借款仍取商業借款形式，數額爲美元七千五百萬元，以滇錫五萬噸作擔保。但是，由於美國正忙於修改中立法的大辯論，對日政策未定，進出口銀行又資金告罄，因此，借款交涉陷於停頓。一九四〇年一月十三日，胡適會見羅斯福，再提借款事項，請求迅速定議。十六日，陳光甫拜會毛根韜，請他特別幫忙。毛根韜態度雖誠懇，但表示，最近實在沒有什麼好消息可以相告。㉙當晚，陳光甫到胡適處吃飯，分析美方將借款擱置的原因，一直談到深夜。胡適翻出了他寫的《回向》一詩，讀給陳光甫聽，其最末一節是：

他終於下山來了，
向那密雲遮處走。
「管他下雨下雹，
他們受得，我也能受。」

陳光甫表示，能理解此詩的意思。㉚

爲了打開局面，一月廿四日，胡適與陳光甫一同訪問美國復興金融公司董事長、聯邦貸款主任傑西•鐘斯，請他幫忙。胡適告訴鐘斯，中國決不講和，決不投降，一定長期抗戰，如得美國援助，最後勝利一定屬於中國。陳光甫則將桐油運美以及在美購貨等有關資料、圖表交給鐘斯，並遞上要求再借七千五百萬美元的說貼。鐘斯有點聾，談話很吃力。鐘斯告訴他們，當天參議院財政組審查芬蘭借款事，決定提議增加進出口銀行資本一萬萬元，但每個國家借款不得超過三千萬元。胡適、陳光甫感到，此議如成立，對中國甚爲不利，托鐘斯鼎力設法。告辭後，胡適、陳光甫立刻分頭奔走活動。一月三十一日，陳光甫致電孔祥熙，說明美國「國會有如股東會，人多口雜，彼等適逢選舉年度，顧忌特多」。㉛二月七日，胡適讀報，得知美國參議院外交委員會決定，進出口銀行增資一萬萬元，廢除原議借款總數不得超過三千萬元的限制。胡適很高興，立刻發電給陳光甫道喜。㉜

總數不得超過三千萬元的限制雖然取消了，但是，參議院外交委員會同時規定，一次借款以二千萬美元爲限。三月五日，鐘斯通知陳光甫，可按二千萬元金額辦貨，分期支用。三月七日，鐘斯會見羅斯福，隨即宣布第二次借款一案成立。

第二次借款的數目仍然不大，但是，當時日本侵略者正積極扶持汪僞政權登場，借款顯示了美國的一種姿態，繼續支持以蔣介石爲代表的國民政府，支持中國抗戰。三月八日，胡適拜會鐘斯，表示感謝。十一日，胡適又寫長信給毛根韜致謝。同時，蔣介石也致電羅斯福致謝。

正當胡適、陳光甫爲第二次借款成功慶幸之際，孔祥熙打了中、英文兩份急電給陳光甫，認爲第二次借款不應有抵押品（錫）及銀行保證，理由是美方對芬蘭的借款並不需要擔保，中芬同爲反侵略國家，此類借款已從商業性質發展爲政治援助，因此，不應有所歧異。此前，孔祥熙對有關方案一直沒有提出異議。現在，在事情已成定局時，孔祥熙卻要求改變原議，陳光甫、胡適都感到很爲難。十三日，陳光甫、胡適等商量後，覆孔祥熙一電。廿五日，胡適再致孔祥熙電稱：「光甫與適此時實難如此翻覆，即向美當局開口，非但無益，徒使毛財長與鐘斯諸人爲難耳。」胡適並稱：「適與光甫事事合作，深知此中困難」，要求孔祥熙速電陳光甫，按原議進行。㉝廿七日，孔祥熙覆電胡適，不同意胡電「翻覆一說」，電稱：「吾輩負人民之重托，謀國家之福利。就政治言，應因時制宜，利用機會，並非變卦；即兄等奉令磋商，亦不得認爲翻覆也。」孔祥熙接著透露了秘密：「弟個人對兩兄賢勞困難實情，極爲深悉。情形如此，倘不有所磋商，勢必惹起各方誤會，參政會開會在即，更恐引起質詢，勢將無以爲對。」孔祥熙特別說明：「倘若言而無效，則我等責任已盡，亦屬問心無愧。迭電奉商，實緣於此。」「萬一以磋商爲難，亦不必勉強。」㉞孔祥熙既然只是一種姿態，陳光甫、胡適自然沒有認真對待的必要。十九日，胡適與陳光甫一同拜會赫爾。陳向赫爾報告第一次借款購貨及運售桐油情形，對他及毛根韜協助的盛意表示感謝。四月二十日，陳光甫打電話給胡適：《華錫借款合約》簽字了。

第二次借款成功，陳光甫即準備交卸回國。四月廿六日，胡適、陳光甫與毛根韜一同會見羅斯福。陳光甫表示，第一次借款二千五百萬元，已經用完，購買各物，均蒙美國財政部專家特別指示襄助，成績尙好。陳並稱：離開中國已一年半，擬即回國，特來辭行。那天，羅斯福的興致非常好，對陳的工作表示滿意，要陳秋天早點回來。胡乘機感謝羅斯福一年半來對陳的特別好意。羅斯福笑著說：我是最看重外交部與大使館的；但我想，我的辦法似乎比較便捷一點吧！胡適、陳光甫、毛根韜也都大笑。

五月三日，陳光甫從紐約打電話向給胡適告別，下午又打電報給胡適，內稱：「Assuring you of our happiest recollection of our time together。」胡適和陳光甫共事十九個月，此次分別，都很惆悵。胡適感到陳是「很不易得的同事」。當日在日記中寫道：「我和他都不求名利，都不貪功，都只爲國家的安全，所以最相投。」㉟同日，胡適致電陳布雷稱，陳光甫已於今日離開紐約西去，將於五月十五日自三藩市乘輪返國，希望蔣介石能在其離美之前致電慰問。同日，蔣介石致電陳光甫稱：「兩借美款，悉賴才力，厥功至偉，尤念勤勞。」㊱胡適於五月九日得知有此電，非常高興。

接替陳光甫的是宋子文。六月十四日，蔣介石派宋子文赴美，並授以代表中國政府在美商洽一切的全權。七月二日，胡適陪宋會見鐘斯、赫爾等人。晚上，胡適到宋子文的旅館小坐。宋稱：「總統既答應了幫忙，借款一定有望了。」胡適覺得宋過於樂觀，答稱：「子文，你有不少長處，只沒有耐心！這事沒有這麼容易。」接著，宋子文又批評陳光甫負責的兩次借款條件太苛，胡適老實不客氣地說：「我要 Warn（警告）你：第一，借款時間不能快。第二，借款條件不能比光甫的優多少！光甫的條件是在現行條件下，無法更優的。」㊲胡適的這些話，宋子文聽起來自然很不悅耳。

陳光甫回國後，成為胡適的熱烈維護者。每遇說胡適壞話的，陳光甫就與之對抗。王世杰曾在致胡適函中說：「兄自抵華盛頓使署以後，所謂進退問題，便幾無日不在傳說著。有的傳說，出於『公敵』；有的傳說，出於『小人』；有的傳說，也不是完全無根。同時與這些公敵或小人對抗的，也不少。譬如最近返國的陳光甫，就是一個。」㊳

五、胡適動員陳光甫出山

物換星移，轉眼到了一九四七年。

第二次世界大戰結束後，美國一直勸說蔣介石放棄一黨專政，接納自由主義分子，按照西方的模式改組政府，擴大社會基礎。蔣介石要爭取美援，不得不敷衍美國。一九四六年十一月十五日至十二月廿五日，國民黨在南京召開國民大會，通過《中華民國憲法》。次年三月一日，宋子文因治理金融無方，被迫辭去行政院長職務。同時，蔣介石內定政學系首領張群組閣，計畫吸收部分小黨派領袖和無黨派人士參加，胡適和陳光甫都在網羅之列。

還在一月中旬，蔣介石就通過傅斯年向胡適打招呼，要請胡適出任國府委員兼考試院長。三月十三日，蔣介石邀胡適吃晚飯。飯前談話時，胡適要求蔣介石不要逼他加入政府。蔣稱：「如果國家不到萬不得已的時候，我決不會勉強你。」其間，王世杰推薦胡適出任行政院院長。三月十七日，王世杰奉蔣介石命，拜會胡適，聲稱不要胡適作行政院長了，只要求胡適作爲無黨無派的一個代表，參加國民政府委員會。十八日，蔣介石再次找胡適談話，胡適想保持「超然獨立」身分，仍然推辭。十九日，胡適飛上海，計畫自滬返平。

蔣介石動員胡適的同時，張群也到滬動員陳光甫出任國府委員。陳表示，不就國府委員一職，但願以個人之力幫助張群。在張群提出可能爲財政方面的使命派陳去美國時，陳建議再次任命胡適出使華盛頓。他說：「這是最重要而且最關鍵的崗位中的一個，胡適能博得美國官方和公眾兩方面的尊敬。在美國，他是友好的源泉。美國人相信他。如果派他去華盛頓，他將殫精竭力地工作。」㊴

「至於我自己，」陳光甫附帶說，「我將樂於和胡適合作，嘗試再次尋求美國的經濟援助。作爲老朋友，我將準備承擔您認爲對我適合的任何緊急任務。」

當晚，陳光甫到上海國際飯店胡適住處作了一次長談。胡適支持陳光甫出任國府委員。他說：

政府有意要你老大哥參加改組，我倒真覺得膽壯得多。光甫先生，我認為你對於國府委員這件事倒是值得考慮的。當今的問題，最嚴重的還是經濟問題，如果我胡適之懂得經濟，懂得財政，沒有問題的，我一定參加。

胡適又說：

今天是國家的緊要關頭，嚴重的程度可以和抗戰初期相比。在當時，不得已，政府請你我出來，到美國去。在今天，情形也還是如此。正如蔣先生說：非到萬不得已的時候，不會堅持要我們這班人出來。你和我，都還有點本錢。所以政府要向我們借債。抗戰初期，情形那樣的困難，政府不得不向我們借債，度難關；在今天，也還是如此，向我們借用我們的本錢。從責任一方面看，我們是應該就範的。這並不是跳火坑，沒有那樣嚴重。

胡適並告訴陳光甫，這屆國府委員的壽命只有九個月，很快就要交卸，不必有過多顧慮。

胡適接著又說：

當年你我在華府替政府做事，我們真是合作，因為你和我同是沒有半點私心，一心一意做我們的事。這次政府要你出來，擔任國府委員，也許還要請你再去美國多跑幾次，打通美國這條路。財政部的人是變了，不過財政部和進出口銀行都還有你的老朋友在。還有一點，請我們參加政府是最容易的，最便宜不過的，我們不會有任何條件的。

在一九四六年的國民大會和其後的國府改組中，青年黨、尤其是民社黨，要官要錢，鬧得頗爲不堪。胡適對此很不滿，談起有關情況來，頻頻搖頭。接著，胡適說：

今天的大局，或者可以這樣看法：從整個的世界形勢來說，如今是美蘇對峙的局面，民主政治和集權政治的抗衡，沒有，也不會有真正的和平；所有的只是武裝和平Armed peace。這是大宇宙，而中國是小宇宙，情形也一樣，最多只能做到一種國共對峙下的武裝和平，做不到一般人所希望的真正的和平與統一。唯一的希望是從這雙重的武裝和平中慢慢的產生一種方式，並且運用這方式逐步取得真正的世界和平。

這天晚上，胡適談興很濃，從「大宇宙」、「小宇宙」進而談到世界上的兩種政黨：「英、美的政黨和獨裁國家的政黨」，又進一步談到國民黨。胡適說：

孫中山先生是受過英美思想薰陶的人。他樹立國民黨，原意要建立一個英美式的政黨。但是，同時他又看到蘇俄共產黨組織之嚴密，於是有民國十三年的改組，希望採用共黨的優點。他的最終目的還是要創立一個類似第一種政黨，而採取第二種政黨部分的作風，於是乃有先訓政而後憲政之說。

也許胡適覺得話題拉得太遠了，於是，又拉回來，談起正在南京召開的國民黨六屆三中全會來，他說：

這次在南京召開的三中全會最重要的題目就是訓政結束，憲政開始。從國民黨本身的立場上來說，就是放棄它這許多年所掌握的政權，亦即所謂還政於民。要一個政黨吐出它已有的政權，不是一件容易的事。因為這是反自然的。政黨的目的是要取得政權，而不是放棄政權。所以這一次國民黨的還政於民，實在是有史以來，中外政黨史上從來未有的創舉。

胡適越說越興奮，又談起一九四六年的國民大會，評價起蔣介石來：

我相信蔣先生對於這件大事，他是有誠意，而且也有決心的。記得我在南京開國民大會，那真是雞群狗黨，什麼樣人都有的聚會。國民黨的極右、頑固分子，猖獗非凡，有幾天看情形簡直暗淡得很。蔣先生找這班人去，又是痛罵，又是哀求，希望他們要認清國大的意義。這樣才能有最後通過的憲法，而這憲法在大綱上是維持政治協商的原議的。這次在南京，蔣先生召我去見他。我曾對他說，他的一大錯誤就是在抗戰初期盡力拉攏政府中一般無黨無派的人如翁詠霓、公權、廷黻等入黨。蔣先生對於這一點也認錯。從那天的面談，我相信他對於結束訓政開始憲政的態度，是非常誠懇的。

胡適一向主張在中國實行英、美式的兩黨政治，他說：

現在中國最大的悲劇就是缺少一個第二政黨。我曾寫過一封信給毛澤東，力勸他領導中國共產黨做一個像美國的共和黨、英國的保守黨一樣的在野黨，這就是一個觀念上的錯誤，我沒有認清共產黨的本質，它根本是一個性質不同的政黨。要它變成英、美式的在野黨是不可能的。

說到這裏，胡說笑了笑：

中國今天缺少一個由陳光甫finance胡適之領導的政黨。㊵

胡適雄辯滔滔，說得陳光甫頗爲動心。二十日，下雨，去北平的飛機停航。胡適不得不再在上海滯留一天。他托人帶話給陳光甫：如果到美國去，在那裏有郭泰祺先生，是他

Pennsylvania的老同學，還有劉鍇，他們都可以像我當時在華盛頓一樣的幫他的忙。

這時，陳光甫雖已準備出任國府委員，但是，對於再次赴美爭取援助一事卻已經信心不足。第二天，陳光甫聽到別人轉達胡適的意思後，連連搖頭說：「不成！不成！今天的情形和當年大不相同了！」四月十七日，蔣介石在南京宣布改組後的國民政府委員會名單，陳光甫以「社會賢達」的資格入選。胡適駕不住蔣介石的一再動員，曾一度準備接受，後來聽從傅斯年的勸告，拒絕了。

國民政府的改組只是換湯不換藥，自然，不會有什麼起死回生的效力。蔣介石等人仍然把希望寄託在爭取大量美援上。十一月二日，胡適在《中央日報》上發表《援助與自助》一文，認爲要爭取美援，最好是提出對方一定可以相信的財政專家，如陳光甫那樣的人來主持其事。陳讀到此文後，對秘書說說：「闖禍了！」㊶同月十日，胡適致函陳光甫，提出爭取美援的具體方案。廿五日，陳光甫覆函胡適，認爲美國對歐洲的援助是有條件的，其中最大的條件，就是要受援國家放棄一部分傳統的主權觀念，如關稅自主，以及接受美國關於借款的管理等，但是，這些，在經過八年抗戰的中國，根本做不到，因此，大量的美援也談不到。函稱：老兄所提出的最好保證辦法固然可以替兩國解除不少的困難，但是，用中國人主持其事，假使蔣先生要錢用，又有誰能說沒有錢給他用。我恐怕只有美國人或許可以能說這樣的話，但是這豈不等於有損國家的尊嚴？

陳光甫同意胡適的設計，要建立某種機構，但他認爲，這一機構的目的不在支配金錢，而在聯繫、溝通，增進中美雙方的瞭解，這就需要一位能夠從事東西文化交流，既懂得中國，又懂得美國的人出來擔任。陳光甫提出，這一人選非胡適莫屬。函稱：你我二人好有一比：兄是金菩薩，滿腹文章，而我至多只是一尊泥菩薩而已。鎦金的泥菩薩也許還值錢，不鎦金的泥菩薩可就不值半文錢了。㊷其後，陳光甫就反過來推薦胡適再度出任駐美大使。十二月十二日，王世杰以「國家需要」為理由，要求胡適「再去美國走一趟」。胡適答以「老了。十年的差別，如今不比從前了。」又說：「如對日和會在華盛頓開，我可以充一個團員，但大使是不敢做的了。」㊸十四日，胡適與陳光甫同到王世杰寓所閒談，胡適才瞭解到，陳也是建議胡適再度出任駐美大使者之一。國共兩黨之間的內戰在一九四八年間全面爆發，很快，國民黨就處於下風。敏感的人們已經意識到，國民黨在大陸的統治快要終結了。

一九四九年一月八日，蔣介石勸胡適去美國，他說：「我不要你做大使，也不要你負什麼使命。例如爭取美援，不要你去做。我只要你出去看看。」㊹十五日，胡適到上海，陳光甫邀請他住到上海銀行的招待所。當時，蔣介石已經下野，以李宗仁代行總統職權。李宗仁上臺後，即高談和平，同時動員幾位在全國公眾中有影響的人物，組織「上海人民和平代表團」，去北平「敲開和平之門」。陳光甫也在被動員之列。胡適勸陳光甫不要參加代表團，他說：除了顏惠慶，代表團沒有什麼重要人物，和他們一起去不值得，代表團不會有任何收穫。㊺

六、晚年的接觸

胡適還是被蔣介石說動了。一九四九年三月，胡適將家屬安置在臺灣，於四月六日自上海登輪赴美。同月廿七日，定居紐約。其後，陳光甫也離開大陸，到了曼谷。一九四九、一九五〇年十二月，胡適五十八、五十九歲生日時，陳光甫都曾致電祝賀，但是，一九五〇年陳光甫慶祝七十大壽時，胡適卻正在從洛杉磯飛赴紐約途中，未能有所表示。次年二月，胡適讀到陳光甫給任嗣達的長信，對陳的「達觀哲學」很佩服，於三月一日致函陳光甫云：「我去年曾想用古人說的『功不唐捐』（『唐』是古白話的『空』，『捐』是廢棄）（No effort is ever in vain）的意思，寫一首詩祝老哥的大壽。匆匆之中，詩竟沒有寫成。現在看你信上說的『種子』哲學，使我記起我在一九一九年寫的一首詩，其中有這幾段，我抄在下一頁，博老哥一笑。」㊻

胡適所抄詩如下：

大樹被斫做柴燒，
樹根不久也爛完了。
斫樹的人很得意，
他覺得很平安了。

但是那樹還有很多種子，
很小的種子，裹在有刺的殼兒裏，
上面蓋著枯葉，
葉上堆著白雪，
很小的東西，
誰也不在意。

雪消了，
枯葉被春風吹跑了。
那有刺的殼都裂開了，
每個上面長出兩瓣嫩葉，
笑迷迷的好像是說：
「我們又來了。」

過了許多年，
壩上田邊，都是大樹了，
辛苦的工人，在樹下乘涼，

聰明的小鳥在樹上歌唱，
那斫樹的人到那兒去了？

胡適的這首詩，嘲笑「斫樹人」，歌頌「種子」頑強的生命力，在陳光甫晚年時抄給他，大概是爲了肯定陳一生的努力和業績吧！

陳光甫於一九五四年定居臺灣，胡適於一九五八年返台，二人繼續往來。其間，胡適曾爲陳光甫重寫《過河卒子》一詩，並且加了一段跋語：

光甫同我當時都在華盛頓為國家做點戰時工作，那是國家最危險的時期，故有「過河卒子」的話。八年後，在卅五年（一九四六）的國民大會期中，我為人寫了一些單條立幅，其中偶然寫了這四行小詩。後來共產黨的文人就用「過河卒子」一句話，加上很離奇的解釋，做攻擊我的材料。這最後兩行詩也就成了最著名的句子了。⑰

自一九五四年十一月起，大陸曾掀起頗具聲勢的胡適思想批判運動，胡適對此極爲不滿，跋語只是表達了小小的牢騷而已。

（原載《胡適與他的朋友》，第三集，紐約天外出版社，一九九七。）

①未刊稿，中國社會科學院近代史研究所藏。

②胡適晚年曾對這句話表示懺悔。

③油印函稿，中國社會科學院近代史研究所藏。

④《胡適的日記》手稿本，第十一冊，臺灣遠流出版事業股份有限公司，一九九〇年版。

⑤《胡適的日記》，第十二冊。

⑥《胡適的日記》，第十二冊。

⑦《胡適致孔祥熙電》，《胡適任駐美大使期間往來電稿》（徵求意見稿），中華書局，北京，一九七八年版，第三頁。

⑧《胡適的日記》，第十三冊。

⑨《胡適談話記錄》，未刊稿，陳光甫檔，美國哥倫比亞大學珍本和手稿圖書館藏，下同。

⑩《陳光甫日記》，未刊稿，哥倫比亞大學珍本和手稿圖書館藏，下同。

⑪《陳光甫日記》，一九三八年十月廿七日。

⑫《陳光甫日記》，一九三八年十月廿七日。

⑬《胡適的日記》，第十三冊，後來胡適重寫此詩時文字小有變動：「小卒」改作「卒子」，「只許」改作「只能」。

⑭《胡適任駐美大使期間往來電稿》，第五頁。

⑮《孔祥熙致胡適、陳光甫電》，《胡適任駐美大使期間往來電稿》，第六頁。
⑯《陳光甫日記》，一九三九年五月十八日。
⑰《中華民國重要史料初編》第三編，《戰時外交》（一），臺灣國民黨黨史會一九八一年版，第二四一頁。
⑱《陳光甫日記》，一九三九年六月四日。
⑲《胡適的日記》，一九三九年六月廿二日、八月二日。
⑳《胡適的日記》，一九三九年七月廿六日。
㉑《胡適的日記》，第十四冊。
㉒《胡適任駐美大使期間往來電稿》，第五頁。
㉓參閱楊桂和《陳光甫與上海銀行》，《陳光甫與上海銀行》，中國文史資料出版社，北京，一九九一年版，第九十三頁。
㉔《胡適的日記》，第十四冊。
㉕《胡適任駐美大使期間往來電稿》，第廿七頁。
㉖《胡適的日記》，一九四〇年一月三日。
㉗《陳光甫日記》，一九三九年五月廿六日。
㉘《陳光甫日記》，一九三九年九月廿六日。
㉙《胡適、陳光甫致孔祥熙電》，《中華民國重要史料初編》，第三編，《戰時外交》（一），第

二六二頁。

㉚《胡適的日記》，第十四冊。

㉛《中華民國重要史料初編》，第三編，《戰時外交》（一），第二六四頁。

㉜《胡適的日記》，第十四冊。

㉝《胡適任駐美大使期間往來電稿》，第三十三頁。

㉞《中華民國重要史料初編》第三編，《戰時外交》（一），第二六九頁。

㉟《胡適的日記》，第十四冊。

㊱《胡適任駐美大使期間往來電稿》，第三十八頁。

㊲《胡適的日記》，第十四冊。

㊳《胡適來往書信選》，下冊，第四七一至四七二頁。

㊴《回憶張群》，陳光甫未刊稿（英文），哥倫比亞大學珍本和手稿圖書館藏。

㊵《胡適談話記錄》。

㊶《徐大春致胡適》，《胡適來往書信選》，下冊，第二六三頁。

㊷《胡適書信選》下冊，北京中華書局，一九八〇年版，第二八一頁。

㊸《胡適的日記》，第十五冊。

㊹《胡適的日記》，第十六冊。

㊺《關於和平使命的回憶》，陳光甫未刊稿（英文）哥倫比亞大學珍本和手稿圖書館藏。

㊻吳相湘《抗戰期間兩個過河卒子》，《傳記文學》第十七卷，第五期。

㊼胡適手跡，《陳光甫的一生》插頁，臺灣傳記文學出版社，一九八四年版。

陳獨秀組織對泰戈爾的「圍攻」

——近世名人未刊函電過眼錄

泰戈爾（一八六一～一九四一）是印度文豪、社會活動家，亞洲第一位諾貝爾文學獎獲得者。他一生寫了大量詩歌和小說。他的作品，表現英國殖民主義統治下印度人民的悲慘生活，譴責封建種性制度，提倡人類之愛與和平抗爭，具有廣泛的社會影響和很高的藝術成就。一九二四年四月十二日，應蔡元培、梁啓超等人之邀，訪問中國。至五月廿九日離華，共歷時四十八天。

泰戈爾的中國之行既受到熱烈的歡迎，也受到猛烈的「圍攻」。資料顯示，「圍攻」的組織者是當時中共總書記陳獨秀。現存陳獨秀致吳稚暉函云：

稚暉先生：

《中國青年》週刊擬出一冊《反對太戈爾號》，想先生為他們做一篇短文，務請先生允此要求，因為太戈爾此來，在青年思想界必增加一些惡影響，我們必須反對他一下。此請道安！

此週刊準於本月十六號齊稿，先生文章請在期前做好。又白。

陳仲甫白。十三

封面題：「請面交吳稚暉先生。」封底有柯慶施所書留言：「施特來奉候，適值先生公出，悵甚。茲特留上仲甫先生信一封、《中國青年》二冊，請查收。《中青》稿子，後日下午施當來取。柯慶施留上。」

《中國青年》是中國社會主義青年團的機關刊物。一九二三年十月二十日創刊於上海。主編惲代英。蕭楚女、鄧中夏、張太雷、任弼時等均先後參加編輯。據封底柯慶施留言，知柯於一九二四年間也是該刊編者之一。

本函僅署「十三」。此前，陳獨秀還給胡適寫過類似的一封信，邀請胡適寫稿，署四月九日，據此，知此函爲一九二四年四月十三日所作，時當泰戈爾到達中國上海後的第二日。

一九一五年十月，陳獨秀在《青年雜誌》一卷二號發表自己翻譯的泰戈爾的詩作《讚歌》，這可能是泰戈爾的作品首次被翻譯爲中文。進入二十年代，出現譯介泰戈爾作品的高潮。一九二二年，鄭振鐸翻譯出版泰戈爾的《飛鳥集》。一九二三年，翻譯出版《新月集》。沈雁冰、鄭振鐸並在《小說月報》推出《泰戈爾專號》，介紹泰戈爾的作品與成就。但是，這種情況，卻遭到陳獨秀的強烈質疑。同年十月，陳獨秀在《中國青年》第二期發表《我們爲什麼歡迎泰谷兒？》一文，文稱：

此時出版界很時髦的翻譯泰谷兒的著作，我們不知道有什麼意義！歡迎他的藝術嗎？無論如何好好的文藝品，譯成外國文便失去了價值，即使譯得十分美妙，也只是譯者技術上的價值，完全和原作無關。歡迎他著作的內容即思想嗎？像泰谷兒那樣根本的反對物質文明科學與之混亂思想，我們的老莊書昏亂的程度比他還高，又何必辛辛苦苦的另外來翻譯泰谷兒？昏亂的老莊思想上，加上昏亂的佛教思想，我們已經夠受了，已經感印度人之賜不少了，現在不必又加上泰谷兒了！

文中，陳獨秀不僅完全否定文學翻譯的必要，也完全否定泰戈爾作品的思想價值，對中國傳統的老莊思想，印度傳來的佛教思想都持批判態度，顯示出這一時期的陳獨秀仍然保留著五四時期的反傳統色彩，並且更加激進了。

泰戈爾對包括中國文化在內的東方文化懷有深厚感情。到上海後，即於四月十四日對《申報》記者發表談話，聲稱此次來華「大旨在提倡東洋思想亞細亞固有文化之復活」，「亞洲一部份青年，有抹煞亞洲古來之文明，而追隨于泰西文化之思想，努力吸收之者，實是大誤」。泰戈爾稱：「泰西之文化單趨於物質，而於心靈一方面缺陷殊多，此觀于西洋文化因歐戰而破產一事，已甚明顯；彼輩自誇爲文化淵藪，而日以相殺反目爲事……導人類於此殘破之局面，反之東洋文明則最爲健全。」近代以來，西洋文化曾被一部分東方人視爲救世良藥，第一次世界大戰爆發，列強間的激烈爭奪與戰爭的血污使一部分東方人對西洋文化失望，轉而提倡回歸東方文化，印度的泰戈爾、中國的梁啓超等人都有這種傾向。

陳獨秀不贊成這種回歸東方文化的傾向，他在《太戈爾與東方文化》中提出，東方文化有三大局限：一是尊君抑民，尊男抑女。陳獨秀認爲，在中國，復活這一傳統，「只有把皇帝再抬出來，把放足的女子勒令再裹起來」；一是知足常樂，能忍自安。陳獨秀認爲，復活這一傳統，就會使「中國人生活在兵匪交迫中，而知足常樂」，使「全亞洲民族久受英、美、荷、法之壓制而能忍自安」。三是「輕物質而重心靈」。陳獨秀認爲，復活這一傳統，「只有廢去很少的輪船鐵路，大家仍舊乘坐獨木舟與一輪車；只有廢去幾處小規模的機器印刷所，改用木板或竹簡」。陳獨秀要求泰戈爾「不必亂放莠言亂我思想界」。他說：「太戈爾！謝謝你罷，中國老少人妖已經多得不得了呵！」

陳獨秀此文成爲《中國青年》「泰戈爾號」的頭條文章，同號刊發的「批泰」文章還有瞿秋白的《過去的人——太戈爾》、澤民的《泰戈爾與中國青年》、亦湘的《太戈兒來華後的中國青年》等三篇文章，是名副其實的「批泰專號」。瞿文聲稱印度已經進入現代，而泰戈爾卻「向後退走了幾百年」。澤民的文章批評泰戈爾是「印度的頑固派」，「中國青年思想上的大敵」。亦湘的文章指責泰戈爾所說「完全是欺人的鬼話」，「無恥之尤」，聲稱「他來講學，我們不用去聽他，聽了亦切不可相信」。其著眼點都在於防止泰戈爾思想影響中國的年輕人，陳獨秀致吳稚暉函稱：「太戈爾此來，在青年思想界必增加一些惡影響，我們必須反對他一下。」顯然，這幾篇文章都經過陳獨秀的授意。

除此之外，陳獨秀還寫了好幾篇「批泰」文章，如《評泰戈爾在杭州上海的演說》、《巴爾達里尼與泰戈爾》、《泰戈爾與清帝及青年佛化的女居士》、《泰戈爾與北京》等。影響所至，中國報刊上甚至出現過《泰戈爾是一個什麼東西！》一類文章。

陳獨秀等人對泰戈爾的批判顯然促進了泰戈爾的深入思考。四月廿三日，泰戈爾經天津到北京，繼續發表演講。他說：「今日我東西方文化發達及互相借重之時，對東方精神文明與西方物質文明的內涵，何者可去，何者可存，實有加以評斷之必要。」提出「互相借重」與「去」、「存」問題，這就比較全面、客觀了。

《泰戈爾號》沒有發表吳稚暉的文章，不等於吳稚暉不支持陳獨秀。他先後寫了《皇會聲中的太戈爾》和《婉告太戈爾》兩文，激烈地批評泰戈爾「口中掉不出象牙」，已經成爲「印度國故的僵石」，「把已經藥死了印度的方子」當成「驗方新編」送給中國人。吳稚暉特別批評泰戈爾「不抵抗主義」。他說：「太先生心知帝國主義的暴秦的可恨，卻不給國人一些能力，只想叫老石器人民，抱無抵抗主義，候使用鐵器的客帝自己惡貫滿盈！」吳的這兩篇文章之所以沒有在《中國青年》發表，想是因爲已經過了陳獨秀提出的截稿時間。

胡適雖也接到陳獨秀的組稿信，但是，胡適卻沒有支持陳獨秀。五月十日，他在北京歡迎泰戈爾的演講會中說：「我過去也是反對歡迎泰戈爾來華之一人，然自泰戈爾來華之後，則又絕對敬仰之。」十二日，泰戈爾在北京舉行另一場演講會，有人散發「反泰」傳單，表示要「激顏厲色」送泰戈爾離開中國，胡適因此再次表示：「這種不容忍的態度是野蠻的國家對待言論思想的態度。我們一面要爭自由，一面卻不許別人有言論的自由，這是什麼道理！」

陳獨秀組織對泰戈爾的「圍攻」是近代中國東西文化論爭的一個部分，也是當時現實政治鬥爭的曲折反映。關於這一論爭的是非得失。不是本文所要討論的問題。本文所想說的是，陳獨秀對泰戈爾的批判，正像他對於中國傳統文化的批判一樣，有其偏激的「左」的一面，但是，我們從中仍然可以看出，陳獨秀對民主和科學的一貫追求。

（原載《百年潮》，二〇〇三年第八期。）

【附錄】蔣介石日記的現狀及其真實性問題

一、日記現狀

根據現有資料，蔣介石的日記約始於一九一五年，廿八歲，止於一九七二年八月，八十五歲，距離去世只有三年。這一年，蔣介石手肌萎縮，不能執筆，因此停止了長達五十七年的日記。蔣的這五十七年日記，遺失四年。其中一九一五、一九一六、一九一七三年，遺失於一九一八年底的福建永泰戰役。當時，蔣介石遭北軍襲擊，孤身逃出，日記、書籍大部失落。現在能見到的一九一五年日記僅存十三天，爲蔣當年在山東任討袁軍參謀長時所記。

胡佛研究院對外所稱一九一七年日記實際是蔣自撰的回憶，題爲《中華民國六年前事略》，回憶一九一七年以前的個人歷史，並非日記。一九二四年的日記則可能遺失於黃埔軍校時期，毛思誠在上一世紀三十年代編輯《蔣介石日記類抄》時就未能見到。因此，蔣介石日記現存五十三年，共六十三冊。在中國以至世界政治家中，有這麼長時段的日記存世，內容如此豐富，大概絕無僅有。

蔣介石日記原由蔣本人保管。蔣去世後，由蔣經國保管；經國於一九八八年去世後，囑其幼子蔣孝勇保管。孝勇於一九九六年去世後，由其夫人蔣方智怡女士保管。二〇〇四年經斯坦福大學胡佛研究院研究員郭岱君女士動員，決定將日記寄存於斯坦福大學胡佛研究院，時間爲五十年。胡佛研究院的馬若孟教授及郭岱君教授親自去加拿大及美國加州的蔣宅，將這批日記攜到胡佛。

蔣介石日記的狀況並不很好。若干部分已經黴爛、損毀。胡佛研究院接受這批日記後，立即投入力量修復、保存，並用現代科技進行微縮攝影，製作複本。宋氏家族的曹琍璿女士和秦孝儀先生的高足潘邦正先生受蔣家委託對日記進行初讀，對涉及個人隱私的少量內容進行技術處理。二〇〇六年三月首度向公眾開放一九一八至一九三一年部分。二〇〇七年四月又開放至一九四五年，其餘部分將陸續開放。①其少量技術處理部分將在三十年後全部恢復原狀。

蔣介石日記有手稿本、仿抄本和類抄本、引錄本等幾種類型。胡佛研究院開放的蔣介石日記絕大部分由蔣介石親筆書寫，可以稱爲手稿本或原稿本。蔣從早年起，即陸續命人照日記原樣抄錄副本。抗戰時期，蔣介石離開重慶出巡，爲了防止遺失，有部分日記由秘書俞國華抄存。由於這兩種本子從內容到格式和手稿本都一模一樣，因此可以稱爲仿抄本。這種仿抄本，大陸保存少數，胡佛研究院保存多數，自一九二〇至一九七〇，中缺一九二四、一九四八、一九四九各年。

蔣介石一生崇拜曾國藩，在很多地方都模仿曾。曾國藩有日記，還有別人替他編輯的《曾文正公日記類抄》。上一世紀二十年代至三十年代，蔣介石陸續將自己的日記，來往函電、文稿等許多資料交給他的老師和秘書毛思誠保管。毛即利用這批資料編輯長編性著作《民國十五年以前之蔣介石先生》。同時，毛思誠模仿《曾文正公日記類抄》的體例，將蔣的日記分類摘抄，計有黨政、軍務、學行、文事、雜俎、旅遊、家庭、身體、氣象等約十種，統名爲《蔣介石日記類抄》。一般稱之爲「類抄本」。

毛的做法是首先摘抄蔣的日記原文，然後加以文字潤色，並不改變蔣的原意，所以還是可信的。但是。仍有個別地方，毛思誠爲了將蔣的形象顯示得更完美些，有些改動和原文相差較遠。例如，蔣早年比較激進，主張將資本家「掃除殆盡」，毛思誠就改爲「如不節制資本」。又如：九一八事變後，蔣日記曾有「以忍耐不屈之精神維護領土」的說法，但毛思誠卻修改爲：「以堅強不撓之氣概吞壓強虜」。這一改，蔣的形象「完美」了，但也就不真實了。

毛在編完《民國十五年以前之蔣介石先生》一書後，《類抄》和少數蔣日記的仿抄本以及其他函電、文稿等就一直保存在寧波家中。一九四九年中華人民共和國成立後，毛氏後人將這批資料藏在夾牆裏。「文革」中，紅衛兵砸破牆壁，發現這批資料，逐級上報，一直送到公安部。公安部撥交南京中國第二歷史檔案館保存。「文革」後，毛氏後人將這批資料捐獻給國家。

抗戰時期，蔣介石命奉化同鄉王宇高、王宇正繼續按分類原則摘抄自己的日記，分《困勉記》、《省克記》、《學記》、《愛記》、《遊記》五種。《困勉記》記錄蔣在艱難中勉力奮鬥的事蹟。《省克記》記錄蔣的自我反省和克己修身。《學記》記錄蔣的讀書心得。《愛記》記蔣的人際關係和對同事的看法。《遊記》記蔣的遊歷。主要資料來自蔣的日記，但編者也偶採日記之外的資料，而且有些資料我們今天已經難以一一見到。其特點是用第三人稱的口吻記述，和毛思誠的《蔣介石日記類抄》並不完全相同。不過，編者基本上忠實於日記。編者所述和日記摘抄常用「公曰」分隔，「公曰」以下的內容一般抄自日記手稿本，因此可以大體歸入「類抄本」。不過這五種本子的文字都較日記手稿本簡括，也有編者潤飾、修改之處。除文字出入外，有些內容，日記手稿本沒有。例如，一九四〇年十一月日本外相松岡洋右向重慶國民政府求和，蔣當月七日的日記手稿爲：「周作民受敵方請托條件轉達者，商人不察，以爲較倭汪之條件減輕，其實文字變換，而內容無異也。商人只知私利，可痛！」而《困勉記》的記載則爲：「此條件，不過文字變換，而內容實無少異。錢新之不察，以爲較汪奸之條件減輕矣，希望政府採納，是只知私利而不顧國家者也，可痛，」兩種本子，內容基本一致，所不同的是後者點出了在松岡和蔣介石之間牽線的銀行家錢永銘。這一變動，一種可能爲蔣介石審閱時所加，一種可能是編者根據其他資料所加。兩相比較，《困勉記》這一條的史料價值顯然更高。當然，手稿本也有很多有價值的史料，被《困勉記》的編者刪掉了。

蔣介石在命人編輯《困勉記》等五書之外，又命同鄉孫詒等編輯《事略稿本》。這是年譜長編性的著作。全稿按年、按月、按日收錄、排比與蔣的生平有關的各種資料，如文告、函電等，其中也大量摘錄蔣的日記。該書上接毛思誠編《民國十五年以前之蔣介石先生》，自一九二七年始，止於一九四九年。同樣，它對蔣的日記有刪選，有壓縮，有加工。特別應該指出的是，編者爲了維護蔣的形象，對日記手稿本中的部分內容有所諱飾。有些地方，編者還曾根據後來的歷史環境對手稿本的文字作過刪改。例如，抗戰後期，蔣介石與美國衝突時，曾經多次在日記中痛罵「美帝國主義」。這些激烈語言，在《事略稿本》中就找不到了。

《困勉記》等五種稿本現藏於臺北國史館。《事略稿本》也藏於該館，近年來陸續刊行。不過，由於該稿卷軼龐大，刊行速度較慢，全部出版恐尚須時日。

秦孝儀主編的《總統蔣公大事長編初稿》可以視爲《事略稿本》的簡本。其中所引蔣的日記未作說明，也有修飾，個別改動甚至距手稿本較遠。該書印數很少，屬於內部資料性質。由於該書僅編至一九四九年，近年來，臺灣學者劉維開教授等正在續編，已出一九五〇、一九五一、一九五二三冊。

此外，上世紀五十年代，日本產經新聞社以日文出版了《蔣總統秘錄》。爲幫助該社編輯此書，臺灣中國國民黨黨史會派專人摘抄、提供了包括蔣介石日記在內大量文獻，因此該書在敘述蔣介石生平時曾部分引錄蔣的日記。後來美國學者黃仁宇寫作《從大歷史的角度讀蔣介石日記》一書，即根據《秘錄》和《長編》。此後海內外學者研究蔣介石的著作，所引日記不少出於此書。其實，黃仁宇本人並未讀過任何蔣日記的手稿本、仿抄本或類抄本。

《民國十五年以前之蔣介石先生》、《事略稿本》，《蔣公總統大事長編初稿》、《蔣總統秘錄》等書不以公佈蔣的日記爲目的，其主體部分也不是蔣的日記。勉強分類，只能稱之爲蔣的日記的「引錄本」。至於二〇〇七年初北京團結出版社出版的張秀章編著的《蔣介石日記揭秘》則是一本僞書，筆者已有兩文揭露，此處不贅。②

二、真實性問題

日記記錄本人當日或當時親歷親見之事或個人所爲所思，不僅比較準確，而且私密度很高，歷來爲史家所重視。蔣介石一生，是近代中國許多重大歷史事件的參與者和決策者，長時期集黨政軍大權於一身。從他的日記中，人們能夠瞭解蔣介石的思想、性格、活動以至他的極爲隱秘的內心世界，瞭解蔣介石和國民黨、國民政府的權力運作過程，特別是瞭解那些不見於新聞媒體、政府公報，爲局外人所不可能得悉的、深藏的政治內幕。但是，蔣的日記可靠嗎？我在研究蔣介石的過程中，常常碰到這樣的問題。

日記有兩種。一種是主要爲寫給別人看的，這種日記往往裝腔作勢，把真實的自我包裹起來。例如閻錫山的《感想日記》，滿篇都是《論語》式的格言，一望而知是教人如何成聖成賢的，沒有多大價值。一種是主要爲寫給自己看的。此類日記，目的在於自用，而不在於示人傳世，其記事抒情，或爲備忘，或爲安排工作與生活，或爲道德修養，或爲總結人世經驗，或爲宣洩感情，往往具有比較高的真實性。蔣的日記大體屬於此類。

蔣雖然很早就投身革命，但是，辛亥前後生活一直比較荒唐，我曾稱之爲上海洋場的浮浪子弟。一九一三年，「二次革命」失敗，蔣介石亡命日本東京，受孫中山之命，加入中華革命黨，同時盡力讀書，在這一年讀完曾國藩全集。深受影響，一九一六年，他的引路人陳其美被袁世凱派人暗殺。這件事給了蔣介石以極大刺激。「自矢立品立學，以繼續英士革命事業自任。」③他決心從此改邪向善，立志修身，每日靜坐、反思，按儒學要求克己復禮。此後的一段日記應該比較真實。其後，蔣介石在國民黨中的位置日益重要。他繼續用儒學，特別是宋明道學的要求來約束自己，存天理，去人欲，日記成爲他個人修身的工具。他修身的願望是真誠的，日記自然也有相當的真實性。此後，他的日記逐漸增添新的內容，即每日生活、工作、思想的記錄，治兵、治國和處理人際關係的經驗總結等。

蔣每日、每週、每月、每年常有反思，他的日記也就相應成爲反思的載體。這一段時期，蔣介石還不會想到他將來會成爲國民黨和中華民國的要人，他的日記會長期流傳，成爲歷史學的研究資料，因此，沒有必要在日記中矯飾作假。等到他地位日隆，權勢日重之後，他自然明白其日記的重要，但是，由於他繼續通過日記記錄每日工作、思想、心得，安排工作日程、計畫，提醒應注意事項，並繼續用以治心修身，是爲自用，而非用以示人，因此，一般會如實記錄，而不會有意作假，自己騙自己。例如，他抗戰期間的日記一般分幾個部分：一、提要。記當日主要事件或主要心得、主要修養要求。二、預定。記一二日內應做之事。三、注意。記對國內外形勢的思考和應加注意之事。四、記事，記一日所做主要之事。五、上星期反省錄。六、本星期預定工作綱目。七、本月反省錄。八、本月大事表。等等。假如蔣在這些項目中造假，等於是給自己造成混亂。

說蔣記日記一般會「如實記錄」，並不等於說蔣在日記中什麼重要的事情都記。有些事，他是「諱莫如深」的。例如，一九二七年的四一二政變，顯係蔣和桂系李宗仁、白崇禧精密謀劃之舉，但日記對此卻幾乎全無記載。又如，一九三一年的軟禁胡漢民事件，蔣只記對自己有利的情況，而不利的情況就不記。再如，抗戰期間，蔣介石派宋美齡去香港指導對日談判，他就絕對不記。蔣自己就說過，有些事情是不能記的。可證，蔣記日記有選擇性。同時，他的日記只反映他個人的觀點和立場，自然，他所反對的人，反對的事，反對的政黨和政派，常常被他扭曲。有些常常被他扭曲得完全走形，不成樣子。因此，只能說，蔣的日記有相當的真實性，不是句句真實，事事真實，而且，真實不等於正確，也不等於全面。研究近現代中國的歷史，不看蔣日記會是很大的不足，但是，看了，什麼都相信，也會上當。

蔣的日記，主要爲自用，而非主要爲示人，爲公佈。這一點，可以從以下三點得到證明。

一、蔣身前從未公佈過自己的日記，也從未利用日記向公眾宣傳，進行自我美化。當然，他會想到身後立傳，使自己的事蹟流傳的需要，這一功能主要由《困勉記》和《事略稿本》一類著作完成。蔣一般會選擇自己的同鄉或親信進行編輯，這些人自然會本著「爲尊者諱」的原則，刪削或修改部分內容，而蔣本人也會逐本校閱，嚴格把關。

二、蔣喜歡罵人。在日記中，蔣罵過許多人，好友如戴季陶、黃郛，親屬如宋子文、孔祥熙、同僚如胡漢民、孫科、李宗仁、白崇禧、何應欽，下屬如周至柔等，幾乎沒有人不被他罵，而且罵得非常狠。蔣如果考慮考慮到要示人、要公佈，他就不會在日記中那樣無所顧忌地罵人。

三、在日記中，蔣寫了自己的許多隱私，例如早年搞「三陪」，在「天理」和「人欲」之間的艱難掙扎，甚至為解決生理需求而進行「自慰」等。此類事，蔣在日記中都如實記錄，顯然，記這些，決不是為了示人，更不是為了樹立自己的高大與神聖的形象。

因此，我的結論是，蔣介石日記是研究蔣介石，研究近、現代中國歷史的極為重要的第一手資料，對於研究亞洲史、世界史也有相當的價值。有經驗的、精心的閱讀者從中將會發現很多可以推進或加深其研究的內容，促使人們重新思考某些既定的觀點，寫出更準確、更科學、也更豐富的歷史著作。

（原載《中國圖書評論》，二〇〇八年第一號）

①現已全部開放。

②參見本書附錄。

③《蔣介石自述革命思想之起源》，《蔣介石日記》（手稿本），一九二九年八月二十一日。

果真要改寫民國史嗎
——關於陳潔如回憶錄

自一九二〇年至一九二七年，陳潔如做過八年蔣介石夫人。她的回憶錄英文打字稿藏於美國斯坦福大學胡佛研究所檔案館，哥倫比亞大學珍本和手稿圖書館藏有摘要本，一向很少爲人所知。今年以來，臺灣《傳記文學》連載了該回憶錄的中譯本，引起轟動。現據筆者訪美時收集的資料，闡述該回憶錄的有關問題，並對其史料價值作一初步分析。

一、陳立夫多次勸阻

陳立夫曾多次勸阻陳潔如出版回憶錄。在哥倫比亞大學珍本和手稿圖書館中，保存著陳立夫的兩封信。其一爲英文，現譯出如下：

潔如女士：

依余見，君來港之事肯定無望。購置一所房舍以作為投資，在別人或可實現，在君則決無可能。共產黨人瞭解君之一切。君以富貴不能淫、貧賤不能移之偉大人格給予（國民黨）支持，使共產黨不能利用，彼輩如何能容許君投奔自由！盍捨棄此種夢想乎！

如君以余之言為是，則安居勿還。君不擬見孫夫人、廖夫人以求助，此誠君之智慧。倘君擬售出回憶錄以獲取金錢，冀作醫藥之資，則余竊以為與損一人而救另一人無異。君養女之疾無可救，君或視為命中註定，此種狀況雖非君所願，然亦因果使然耳！

君僅可信任李先生一人。倘君突然有某種困難，彼必可相助。君不必向許多地方求援，此等做法不能解決君之問題。余即將返美，盼即賜答。

友人赴港，此函托其在彼處付郵。余之臨時地址為臺北敬天街（譯音）第十二巷五號。

祝君健康！

陳立夫

三月二十日

按：陳潔如於一九二七年赴美，一九三一年自美回國，即長住上海。一九六一年經周恩來批准，遷居香港。據此，此信當作於五〇年代。從信中可知，當時陳潔如即有出售回憶錄作爲其養女醫藥費的打算，但陳立夫不同意。另一函爲中文，全文爲：

潔如女士：

茲聞君復受人慫恿，擬出版某種書物。立夫為君著想，實為不智，不但外人將認為此乃共匪之惡意宣傳，而決不會發生其他影響。對君本身而言，則有百害而無一利。前函已詳陳之。希望君一如往昔，保持個人偉大人格，重友誼而輕物質，不為歹人所利用，此乃立夫所期望於君者也。今後計畫如何，望示知一二為盼。敬請旅安！

陳立夫敬啓

十一月四日

此函寫作年代不明，稱「旅安」，則陳潔如當已在香港，疑爲一九六四年作。據本函可知，雖然又過了幾年，但陳立夫仍然反對陳潔如出版回憶錄。

此外，陳潔如在回憶錄說明裏還引用過陳立夫另外一封信中的片斷：

我懇求你不要出版你的回憶錄。這許多年來，你為中國統一所作出的犧牲和你的緘默，已經使你成為一位偉大人物和一個忠實國民。但是，如果你出版了這本書，它將只會傷害最高統帥及國民黨，因此，切盼你固守沉默，一如既往。

此信當即十一月四日函所稱的「已詳陳之」的「前函」。據此可知，陳立夫多次反對陳潔如出版回憶錄，其理由始終一貫，即它會損傷蔣介石和國民黨的威信。

二、關於整理者

從有關資料看來，陳潔如只是回憶錄的口述者和部分文稿的作者。在陳潔如之外，還有一位整理者。回憶錄所附資料中有一份詹姆斯自香港寫給在紐約的李蔭生（譯音）博士的英文信，中云：「我已經注意到了您的所有建議，將更多地記述詹妮（指陳潔如——筆者）在美國的生活。」這位詹姆斯顯然就是回憶錄的整理者。該信發信日期爲一九六四年一月十日，可見到這時回憶錄還沒有寫完。信中還說：

> Wego就是蔣緯國，這個小孩在照片的中央。他是戴季陶的兒子，母親是日本人，其被收養的情況見於回憶錄一三五至一三七頁所述。
>
> 這張照片拍於一九二六年，當時緯國七歲。他今天拼寫自己的名字為Wego，以代替Wei-kuo。戴季陶的真正中國兒子是Ango-Tai（戴安國），他當然瞭解緯國的背景。
>
> 我猜想，他將自己的名字獨特地拼為Wego，是為了和Ango-Tai類似。他對我和詹妮都

很友好，但是完全沒有權力。

從這一段話看來，詹姆斯非常瞭解蔣家的情況，和蔣緯國很熟悉。

回憶錄還附有一九六四年四月一日詹姆斯寫給李蔭生的另一封信，其中談到，三月三十一日，已將陳立夫信件的副本寄上，又談到，陳潔如表示，紐約方面的文件稱，她在到美國的時候，接收了七十五萬美元，純係謠言云云。從該函可知，詹姆斯全名為James Zee-min Lee（詹姆斯・時敏・李），地址為：

4 Swallow Road (Ground floor)
North Point,Hong Kong

信箱為：G.P.O.Box 665，電話為707141。李蔭生的全名為：Wm Yinson Lee，信箱為：P.O.Box 230, New York.，因此，要瞭解他們的廬山真面目，應該是不困難的。

有時，詹姆斯又稱為詹姆斯李，曾任蔣介石的英文教師。

三、代理人被毆與陳潔如收回稿件

大約在一九六三年，李蔭生將陳潔如的回憶錄稿件交給了紐約的一個叫勞倫斯（Lawrence Eppe Hill）的複製服務商。其後，勞倫斯又交給了名爲「Doubleday」的出版機構。兩周以後，勞倫斯接到肯尼斯．麥科馬克（Kenneth McCormick）的電話，表示「Doubleday」同意出版這本書。一九六四年一月十日，陳潔如在香港簽署了一份委託書，委託勞倫斯出版她的回憶錄。委託書全文如下：

> 茲授權勞倫斯．愛普．希爾先生出版我的回憶錄打字稿，共四二五頁，題為《我作為蔣介石夫人的七年》，或《蔣介石的崛起》，附加五十幅插圖。我在此保證，內容全部屬實。我對我所敘述的一切負責。
>
> 自一九六四年一月至四月，此書必須在四個月內出版。如逾期，自一九六四年五月日起，我保留將稿件交歐洲出版商出版的權利。
>
> 詹妮陳

同年四月廿九日，艾蜜莉．哈亨（Emily Hahn）受「Doubleday」委託，審讀回憶錄。同時，勞倫斯分別致函當時在紐約的陳立夫和宋藹齡，請他們協助證實稿件的可靠性。陳立夫承認認識陳潔如，否認給她寫過任何信件。宋藹齡通過國民黨駐紐約總領事打電話給勞倫斯，要求得到一份副本。四月末，勞倫斯接到兩個法律事務所的來信，分別代表孔祥熙和陳立夫，認爲稿件包含著錯誤和誹謗的資料。六月，協助陳潔如寫作回憶錄的詹姆斯李到紐約和國民黨總領事談話。他對勞倫斯說，如不出版該回憶錄，可得十萬美元。勞倫斯回答，他們的目的僅是出版該書。此後，怪事就接二連三地出現了。

先是，有人兩次企圖破門進入勞倫斯的辦公室，同時，勞倫斯不斷接到匿名電話。五月一日晚十點，勞倫斯被打得不省人事，躺倒在辦公室門後。其後不久，「Doubleday」撤回了出版承諾。一九六五年一月，勞倫斯在辦公室打盹時，有人破壞了重金屬網眼紗窗。一兩周以後，勞倫斯在紐約第四十五街被人從後面打暈過去。同年，勞倫斯的房間被盜。此後，陳潔如、李時敏（詹姆斯）通過江一平律師和臺灣有關方面達成協定。有關的幾個人，包括合作者得到了十七萬美元，陳收回了稿件。據捐贈摘要本的康納（Ginny Connor）說，國民黨政府在一九六五年三月收回了大約他們想到的所有回憶錄的副本。

四、作偽舉證

細讀陳潔如回憶錄，和當時的歷史比勘，可以發現，其中有不少訛誤不實的成分。當然，人的回憶有很大的局限性，記錯、記亂都是常有的事情。對此，應予諒解。但是，回憶錄中有若干部分，屬於有意僞造，這就不能不嚴肅地加以指出了。

試舉數例：

回憶錄寫到，一九二七年十二月，蔣介石和陳潔如自牯嶺下山，突然接到漢口來的一封急電。蔣介石看了之後，雙手抱拳，頻頻捶頭，從桌上拿起一隻花瓶，摔成粉碎，對陳說：他們剝奪了我的領導地位，我的一切計畫都完了，我所有的希望都破滅了！」陳拿起電報看，其大意是：「八十位國民黨員、國民政府委員，及新任中央執行委員會已投票通過其本身爲漢口國民政府，掌有最高權力，希候命。」這裏的情節就明顯錯誤。當時的情況是：當月十三日，孫科、徐謙、蔣作賓、柏文蔚、吳玉章、宋慶齡、陳友仁、鮑羅廷等在武昌舉行談話會，決定在中央執行委員會政治會議未遷到武昌之前，由先期到達的國民黨中央執行委員和國民政府委員組成臨時聯席會議，執行最高職權。參加人數很少，不存在所謂「八十位國民黨員、國民政府委員，及新任中央執行委員會」投票問題；當時並未召開黨的全國代表大會，何來「新任中央執行委員會」？顯然，電報的真實性大有問題。

回憶錄接著寫到，蔣介石接受陳潔如建議，要求武漢方面派一位「國民政府委員會的代表」馬上來當面把事情談清楚。廿七小時之後，何香凝自武漢來到，對蔣陳二人說：「在我開始談事情以前，我先要你們兩位瞭解，鮑羅廷和汪精衛都認爲我是代表漢口政府來將他們的決定告訴你們的最合適人選。」又說：「國民黨已經由廣州遷到漢口，現在本黨已設立一個政府，由最近從法國回來的汪精衛擔任主席，陳友仁是外交部長，宋子文是財政部長。」其實，汪精衛這時還在歐洲，回到武漢是幾個月之後，一九二七年四月初的事。這裏，整理者又露出了一個破綻。

回憶錄又寫到：何香凝拿出了許崇智的一封信交給蔣介石，信的全文爲：

介石吾弟：

你當能記憶，十年前你和我追隨我們的總理從事革命工作，我們本著不屈不撓的精神，奉獻此生，冀求達致成功。不幸，我們的總理去世了，你曾請我將我的部隊暫時交你統率，俾你重加編組，我也予以同意。其後你在廣州成立國民政府，將我的軍隊改成國民革命軍。在我將全軍交你之後，本黨黨務即陷於混亂分歧，行政工作亦趨於腐敗惡劣。因此，你已將自身變成眾矢之的。過去曾自稱為你的部屬、支持者或朋友的人，已一致起而反對你。依據此次彈劾案的理由，你實無由免除責任。

今漢口政府已成事實，我希望你靜夜深思，行所當為，服從命令，自承錯誤。你當譴責自身之背信，並信守自身之承諾，藉求維持國內和平。為你計，此乃一條榮譽的出路；為我國民計，則為一大幸運。請捫心自問：你現能否脫身於當前四面楚歌的困境？請鎮定而冷靜的思索我這番建言。

許崇智

如果說，前述電報因爲是回憶大意，可能記錯，那麼，此信有頭有尾，完整無缺，示人以存有原信的感覺。但是，也正因爲如此，其有意作僞的痕跡就暴露出來了。

其一，廣州國民政府成立於一九二五年七月一日，汪精衛、許崇智、譚延闓、胡漢民、林森爲常務委員，張靜江、于右任、張繼、徐謙、廖仲愷等十六人爲委員，以汪精衛爲主席，蔣介石連委員都不是，許崇智怎麼會認爲蔣介石「在廣州成立國民政府」呢！同樣，當時軍事委員會的主席是汪精衛，編組國民革命軍是包括許崇智在內的軍事委員會的決定，蔣介石只是國民革命軍第一軍軍長，此外，還有四個軍，許崇智也不會認爲是蔣介石建立了國民革命軍。

其二，不管是武漢聯席會議，還是一九二七年三月召開的國民黨二屆三中全會，都不曾有過所謂的對蔣介石的「彈劾案」，上引許函所稱「依據此次彈劾案的理由，你實無由免除責任」云云，豈非無稽之談！

其三，武漢政府是左派政府，許崇智是右派，曾被西山會議派選爲「中央委員會委員」，一向和左派不合作，他怎麼會在信中勸告蔣介石：「今漢口政府已成事實，我希望你靜夜深思，行所當爲，服從命令，自承錯誤」！

其四，武漢聯席會議成立於一九二六年十二月十三日，事後，立即通知了蔣介石，何香凝又是在二十七時之後就應蔣介石的要求到九江向他作解釋的，當時許崇智在上海，他怎麼可能這樣迅速地認爲「漢口政府已成事實」，而且又這樣神速地寫了信，神速地寄到了武漢？

根據以上分析，我們有理由認爲回憶錄所引許崇智函是僞作。

類似的僞造文件還有。

回憶錄接著寫到，何香凝在將許崇智函交給蔣介石之後，又將汪精衛的公開信交給了蔣，全文爲：

當我們的領袖孫中山先生目睹我國快速衰落之時，他就依據革命的政策，提倡各項原則。這些政策與原則之制訂，乃是為要掃除國家的一切障礙。孫先生于北伐宣言中所揭示的目標，不但要摧毀軍閥，並要確保這些軍閥之後，不會有人繼之而起。但現在一個狡徒卻奪取權力，以求自我擴張。

蔣介石自以為他能追求其私人利益，因他現手握最高權威。他的專制野心正在橫行無阻。他破壞黨規，申斥黨代表大會。他為爭取支持，正以重要公職分許其友人。他視國家如私產，人民的性命全賴其一己之私念，在他之下，生命低賤，無安全可言。我們的同志，或為曾多年追隨我們領袖的先進，或為篤心民主之志士，現在都自誓為黨為國，不惜犧牲一己生命。他們皆視蔣介石為我們的公敵，決心將其剷除。此一宣言公告同胞之後，希即武裝起義，掃除此一叛徒，以免過遲之感！非如此，不足以救我國於覆亡，救人民於奴役。

汪精衛

何香凝解釋說：「鮑羅廷認爲漢口是較爲適宜的政府所在地，於是國民黨已予核可。現在有若干改革工作正在進行。國民政府委員會及中央執行委員會已組成了聯席會議。事實上，這個聯席會議已於一九二六年十二月十三日舉行第一次會議，會中表決通過以此聯席會議爲漢口政府之上的黨權機構，鮑羅廷及許多同志時均在場。汪精衛獲選擔任主席。」何香凝又說：「由於你已大失人心，漢口政府已下令撤除你的所有公職，並將你開除黨籍。不消說，這些都是合法而經一致通過的。」然後，何香凝又交給蔣介石一份正式文件，題爲《致國民黨全體黨員之命令》，文云：

> 自北伐發動以來，所有軍政事務及黨務均集中於蔣介石一人之手。此即謂本黨已不能指揮政治行政事宜，而僅由軍事機構指揮之。此項體制缺失甚多，不但所有本黨之墮落無用分子能藉以獲得保障，且更將諸多官僚及狡詐之投機分子引進本黨，因而竟自此產生出一個獨裁者及一個軍事專制者，吾對此已無法多容忍一日。
>
> 汪精衛
> 鮑羅廷

以上一大段回憶除了聯席會議舉行第一次會議的時間說得不錯以外，其他內容不是錯的，就是假的。這裏，首先討論汪精衛的兩個文件。

第一，前已指出，汪精衛這時還在歐洲，因此，武漢臨時聯席會議的主席是徐謙，而不是汪精衛，因此，不可能簽署上述文件。第二，鮑羅廷只是國民政府的總顧問，並非行政或黨務官員，從未與汪精衛聯合簽署過文件。第三，也是最主要的，文件內容和一九二七年上半年的實際政治進程不符，有明顯的破綻。事實是：臨時聯席會議成立後，蔣介石於一九二七年一月三日在南昌召集中央政治會議第六次會議，決定中央黨部和國民政府暫駐南昌。雙方發生遷都之爭。二月上旬，武漢方面發動提高黨權運動。三月十日至十七日，國民黨在武漢召開二屆三中全會，進行改選，組成了新的黨政領導機構。蔣介石雖然失去了國民黨中央常務委員會主席等職務，從權力的巔峰上被拉了下來，但是，仍然被選爲常務委員、軍事委員、軍事委員會主席團委員、國民政府委員，國民革命軍總司令一職也並未變動。武漢政府決定開除蔣介石黨籍，免去本兼各職，要求將其拿解中央，按反革命條例懲治是「四一二」政變以後的事，武漢國民黨中央發佈《爲懲治蔣中正訓令全體黨員》也是那時的事，怎麼可能在遷都之爭時期就出現一個由汪精衛簽署的文件，公告同胞，「希即武裝起義，掃除此一叛徒」呢？作偽者大概忘記了一九二六年四月初，汪精衛自歐洲歸國，途經上海，還曾與蔣介石握手言歡，促膝會談。如果此前汪精衛就簽署過這樣一個公開的文件，還怎麼見面呢！而且，即使是「四一二」政變之後也不曾出現過由汪精衛或汪精衛與鮑羅廷聯合簽署的討蔣文件。和上述許崇智函一樣，關於汪精衛的兩個文件也出於偽造。

回憶錄中明顯的作偽之處還可以舉出一些來。爲避免文章過於龐雜，不一一辨析了。

偽造者懂一點歷史，但是，又不很懂，而且，作偽時不曾下過功夫，連汪精衛何時歸國，聯席會議的主席是徐謙而不是汪精衛這樣一些問題都沒有搞清楚。

為何要作偽呢?目的很清楚,為了提高回憶錄的價值。但是,聰明反被聰明誤,回憶錄反而因此失去了價值。有些人認為陳潔如回憶錄的發表將「改寫民國歷史」,這一結論作得過於匆促了。

誰是作偽者呢?我想是整理者。

五、贅語

本文不想全盤否定陳潔如回憶錄。依作者所見,其中回憶個人生活部分可能真實性大,而回憶政治大事部分可能真實性小。這是符合陳潔如情況的。她不是一個政治人物,在作蔣介石夫人的那些年代裏,也並未捲入政治,過多地回憶政治,只能弄巧成拙。

(原載香港《明報月刊》,一九九三年四月號,有個別改動。)

一本大膽作偽的欺世之作

——評張秀章《蔣介石日記揭秘》

蔣介石長期擔任中華民國和中國國民黨的最高領導人，要研究中國近、現代史，他自然是一個不可回避的人物。蔣介石一生留下五十多年日記，人們在研究他的時候，自然關注其日記。去年，美國斯坦福大學胡佛研究所部分開放蔣的日記，引起各國中國近代史研究者的普遍關注，一時成爲輿論熱點。在這一背景下，北京團結出版社於二〇〇七年一月拋出了張秀章編著的《蔣介石日記揭秘》，自然吸引讀者眼球。媒體、網絡紛紛報導。然而此書實在是一本大膽作僞，以假充真，一拼二湊，無秘可言的出版物，反映出當前學術界、出版界存在的嚴重的不正之風，不可不加以揭露。

一、大膽作偽，以假充真

《蔣介石日記揭秘》一書宣稱該書輯錄蔣介石自一九一五年至一九四九年逐年日記一千餘則，「揭露了蔣介石日記的真實面目」云云。但是本書實在是一本僞書，許多條目並非來自蔣介石日記。現取張書（簡稱《揭秘本》）部分條目與現存於美國斯坦福大學胡佛檔案館的蔣介石日記原稿本作一比較。

1、一九一九年五月四日。

《揭秘本》：「北京學生團三千餘人，要求取消中日各項秘約，為外交示威運動，」

《原稿本》：「寫仲元信，未發。致覺民、治誠、瑞霖各函。看曾書。」

2、一九一九年六月廿一日。

《揭秘本》：「以陳總司令外寬內忌，難與共事，鄧鏗亦不加諒，志願多違，憤然求去。乃致書以自明心跡，並邀轉達。」

《原稿本》：「上午寫仲元信，言決辭退之理也。」

3、一九一九年七月九日。

《揭秘本》：「再致鄧參謀長書。」

《原稿本》：「吳采衡又派人來要求交涉，心甚不耐。」

4、一九一九年十月廿五日。

《揭秘本》：「由滬啓程，漫遊日本。」

《原稿本》：「汝為兄來會，，別後悽愴蕭條，暗然消魂，顧前瞻後，不禁悲淚汪汪，乃悟人生茫然，前所謂親友情義者，皆偽也。」「九時搭車登丹波丸，邵、蕭二君來送。徒覺此次駐滬之無聊，生我許多灰心也。」「今日色念未絕，其將何以立身耶！」

5、一九二〇年五月二十日。

《揭秘本》：「患傷寒症，進筱崎醫院診治，總理臨問，深爲戚然。」

《原稿本》本：「今日以傷寒症□□，由一品香進入篠崎醫院，季陶夫人陪我入院，心甚感激。」

6、一九二〇年九月三十日。

《揭秘本》：「奔赴前敵，加入右翼作戰，運籌發令，日夜焦勞，心力交瘁。」

《原稿本》：「往訪展堂先生，談解決廣州以後之事。」「訪靜公，即登船。在船中與季新、仲愷、雲陔談天。」

7、一九二〇年十月六日。

《揭秘本》：「向潮安進發，當致炯明、崇智、鏗一電。」

《原稿本》：「接仲元左翼挫折之電。」「今日有不意之客同行。我應酬人每太謙虛，反獲罪，心甚不悅。言語適中之難如此，可不戒哉！」

8、一九二〇年十一月十三日。

《揭秘本》：「晚，回奉城。總理及胡漢民等，隨後函電迭催赴粵，張人傑、戴傳賢電，言公不去，汝爲亦不行。傳賢又至甬面諍，吾俱峻謝。」

《原稿本》：「往訪滄白及中師，乃知汝爲亦憤激回滬，是民黨作事，究非私權竊柄者可比，心猶樂焉。」「搭江天輪來甬。」

9、一九二二年一月四日。

《揭秘本》：「覆胡漢民、廖仲愷書，籌慮援桂軍事。」

《原稿本》：「上午，致靜江書。」「下午，致展堂、仲愷書稿成。」「今日改悔過謝罪書，心平氣和，修養略有進步，靜敬澹一之功未全也。」「挽執信聯語曰：長城又壞，大道中阻。」

10、一九二二年四月三日。

《揭秘本》：「總理以陳炯明背約不與接濟，又暗殺鄧鏗於廣州車站（**鏗協助北伐軍餉械，炯明忌之**）。二十六日即開緊急會議於大本營，我主張先回粵後北伐，卒決濳師回粵，改道贛南北伐（**因炯明仍與湘省趙恒惕勾結**）。」

《原稿本》：「今日精神疲倦，□□（**體力**）不支矣。何老態一至於此哉！」

11、一九二五年一月廿六日。

《揭秘本》：「總理入協和醫院，西醫診斷其爲肝癌，施手術。」「陳炯明軍向虎門侵入，東江戰事又起。」

《原稿本》：「甜酸苦辣已嘗遍，是非好惡總由人。」「批閱宣傳研究會章程。下午研究地圖，閱操。批閱。仲愷兄等來談。晚，講演。見習官不熱心，軍隊無精神如此，我死不瞑目。」

夠了，爲了節省報紙篇幅和讀者精力，不再引錄、對照了。從以上十一條可見，所謂《揭秘本》和《原稿本》不僅文字不同，內容也不相同。關於五四運動，《揭秘本》有北京現場的簡單記錄，而《原稿本》則一字全無。這是可以理解的。當時，蔣介石身在福建軍中，又沒有像今天如此發達的通訊工具，他當天的日記沒有相關記載是必然的。如果有，那倒值得懷疑了。又如，一九二〇年五月二十日，蔣介石患傷寒住進醫院，當天陪他入院的是戴季陶夫人，《揭秘本》卻寫成「總理臨問」了，豈不滑稽！事實是，孫中山五月廿七日才到醫院看視蔣介石，並不是蔣入院當天。至於一九二五年一月廿六日「總理入協和醫院」條，當日，蔣的日記並無一字記載。

《揭秘本》所引條文，有些明顯不是日記，但張秀章先生連想都不想，照抄不誤。如：一九二〇年十一月十三日條，《揭秘》本的文字是：「晚，回奉城。總理及胡漢民等，隨後函電迭催赴粵……」。從「晚，回奉城」看，似乎是蔣當日所記，但是，往下看，問題就來了，「總理及胡漢民等，隨後函電迭催赴粵」。十一月十三日當晚，蔣介石如何能預見「隨後」之事呢！

二、篡改《年譜》，冒充日記

我說張秀章先生「作僞」，張先生可能覺得委屈：「我是有所本的呀！」是的，張先生的「僞造」，和當年僞造《石達開日記》的人不同，他確實有所「本」，這個「本」，就是蔣介石的老師和秘書毛思誠所編《民國十五年前之蔣介石先生》，此書檔案出版社於一九九二年根據中國第二歷史檔案館所藏原稿再版，更名爲《蔣介石年譜初稿》。張先生《揭秘本》的許多部分就是篡改該書而成。不妨再作比較：

1、一九一六年五月十八日。

《揭秘本》：「未時，陳其美被袁探刺死於日僑山田家中，余哭之哀，收其屍以歸，並爲經紀喪葬，自撰文祭之。」

毛思誠編《年譜》：「未時，陳其美被袁探刺死於日僑山田家中，公哭之哀，收其屍以歸，並爲經紀喪葬，自撰文祭之。」

2、一九一八年三月二十日。

《揭秘本》：「撰上《今後南北兩軍行動之判斷》。」

毛思誠編《年譜》：「公撰上《今後南北兩軍行動之判斷》。」

3、一九一八年七月廿五日。

《揭秘本》：「撰上《粵軍第二期作戰計畫》。」

毛思誠編《年譜》：「公撰上《粵軍第二期作戰計畫》。」

4、一九一八年八月一日。

《揭秘本》：「陳總司令派陳其尤齋函挽留余，遇於潮安東次。」

毛思誠《年譜》：「陳總司令派陳其尤齋函挽留公，遇於潮安車次。」

5、一九一九年一月十三日。

《揭秘本》：「報告進攻永泰始末情形，並請准陳總司令調回永春、安溪梁、邱兩部隊至長泰，親自督操訓講，以圖日有進步。一面條陳本支隊根本改良辦法，及全軍編配整理方式，陳總司令不盡採用。」

毛思誠編《年譜》：「公報告進攻永泰始末情形，並請准陳總司令調回永春、安溪梁、邱兩部隊至長泰，親自督操訓講，以圖日有進步。一面條陳本支隊根本改良辦法，及全軍編配整理方式，陳總司令不盡採用。」

夠了，也不用再引了。從上例可見，張先生只將毛思誠所編蔣介石的《年譜》的相關條文更動一二字，例如，刪去「公」字，或將「公」字改爲「余」字，或者加上一個「余」字，《年譜》條文就變成蔣的《日記》了。《揭秘》大量使用這種手法。真是何其大膽乃爾！

毛思誠爲蔣介石編《年譜》時，確曾參閱蔣介石的日記，但是，毛並沒有照抄日記。在編輯過程中，毛參考了大量資料，然後用自己的語言提煉爲相關條文，這些條文絕不能等同於蔣的日記，毛也沒有在任何地方聲明過這些條文就是蔣的日記。而且令人遺憾的是，張先生在篡改《年譜》時也並沒有認真思考過。例如《揭秘本》一九一六年五月十八日條：「未時，陳其美被袁探刺死於日僑山田家中，余哭之哀。」舊時，對所敬之人只能稱其字號，不能直呼其名。陳其美，字英士，蔣介石的日記中，凡涉及陳其美時，均稱之爲「英士」或「陳英士」，絕對不會稱其爲「陳其美」。還須要指出的是，張先生照抄時，連原來的排版錯誤都照抄了。

如上引《揭秘本》一九一八年八月一日條：「陳總司令派陳其尤齋函挽留余，遇子潮安東次。」其中的「齋」字，應爲「齎」字，這是原書之誤。至於將原書的「遇於潮安車次」，誤排爲「遇子潮安東次」，這一錯誤是怎樣造成的，這只能由張先生來回答了。

《揭秘》材料大量取自毛編《年譜》，本應如實說明，以示徵引有據，並使讀者知其所本，然而《揭秘》一書引錄卻無一條注明來歷。何以如此？一想，張先生實在不能說；一說，作僞與篡改的痕跡立即暴露，所以實在不能說也。

蔣介石的日記，一九一五年至一九一七年三年，已在一九一八年年底福建永泰作戰，兵敗出逃時丟失。其一九二四年全年，也早已丟失。這四年的日記連毛思誠在爲蔣介石編寫《年譜》時都沒有見到過，所以只能根據其他材料補綴。然而張先生的《揭秘》卻能根據毛思誠的這些補綴就宣稱他「補闕」了蔣介石日記已經「遺失」的部分。這真是奇談怪論。從《揭秘》一書看，可以肯定，張先生沒有讀過任何一本真正意義上的蔣介石日記，「原稿本」既未看過，分存海峽兩岸的部分「仿抄本」、「類抄本」也未看過，卻居然敢編著《揭秘》一書，我們不能不佩服其勇氣。

三、一拼二湊，無秘可言

是不是張先生的《揭秘》全部是假冒僞劣，毫無真實成分在內呢？也不是。毛思誠所編

《民國十五年前之蔣介石先生》確實引用過部分蔣的日記，但是，毛在許多地方作了改動。其意思有的和蔣的原文已經不同。例如一九二三年十一月廿六日條，原稿本作：「下午往訪蘇維埃議長加利寧，其人完全一農民，言語誠實，行動自在，問其國外大勢，則不知所答，不比吾國黎元洪之狡猾餒弱，誠不愧爲勞農專政國之議長也。」這一條的原意對身爲蘇聯全俄中央執委會主席長的加里寧不知「國外大勢」雖有不滿，但認爲其人純樸、誠實、農民本色，而且和中國的黎元洪的「狡猾餒弱」相比，其讚美的意思很明白。但是，經過毛思誠的修改，變成「往見蘇維埃議長加利寧，一誠篤農民也。問渠國外大勢，不知所答，其勞農專政國之代議士哉！」經過毛的這一修改，原來的讚美之意消失殆盡，變成對「勞農專政國」愚昧的批判了。這種情況，相當普遍地存在於國民黨方面編纂的有關蔣介石的資料書，如《總統蔣公大事長編初稿》，以及《事略稿本》中，學者們應該警惕。

張先生的《揭秘》一書上冊所引蔣介石「日記」絕大部分根據毛思誠的《蔣介石年譜初稿》一書，下冊，即一九二七年以後部分則主要採自日本產經新聞社編纂、出版的《蔣總統秘錄》和美國學者黃仁宇的《從大歷史角度讀蔣介石日記》。日本《產經新聞》的作者們利用過臺灣方面提供的蔣介石日記的部分摘錄，但是，這本書有臺灣中文譯本，也有大陸的四卷本中文詳本和兩卷本中文簡本，刪去少量反共內容，易名爲《蔣介石秘錄》。至於黃仁宇，他的書也已在大陸出版，不過，他本人也沒有讀過蔣介石的日記，而是根據國民黨黨史會所編《總統蔣公大事長編初稿》一書所引。上面已經提到，該書並不嚴格忠實於蔣的日記，常以己意去取修改，有時甚至改得面目全非，並不能完全視爲蔣的日記。

日本的《蔣介石秘錄》也好，美國黃仁宇的書也好，在大陸市場或圖書館中都非難求之物。張先生從這些書中取材，稱之爲「揭秘」，毋乃過分！而且，張先生同樣不說明出處，讓不明真相的讀者以爲張先生有什麼獨特的來源，這不是誤導和哄騙讀者麼！

略加檢視，下冊問題仍然很多。不妨再作比較。

1、一九二七年四月一日。

《揭秘本》：「如果只是個人的進退出處，不可介意。但這是關係到黨和國家的問題。」

《原稿本》：「余只求于黨有益，奸黨無論加余任何罪狀，在所不辭也。」「爲我個人計甚得，而黨則何如？」

2、一九二七年四月十日。

《揭秘本》：「共產黨叛逆殘忍如此，不知何日能平此亂也。」

《原稿本》：「列強未平。」「六時起床辦事。往訪季寬兄，談作戰計畫。」「觀察各方報告，內部糾紛疑忌，不能一致對外，各軍幾難前進，而逆敵在北岸，則愈逼愈緊，昨失揚州，今又失滁州，不勝憂念之至！乃與朱紹良、何應欽商談，決令第六軍之第十七師及第四十軍暫不渡江。」

3、一九二七年八月十四日。

《揭秘本》：「返抵漢口故里，晚宿樂亭，深夜，憂念國事，日記曰：如何可使革命根本解決耶？」

《原稿本》：「船抵鎮海、寧波，歡迎者不絕，沿途爭相瞻視。回鄉休養，景物依然，而社會毫無進步，可嘆也。」「復見名山之雄厚青秀，愛鄉之心益切，並恨卸仔不早也。」「鄉人小見無用，可嘆！到家見鄉人，心又煩悶。」「晚，宿于樂亭。」

以上三條，《揭秘本》所引，根本不見於蔣介石日記。一九二七年四月一日條完全用的是現代白話，和蔣介石日記的文風完全不類。它們出自何處，請張先生明教。一九二七年八月十四日條，將「溪口」誤排爲「漢口」，也是不能允許的錯誤。

算了，不想再引了。該書到底有多大價值，讀者當可得出結論。

四、且看編著者和出版者如何炒作

出版這麼大膽作僞、一拼二湊的書，本身已經大錯。更令人驚訝的是編著者和有關出版社的炒作。

編著者說，日記揭示了一個全面而真實的蔣介石。這次與公眾見面的日記來源廣泛，來自美國、日本等地，是根據國外一些已公開的材料中獲得的。謝天謝地，作者總算沒有告訴我們他這些材料來自秘密管道，而是根據「國外一些已公開的材料中獲得的」。但是，問題接著就來了。「來自美國」。蔣介石日記雖然在該所部分開放了，但是迄今沒有大規模發表過，零零星星的報導中能有多少可靠的材料？「來自日本」。日本根本沒有任何蔣介石日記！要坦率地承認，抄自《產經新聞》的《蔣總統秘錄》和黃仁宇的相關著作。這兩本書在中國大陸都很容易看到，豈不是削弱了《揭秘》一書的「神秘性」和「原創性」？

編著者還說：「這本書披露了蔣介石所經歷的這段重要時期的歷史內幕，使很多歷史疑問得到了解答。」我們真不知道，這本書爲我們「披露」了哪些人所不知的「歷史內幕」，解答了什麼「歷史疑問」。我們倒是感到，編著者對近年來國內外蔣介石研究的現狀所知甚少。許多學者早就揭示了的「內幕」和「疑問」他卻一無所知。甚至對已經公佈過的蔣介石部分日記「類抄本」他也一無所知。在該書《後記》中，編著者煞有介事地表示，在編著過程中，他得到過南京中國第二歷史檔案館的「大力支持」，似乎他的資料來自該館。不知道張先生是否知道，該館的有關資料早就封存，不開放了。

該書的責編宋慶光說，這本書的作者是「長期研究蔣介石的專家」。「我認爲這本書是所謂的『雙揭秘』。一方面，書中公佈的一千餘則日記是一個揭秘；另一方面，作者在解析、詮釋這些日記時，引用了蔣介石的書信、電報、演講等內容，這些是人們平素難以見到的珍貴資料，所以也是一種揭秘。」「比手稿本起始的時間提前了兩年，即近年發現的《參謀長日記》十三則，而且補闕了手稿本遺失的一九二四年部分，從而在年代上保持了編排的連續性，這在一定意義上起到了對手稿本拾遺補闕的作用。」張先生是不是「長期研究蔣介石的專家」，筆者不想評論。筆者所想說的是，本書一百萬字，其中引錄的所謂「日記」大都很短，加起來充其量也不過幾萬字，作者連篇累牘地大抄特抄，大都來自毛思誠所編《年譜》和蔣介石的文集，我們並看不到什麼「人們平素難以見到的珍貴資料」。是否有增加篇幅，讓讀者多掏錢的意圖，不敢妄判。至於所謂「雙補闕」云云，上面我們已經分析過，不想重複了。

近年來，許多作者和出版社兢兢業業，精益求精，力圖爲讀者提供高品質、高水準的著作，但是，很遺憾，投機取巧、粗製濫造之風也很嚴重。愈是這類書，炒作也愈加利害。而其真正目的，則在於金錢和利潤。此前，輿論和有關機構對虛假的醫藥廣告大張撻伐，人們普遍看好。不知道，對於這種虛妄不實的圖書炒作是否也應該採取同樣的措施？

二〇〇七年一月十四日急就

（原載《文匯讀書週報》，二〇〇七年一月廿六日。）

欺世之「書」與欺世之「辯」
——再評《蔣介石日記揭秘》及其編著者的答辯

拙文《一本大膽作僞的欺世之作》發表後，《蔣介石日記揭秘》的編著者在幾個場合作了答辯。很遺憾，這些答辯除了回避要害，強詞奪理、轉移論題外，居然繼續撒謊，欺瞞世人。這是很罕見的現象，有必要再次加以揭露。

一、《揭秘》大量抄襲毛思誠的《蔣介石年譜初稿》，卻詭稱「引用」

《蔣介石日記揭秘一書》上下兩巨冊，七八二頁，其中所稱蔣介石一九二七年之前五百三十六天的日記，除來自古屋奎二《蔣總統秘錄》中的《參謀長日記》十三天，涉及蔣介石個人及其家事的五天以及編著者杜撰的幾天外，其餘五百餘天均抄襲毛思誠所編《蔣介石年譜初稿》一書。編著者不僅抄襲《年譜》條目，而且連條目所附函電等資料也照抄不誤。這一部分，共四五二頁，遠遠超過全書的二分之一。其中，編著者有部分評述，增補的新資料則幾乎沒有。《揭秘》一書雖號稱一百萬字，以每頁一千二百字計，則編著者抄自毛編《年譜》的字數之巨，讀者可想而知。

張秀章在回答記者時表示，《揭秘》和毛編《年譜》的關係只是「引用」關係。他振振有詞地說：「既然毛思誠編的《蔣介石年譜初稿》參考了蔣介石的日記，再次引用也談不上作偽。」（《新京報》）該書責任編輯宋慶光也說：「毛思誠先生的書我也有，這種引用在很多書裏面都有。」甚至輕描淡寫地說：「《年譜》早已公開，之前的研究者就引用，作者也引用了一些，沒什麼大驚小怪的。」（《南方都市報》）張先生是做學問的，宋先生是做編輯的，應該懂得什麼叫「引用」。既稱「引用」，就應該鄭重說明出處，然而，《揭秘》一書卻不在任何地方說明其中大量「日記」、資料和毛編《年譜》之間的關係，這是正常的「引用」嗎？不說明其真實出處，卻自詡「揭秘」，這不是「欺世」是什麼！抄襲量如此之大，卻理直氣壯地聲稱「沒什麼大驚小怪的」，那末，到了什麼程度，人們才可以「大驚小怪」呢！

值得注意的是，中國第二歷史檔案館在出版《年譜》時，曾經作過部分校勘，但是張先生將校勘成果移入正文後，卻仍然不作說明，以此湮滅《年譜》的一切痕跡。還值得注意的是，張先生在投寄《文匯讀書週報》的正式答辯文章中，列舉了他所依據的部分文獻，計有《蔣總統秘錄》、《蔣介石日記類抄》、程思遠主編《中國國民黨百年風雲錄》、李理、夏潮著《一代梟雄蔣介石》、黃仁宇《從大歷史角度讀蔣介石日記》、宋平《蔣介石生平》、王俯民《蔣介石傳》、張憲文、方慶秋主編《蔣介石全傳》等八種，卻偏偏不提他「引用」最多的毛思誠編《蔣介石年譜初稿》一書，原因何在，豈不耐人尋味?!

二、毛編《年譜》與蔣著《日記》是兩種著作，不能混淆

日記和年譜是兩種性質不同的文體。蔣介石日記是蔣本人的著作，《蔣介石年譜初稿》是毛思誠的著作。毛思誠在爲蔣介石編撰年譜時參考過蔣的日記，但是，他並沒有照抄；更重要的是，毛思誠還參考了蔣的文稿、電稿以及相關文獻，結合當時國內外的相關事件，經過自己的融會貫通，提煉、加工，用自己的語言寫成條目。因此，決不能將《年譜》視爲《日記》。《揭秘》四五二頁之前（一九二七年之前）的最大問題就在於將《年譜》的有關條目一律視爲《日記》。例如《揭秘》所稱蔣一九一五年《日記》：

> 五月九日　袁世凱承認日本要求二十一條。
>
> 九月十四日　楊度、孫毓筠、嚴復、劉師培、李燮和、胡瑛等，發起籌安會，鼓吹帝制。
>
> 十二月廿五日　蔡鍔等組織中華民國護國軍，起義於雲南。

以上三條，是毛思誠爲了說明蔣介石的活動背景作爲國內大事寫進《年譜》的，但是，張

先生卻將之視爲蔣的《日記》，抄入《揭秘》一書，並且驕傲地聲稱：「臺灣蔣方智怡交給美國的，也只是一九一七年到一九三一年。我的書裏最早的日記是一九一五年的。」（《新世紀週刊》）這真是可悲的笑話！再如，《揭秘》本所稱蔣《日記》：

一九一八年九月廿八日　奉總理命回漳。

一九二一年一月廿一日　覆陳炯明刪電。

以上兩條，《揭秘》均不注出處，但仍係抄自毛編《年譜》。以《年譜》與蔣介石日記原稿本相較，二者並不不同。查胡佛研究所所藏原稿本，這兩天的日記分別爲：

一九一八年九月廿八日，「回漳州，請總座親赴江東橋督戰。」

一九二一年一月廿一日，「錄季陶函。接競存總司令電，知援桂之計已決，召我為中軍指揮，自量不能勝任，故力辭。晚，覆競公函。榮辱不驚，喜怒一致之涵養工夫未到，總為虛榮矜持之心不去耳！機心未息，慌忙不穩，此靜敬澹一之功所以不能全也。」

兩相比較，二者所記雖有相同之事，但重點、詳略、敘述、文字各不相同。《年譜》與

《日記》不是一回事。

有位張先生的辯護者聲稱，張書的重點在於「揭秘」，「是『日記的揭秘』，而不是『揭秘的日記』；是對『日記』的『研究』，而不是要還原『日記』的所謂『本來面目』」。試問，如果編著者「揭秘」的「日記」並非「本來面目」，所作的「揭秘」和「研究」靠得住嗎！

三、《揭秘》作偽種種

我稱張書「大膽作僞」，張先生表示「想不通」。這裏，不得不再次舉例，以毛編《年譜》與《揭秘》本對校，說明張先生是怎樣篡改《年譜》，有意作僞的。

《年譜》與《日記》的不同之一，在於執筆者的身分與口氣不同。《年譜》通常以第三人的身分與口氣敘述，而《日記》則無例外地以第一人稱的身分與口氣敘述。不同之二在於，《年譜》可以跨日、甚至跨月記事，而《日記》則一般必須逐日記事。張先生要讓讀者感到，他從《年譜》中抄來的條目就是蔣的日記，不得不對《年譜》條目作相應修改。這一方面，張先生採用了多種手法。

其一，《年譜》條目通稱蔣介石爲「公」，張先生就刪去「公」字，如：

《年譜》民國十一年七月三日條：「公乃請總統下令攻擊，溫樹德來阻止，公憤極。」在

《揭秘》中，兩個「公」字都被刪。

《年譜》民國十四年五月八日條：「汪兆銘偕夫人陳璧君來潮（新自北京回），訪公於湖軒。」在《揭秘》中，「公」字也被刪。

《年譜》民國十五年七月廿七日條：「次公子緯國亦候站。」《揭秘》中，「公」字被刪。

其二，將「公」字改爲「我」字、「余」字、「吾」字或「蔣中正」三字。如：

《年譜》民國十一年八月十四日條：「自此公在孫邸辦事。」《揭秘》改爲「自此我在孫邸辦事。」

《年譜》民國十二年三月廿七日條：「公復回甬。」《揭秘》改爲「余復回甬。」

《年譜》民國十五年一月十九日條：「公被（軍事委員會）任命爲中央軍事政治學校校長。」《揭秘》改爲「吾被（軍事委員會）任命爲中央軍事政治學校校長。」

《年譜》民國十四年七月三日條：「軍事委員會成立，委員凡八人（公及汪兆銘、胡漢民、伍朝樞、廖仲愷、朱培德、譚延闓、許崇智是也），主席汪兆銘。」《揭秘》將「公」字改爲「蔣中正」三字。

其三，《年譜》有時稱蔣爲「校長」，《揭秘》就將「校長」二字刪去。如，民國十四年九月六日條：「下午，軍校舉行第二期學生畢業式，校長施訓話。」《揭秘》刪去「校長」二字。

其四，《年譜》稱蔣母爲「王太夫人」，《揭秘》就將之爲改爲「母」字。如《年譜》民國十一年六月四日條：「陰曆五月初九日，王太夫人逝世一週年紀念日也。」《揭秘》改爲「陰曆五月初九日，母逝世一週年紀念日也。」

其五，凡《年譜》記事跨越兩日或多日者，均或改或刪。如：《年譜》一九一九年六月廿一日條：「公以陳總司令外寬內忌，難與共事，鄧鏗亦不加諒，志願多違，憤然求去，乃兩致鄧書以自明心跡，並邀轉達。」在《揭秘》中，張先生除將「公」字刪去外，由於蔣致鄧函一在六月廿一日，一在七月九日，因此，張先生便將《年譜》「兩致鄧書」一語中的「兩」字刪去。改爲「乃致鄧書以自明心跡，並邀轉達」。同時，則杜撰蔣介石《日記》一條，另列於下：「七月九日，再致鄧參謀長書。」

綜合上述五種情況，據粗略統計，編著者對《年譜》條目動了手腳然後冒充爲《日記》的約近三百天。

人們要請問張先生，上述改動有什麼版本學上的根據？如果沒有，不是「作僞」、「欺世」是什麼？

四、偶爾露出的馬腳

張先生以蔣《年譜》冒充蔣《日記》，必須竭力消除《年譜》的痕跡。這一工作，張先生做得很用心，但是，智者千慮，必有一失。如《揭秘》一九二二年三月三日條：「長子經國考入上海萬竹小學高等四年級肄業；王歐聲隨往，館公妹婿竺芝珊家。」這一條同樣抄自《年譜》，說的是蔣經國到上海求學，住在蔣介石的妹夫竺芝珊家裏。張先生在照抄時，忘記刪去「公」字，結果就變成蔣介石在稱自己的「妹夫」爲「公妹婿」了！又如《揭秘》一九二三年一月廿五日條：「覆古應芬、李濟深、陳可鈺、鄧演達電。（稿佚）」

一九二三年二月一日條：「致汪兆銘書，主先討平沈逆，並述目疾不能來滬。（書佚）」

一九二三年三月廿一日條：「電請總理整理財政，並歸仲愷負責。（稿佚）」

以上三條，同樣抄自毛編《年譜》。其中的「稿佚」、「書佚」等，都是毛思誠的用語，說的是編《年譜》時，這些文獻均已不見。張先生將之冒充爲《日記》，就變成蔣介石成稿的當天，這些函電就找不到了。寧有是理！

五、在答辯中繼續「欺世」

張書並非通俗著作，所引蔣介石日記據稱有一千餘則，但無一注明出處，本已不合學術規範。在正式答辯中，張先生列舉所據書八種，這是個進步。但是，筆者很遺憾地發現，張先生仍然在「欺世」。

在答辯中，張先生聲明有五條日記選自中國第二歷史檔案館所藏《蔣介石日記類抄》。但是，這五條都經不起檢查。其中，一九二二年四月三日「總理以陳炯明背約」條，一九二五年一月廿六日「總理入協和醫院」兩條，根本不見於《蔣介石日記類抄》。筆者手頭正好有《類抄》的影印件，讀者不妨據以檢閱。從影印件可見，《類抄》一九二二年一月十二日之後，緊接著就跳到六月十四日；一九二五年一月十四日之後，緊接著就跳到一月廿七日，何有張先生所說的兩條？至於張先生所稱一九二七年四月一日「如果只是個人的進退出處」條、四月十日「共產黨叛逆」條、八月十四日「返抵漢口（？）故里」條，就更是撒下大謊了。因爲毛思誠所編《蔣介石日記類抄》根本就沒有一九二七年這一年，中國第二歷史檔案館自然也就不可能有收藏。

至此，張先生的說謊已是鐵證如山，這不是再次「欺世」是什麼？不知張先生準備如何爲自己辯護？

張先生爲何會作這樣的辯護呢？大概一是想借二檔館之名增加《揭秘》的權威，一是因爲拙文曾提到，二檔館所藏「有關資料早就封存，不開放了」。所以張先生就想：「封存」了，那就誰也無法查證了。

六、關於蔣介石日記「原稿本」

我在上一篇文章中，以胡佛研究所所藏蔣介石日記原稿本證明張秀章先生《揭秘》本之僞，沒有想到，張先生卻力圖貶低原稿本的價值，甚至否認原稿本的存在，聲稱楊天石在美國所閱的是陳布雷的謄錄、修改本，不足爲據。我在這裏要聲明的是：胡佛所藏蔣介石的五十三年日記確爲蔣氏親筆，我所閱覽的則是蔣的親筆原稿影印本。不錯，蔣的日記原稿確有黴爛或水浸之處，根據陳布雷日記記載，一九三九年五月至六月，陳布雷確曾爲蔣修補過日記，其方法是「以白紙另繕，黏貼其上」，但是，並不覆蓋原文，也不妄動一字。我在閱讀蔣氏日記時，偶爾可以碰到這種情況；將陳布雷所抄與原稿復核，證明兩者完全一致。至於陳布雷或其他人的仿抄本，除留存大陸者外，臺灣、美國收藏部分，至今尚未提供閱覽。張先生懷疑蔣介石日記原稿本的存在是沒有根據的猜想。

蔣介石日記從未出版過，不存在版本學上的歧異。一九七四年，日本《產經新聞》編著《蔣總統秘錄》時，臺灣當局曾提供過部分蔣介石日記的摘抄稿，這是蔣介石日記部分內容公之於世的開始。一九七八年，秦孝儀編《總統蔣公大事長編初稿》出版，其中，選用過部分蔣的日記，但常有修改之處。此後包括黃仁宇在內的學界人士研究蔣介石，所用日記大部分取自上述兩書。此外，部分學者所據則爲中國第二歷史檔案館所藏蔣介石日記的仿抄本和類抄本。

近年來，臺灣方面正在陸續出版蔣介石的《事略稿本》，其中也選用了部分蔣的日記，文字也有修改。儘管如此，衆流歸宗，蔣介石日記的各種仿抄本、類抄本以及不同書籍、不同學者所引用的片斷，實際上都源於蔣介石的原稿本。蔣介石研究，蔣介石日記的研究可以也應該百家爭鳴，但是，蔣介石日記的真僞卻只能以原稿本爲準，不能以「各有出處」作爲「大膽作僞」的遮羞布。

張秀章先生自云研究蔣介石十餘年，編著《蔣介石日記揭秘》十餘年，其精神誠然可貴，然而，大量抄襲、篡改毛思誠編《蔣介石年譜初稿》，以之冒充蔣介石日記，卻是嚴重的學術不端行爲。至於《揭秘》中的其他問題，限於篇幅，本文暫不論列。

中國傳統文化強調「誠」。做人須「誠」，做學問須「誠」，做出版工作須「誠」。願以此與張先生等共勉。

（原載《文匯讀書週報》，二〇〇七年三月二日。）

揭開民國史的真相（卷七）

哲人與名士

作者：楊天石
發行人：陳曉林
出版所：風雲時代出版股份有限公司
地址：10576台北市民生東路五段178號7樓之3
電話：(02) 2756-0949
傳真：(02) 2765-3799
執行主編：朱墨菲
美術設計：吳宗潔
業務總監：張瑋鳳

版權授權：楊天石
初版日期：2024年1月
ISBN：978-986-146-595-1

風雲書網：http://www.eastbooks.com.tw
官方部落格：http://eastbooks.pixnet.net/blog
Facebook：http://www.facebook.com/h7560949
E-mail：h7560949@ms15.hinet.net
劃撥帳號：12043291
戶名：風雲時代出版股份有限公司
風雲發行所：33373桃園市龜山區公西村2鄰復興街304巷96號
電話：(03) 318-1378
傳真：(03) 318-1378
法律顧問：永然法律事務所 李永然律師
　　　　　北辰著作權事務所 蕭雄淋律師

行政院新聞局局版台業字第3595號 營利事業統一編號22759935

定價 380元　

國家圖書館出版品預行編目資料

揭開民國史的真相 / 楊天石著. -- 初版. -- 臺北市 : 風雲時代, 2009.12　冊 ;公分

ISBN 978-986-146-595-1 (卷7 : 平裝)

627.6　　98013675